PATRICK LEIGH FERMOR

ENTRE A FLORESTA E A ÁGUA

A PÉ ATÉ CONSTANTINOPLA: DO MÉDIO DANÚBIO ÀS PORTAS DE FERRO

PATRICK LEIGH FERMOR

ENTRE A FLORESTA E A ÁGUA

A PÉ ATÉ CONSTANTINOPLA: DO MÉDIO DANÚBIO ÀS PORTAS DE FERRO

Introdução de
Jan Morris

Tradução de
Maria Teresa Fernandes Serra
MV Serra

edições de Janeiro

RIO DE JANEIRO
2020

© 1977 The Estate of Patrick Leigh Fermor
© 2020 desta edição, Edições de Janeiro

EDITOR
José Luiz Alquéres

REVISÃO
Marcelo Carpinetti e Patrícia Weiss

COORDENAÇÃO EDITORIAL
Isildo de Paula Souza

PROJETO GRÁFICO
Estúdio Insólito

PRODUÇÃO EXECUTIVA
Carol Engel

DIAGRAMAÇÃO
Casa de Ideias

FOTO DO AUTOR NA ORELHA E IMAGENS NAS PÁGINAS XIX, 271 E 272
Reproduzidas com a permissão da National Library of Scotland

Agradecimentos a Artemis Cooper pela autorização para publicação das imagens pesquisadas no arquivo de Patrick Leigh Fermor, guardado pela National Library of Scotland; e a Malcolm Anderson pela ajuda no resgate deste material.

CIP-BRASIL. CATALOGAÇÃO NA PUBLICAÇÃO
SINDICATO NACIONAL DOS EDITORES DE LIVROS, RJ

F396e

    Fermor, Patrick Leigh, 1915-2011

        Entre a floresta e a água : a pé até Constantinopla : do Médio Danúbio às Portas de Ferro / Patrick Leigh Fermor ; introdução Jan Morris ; tradução Maria Teresa Fernandes Serra, MV Serra. - 1. ed. - Rio de Janeiro : Edições de Janeiro, 2020.

        342 p.

        Tradução de : Between the woods and the water

        Sequência de : Um tempo de dádivas : a pé até Constantinopla : de Hoek da Holanda ao Médio Danúbio

        ISBN 978-65-87061-02-3

        1. Fermor, Patrick Leigh, 1915-2011 - Viagens - Europa. 2. Europa - Descrições e viagens. I. Morris, Jan. II. Serra, Maria Teresa Fernandes. III. Serra, MV. IV. Título.

20-68125   CDD: 914

                                                        CDU: 913(4)

Camila Donis Hartmann - Bibliotecária - CRB-7/6472

Todos os direitos reservados e protegidos pela Lei 9.610, de 19.2.1998.
É proibida a reprodução total ou parcial sem a expressa anuência da editora.
Este livro foi revisado segundo o Acordo Ortográfico da Língua Portuguesa de 1990, em vigor no Brasil desde 2009.

EDIÇÕES DE JANEIRO
Rua da Glória, 344 sala 103
20241-180 Rio de Janeiro-RJ
Tel.:(21) 3988-0060
contato@edicoesdejaneiro.com.br
www.edicoesdejaneiro.com.br

♦ ♦ ♦ ♦

Jan Morris
Galesa, acadêmica e prolífica escritora, dedica-se a gêneros literários diversos – biografias, memórias, relatos de viagem e romances –, sobretudo com foco histórico. Com mais de quarenta livros publicados, é conhecida em especial por sua trilogia *Pax Britannica* e seus retratos de cidades, como Oxford, Veneza, Trieste, Hong Kong e Nova York. Nasceu em 1926 e vive no País de Gales.

Maria Teresa Fernandes Serra
MV Serra
Brasileiros, viveram na Inglaterra e nos Estados Unidos um terço de suas vidas. Fizeram a primeira tradução de J.D. Salinger para o português em 1963. Trabalharam no Brasil e em países da América Latina, Ásia e África, na preparação de projetos de desenvolvimento urbano, ambientais e culturais. Dedicam-se a escrever sobre esses temas, dividindo seu tempo entre o Rio de Janeiro e o Vale das Videiras, na Serra de Petrópolis.

♦ ♦ ♦ ♦

SUMÁRIO

VII		Introdução
XIV		Mapa, roteiro e passaporte de Paddy

5		Carta Introdutória a Xan Fielding
9	CAPÍTULO 1	A Travessia da Ponte
25	CAPÍTULO 2	Budapeste
43	CAPÍTULO 3	A Grande Planície Húngara
89	CAPÍTULO 4	As Marcas da Transilvânia
116	CAPÍTULO 5	Através da Floresta
150	CAPÍTULO 6	A Tripla Fuga
187	CAPÍTULO 7	As Serranias dos Cárpatos
235	CAPÍTULO 8	Os Confins da Europa Central
268	APÊNDICE	Considerações numa Mesa de Café, entre o Kazan e as Portas de Ferro

273	Comentário: Traduzindo Fermor
276	Notas dos Tradutores
303	Índice Remissivo

INTRODUÇÃO

No Sábado de Aleluia de 1934, Patrick (Paddy) Leigh Fermor, aos dezenove anos, avaliava sua situação, de pé sobre uma ponte no Danúbio, em Esztergom, cerca de quarenta milhas rio acima de Budapeste.

Pouco tempo antes, ele fora instado a deixar a King's School, Canterbury, por conduta indecorosa (i.e., foi flagrado de mãos dadas com a filha de um comerciante local), apesar de seu intelecto superar em muito as expectativas de seus professores. Sua memória era brilhante, ele tinha dons extraordinários de observação e descrição, seu domínio de línguas era instintivo, e, a essa altura, já havia desenvolvido formidável conhecimento histórico. Porém, era um individualista nato, um aventureiro, e foi como alegre *dropout* que ele, três meses antes, havia dado início a uma caminhada solitária através do continente europeu, a partir de Hoek da Holanda até Constantinopla.

Encontrava-se, agora, a meio caminho de seu objetivo, tendo viajado, quase sempre a pé, através da Holanda, Alemanha, Áustria e Tchecoslováquia, seguindo aproximadamente os cursos do Reno e do Danúbio, mas fazendo desvios e excursões alternativas sempre que lhe dava vontade. Viajou, em geral, sob duras condições, convivendo com mendigos, ciganos, fazendeiros e qualquer um que encontrasse nas estradas, mas de vez em quando se abrigava por alguns dias na casa de algum conhecido de índole hospitaleira, nem que fosse só para usar a biblioteca.

Da ponte em Esztergom, na fronteira entre a Eslováquia e a Hungria, circundado por um enxame de cidadãos que se preparavam para as cerimônias da Páscoa, ele olhava, pela primeira vez, cheio de expectativa, para as seduções prometidas pela Europa Central – as bravatas românticas dos húngaros, as estranhas lendas e tradições da Transilvânia, a majestade selvagem do próprio Danúbio a fluir através de desfiladeiros, pântanos e florestas em direção ao Mar Negro.

◆ ◆ ◆ ◆

ANTES QUE NOS juntemos a ele em sua jornada, precisamos nós mesmos, pausar e meditar, pois o autor deste livro não é exatamente o Paddy Leigh Fermor que vemos em Esztergom. Cinco anos mais tarde, o jovem mochileiro se tornaria o Major Patrick Leigh Fermor, DSO, OBE,[1] um herói de guerra, famoso por haver aterrissado de paraquedas em Creta, então ocupada por nazistas, onde capturou um general alemão e o contrabandeou para o Egito; ademais, nos anos seguintes escreveu três livros de viagem que lhe deram fama literária. Foi apenas depois dos sessenta anos de idade que se dedicou a transformar em livro sua caminhada de juventude pela Europa. O primeiro volume resultante da empreitada, *Um Tempo de Dádivas*, foi publicado em 1977 e, de imediato, reconhecido como um clássico. Este segundo volume, *Entre a Floresta e a Água*, apareceu em 1986, quando Leigh Fermor tinha já setenta e um anos.

Assim, meio século o separava das experiências de que fala, e o autor olha para si através de um imenso golfo de vivência e história. A Segunda Guerra Mundial mudou a Europa para sempre desde que Paddy alçou sua mochila às costas em Hoek da Holanda, e seu *alter ego* também se mostra curtido por uma vida inteira de viagens e realizações. É quase como se *Entre a Floresta e a Água* fosse o trabalho de dois diferentes escritores, dedicando-se à tarefa a partir de extremos opostos, mas mesclando seus talentos numa mostra de colaboração entre gerações.

É um triunfo deste livro que nós, leitores, podemos entender os dois. Sabemos o que se passa em ambas as cabeças, porque a maestria do autor faz com que o entusiasmo juvenil do rapaz seja tão direto quanto a experiência equilibrada do mais velho.

◆ ◆ ◆ ◆

ENTÃO, LÁ VAMOS nós na companhia dos dois, para além da ponte em Esztergom, mergulhando de cabeça na *Mitteleuropa*. Este é um lugar genérico que não mais existe – quase uma ficção nos dias que correm. Em 1934, podia-se ainda reconhecê-lo na penumbra cultural do desaparecido Império Austro-Húngaro, que, devido à longa herança comum advinda dos Habsburgo, gozava de uma unidade que aos poucos se apagava.

Em especial, a classe dominante da Hungria era ainda uma arquetípica aristocracia, quase uma Ruritânia[2] – animada, muitas vezes excêntrica, com frequência anglófila, e manifestamente acolhedora do sagaz e atraente jovem inglês que, durante esta segunda parte de sua caminhada, talvez com demasiada assiduidade, vinha bater às suas portas. Embora na Europa Ocidental, em geral, Paddy tivesse se aferrado à sua decisão de viver como modesto andarilho, usando seu charme para, com facilidade e feliz, entrosar-se com gente trabalhadora de todo tipo, quando chega à Hungria sua resolução já é menos firme, e ele passa estirões de várias semanas em circunstâncias bem mais confortáveis.

Ocorre que, ao longo do caminho, ele vinha obtendo cartas de recomendação. Amigos lhe haviam repassado a amigos, um conde aqui havia lhe recomendado a um barão acolá e, quando o encontramos agora, ele está sendo apanhado por limusines ou tomando emprestado um puro-sangue, com quase tanta frequência quanto enfrenta uma estrada a pé. As passagens descrevendo suas estadias entre patrícios da Europa Central estão entre as mais felizes do livro, mas também entre as mais tristes: pois, sabemos bem, como sabe o autor, mas ainda era desconhecido para o jovem viajante, que toda aquela feliz, temerária e cultivada sociedade, que respondia às suas batidas à porta com tão imediata generosidade, estava condenada. Ainda durante a vida de Paddy, ela seria eliminada.

◆ ◆ ◆ ◆

ELE PARECE NÃO ter tido noção disso à época. Não estava muito interessado em política. Hitler assumira o poder em 1933, mas Leigh Fermor disso pouco tomou conhecimento enquanto caminhava através da Alemanha, e quando ouviu dizer que o Chanceler Austríaco, Dr. Döllfuss, havia sido assassinado, mais um ameaçador passo em direção à catástrofe, "o desânimo não durou muito além do café da manhã". Ninguém sabia ainda o que estava por vir. Leigh Fermor, como ele mesmo disse, não deu bola, e, enquanto atravessava a Hungria e adentrava pela Romênia, seus diversos anfitriões, quer esportivos ou eruditos, poucas vezes parecem ter abordado questões de natureza política. Estavam obcecados com o passado, e talvez preferissem não contemplar o futuro.

Mas estamos melhor informados, tal como está o autor, passadas seis décadas, o que dá à narrativa um elemento de melancolia que faz contrapeso à sua erudição – e à sua diversão. Porque não há dúvida que o jovem Leigh Fermor tinha com o que se divertir nessas mansões de janotas. Havia o prazer muito especial, para um jovem de sua sensibilidade, de passar horas sem ser perturbado em esplêndidas bibliotecas privadas, explorando as histórias dos países no seu entorno, vagando por suas línguas e se satisfazendo com o que era já sua particular especialidade intelectual, as ligações históricas – a busca de conexões entre culturas, povos e linhagens.

E havia a óbvia farra da vida social desses tempos e lugares. Os habitantes desses castelos exóticos combinavam bem com o jeito de Leigh Fermor. Ele podia conversar com senhores eruditos sobre história e tradições, e podia cavalgar, beber e, com frequência, flertar com jovens. Uma das passagens mais características (e mais amadas) do livro conta sobre um hilariante jogo de polo em bicicleta no gramado do castelo do Conde Józsi Wenckheim, em sua casa de cor ocre na Grande Planície Húngara, descrita por Leigh Fermor como tendo "pináculos, pedimentos, frontões barrocos, ogivas, lancetas, mainéis, íngremes telhados de ardósia, torres com bandeiras ao vento e lances de escadas encobertas".

Mas tão adoráveis quanto possam ser esses interlúdios, eles não constituem o âmago do livro. A viagem de Leigh Fermor era certamente destituída de preocupações, mas não era frívola. Na verdade, a meu ver, durante seus meses de estrada, ele se sentia mais realizado, não ao se divertir entre patrícios, mas caminhando sozinho no campo, observando, ouvindo, e fazendo amigos entre os pastores, lenhadores e estalajadeiros que encontrava em sua rota. É aqui que sua especial capacidade de relembrar é dada soberba expressão, cinquenta anos mais tarde, por meio do vocabulário de seu outro eu, o que nos permite gozar da incomparável riqueza de estilo de Leigh Fermor, tanto da pessoa quanto da sua prosa.

Prazeres de caráter lírico ocorrem em cada parte de *Entre a Floresta e a Água*, mas penso que atingem o apogeu nas passagens em que se encontra Paddy à solta no selvagem planalto dos Cárpatos. Aqui todo seu jovem entusiasmo é liberado. Ele discute pronúncia *romani* com ciganos que bateiam metais. Pastores da seita uniata o levam a pensar nas ortodoxias cristãs. Um rabino num acampamento de lenhadores recita versos dos Salmos em hebraico, e ele copia sua fonética. Camponesas folgazãs zombam dele. E, sempre, em sua cabeça, todos os povos do complicado passado dos Cárpatos, dácios e godos e gépidas e lombardos e hunos e mongóis e kabares e caraítas cismáticos,[3] deslocam-se com ruído e discutem através dos tempos, fazendo suas cimitarras colidir, batendo seus tambores e tocando suas flautas de tíbias.

O melhor de tudo, em minha visão, é que, nestes lugares altos e vazios, Leigh Fermor se inspira no convívio e acolhimento da natureza. Na década de 1930, a Europa Central fervilhava com criaturas selvagens, ursos e raposas, gatos selvagens, poupas e papa-figos dourados, e ele amava essa proximidade. Quando um bando de ovelhas passa por ele durante a noite, o que ele escuta é uma "leve agitação fluida", causada por "centenas de pezinhos fendidos passando em trote". Quando se vê diante de um veado, os dois ficam transfixados por um instante até que o animal se atira "por entre uma barreira de galhos, como um cavalo pelo meio de uma argola". Ninguém jamais descreveu uma águia dourada como Leigh Fermor faz, com todo o sentimento de companheirismo que um andarilho tem por um outro, e chegamos a acreditar que ele realmente coabitou com cegonhas, tal a intimidade e a afeição com que analisa sua elegância e sua falta de jeito.

Mas, como diz das florestas dos Cárpatos, "um certo fascínio permeia matas íngremes como estas", e, da mesma maneira, este livro é permeado por memórias de noites estreladas em meio ao farfalhar de galhos ou à leve agitação fluida de cascos de ovelhas atravessando o silêncio.

◆ ◆ ◆ ◆

LEIGH FERMOR NÃO chega a alcançar Constantinopla em *Entre a Floresta e a Água*. Da Transilvânia, ele navegou Danúbio abaixo, através das grandiosas Portas de Ferro, emergindo, ainda a quinhentas milhas distante de seu destino, em Orşova, na fronteira com a Bulgária, onde o canto do muezim lhe deu as boas-vindas também às portas do Islã. Talvez nunca cheguemos a caminhar as últimas milhas em sua companhia, para ficar postados a seu lado no Bósforo: mas ele termina este livro com as palavras "A SER CONTINUADO", de modo que, quem sabe, neste momento, passados vinte anos de sua publicação, em algum lugar, talvez num terraço na Grécia, golfinhos a brincar, lá em baixo, na enseada azul, um gato a seus pés e um jarro de *retsina* em sua mesa, Paddy esteja escrevendo o final da obra-prima de sua vida.

Jan Morris[4]
2005

Tchecoslováquia
Szob
Esztergom
Szentendre
Visegrado
Budapeste
Jászberény
R. Tisza
Hortobágy
Satu Mare
Debrecen
Hungria
Alberti-Irsa
Szolnok
Grande Planície
Cegléd
Körösladány
Romênia
Mezötúr
Vésztö
Gyoma
R. Danúbio
Doboz
Békéscsaba
Cluj
Turda
Pequena Cumânia
Lökösháza
Ineu
Curtici
Pankota
Szeged
Pécs
Arad
Mohács
Ötvenes
Kápolnás
Alba Iulia
Maria Radna
Zám
R. Maros
Tovicsegháza
Gurasada
Soborsin
Timişoara
Lapuşnic
Deva
R. Tisza
R. Drava
R. Timiş
Tomeşti
Sibiu
Hunedoara
Banat
Caransebeş
R. Danúbio
R. Sava
R. Cerna
Iugoslávia
Belgrado
Termas de Hércules
R. Drina
Bósnia
Herzegovina
Orşova
Ada Kaleh
Turnu Severin
Moldova Veche
Kazan
R. Jiu
Craiova
Sarajevo
0 40 80 120 160 kms

XV

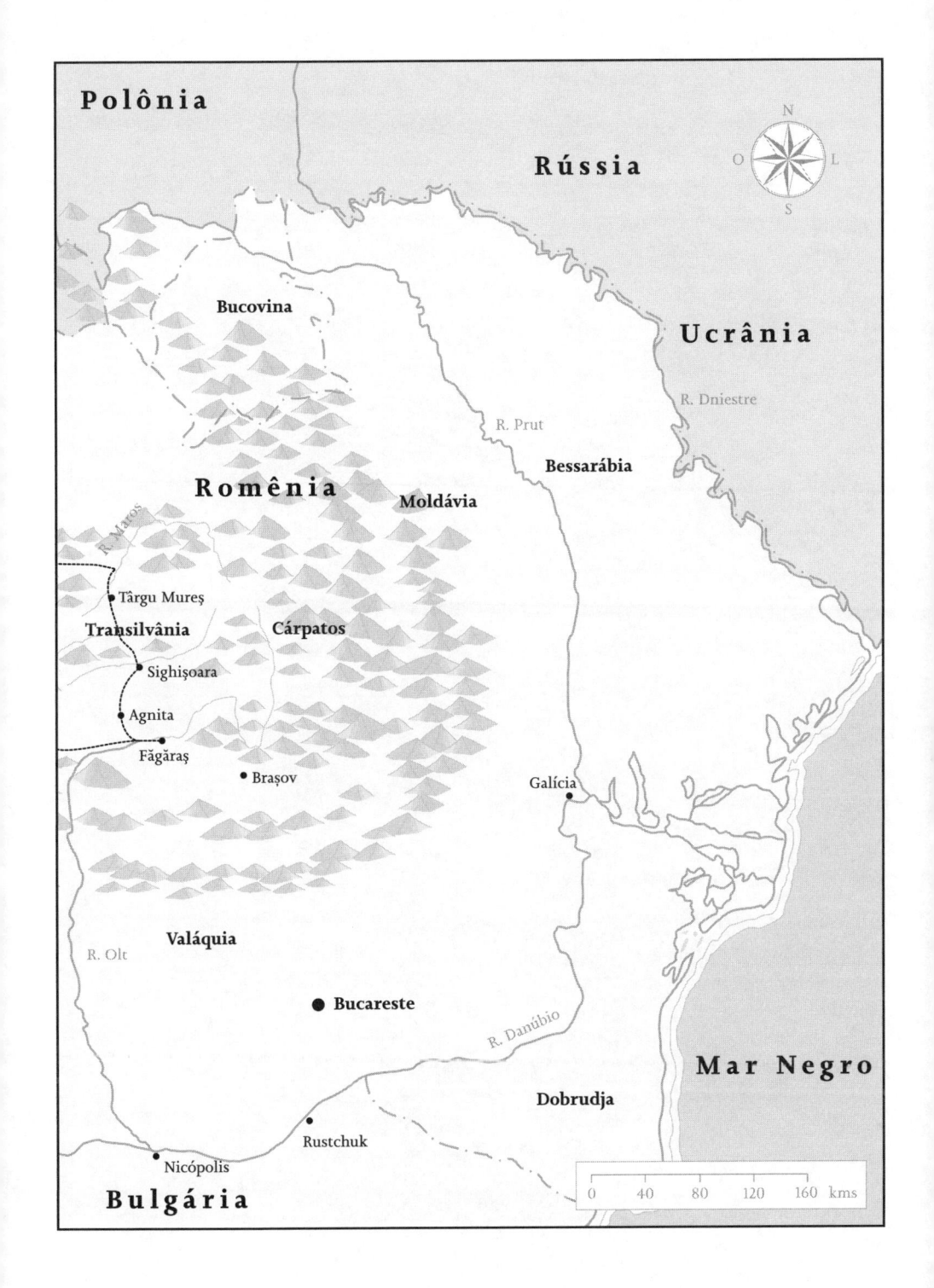

O ROTEIRO DE PADDY

CAP 1   **A Travessia da Ponte**
31 MAR*   Esztergom
1 ABR*   Dorme ao relento na companhia de Bálint e Géza
2 ABR   Szentendre

CAP 2   **Budapeste**
3-12 ABR   Na casa de Berta e Tibor em Buda

CAP 3   **A Grande Planície Húngara**
13 ABR*   A caminho de Cegléd, dorme no acampamento de ciganos
14-15 ABR   Szolnok, em casa do Dr. Imre Hunyor
16-18 ABR   Pusztatenyö; e Mezötúr, no quarto de Miklós Lederer
19 ABR   Gyoma, em casa do Dr. Vitéz Haviar Gyula
20-21 ABR   Körösladány, no *kastély* do Conde Johann e Condessa Ilona Meran
22 ABR   Vésztö, no *kastély* do Conde Lajos Wenckheim
23 ABR   Doboz, com o Conde László e sua esposa inglesa
24-25 ABR   O'Kigyos, no *kastély* do Conde Józsi e Condessa Denise Wenckheim
26 ABR   A caminho de Lökösháza, dorme ao relento sobre uma meda de feno

CAP 4   **As Marcas da Transilvânia**
27 ABR*   Pankota, acolhido por Imre Engelhardt
28 ABR   Ineu (Borosjenö), no *kastély* de Tibor, próximo a Mokra
16 MAI*   Arad
17- ? MAI   Tövicsegháza, em casa de Jaš e Clara
?????   Ötvenes, em casa de uma família de suábios

CAP 5	**Através da Floresta**
1 JUN	Abadia de Maria Radna, recebido pelo Irmão Pedro
2-3 JUN*	Em casa do Sr. v. Konopy
4 JUN	Kápolnás, no kastély do Conde Jenö e Condessa Catarina (Tinka) Teleki
?????	Parte para Zám; passa dias no kastély de Xenia Csernovitz
?????	No kastély da família de István, por algumas semanas
CAP 6	**A Tripla Fuga**
25 JUL**	Sobe o Vale do Maros com István e Angéla; dormem em Cluj
26 JUL	Continuam por cidades e vilas transilvanas; dormem em Sighişoara
27 JUL	Completam o circuito; deixam Angéla em Deva
CAP 7	**As Serranias dos Cárpatos**
27-28 JUL	Lapuşnic, em casa de Lázár
29 JUL	Tomeşti, em casa de Herr Winckler
30 JUL	Dorme ao relento na serra
1 AGO	Caransebeş, numa olaria
2-3 AGO	Sobe a serra; dorme no quintal do pastor Radu
4-6 AGO	Sai pela serra; dorme ao relento
7 AGO	Desce da serra
CAP 8	**Os Confins da Europa Central**
7-11 AGO	Periferia das Termas de Hércules, em casa de Heinz Schramm
11 AGO	Orşova, com um grupo de topógrafos
12 AGO	Ilha de Ada Kaleh; dorme ao relento
13 AGO*	Volta a Orşova, embarca para a Bulgária

Nota:
As datas assinaladas com um único asterisco (*) são citadas pelo autor no texto; a assinalada com duplo asterisco (**) foi inferida pela menção ao assassinato do Dr. Dölfuss, Chanceler Austríaco; as demais são resultado de inferências dos tradutores, baseadas em observações do autor sobre seus pousos noturnos e estadias, e em anotações em seu diário, que se encontra arquivado na National Library of Scotland.

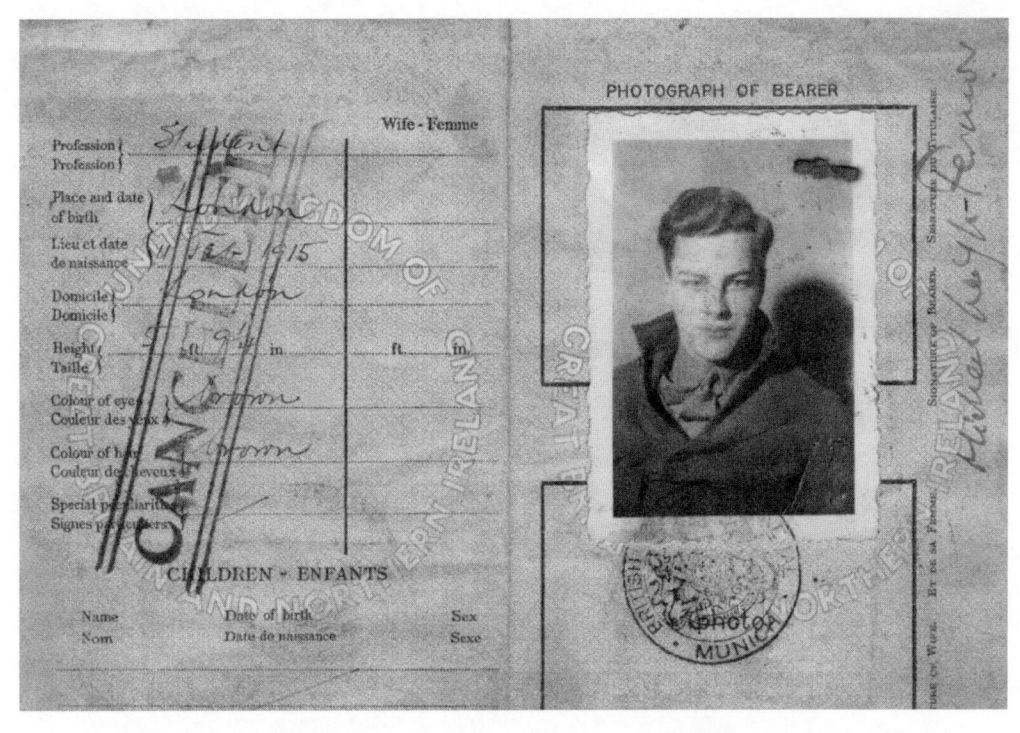

Facsímile das primeiras páginas do passaporte de Patrick (Michael) Leigh Fermor, emitido em Munique em janeiro de 1934, em substituição àquele com que saiu da Inglaterra, em dezembro de 1933. Paddy tinha, ao partir, dezoito anos. Em 11 de fevereiro de 1934, completaria dezenove.

(Fonte: Arquivos de Patrick Leigh Fermor, da National Library of Scotland)

PATRICK LEIGH FERMOR

ENTRE A FLORESTA E A ÁGUA

A PÉ ATÉ CONSTANTINOPLA:
DO MÉDIO DANÚBIO ÀS PORTAS DE FERRO

Völker verrauschen,
Namen verklingen,
Finstre Vergessenheit
Breitet die dunkelnachtenden Schwingen
Über ganzen Geschlechtern aus
  — Friedrich Schiller
  Die Braut von Messina

Ours is a great wild country:
If you climb to our castle's top,
I don't see where your eyes can stop;
For when you've passed the cornfield country,
Where vineyards leave off, flocks are packed,
And sheep-range leads to cattle-tract,
And cattle-tract to open-chase,
And open-chase to very base
Of the mountain, where, at a funeral pace,
Round about, solemn and slow,
One by one, row after row,
Up and up the pine-trees go,
So, like black priests up, and so
Down the other side again
To another greater, wilder country.
  — Robert Browning
  The Flight of the Duchess

Dispersam-se os povos,
Os nomes s'estinguem,
O olvido pesado
Sobre as raças todas
As largas asas cor de noite estende.
 — Friedrich Schiller (1759-1805)
 A Noiva de Messina, 1803[1]

Imensa e selvagem é a nossa terra:
Se subires ao topo de nosso castelo,
Não vejo o que possa deter teu olhar;
Pois quando já tiver passado dos milharais,
Onde os vinhedos chegam ao fim, os rebanhos se juntam,
E os prados de ovelhas levam a pastos de gado,
E os pastos de gado a campos abertos,
E os campos abertos à base mesma
Da montanha, onde, num passo fúnebre,
Rodeando, solene e lento,
Um a um, fileira após fileira,
Cada vez mais alto os pinheiros sobem,
Sobem assim como negros sacerdotes, e assim,
Descem em seguida pelo outro lado,
Para outras terras, maiores e mais selvagens.
 — Robert Browning (1812-1889)
 A Fuga da Duquesa, 1845

CARTA INTRODUTÓRIA A XAN FIELDING

🌿 🌿 🌿

Caro Xan,

A primeira parte desta narrativa, Um Tempo de Dádivas, terminou numa ponte sobre o Danúbio entre a Eslováquia e a Hungria, e, como mudanças a meio caminho podem dar azar, permita, por favor, que eu comece a segunda parte com uma carta a você, tal como fiz antes. Nem será esta a última vez; outro livro deverá sair, levando-nos ao fim da jornada e mais além.

 Eu havia deixado a Holanda em 1934 com a intenção de me relacionar apenas com conhecidos ocasionais e outros modestos andarilhos, mas quase sem perceber, quando cheguei na Hungria e na Transilvânia, eis que me descobri com uma vida muito mais fácil do que esperara ou planejara: deambulando em cavalos emprestados, vagando de uma casa de campo a outra, passando, com frequência, semanas ou meses sob tetos pacientes, talvez padecentes, mas sempre hospitaleiros. Muita coisa fez com que esta parte de minha jornada fosse bem diferente de todo o resto. Foi um período de grande encanto; tudo parecia impensavelmente velho e, ao mesmo tempo, novo em folha e por completo desconhecido, e, graças ao ritmo preguiçoso que adotei e àquelas longas estadias, puderam surgir amizades duradouras.

 Sofri alfinetadas ocasionais de consciência por estar me afastando tanto de minhas intenções originais; mas agora, quando olho para trás, após juntar todos esses meses por escrito, as inquietações desaparecem. A década que se seguiu à viagem fez desaparecer este mundo de remotas habitações rurais e percebo a sorte que tive de poder vislumbrá-lo tão tranquilamente, e mesmo dele compartilhar, ainda que por um breve tempo. Talvez uma inconsciente sabedoria haja guiado este trecho da viagem, e, quando ela terminou ao sul do Danúbio, percebi de repente, ao galgar os passos dos Bálcãs no meu célere ritmo de antes, como eram incomuns as regiões pelas quais havia passado: em retrospecto, elas começavam a tomar uma luminosidade mágica que o meio século seguinte só fez realçar.

Meu caderno de notas cobrindo esse período, perdido na Moldávia no começo da guerra e recuperado alguns anos atrás por um lance de muita sorte, foi de grande valia, embora não tenha sido o esteio infalível que eu esperava que fosse. Quando eu me detinha durante essas longas estadias, também parava de escrever: como se tratava de um diário de viagem, acreditava erroneamente que nada havia a registrar. Com frequência, quando seguia adiante, demorava a retomar a escrita e, mesmo assim, o simples lançar de notas muitas vezes tomou o lugar de narrativas contínuas. Temeroso de que alguns detalhes tivessem perdido sua sequência, quando comecei a escrever este livro, cerquei essas passagens com nuvens de ressalvas, visando me proteger de eventuais erros. Mas depois, ao considerar que este livro não era um guia de viagem, passei a achar que nada disso importava muito; e, assim, deixei que a história contasse a si própria, livre de advertências debilitantes.

Os livros sobre esta parte da Europa voltam-se principalmente – às vezes, quase exclusivamente – para questões políticas, e essa abundância diminui minha culpa quanto ao pequeno papel que tais questões aqui têm, aparecendo apenas ao impingir diretamente na viagem. Precisava dar conta, em alguma medida, de como via a história tendo afetado a vida na Transilvânia – suas sequelas estavam em todo o meu entorno – mas minhas inconclusivas ponderações são apresentadas com justificada cautela. Nenhum outro testemunho seria menos profissional ou "dentro da Europa",[1] e meu torpor político neste estágio juvenil da vida foi mencionado extensamente em Um Tempo de Dádivas (pp. 127-34).[2] Notícias de tristes eventos surgiam com alguma insistência a partir do mundo externo, mas algo no estado de alma gerado por estes vales e cordilheiras enfraquecia seu impacto. Eram augúrios sinistros, mas seriam necessários mais três anos até que apontassem inequivocamente para as convulsões de cinco anos mais tarde.

Nomes de lugares são um problema menor, mas incômodo. Para aqueles muito conhecidos, segui os formatos mais consagrados pela história, e, para os demais, aqueles utilizados quando da época da viagem. Preferências políticas alteraram muitos deles, outros mudaram mais tarde; a ortografia do romeno foi modificada, e mudanças anteriores de soberania afetaram a precedência dos três nomes que frequentemente adornam a menor das aldeias. Tentei citar o nome oficial primeiro, e, em seguida, caso necessário, os demais. Sei que, aqui e ali, há confusão, mas, como este não é um guia, ninguém correrá o risco de se perder. Devo me desculpar por estas deficiências e espero que fique claro que isso não tem nada a ver com preferências partidárias. Alguns nomes de pessoas foram trocados quando me pareceu conveniente, mas, com parsimônia, e quase sempre os de amigos que ainda estão ativos num cenário do qual muitos outros já desapareceram. 'Von' é 'v.' ao longo do texto.

As dívidas que o escritor contrai num livro desta natureza são imensas e duradouras e se eu falhar em agradecer a todos que deveria, não é por esquecimento ou ingratidão. Estou profundamente reconhecido à minha velha amiga Elemer v. Klobusicky; à família Meran, então e hoje; a Alexandre Mourouzi e Constantine Soutzo. Gostaria de agradecer também a Steven Runciman pelas encorajadoras palavras no tocante ao primeiro volume; a Dimitri Obolensky pelos sábios conselhos no caso deste que apresento; e a David Sylvester, Bruce Chatwin, Niko Vasilakis, Eva Bekássy v. Gescher e, como sempre, a John Craxton. Também, múltiplos e retrospectivos agradecimentos a Balasha Cantacuzène pela ajuda na tradução de *Mioritza*, na Moldávia, faz já muito tempo. Minha dívida com Rudolf Fischer é inestimável. O onisciente alcance de seu conhecimento e seu entusiasmo, sempre temperado por um olhar crítico, têm sido um constante prazer e estímulo durante o preparo deste livro; sua vigilância me salvou de muitos erros, e sinto que os que restaram talvez sejam aqueles onde, precisamente, seus conselhos não foram seguidos.

Muito obrigado a Stella Gordon por decifrar uma escrita ilegível com paciente talento à Champollion-Ventris.

Por fim, agradecimentos sinceros por gentilezas e refúgio durante irriquietos deslocamentos literários a Barbara e Niko Ghika (a quem o livro é dedicado) nas muitas semanas passadas entre as *loggias* e andorinhas de Corfu; a Janetta e Jaime Parladé pelo asilo nas alturas de Tramores; aos proprietários do Stag Parlour, próximo a Bakewell, pelas efervescentes sessões de revisão e pela sugestão quase irresistível de colocar *Shank's Europe*[3] como título do conjunto destes livros; a Jock e Diana Murray pela paciência editorial e abrigo durante sua última fase; e, por fim, caro Xan, a você e Magouche, por seu cuidado em me oferecer momentos de protegido isolamento na Serrania de Ronda.

P.

Kardamyli, 11 de fevereiro de 1986

CAPÍTULO I

A TRAVESSIA DA PONTE

※ ※ ※

Talvez eu tivesse ficado tempo demais na ponte. Sombras vinham se acumulando sobre as margens eslovacas e húngaras, e o Danúbio, correndo rápido e pálido entre elas, lavava o cais da velha cidade de Esztergom, na qual uma colina acentuada erguia a basílica rumo à escuridão. Descansando sobre seu anel de colunas, a grande cúpula e os campanários paladianos, soando agora com um tinido mais curto, inspecionavam a ensombrecida cena muitas léguas à frente. De repente, o cais e o caminho íngreme que passava pelo Palácio do Arcebispo ficaram vazios. O posto de fronteira ficava ao final da ponte, e me apressei para entrar na Hungria: a multidão que neste Sábado de Aleluia havia se juntado na beira-rio subira para a praça da catedral, onde os encontrei passeando sob as árvores, conversando em grupos, à espera de algo. Logo abaixo, telhados caíam e, em seguida, apareciam a floresta, o rio e os alagadiços, juntando-se ensombrecidos ao que ainda restava do pôr do sol.

Um amigo havia escrito para o prefeito de Esztergom: "Por favor cuide bem deste jovem, que está indo a pé até Constantinopla". Com planos de procurá-lo no dia seguinte, perguntei a alguém pelo escritório do prefeito e, antes que me desse conta do que se passava, e para meu embaraço, ele me havia levado ao próprio. Estava rodeado por aqueles figurões maravilhosamente trajados que eu observara admirado junto ao Danúbio. Tentei explicar que eu era o andarilho sobre o qual ele havia sido avisado, e ele, embora gentil, não entendeu muito bem; então, fez-se a luz e, após uma rápida e claramente cômica conversa com uma daqueles magníficos personagens, colocou-me sob seus cuidados, e partiu apressado através da praça em direção a afazeres mais sérios. A tarefa foi aceita com uma expressão jocosa; devo ter sido atrelado a meu mentor devido a seu excelente domínio do inglês. Seu traje de gala era escuro e esplêndido; ele portava sua cimitarra suspensa displicentemente na dobra do braço e um monóculo sem aro brilhava no olho esquerdo.

Nesse exato momento, todos os olhares se voltaram colina abaixo. Um barulho de cascos e o tinir de arreios haviam chamado o prefeito para os degraus da catedral, onde um tapete escarlate fora aberto. Cerimoniosos, clérigos e portadores de velas congregavam-se e, quando a carruagem parou, uma figura em cores flamejantes surgiu de dentro dela e o cardeal, Monsenhor Serédy, que também era Arcebispo de Esztergom e Príncipe-Primaz da Hungria, desembarcou lentamente, oferecendo sua mão anelada à assembleia, todos, em sequência, pondo-se sobre um único joelho. Seu séquito o acompanhou pelo grande prédio adentro, enquanto um bedel conduzia o grupo do prefeito para as primeiras fileiras, recobertas em escarlate. Procurei escapulir para um lugar mais humilde, mas meu mentor foi firme: "Daqui você verá muito melhor".

O Sábado de Aleluia havia enchido a enorme catedral pela metade e eu conseguia identificar muitas das figuras que haviam se exibido ao longo do rio: os burgueses em seus melhores trajes, os camponeses de botas e roupas pretas, as moças com cabelos em arranjos intrincados, saias coloridas e mangas brancas plissadas e rebordadas, as mesmas que corriam pela ponte com buquês de lírios, narcisos e calêndulas. Havia dominicanos em preto e branco, várias freiras, uns tantos uniformes e, encostados próximos aos portões de entrada, um punhado de ciganos em tons díspares, com as mãos nos quadris, sussurrando. Não seria de surpreender que um de seus ursos pudesse entrar a passo lento, mergulhar sua pata numa das pias de água benta, uma concha barroca de múrex talhada, e em seguida fletir o joelho.

Tudo tão diferente da fantasmagórica atmosfera das *Tenebrae*,[1] de apenas duas noites antes! À medida em que cada círio era retirado de seu cravo, as sombras haviam avançado aos poucos até que a escuridão dominou a pequena igreja eslovaca. Aqui, a luz enchia o grande prédio, novas constelações de pavios flutuavam por todas as capelas, o Círio Pascal estava aceso no coro e, ao longo do altar principal, estrelas sem brilho, guarneciam as ponteiras de velas tão altas quanto lanças. À exceção dos bancos da frente, em vermelho, a catedral, o clero, o celebrante e seus diáconos e todos seus mirmidões vestiam branco. Transformado por inteiro de sua cardinalícia manifestação em escarlate, o arcebispo, vestindo branco e dourado, estava entronizado sob um dossel brasonado, enquanto os membros de sua pequena corte se empoleiravam em renques, degraus acima. No mais baixo destes estava o guardião de um pesado báculo e, atrás dele, um outro se perfilava, pronto a levantar a alta mitra branca e substituí-la, sempre que o ritual o exigia, a cada vez arrumando as lapelas nos ombros cobertos pelo pálio. À frente do corredor, enquanto isso, a ostentação quase marcial de fileiras cerradas de nobres húngaros – os gibões coloridos de seda, brocados e peles, as correntes de ouro e prata, as botas hessianas em azul, carmim e turquesa, as esporas douradas, os *kalpacks*[2] de pele de urso com suas presilhas de diamante, e as altas plumas de penas de garça-branca, águia e grou – equiparava-se tão adequadamente ao esplendor eclesiástico quanto os adornos em O *Enterro do Conde de Orgaz*;[3] e eram os trajes negros – como o de meu novo amigo e as armaduras dos cavaleiros de Toledo aí retratados – o que mais impressionava. Aquelas cimitarras encostadas nos bancos, com seus guarda-mãos recobertos de dourados e marfim, e as teatrais bainhas cravejadas de pedraria – seriam, seguramente, relíquias de família dos tempos das guerras turcas? Quando seus donos se levantaram, retinindo, para o Credo, umas das espadas caiu no mármore com estardalhaço. Em antigas batalhas através da *puszta*,[4] lâminas como estas faziam as cabeças dos turcos rodopiarem a pleno galope; as cabeças húngaras também, naturalmente...

Logo, depois de um silencioso intervalo, os feixes de tubos do órgão trovejaram e flautearam sua mensagem sobre a ascendente Divindade. Vintenas de vozes se levantaram no coro, aleluias alçaram voo, a nuvem de incenso, expandindo e envolvendo esculturas de folhas de acanto, retorcia-se em direção ao alto, perdendo-se nas sombras da cúpula, enquanto outra sequência de movimentos fazia sua entrada. Conduzida por uma cruz, uma vanguarda de clérigos e acólitos, suas velas crepitando, já estava a meio caminho no corredor central. Em seguida, veio um dossel com o Sacramento levado num ostensório; depois o arcebispo, o prefeito, o mais idoso nobre húngaro, de barba branca, mancando e se apoiando pesadamente numa bengala de málaca; e aí os demais. Instado por uma amigável cutucada, eu me juntei à lenta correnteza e logo, como se a fumaça e os sons nos houvessem soprado pela portada, estávamos todos do lado de fora.

A lua, ainda enorme, passada apenas uma noite da cheia, tornava tudo claro como o dia. A procissão descera os degraus e começava a se mover lentamente; mas quando a banda, que até então havia aguardado, se posicionou atrás dela e atacou os primeiros compassos de uma lenta marcha, as notas de imediato se diluíram. Rodas rangeram ao alto, madeiras gemeram, e um quase delirante e múltiplo repique de sinos derramou--se num estrondo pela noite adentro; e então, entre estas pancadas no bronze, outro som, como um insistente bater de palmas, fez com que todos olhassem para cima. Por volta de uma hora antes, duas cegonhas, cansadas de sua viagem originada na África, haviam desembarcado num desgrenhado ninho sob um dos campanários e todos havíamos observado quando elas aí se acomodaram. Agora, assustadas com o estrondo, batendo as asas em desespero e com os pescoços esticados, partiam novamente, com as pernas escarlate na rasteira. Penas negras se abriram ao longo das pontas de suas enormes asas brancas; e, então, firmes e desapressadas, batidas de asas as levantaram para além da folhagem das castanheiras, céu adentro, enquanto as seguíamos fixamente. "Escolheram uma bela noite para aparecer", disse meu vizinho ao nos juntarmos à procissão.

Não havia na cidade uma luz sequer à vista exceto as chamas de um milhar de velas fixadas ao longo dos peitoris das janelas ou cintilando nas mãos da multidão que aguardava. Os homens tinham suas cabeças descobertas e as mulheres usavam lenços; a luz que emanava de suas mãos em concha invertia o *chiaroscuro* do dia, marcando as linhas de mandíbulas e narinas, esculpindo pequenos e brilhantes crescentes sob suas sobrancelhas e deixando na sombra tudo mais que estivesse além dessas máscaras vivas. Ruas seguiam-se a ruas, tomadas por uma floresta silenciosa de chamas, e à medida em que a frente da procissão se apresentava, todos se ajoelhavam, levantando-se outra vez, alguns segundos após, ao avançar a caminhada. Logo chegamos a fileiras cintilantes de álamos e, de vez em quando, a solene música era interrompida. Quando os cânticos pausavam, o badalar das correntes dos turíbulos e o som da extremidade do cajado pastoral do arcebispo batendo nos paralelepípedos juntavam-se ao coaxar de milhões de sapos. Despertadas pelos sinos e pela música, as cegonhas da cidade flutuavam e se entrecruzavam no alto, contemplando nosso pequeno cordão de luzes que fazia a volta e subia a colina para uma vez mais entrar na basílica. A intensidade do momento, a cantoria, as chamas das velas e o incenso, a sensação primaveril, as aves revoando, o cheiro dos campos, os sinos, o coro vindo dos juncais, as sombras delgadas, a quimera da lua sobre as matas e sua torrente prateada – tudo isso consagrava a noite com um encanto de grande generosidade e força.

Quando tudo havia terminado, os participantes apareceram novamente nos degraus da catedral. A carruagem esperava; e nela lentamente subiu o arcebispo, retornado às vestes de cardeal e portando a larga estola de arminho que indicava ser ele um príncipe temporal além de eclesiástico. Seu ajudante de ordens, apoiado por um capelão dotado de um proeminente pomo de Adão e *pince-nez*, e por um postilhão em uniforme de hussardo, tal como pescadores com uma rede, ajuntavam, jarda após jarda, a cauda de seda lustrosa, da cor de gerânios, até encher a carruagem. O capelão subiu, acomodou-se no banco oposto, e em seguida entrou o ajudante de ordens, sentando-se ereto, mãos recobertas por luvas pretas sobre o cabo de sua cimitarra. O postilhão dobrou os degraus e um pequeno serviçal vestindo um *busby*[5] bateu a porta onde se via pintado um brasão encimado por um chapéu com borlas;[6] e quando ambos já haviam se empuleirado atrás, o condutor, também de *busby*, deu uma sacudidela nas rédeas, as penas de avestruz acenaram e os quatro tordilhos seguiram em frente. À medida em que a carruagem balançava colina abaixo, uma onda de aplausos ia atravessando a multidão, e todos os chapéus se erguiam quando uma mão, pastoralmente anelada sobre sua luva vermelha, tremulava em bênçãos na janela.

Nos degraus iluminados pela lua, todos se abraçavam, trocando cumprimentos de Páscoa, beijando-se nas mãos ou no rosto. Os homens colocavam seus chapéus de pelo, ajustavam a inclinação de seus dólmãs e, após horas de latim, o magiar explodia num alegre borbotão de dáctilos.

"Vejamos como aquelas aves estão se arranjando", disse meu mentor, polindo seu monóculo com um lenço de seda. Caminhou lentamente para a borda dos degraus e, apoiando-se na espada como se esta fosse um *shooting stick*,[7] vasculhou o céu noturno. Dois bicos, lado a lado, saltavam para fora dos gravetos, permitindo que apenas distinguíssemos as aves reacomodadas e dormindo profundamente em meio às sombras. "Que bom!", disse. "Estão tirando uma gostosa soneca."

Ele fez circular sua cigarreira quando nos juntamos aos demais; retirou cuidadosamente um cigarro para si e o bateu contra o ouro enrugado. Três plumas se debruçaram em torno à chama de seu isqueiro numa breve pirâmide que logo se desfez. Ele deu uma aspirada profunda, segurando o ar por alguns segundos, e então, com um longo suspiro, deixou a fumaça escapar lentamente no luar. "Estava ansioso por isso", disse. "É o primeiro desde a Terça-feira Gorda."

A noite terminou com um jantar em casa do prefeito, começando com *barack*, a seguir, por um bom tempo, com enxurradas de vinho, e depois com *tokay*, ao final do quê uma bruma rodeava aquelas figuras em trajes deslumbrantes. Mais tarde, o prefeito, desculpando-se, me disse que sua casa estava entupida de gente, e que havia providenciado um quarto para mim na casa de um vizinho. Qualquer desembolso estava fora de questão! Na manhã seguinte, sobriamente vestido em *tweed* e suéter de gola rulê meu amigo amante das cegonhas me apanhou numa fogosa Bugatti e só mesmo a cimitarra entre suas malas no assento traseiro deixava suspeitar dos esplendores da noite anterior. Fomos ver os quadros no Palácio do Arcebispo; e então, disse ele, por que não vir em seu carro? Estaríamos em Budapeste logo, logo; mas segui firmemente minha regra – nenhuma carona, a menos que o tempo estivesse insuportável – e assim fizemos planos de nos encontrar na capital. Ele chispou com um aceno e depois das despedidas dadas ao prefeito, peguei minhas coisas e também segui em frente. Fiquei imaginando se a Hungria como um todo seria desse jeito.

◆ ◆ ◆ ◆

DO CAMINHO QUE subia pela borda da floresta, ao se mirar para trás, viam-se pântanos e árvores e uma vastidão de juncais e o grande rio, à vontade, dividindo-se e novamente se juntando em volta a uma cadeia de ilhas. Acompanhei as aves aquáticas subindo em disparada, dando voltas como um punhado de pó e pontilhando a lagoa com incontáveis borrifos quando voltavam a pousar. Em seguida, de uma posição mais alta, ficavam fora do alcance da visão. Os contrafortes montanhosos erguiam-se abruptamente do lado oposto, colinas menos imponentes se sobrepunham rio abaixo e a felpa dos topos das árvores dava lugar a escarpas de calcário e pórfiro; e, nos pontos em que convergiam, o rio verde corria rápido e profundo.

Abaixo, surgia um vilarejo, e cegonhas se postavam numa só perna por entre os gravetos de antigos ninhos sobre o sapê e as chaminés. Ouviam-se pancadas secas apressadas quando alçavam voo, e quando baixavam ao nível do topo das árvores e cruzavam o rio em direção à Eslováquia, raios de sol se refletiam sobre a parte superior de suas asas; elas, então, inclinavam-se, e rodeavam de volta para a Hungria quase sem que uma pena sequer se movesse. Pousando, com gravetos em seus bicos, caminhavam pelos telhados com suas penas de voo, pretas e abertas, espalhadas como os dedos de um equilibrista sobre uma corda bamba buscando estabilidade. Aves mudas que são, improvisam uma estranha canção de acasalamento inclinando-se para trás, abrindo e fechando seus bicos escarlate numa vertiginosa algazarra, como se paus lisos batessem uns nos outros: a corte de apenas uma dúzia delas numa dessas aldeias ribeirinhas soava como uma multidão de castanholas. Levadas por súbito entusiasmo, elas saltavam algumas jardas no ar e caíam em desalinho, escorregando precariamente no sapê. Na noite anterior, sua magnífica procissão havia se alongado no ar por milhas; agora estavam por toda parte e, durante as semanas que se seguiram, jamais consegui me acostumar a elas; seu estranho e buliçoso chacoalhar foi o tema prevalente desta viagem, e o encanto que elas lançaram sobre as regiões subsequentes durou até agosto, nas montanhas da Bulgária, quando finalmente observei um bando delas diminuindo progressivamente de tamanho à distancia, em seu caminho para a África.

Era primeiro de abril de 1934 e Domingo de Páscoa: dois dias depois da lua cheia, onze do equinócio, quarenta e sete desde meu aniversário de dezenove anos, e cento e onze desde que eu partira, mas menos de vinte e quatro horas desde que eu cruzara a fronteira. O lado oposto ainda era a Eslováquia, mas, uma ou duas milhas adiante, um tributário se retorceria por entre as colinas ao norte, e as coberturas de telhas e os campanários da pequena cidade de Szob, de lamentável ressonância,[8] marcariam o ponto de encontro dos dois rios. A fronteira seguia em direção ao norte por este vale adentro e, pela primeira vez, os dois lados do Danúbio seriam a Hungria.

Durante a maior parte desta viagem, a paisagem havia estado sob a neve, marcada por pingentes de gelo e frequentemente sob um véu de flocos cadentes, mas as três últimas semanas haviam mudado tudo isso. A neve havia encolhido a uns poucos fragmentos descoloridos e o gelo no Danúbio havia rompido. Sólido, ao derreter, separava-se com estrondos parecidos a uma sucessão de trovões. Eu seguia rio abaixo, longe do alcance desses ruídos, quando gigantescas placas se desprenderam; mas, de repente, a água, represada por ocasionais atravancamentos, ficou repleta de fragmentos em fuga. Não adiantava tentar acompanhá-los: triângulos e polígonos passavam rapidamente se acotovelando, e a cada dia suas arestas ficavam menos afiadas, colidindo com menor impacto até que se mostravam tão frágeis quanto bolachas; e, por fim, certa manhã, haviam desaparecido. Na verdade, eram tímidos presságios. Quando o sol atinge sua potência máxima, as neves eternas, os glaciares dos Alpes e os atravancados picos dos Cárpatos parecem inalterados à distância; mas, de perto, é como se a totalidade do coração gelado da Europa estivesse se dissolvendo. Milhares de córregos se despejam morro abaixo, todos os riachos transbordam e o próprio rio se desprende e inunda os prados, afoga o gado e os rebanhos, arranca as medas e as árvores e as empurra adiante, rodopiando, até que todas as pontes, exceto as mais altas e fortes, se afogam nos destroços ou são levadas pela corrente.

A primavera havia começado como que num tiro de largada. Aves cantavam em frenesi, uma febre de construção se manifestava, e, da noite para o dia, andorinhas e andorinhões deslizavam por toda parte. Martins colocavam seus velhos aposentos em ordem, lagartos cintilavam sobre as pedras, ninhos se multiplicavam em meio aos caniços, cardumes pululavam e os sapos, mergulhando quando um estranho se aproxima, logo surgiam à superfície, soando como se estivessem recebendo reforços de mil vozes a cada nova hora; mantinham as colônias de garças vazias enquanto durasse a luz do dia. As garças plainavam baixinho e vadeavam por entre as folhas-bandeira com um passo brusco e determinado, ou postavam-se vigilantes, tais quais plantas, sobre uma perna, competentes como as cegonhas. As folhas-bandeira cobriam os remansos e grossos caules erguiam enormes calêndulas-do-brejo entre as folhas das ninfeias rosas e brancas que se fechavam ao pôr do sol.

Entre a margem e as escarpas malva-avermelhadas, choupos e álamos se afilavam e se expandiam em meio a uma névoa cintilante, e os salgueiros se debruçavam sobre as rápidas correntes, afundando suas raízes aquáticas. Gargalos estreitos do rio impeliam o fluxo amarelado, criando uma sucessão de dobras e espirais; e, dadas as semanas anteriores passadas junto ao Danúbio, eu já era capaz de identificar aqueles anéis agitados, que, volteando lentamente, indicavam uma comoção nas profundezas, em meio à corrente.

O caminho subia, e, à medida que a tarde quente avançava, era difícil acreditar que a Hungria, esse quase mítico país, estava toda finalmente em torno de mim; não que a região, as Montanhas Pilis, correspondesse, ainda que remotamente, a qualquer expectativa minha. Quando a escalada fez com que o Danúbio saísse de vista, colinas e matas dominaram a trilha e raios de sol penetraram inclinados por entre os galhos jovens dos carvalhos. Tudo cheirava a samambaia e musgo, bosques de avelãs e faias se abriam, e o caminho, macio devido às folhas apodrecidas, contornava grandes árvores encrustadas de líquen, com violetas e prímulas entre suas raízes. Quando as matas se abriram por uma ou duas milhas, prados íngremes se elevaram por ambos os lados até cumes escurecidos por árvores que se agarravam nas declividades, enquanto córregos emplumados por agrião corriam rápidos e transparentes pelos vales. Eu cruzava por sobre as pedras em meio ao leito de um desses córregos, quando balidos e uma zoada de sinos foram ouvidos; em seguida, latidos espocaram e três agitados demônios com seus caninos à mostra foram chamados à ordem por um pastor. Suas ovelhas estavam cobertas até a barriga por um leito de margaridas; as fêmeas deviam ter parido por volta do Natal e algumas já haviam sido tosquiadas. Eu caminhava em mangas de camisa há muitos dias, mas um casaco de pele de carneiro que descia até o calcanhar permanecia sobre os ombros do pastor; camponeses não se livram facilmente de suas roupas velhas. Gritei: "*Jó estét kivánok!*" – um quarto do meu estoque de húngaro – e a mesma saudação de fim de tarde me foi retribuída, acompanhada pelo cerimonioso levantar de um chapéu preto de aba estreita. (Desde que comecei a cruzar com a população húngara no sul da Eslováquia, eu ansiava por um apetrecho similar que me permitisse responder a essas pomposas saudações.) Seu rebanho era já uma mancha de nódoas brancas e tilintares longínquos quando deparei com outro bando. Uma tropa de gamos ainda carentes de galhada pastava na beira da floresta do outro lado do vale. O sol, ao baixar por detrás dos animais, alongava suas sombras a grande distância encosta acima: minha passada forte, atravessando acres de ar silencioso, fez com que suas cabeças se levantassem em sincronia e os manteve imóveis até que saí do alcance de sua visão.

Vinha pensando em dormir ao relento e aqueles cordeiros tosquiados firmaram minha decisão; o vento estava tão afável que poucas folhas se moviam. Minha primeira tentativa, na Eslováquia, duas noites atrás, havia terminado numa breve detenção por suspeita de contrabando; mas nada poderia ser mais seguro do que essas matas, muito distantes dos percalços da fronteira.

Eu procurava um lugar resguardado quando, quase caindo a noite, do outro lado de uma clareira, apareceu a fogueira de um acampamento, onde umas gralhas faziam estardalhaço enquanto se preparavam para dormir.

Um cercado de estacas e gravetos fora montado numa abertura na floresta sob um imenso carvalho, e um porqueiro o fechava com uma vara por entre dois trançados de junco, enquanto do lado de dentro, porcos pretos, encrespados e emaranhados, competiam ruidosamente por espaço. A cabana ao lado era coberta com caniços e, quando me juntei aos porqueiros, ambos me olharam, perplexos, à luz do fogo: quem era eu e de onde vinha? As respostas – "*Angol*" e "*Angolország*" – não significaram muito para eles, mas seus rostos se iluminaram com a aparição de uma garrafa de *barack* – pilhada ao me despedir de meus amigos de Esztergom – e logo surgiu um terceiro banco.

Eles usavam agasalhos de uma lã branca áspera, dura, como um tecido grosseiro. No lugar de ferrões ou cajados, levavam varas que se estreitavam, lustrosas devido ao longo manuseio e encimadas por pequenas cabeças de machado; estavam calçados com o mesmo tipo de mocassim que vi pela primeira vez nos pés dos eslovacos de Bratislava: eram pálidas canoas de couro de boi cru, reviradas para cima nos extremos, e filetadas em toda a volta com correias que, em seguida, subiam até o meio da panturrilha e eram amarradas sobre almofadas que protegiam as canelas; confortavelmente envoltos lá dentro em camadas de feltro branco, seus pés, neste ínterim, hibernavam até que o primeiro cantar do cuco fosse ouvido.

O mais novo dos dois era um jovem com aspecto selvagem, olhos espantados e cabelo desgrenhado. Sabia umas dez palavras em alemão, aprendidas com os *Schwobs* de vilas próximas (mais tarde, aprendi tratar-se dos suábios por ali estabelecidos); e tinha uma risada contagiosa, meio louca. Seu pai, de cabeça esbranquiçada, falava apenas o magiar e seus olhos, afundados em meio a rugas, foram perdendo toda a cautela à medida em que íamos esvaziando a garrafa. Deu para entender que os gamos, denotados por dedos espalhados apesar de suas galhadas faltantes, pertenciam a um 'főherceg' (que mais tarde aprendi ser um 'arquiduque'). Continuando na linguagem de sinais, o mais jovem dos porqueiros grunhiu, franzindo ferozmente as sobrancelhas e recurvando os indicadores para representar as presas dos javalis selvagens que se escondiam nos matagais do entorno; em seguida, ele os retorceu em espirais que só podiam significar um muflão.⁹ A linguagem dos sinais foi ficando ainda mais tosca quando ele jovialmente ilustrou, por meio de sombras, como os javalis selvagens invadiam e cobriam porcas domesticadas e enchiam os cercados de ninhadas miscigenadas. Contribuí com uns ovos cozidos para seu delicioso jantar de porco defumado, polvilhado de páprica e acompanhado de pão preto e cebolas e um queijo quase fossilizado.

Os porqueiros se chamavam Bálint e Géza, e guardei seus nomes porque, ao ouvi-los pela primeira vez, soaram muito estranhos. A luz da fogueira fazia com que parecessem contemporâneos do *Domesday Book*;¹⁰ e deveríamos estar passando um chifre, de mão em mão, em lugar de minha anacrônica garrafa. Desprezando a linguagem, quando a garrafa terminou, já estávamos todos tomados por um riso descontrolado. Algum tipo de intercâmbio primitivo havia apagado quaisquer barreiras e a bebida e a contagiante maneira de ser do rapaz devem ter dado conta do resto. O fogo estava quase apagando e a clareira começava a se transformar; a lua, que parecia quase tão cheia quanto na noite anterior, se alçava por trás dos galhos.

Não havia muito espaço em seu abafado refúgio, e quando perceberam que eu queria dormir do lado de fora, espalharam mato sob a proteção de uma meda. O velho pôs sua mão na grama e, depois, sobre a minha, com um olhar de comiseração: estava molhada do orvalho. Fez os gestos de quem se embrulha e vesti tudo o que possuía enquanto eles se aboletavam no interior do abrigo.

Depois de nos desejarmos boa noite, deitei e fiquei olhando para a lua. As sombras das árvores se estendiam como um tecido recortado sobre a clareira. Por perto, corujas trocavam sinais entre si e ouviam-se grunhidos sonolentos vindos das pocilgas, talvez induzidos por sonhos ou indigestão; e vez por outra, um porco, acordado de madrugada por uma fome tardia, mastigava em semilíquida beatitude.

◆ ◆ ◆ ◆

ERA AINDA NOITE quando nos levantamos, recobertos de umidade tal como previsto; e enquanto comíamos pão e queijo, Bálint, o velho, destrancou a pocilga. Os porcos saíram disparados num estampido histérico, mas logo, mais sossegados, já estavam prontos para um dia tranquilo, fuçando entre as bolotas e as nozes de faias enterradas por toda parte sob os galhos. Para me colocar no caminho certo, Géza me levou através da mata, assobiando e rodando seu comprido *tomahawk*, jogando-o para cima e agarrando-o, à medida em que galopava por entre samambaias; quando me deixou, fui em frente à luz da lua, por umas duas horas, e quando o sol raiou, estava em meio às ruínas de um castelo recoberto de árvores. A floresta caía íngreme por mais de mil pés e, lá embaixo, por entre montanhas cobertas de matas, o Danúbio se enroscava a montante a partir do leste. Virava para o sul para além das ameias e, uma milha adiante, dobrava para oeste, ainda mergulhado na sombra, e, finalmente, longe da vista, continuava por entre outros ombros envoltos pelo verde da floresta. O caminho, acompanhando uma muralha de fortificações colina abaixo, através de encostas de faias e aveleiras, nivelou-se ao chegar junto a uma grande torre sob uma pequena colina; um último esforço me levou mais abaixo até Visegrado.*

Haviam me contado sobre esse castelo.

Os magiares, ferozes invasores pagãos, primeiro se estabeleceram na Europa Central ao final do século IX. Quatro séculos mais tarde, depois de já terem adquirido respeitabilidade ao longo de pelo menos três deles, seu país tornou-se um grande reino cristão, e os Arpád, que o dominavam, eram, a essa altura, uma antiga dinastia de reis guerreiros, legisladores, cruzados e santos, aliados da maioria das grandes casas da Cristandade; o Rei Béla IV, irmão de Santa Elizabete, foi o mais capaz dentre eles. Vivera em tempos turbulentos. Em décadas recentes, Gêngis Khan e seus descendentes haviam devastado a Ásia, do Mar da China à Ucrânia, e na primavera de 1241, a notícia de imenso perigo chegou à Hungria: depois de incendiar Kiev, o neto de Gêngis Khan, Batu, se dirigia às passagens orientais.

---

* Se por aqui tivesse passado alguns meses mais tarde, eu teria visto os primeiros fragmentos das escavações do palácio do Rei Matias. Mais tarde, vim a conhecê-las: as magníficas ruínas renascentistas dão uma ideia clara do que era a Hungria real antes da conquista turca.

Béla tentou preparar defesas, mas a investida mongol através dos Cárpatos foi tão rápida que, depois de surpreenderem e cercarem os sonolentos nobres magiares, percorreram a Grande Planície, esvaziando e ateando fogo às cidades por todo o verão. Prometeram preservar as vidas aos camponeses, caso eles entregassem as colheitas; no outono, quando essas já haviam sido efetivamente debulhadas, chacinaram-nos; e depois, no dia de Natal, cruzando o rio congelado, lançaram-se sobre as regiões ocidentais. Algumas cidades foram salvas por suas muralhas ou pelos alagadiços que as cercavam, mas Esztergom foi incendiada e as demais, em sua maioria, logo estavam em cinzas, com seus habitantes mortos ou levados como escravos.

Subitamente, deu-se uma calmaria. Mensageiros haviam chegado ao campo mongol com a notícia de que em Caracórum, a cinco mil milhas, o sucessor de Gêngis Khan, Ogodai, havia morrido; e de repente, nas marcas da Sibéria e para além da Grande Muralha, nos reinos arruinados do Califado, entre os destroços de Cracóvia e Sandomierz e nas florestas de pinho da Morávia e na cidades enfumaçadas dos magiares, um punhado de príncipes selvagens viraram seus jovens rostos de olhos repuxados em direção à Tartária Chinesa; a corrida pela sucessão estava por se iniciar; e, em meados de março, todos haviam desaparecido. Béla, de volta de um refúgio insular na Dalmácia, encontrou seu reino em ruínas. Morte e aprisionamento haviam reduzido a população à metade; os sobreviventes começavam a emergir cautelosamente das matas. A tarefa que lhe esperava era semelhante à fundação de um novo reino, e o primeiro passo era fazê-lo seguro contra os mongóis – daí ter sido erguido o castelo pelo qual eu passeava em Visegrado, esse tremendo baluarte, ao qual muitos outros se seguiriam; e, na vez seguinte que os mongóis invadiram, foram repelidos.

◆ ◆ ◆ ◆

AMBOS, O ALEMÃO e o magiar, eram igualmente ouvidos no cais semi-desperto de Visegrado, pois quem falava eram os suábios a que se referira Géza. Quando os turcos foram expulsos, milhares de famílias camponesas do sul da Alemanha partiram das cidades do Alto Danúbio, principalmente de Ulm, em barcaças de fundo chato; navegando rio abaixo, desceram nas margens despovoadas, nelas se estabelecendo em definitivo. Sua língua e seus costumes festivos, dizia-se, permaneciam inalterados desde os tempos do reinado de Maria Teresa,[11] quando haviam ali se enraizado. Muitos casamentos entre etnias devem ter ocorrido; no entanto, olhando pessoas com convenientes cabeleiras cor de palha ou de azeviche, eu acreditava poder distinguir um típico alemão de um típico magiar – mas é provável que me enganasse.

Quando o caminho ao longo do Danúbio virou para leste, a manhã radiante se despejou pelo vale. Logo, a ponta de uma ilha esguia, emplumada por salgueiros e desenhada por campos de trigo jovem, dividia o rio em dois. Redes estavam alçadas entre os galhos, e barcos de pesca amarrados nos troncos dos choupos, álamos e salgueiros; caules na cor do estanho erguiam uma névoa de um prateado verde-pálido contra as folhas mais escuras das matas da beira-rio. A ilha seguia a sinuosidade do rio por quase vinte milhas. Volta e meia, um jeitoso barco a vapor vinha perturbar a corrente, e à medida em que o dia avançava, o esparso tráfico de barcaças se multiplicava.

Mas dentro de uma ou duas horas, o rio passou a se conduzir de uma maneira sem precedentes desde nosso primeiro encontro nevado em Ulm onze semanas antes. (Só onze semanas! Pareciam já metade de uma vida!) Na verdade, desde quando o rio surgiu borbulhando do mundo das profundezas no parque do Príncipe de Fürstenberg na Floresta Negra. Pois o Danúbio, depois de descrever dois semicírculos congruentes, voltava-se rumo ao sul; e assim continuaria a fluir direto através da Hungria, por cento e oitenta milhas – como se de alto a baixo numa página do atlas – até que novamente virava e corria em direção a leste sob as ameias de Belgrado. Era um momento emocionante.

◆ ◆ ◆ ◆

PELO FIM DA tarde, ao término da ilha que havia me acompanhado durante todo o dia, alcancei Szentendre, uma interiorana cidadezinha barroca, com vielas, ruas em paralelepípedos, coberturas em telhas e campanários com cúpulas em bulbos de cebola. As colinas por aqui eram mais baixas; vinhedos e pomares haviam substituído os penhascos e as florestas e sentia-se no ar a proximidade de uma grande cidade. Os moradores descendiam dos sérvios que haviam fugido dos turcos três séculos antes; ainda falavam sérvio e frequentavam a catedral ortodoxa grega construída por seus ancestrais. Os *Griechisch Orientalisch*, em alemão, são distintos dos uniatas mais a leste – *Griechisch Katholisch* – que, apesar de se aterem ao rito ortodoxo, reconhecem o Papa. Só me dei conta disso mais tarde, mas um ícone em lugar de um crucifixo na parede de meu quarto deveria ter me servido de pista.

CAPÍTULO 2

BUDAPESTE

ᗐ ᗐ ᗐ

Quando, alguns dias mais tarde, um raio de sol, em meio à manhã, fez com que eu abrisse um dos olhos, não sabia dizer onde estava. Um aroma de café e *croissants* flutuava sob um teto arqueado; a mobília brilhava por conta da cera de abelha e do suor de serviçais; livros surgiam às centenas e, entre os braços de uma cadeira bordada com um leão rampante azul, com rabo em forquilha e língua escarlate, via-se um *dinner jacket* jogado com displicência. Uma gravata borboleta preta estava dependurada sobre um espelho, sapatilhas se espalhavam pelos cantos, o torso amarrotado de uma camisa engomada (ainda usados, na época, com *black tie*) gesticulava em desespero do outro lado do tapete e abotoaduras emprestadas cintilavam nos seus punhos. A visão de toda essa plumagem exótica, tão diferente da pilha surrada de viagem que em geral meus olhos encontravam ao se abrirem, constituía uma sequência de enigmas.

Então, subitamente, fez-se a luz. Eu estava em Budapeste.

◆ ◆ ◆ ◆

POUCO RESTA DA viagem a partir de Szentendre: uma impressão confusa de chegada sobre paralelepípedos, o início de linhas de bonde, algumas ruas íngremes, graciosas vistas do Danúbio e de suas pontes, e a procura pela elevação na qual estaria Buda. O esplendor subsequente se devia aos amigos de Munique, russos do Báltico; nas últimas semanas, por conta de sua gentileza e de sucessivas recomendações, meu rústico itinerário começara a ficar pontilhado por alguns oásis como esse.

Estava eu de volta entre barões; e estes viviam em Buda, na colina íngreme (a 'Cidadela' ou 'Vár') onde, muito acima da margem direita do rio, erguia-se o Palácio Real. A Uri Utca – 'Herrengasse', em alemão –, uma coleante rua de janelas em balanço, coberturas de telhas e portas arqueadas com brasões, corria justo pela cumeeira dessas alturas encasteladas. Deve ter sido construída logo depois de 1686, quando a cidade foi recapturada dos turcos, e as fundações de muitas dessas casas se conectavam através de sinistros porões turcos. Empoleirado acima do ruído da capital, esse quarteirão patrício tinha algo da quietude de uma cidade de província, e as casas, habitadas por sucessivas gerações das mesmas famílias, eram chamadas de 'Palais isto ou aquilo', inclusive o charmoso prédio que me abrigava. "Todo deteriorado, naturalmente", observou minha anfitriã; ela havia sido criada principalmente na Inglaterra. "Parece que nós na Hungria temos paixão por denominações grandiosas. Trata-se de nada mais do que uma casa urbana, absolutamente comum."

Tibor e Berta tinham cerca de quarenta e poucos anos. Devidamente avisados, eles me colocaram sob suas asas de uma forma tão completa que a passagem por Esztergom talvez tenha sido uma mera amostra; a maneira como os húngaros concebem a hospitalidade assemelhava-se a um milagre recorrente. Tibor era capitão de um regimento da Artilharia Montada, e sua modesta patente, considerando-se que havia servido durante toda a guerra, devia-se ao pequeno tamanho do Exército Húngaro, após o Tratado de Trianon. Querida por todos, divertida, um tanto cáustica, intolerante com disparates e, de hábito, vestida num paletó e saia de *tweed*, Berta era alta e bonita, exibindo uma mecha grisalha em seus cabelos escuros. Seu pai, um 'Graf' destacado – ou melhor, 'gróf' em húngaro –, havia sido governador do Fiume antes da guerra, e, enquanto dirigíamos em seu carrinho por Budapeste, ela me contou histórias fascinantes sobre o mundo perdido de Trieste, Fiume, Pula e a Península Ístria. A família, como muitas outras, vivia agora uma situação difícil e uma parte da casa tinha sido alugada; ela fazia parte de diversos conselhos e estava sempre muito ocupada. Eu me vi envolvido em suas atividades, acompanhando-a em expedições de compras às quais se associavam passeios a pontos turísticos. Se ela acreditasse que prometiam algum interesse ou diversão, íamos juntos em visitas, e, quando, num par de dias, houve um evento dançante numa casa próxima, ela fez com que me convidassem, pondo-se a juntar os trajes de noite do armário de Tibor e, depois, dos de seus vizinhos. Quando perguntei se ela iria, riu e disse: "Nem pensar! Mas prepare-se para se divertir". E de fato o fiz.

A festa foi tudo o que se esperava e, como ela havia indicado, teve lugar num palácio de verdade; na escadaria que levava ao salão de baile, um amigável toque no cotovelo fez surgir meu aliado de Esztergom, o amante de cegonhas, que logo reassumiu seu papel de mentor. O baile terminou com a orquestra tocando canções ciganas e fazendo com que alguns dos presentes dançassem *csárdás*.[1] Um casal jovem, as mãos dele nas ancas de sua parceira e as dela em seus ombros, lançou-se à dança com admirável brio, num pisoteio furioso, as cabeleiras arremessadas de um lado para o outro como crinas de pôneis. Quando tudo parecia haver terminado, eu, o amante de cegonhas, sua linda parceira, uma menina de nome Annamaria, na qual me dependurei, e vários outros nos esprememos num par de carros, serpenteando morro abaixo, atravessando a ponte suspensa e mergulhando na cave cintilante do Arizona, o mais glamoroso *nightclub* que eu jamais vira. Seu chão de fato rodopiava? Certamente é o que parecia. Em dados momentos, corcéis imaculadamente brancos, com plumas se agitando, corriam ao redor da pista: alguém disse já ter visto lá camelos, até mesmo elefantes... Um pouco mais tarde, acrobatas reluzentes, iluminados por holofotes, voavam através da fumaça de cigarros, juntando-se, dando cambalhotas, fazendo espirais em torno ao seu próprio eixo, flutuando com os braços abertos, à medida em que, através da envolvente e temporária escuridão, argolas voavam até suas mãos no momento oportuno; e, finalmente, equilibrados no bíceps de um titã encrustado de lantejoulas, construíram um pagode humano, saltando agilmente uns sobre os ombros dos outros, até que, do ápice próximo ao teto, apareceu uma figura delgada e cheia de babados, com uma estrela na testa, distribuindo beijos. Havia algo de familiar nesse grupo louro e sorridente... Subitamente, eu os reconheci: eram os Irmãos Koschka,* meus velhos amigos daquelas incursões de desenhista em Viena, indiretos benfeitores, meus e de Conrad, numa dúzia de *himbeergeist*. Lá estavam eles, dispostos em pirâmide, cintilantes em sua apoteose! (O simpático impacto de seus cartazes – 'A CSODÁLATOS KOSCHKAK!' – saltou aos meus olhos repetidas vezes pelo resto da estadia.) Depois, ainda fomos beber numa casa na Werböczy Utca, e quando Annamaria me mostrou o caminho de volta para Uri Utca, não sabíamos se era a lua ou a alvorada que projetava nossas sombras nos paralelepípedos.

Assim, não era de surpreender que, ao atingir a lateral da cafeteira de prata, o reflexo do sol de onze horas parecesse explodir como se fosse um silencioso fogo de artilharia... A porta se escancarou e um pastor-alemão negro chamado Tim se esgueirou quarto adentro e pulou na cama. Foi seguido por seu proprietário, Micky (Miklós), o filho da casa, um garoto de quatorze ou quinze anos, um tanto ou quanto indisciplinado e muito divertido, e, tal como Tintim vestido em *plus fours*.[2] "Aqui", disse, passando para mim um copo d'água com uma das mãos e um vidro de Alka-Seltzer com a outra. "Minha mãe disse que provavelmente você vai precisar disto."

❖ ❖ ❖ ❖

EU HAVIA CAÍDO em meio a um grupo de notívagos e minha estadia em Budapeste foi pontuada por despertares semelhantes a esse. A vida parecia perfeita: anfitriões generosos e incapazes de censura; amigos novos, impetuosos, resplandecentes e bonitos contra o pano de fundo de uma cidade cativante; uma nova e estimulante língua, bebidas fortes e surpreendentes, comida que sabia a labaredas deliciosas e o predomínio de uma atmosfera de sofisticação e alto-astral a que teria sido impossível resistir mesmo que eu quisesse. Estava entusiasmado com os famosos prazeres do lugar, especialmente com esconderijos como o Kakuk ('Cuco') nas encostas de Buda, onde tarde da noite, meia dúzia de ciganos, tais quais corvos sorridentes,

---

* Ver *Um Tempo de Dádivas*, p. 216.

se debruçavam sobre os convidados, decididos a impregnar o ambiente com sua estranha música. (Mal interpretada, ela pode soar adocicada como melaço, ou como garrafas que se estilhaçam. E as canções até podem não ser de fato húngaras – Bartók e Kodály definitivamente as tomam como de origem cigana e não magiar –, mas elas enganaram a Liszt, e a mim arrebataram.) Nas passagens lentas, os marteletes do cimbalão[3] tremulavam e hesitavam sobre as cordas, e os violinos mergulhavam num langor estonteante. Em seguida, reacendiam em abrupta síncope, com os marteletes e os arcos irrompendo em duplo tempo, o cimbalista enlouquecendo, enquanto o violinista principal, com seus dedos apinhados sobre as cordas num indecifrável entrelaçamento, vergava-se e corria o arco junto à orelha de um ouvinte após outro, agarrando seu instrumento como um boxeador meio-médio num corpo a corpo – passagens, pensaria alguém, que só poderiam terminar em êxtase ou num desmaio profundo. Glissandos ascendentes, *pengös*[4] cascateantes: os olhares se enevoavam mais e mais à medida em que rolha após rolha era retirada... Quem pagava por tudo isso? Certamente que não eu – qualquer gesto no sentido de contribuir era dispensado com chistes, como se não valesse a pena gastar palavras com o assunto. (No dia seguinte à minha chegada, eu havia procurado o consulado em Zoltán Utca, onde recolhi um envelope registrado com surpreendentes seis libras, que haviam se acumulado desde Viena.)

Muitas dessas pessoas falavam inglês; quando surgia uma exceção, usava-se alemão – às vezes, por razões históricas, acho eu, de forma bastante relutante; mas era, universalmente, a segunda língua. O uso automático de 'Du' mesmo com estranhos, caso fossem amigos de amigos, era bastante surpreendente. Pelo jeito, 'Sie' significava ser relegado a confins escuros e sabia-se de duelos de espada provocados pelo fato da palavra ter sido usada. (O fato de duelos ainda serem frequentes na Hungria – não meros embates estudantis, mas confrontações ferozes com sabres – dava um toque de O Prisioneiro de Zenda[5] a um fantástico e, sem dúvida, muito impreciso retrato em formação na minha cabeça). Sua maneira informal, como era também a dos austríacos, todavia tinha um toque de rigidez, de etiqueta antiquada. (Eu gostava do fato de se beijar as mãos femininas, mas o beija-mão formal de mãos masculinas pelos empregados da casa ou por camponeses me parecia estranho. Essa era a prática em toda a Europa Oriental e, depois de algum tempo, começou a me parecer mais anacrônica do que servil, um velho e sobrevivente ritual, tal como o voto de fidelidade de tempos feudais, o que, claro, é exatamente o que era.) Esses meus húngaros, em especial, tinham muita preocupação com o que vestiam. Obcecados com a aparência, arrumavam-se bem no que era considerado o estilo inglês; mas não davam a mínima quanto aos meus trajes displicentes. O que de melhor eu dispunha era um casaco de *tweed* e calças de lonita cinza, e, com uma camisa limpa e uma gravata azul, eu me tornava minimamente apresentável; mas os calçados me traíam – eram sempre de ginástica ou de tênis, o que me parecesse mais limpo. Mas não importava.

Depois de toda uma desastrosa vida acadêmica e de maus relatórios escolares, minha sorte parecia ter subitamente mudado. A partir da estadia em Munique, cartas que exortavam a gentilezas haviam voado para leste, vindas dos meus amigos russos do Báltico* e, mais adiante, enviadas por amigos para os quais eles haviam escrito; e quando eu aparecia, essas cartas liberavam cornucópias de cálida e ilimitada hospitalidade. Eu me sentia cheio de gratidão por meus benfeitores e lhes tinha grande estima, mas, acho que jamais realmente me perguntei sobre o porquê de minha sorte. Se seus amigos lhes solicitaram ajuda, suponho que eles não tinham lá muito como se livrarem de mim; mas a razão principal de sua hospitalidade decorria de um sentimento geral de generosidade com relação aos jovens e aos 'duros'. Pode ser que o acidente 'nacionalidade' também tenha ajudado, em especial naquela época: acredito que os húngaros tinham definitivamente um ponto fraco pela Inglaterra. Assimilação e hospitalidade são contagiosas e minha atitude diante da vida parecia a de um leão-marinho diante de um arenque que lhe fora lançado. Eles se divertiam com minhas histórias de viagem: alguns diziam que desejariam ter feito o mesmo, e se impressionavam com o fato de eu só pegar caronas quando o tempo estava muito, muito ruim. Naquela época, ninguem mais viajava em condições

---

* Ver *Um Tempo de Dádivas*, pp. 115-8.

similares, de modo que minha expedição tinha o valor dos objetos raros; é difícil de acreditar, mas, de fato, durante toda a viagem apenas uma vez encontrei outra alma disposta a fazer o mesmo.

Um par de meses antes, na estrada entre Ulm e Augsburgo, eu havia escapado de uma nevasca ao entrar numa *Gasthaus* solitária e o único outro freguês que ali se refugiava era um rapaz estranho de mais ou menos minha idade, vestido com uma jaqueta de veludo cotelê preto e um colete escarlate com botões de latão, que, com pancadas de seu antebraço, retirava neve de uma cartola já bastante surrada; de volta e enviesado sobre sua cabeça, o chapéu lhe dava uma aparência de Sam Weller.[6] Enquanto derramávamos *schnapps* goela abaixo, ele me disse que estava vestido com a roupa tradicional de um aprendiz de limpador de chaminés em Hamburgo. Era o emblema de uma secreta guilda que se estendia pela Europa afora, e garantia boas-vindas da parte de colegas em todo e qualquer lugar; suas vassouras arredondadas e seus bastões de bambu perfurados, em caso de qualquer eventualidade, estavam amarrados ao fundo de sua mochila. Enquanto me explicava estar caminhando para o sul em direção a Innsbruck e ao Passo de Brenner, daí baixando Itália adentro, abriu seu mapa sobre a mesa e com os dedos apontou Bolzano, Trento, o Rio Ádige, o Lago de Garda, Verona, Mântua, Módena, Bolonha e os passos apeninos que levam a Florença; e à medida que soltava esses nomes gloriosos, balançava sua mão no ar como se a Itália nos rodeasse. "*Kommst du nicht mit?*"[7]

E por que não? Era tentador e, ele, um camarada divertido. Aí pensei no envelope registrado que deveria estar me esperando em Munique e em todos os mistérios da Europa Oriental que eu perderia. "*Schade!*" ("Que pena!"), disse ele. Acalentados por mais uns tantos *schnapps*, ajudamos um ao outro com nossos fardos e ele partiu para o Tirol e Roma e a terra onde os limoeiros florescem (*Dahin!*),[8] acenando com sua cartola à medida que desaparecia em meio à neve. Ambos gritamos um "Vá com Deus!" contra o barulho do vento, e marchei em frente, os cílios carregados de flocos de neve, em direção à Baviera e Constantinopla, pensando se havia feito a coisa certa.

A casa em Uri Utca estava repleta de livros úteis. Acima de tudo, lá estava a *Enciclopédia Britânica* e o *Meyers Konversationslexikon*, ambos sempre de prontidão ao longo da viagem, e encontrei um assento de janela largo o suficiente para empilhar alguns deles. Havia um livro dedicado ao aprendizado de húngaro e o ataquei desordenadamente, embora meu vocabulário nunca tenha conseguido passar de mais ou menos uma centena de palavras, a maior parte delas, substantivos.

Vindo de uma imensa distância, sem nenhuma relação com as línguas teutônicas, latinas e eslavas que o cercavam, o húngaro tem permanecido miraculosamente intacto. Tudo sobre esta língua é diferente, não só as próprias palavras, mas a maneira como são formadas, a sintaxe, a gramática e, sobretudo, a mentalidade que as moldou. Eu sabia que o magiar pertencia ao grupo ugro-fínico, parte da grande família uralo-altaica, "tal como", disse um de meus amigos, "a língua inglesa pertence à indo-europeia". Dando sequência, explicou que a língua mais próxima ao húngaro era o finlandês.

"Quão próximo?"

"Ah, bastante!"

"O quê, como italiano e espanhol?"

"Bem, não; não tão próximo..."

"Quão perto, então?"

Finalmente, depois de uma pausa pensativa, disse: "Mais ou menos como o inglês e o persa".

Parece, no entanto, que se pode chegar um passo mais perto através das línguas dos ostíacos e dos vogules. Estimados apenas em milhares, esses pequenos grupos de gente amável, protegida por peles, habitam os alagadiços e as tundras entre as alturas dos Montes Urais e o Rio Ob na Sibéria Ocidental. Ocupam choupanas semienterradas e abrigos de casca de bétula e, com neve até a cintura, esquadrinham as matas atrás de ursos, que, simultaneamente, deuses e presas, eles cultuam; e quando o gelo derrete, pescam e assentam armadilhas e soltam suas renas a pastar através do musgo, segregando-as, com dificuldade, das enormes manadas vizinhas dos samoiedas, seus primos distantes. De início, não adiantou muito saber que o magiar, com sua ressonância rápida, incisiva e distinta, é uma língua aglutinante – a palavra apenas evoca o balbucio através de uma boca cheia de balas *toffee*. Significa que as palavras nunca são flexionadas como acontece na Europa, e que mudanças de sentido são garantidas pela concatenação das sílabas que vêm dependuradas atrás da primeira sílaba da sequência; todos os sons de vogais imitam seu líder, e o icto, invariavelmente presente na sílaba líder, determina uma espécie de galope lento de métrica dactílica ou anapéstica[9] que, para um ouvinte novo, dá ao magiar um toque selvagem e muito pouco familiar. Assim, no baile, ao ouvir as frases do vernáculo proferidas por meu amigo de Esztergom, aquele do monóculo, amante das cegonhas, enquanto ele vertia uísque de um decantador de vidro lapidado, e, a seguir, ao ouvir as de sua belíssima companheira – que retirou, num langor ágil, um cigarro de uma carteira de ouro e couro lavrado com fecho de esmeralda, e lhe respondeu através da fumaça – era impossível não se perguntar: por entre qual inconcebível cenário de pântanos, deserto e matas esses sons teriam sido articulados pela primeira vez quando a língua magiar começou a se desprender do primitivo magma do ugriano?

Numa página impressa, essas frases de aparência feroz não deixam escapar qualquer sugestão de seu curso. Aqueles emaranhados de 's's e 'z's! Olhando para as apimentadas sequências de diéreses e as tempestades de acentos agudos, todos balançando numa só direção tal como milho batido pelo vento, eu me perguntava se, algum dia, seria capaz de lhes extrair um significado.

Minha primeira tentativa foi desanimadora. Havia uma confortável *kávéház*, uma 'casa de café' (quem dera o magiar fosse assim tão simples!), a menos de um minuto a pé da Praça da Santíssima Trindade (eu conseguia mal-mal dominar 'Szent Háromság Tér', 'Santa Trindade Praça'), onde eu passava uma chuvosa manhã com livros e material de escrever. As janelas do café se voltavam para palácios antigos e para a alta e restaurada flecha gótica da Igreja da Coroação;[10] logo em frente, um plinto saltava por entre os paralelepípedos, erguendo, em meio a gotas de chuva, um cavaleiro de bronze chamado András Hadik; era um comandante da Guerra dos Sete Anos, que, evitando as tropas de Frederico, o Grande, desceu sobre Berlim com uma cavalaria de hussardos, pilhou a cidade na velocidade de um raio e saiu de volta a galopar. A única outra pessoa no recinto era um homem franzino de cabelos brancos, sentado à mesa próxima, lendo o *Pesti Hirlap*.[11] Eu não conseguia tirar meus olhos da manchete, que dizia: "*O boldog Angolország!*". Eu sabia que a última palavra queria dizer 'Inglaterra' e o resto era óbvio: só podia ser "Oh, Inglaterra buldogue!", ou, "Oh, buldogue inglês!", ou qualquer coisa parecida. A fotografia logo abaixo mostrava o Príncipe de Gales vestindo um pulôver de golfe com ousado padrão em losango e um boné de *tweed*; mas era muito intrigante que o cachorro sob seu braço fosse um fox terrier, que, a um tempo, roubava a cena e a transformava num enigma; deviam ter confundido as raças. Não resisti e perguntei ao leitor, em alemão, se eu havia entendido corretamente as palavras. Ele sorriu, e respondeu em inglês. Não, não tinha nada a ver com cães; '*boldog*' quer dizer 'feliz'; "Oh, afortunada Inglaterra!" era o que indicava o subtítulo, e a essência do artigo era a sorte da Inglaterra em ter um príncipe herdeiro tão promissor. A Hungria também era uma monarquia, adicionou pesaroso o meu vizinho, mas tinham apenas um regente. A coroa apostólica estava vazia.

A coroa apostólica... Havia ouvido falar muito sobre ela. Reproduzida em prédios, moedas, bandeiras, distintivos de chapéus e botões e encimando todas as comunicações de natureza pública, raramente estava fora de vista. Até que fosse necessária para alguma futura coroação – mas de quem? e quando? – a coroa era guardada no Palácio Real. Através dos séculos, a sagaz política matrimonial dos Habsburgo tinha levado à absorção de boa parte dos reinos vizinhos e finalmente da própria Hungria; seus últimos soberanos haviam sido o Rei Carlos e a Rainha Zita, que foram também, claro, o último imperador e imperatriz da Áustria. Após a perda de ambos esses tronos ao final da Primeira Guerra Mundial, e do fracasso de seu breve e ilícito retorno à Hungria, as últimas esperanças da dinastia se extinguiram; e agora, o exilado rei estava morto. Em fotografias, seu filho, o Arquiduque Oto, atual pretendente, em geral se apresentava em trajes de nobre húngaro; mas tais fotografias eram mais comuns em sua Áustria nativa do que aqui. Ainda assim, o Estado continuava a ser uma monarquia constitucional, sob a regência do Almirante Horthy.[12] A linda Imperatriz Elizabete, a penúltima rainha, assassinada na Suíça em 1898 por um anarquista, era ainda a favorita dos húngaros. Emoldurada sobre escrivaninhas e mesas e pianos de cauda, lá estava ela, portando os mantos da coroação no século XIX, lendo sob uma árvore, saltando a cavalo sobre tremendas cercas em Northamptonshire ou Meath, ou, com olhar pensativo, acariciando seu enorme cão de caça, o Sombra. Ela amava a Hungria e os húngaros, aprendeu magiar e corria em defesa da Hungria em quaisquer discussões; acima de tudo, ela se jogava sem medo e com destreza em todos os seus desafios equestres. Seu amor era retribuído com juros e ainda manifestado, trinta e seis anos após seu assassinato, com todo o ardor de Burke por Maria Antonieta.[13]

Agora, só restava a coroa. Era o objeto mais sagrado da Hungria. Vicissitudes a atingiriam e jornadas e aventuras inconcebíveis a esperavam. Lavrada em ouro batido e tendo no topo uma cruz inclinada, era o mesmo diadema que o Papa Silvestre II enviara para Santo Estêvão quando foi coroado como primeiro rei da Hungria no ano 1000 A.D.. Mas o acréscimo de placas esmaltadas, correntes de ouro e pendentes com pedras preciosas, mais tarde, vieram a lhe dar, inquestionavelmente, uma aparência bizantina, mais adequada, podia-se pensar, a um soberano representado em mosaicos, nas margens do Bósforo ou em Ravena, do que a um monarca sob um dossel no Ocidente. Nenhuma surpresa: o aro de ouro e esmalte fora presente de um imperador bizantino a um soberano posterior, que prontamente o havia afivelado em torno ao presente original que o Papa fizera a seu ancestral; e o cintilante híbrido é um símbolo adequado dos primórdios do Reino da Hungria, já que gestos gentis tanto de parte do Oriente quanto do Ocidente haviam reluzido através da Grande Planície Húngara com a ambivalência de uma miragem.

◆ ◆ ◆ ◆

EXCETO PELOS ÚMIDOS porões do Vár, errar pela excitante e íngreme cidade trazia à luz poucas marcas da longa estadia turca: alguns fragmentos otomanos, o túmulo de um dervixe no Morro das Rosas, algumas cúpulas de *hammams*[14] espalhadas aqui e acolá; mais tarde, nas províncias, uma ou outra mesquita. Passaram-se dois séculos e meio nos quais a cidade pôde se recuperar; tempo suficiente, talvez, para dotar o interlúdio turco de uma aura de romance e para lembrar aos magiares que, caso se leve em conta sua genealogia e se caminhe distante o suficiente na pré-história da Ásia, as duas raças são primas distantes. Mas foi difícil, durante minhas explorações, imaginar as silhuetas da cidade – os agrupamentos de domos, os minaretes e o esvoaçar de luas crescentes – que Carlos de Lorena e seus companheiros de reconquista devem ter contemplado quando sitiaram Buda em 1686.[15]

Soldados estrangeiros afluíram para as guerras húngaras, e dentre eles, mais de um bastardo dos Stuart, a começar pelo Duque de Berwick, de dezesseis anos, filho de Jaime II com Arabella, irmã de Marlborough. Ele deixou o exército sitiante estupefato com seu indômito destemor no assalto a Buda: e dois anos depois que a cidade caiu, seu primo em primeiro grau, St. Albans – filho de dezoito anos de Carlos II com Nell Gwyn – lutou bravamente no assalto a Belgrado. Na Inglaterra, pouco se sabe a respeito de ambos, mas essas campanhas distantes, invariavelmente, juntavam figuras excêntricas e buliçosas das Ilhas Britânicas: todo tipo de aventureiro, *Wild Geese*,[16] chefes de clãs, católicos objetantes, exilados jacobitas e mercenários no rastro de poderosas lanças acorreram à bandeira da águia de dupla cabeça, pois estas guerras tinham todo o glamour das Cruzadas. Sir Philip Sidney, como embaixador licenciado, em viagem pela Hungria, se situava numa categoria distinta; mas, de resto, pelas minhas pesquisas, o inglês a chegar mais cedo foi Sir Richard Grenville, lutando por terra contra Solimão, o Magnífico,[17] vinte e cinco anos antes do episódio da *Revenge*.[18] O seguinte foi Thomas Arundell – um dos maiores favoritos de Elizabete I, apesar de sua religião. Obteve grandes glórias no serviço imperial; e na tomada de Esztergom, em 1595, atacou o castelo d'água e capturou o estandarte do inimigo com suas próprias mãos: feito que levou Rodolfo II a fazer dele um conde do Sacro Império Romano. Quando voltou para casa, sua alegre ostentação do título irritou a nobreza inglesa; deixou Sir Matthew, seu pai, um mero cavaleiro, enlouquecido; e provocou a ira da rainha ("...meus cães não usarão outra coleira que não seja a que eu lhes impuser..."), que o enviou por uns tempos à Prisão de

Fleet. Talvez tenha sido para acabar com todos esses disparates estrangeiros que Jaime I o tenha feito Barão Arundell de Wardour.*

Mais tarde, no *Weise von Liebe und Tod des Cornets Christoph Rilke*,[19] de Rilke, deparei com uma evocação dessas velhas campanhas turcas que, subitamente, trouxe à vida todas as crônicas. O poema comemora um indeterminado, talvez imaginário, parente do poeta, um jovem corneteiro e porta-estandarte de um regimento montado, em 1663. Aquartelado por uma noite além do Raab, num castelo na fronteira da Hungria, ele é despertado por um relinchar frenético e por toques de corneta ordenando que as tropas montassem e assumissem suas posições; ouve-se o estrépito de um incêndio. O inimigo havia cercado e ateado fogo ao castelo. Deixando os braços da jovem castelã, ele chega em tempo apenas de agarrar a bandeira que pega fogo e correr pelos degraus de pedra abaixo; a bandeira irrompe numa grande labareda enquanto ele investe contra as fileiras de turbantes, sendo finalmente perdido de vista sob os lampejos de dezesseis cimitarras.

♦ ♦ ♦ ♦

EXPLOREI O VÁR — ou seja, a fortaleza de Buda — com Micky e Tim, o enorme pastor-alemão, e comecei a entender o jeito desse imponente bairro, de suas casas velhas, vielas, igrejas e íngremes ruas; elas mergulhavam como trincheiras por entre paredes silenciosas onde galhos e trepadeiras se derramavam sobre o topo dos muros. Numa viagem de ônibus à romana Aquincum, uma ou duas milhas ao norte, fomos acompanhados por uma linda menina de uns quatorze anos chamada Harry, parte croata, parte

---

* Este título honorífico do Sacro Império Romano veio à superfície gerações mais tarde quando sua admirável e similarmente corajosa descendente, Isabel Arundell, esposa de Sir Richard Burton, o explorador, notabilizou-se em Trieste ao usar sua posição como '*geborene Gräfin*' ('condessa por nascimento') — em conformidade com a tradição austríaca — quando Burton era o cônsul inglês. Ela administrava uma espécie de RSPCA (*Royal Society for the Prevention of Cruelty to Animals*) local, e, como a cidade ainda era austríaca, foi provavelmente uma estratégia sagaz. Seus outros afazeres eram nadar, cavalgar e esgrimar com seu marido. É uma pena que ela tenha queimado os papéis de Burton.

polonesa e, também, húngara. Tim correu saltitante por entre os sarcófagos, as paredes desmoronadas e o anfiteatro em ruínas, e cavou à procura de ossos no Templo do Sol Invicto; e no museu, examinamos um desses inquietantes baixos-relevos de Mitra, num barrete frígio, enfiando uma adaga na garganta do touro. (O deus porta sempre uma expressão de insuportável angústia como se fosse sua a garganta; um cão salta para beber o sangue e, mais abaixo, um furtivo escorpião se lança ao ataque dos escrotos do touro.) Um dos favoritos das legiões, ele era venerado ao longo de toda a fronteira e era difícil encontrar um campo sequer entre Carlisle e o Mar Negro onde não houvesse um de seus santuários.

O último arfar da Cordilheira Alpina correspondia também ao último bastião da Panônia, pois o Império Romano terminava às margens do rio. A cavalaria ibérica aqui acantonada deve ter espreitado o outro lado com apreensão: para além dos indefinidos assentamentos de celtas, quados, ou sármatas, a sombria planície fugia para o infinito. Gépidas, vândalos e finalmente os hunos os substituíram em sucessão, até que a própria Roma entrou em colapso e a Idade das Trevas começou. Os ávaros foram os próximos. *Deserta Avororum!*[20] O nome dessa tribo pairou tristemente sobre a devastação durante séculos turvos e irretratados, até que Carlos Magno os dispersou, e, sem o saber, criou um vazio ocupado pelos assentamentos mais ocidentais dos búlgaros. O novo Estado, por pouco tempo, reverberou no vácuo, até que – *finalmente!* – soou a hora dos magiares. Depois de séculos em seu obscuro vaguear asiático, saíram das cochias e ocuparam para sempre o centro do palco.

Exceto pelo velho bairro ao longo da margem oposta, a Peste moderna realmente só passou a existir no século passado. De início, espalhou-se insaciável através da planície e eu conseguia visualizar grandes ruas no modelo da Oxford londrina, como a Andrássy Út e a Rákóczi Út, fatiando cânions através da cidade que explodia; a tranquila cidadela do meu lado da água havia sido de há muito superada. Precariamente ligadas por barco ou brevemente, a cada ano, através do gelo, Buda e Peste, os nomes, bem como os lugares, somente se juntaram na década de 1840. Com frequência, destacavam que a Széchenyi, a tremenda ponte suspensa, foi construída pelos Irmãos Clark, dois escoceses.

Tirando algumas poucas e antigas ruas e praças, o elegante Hotel Dunapalota e a beira-rio, alegre e divertida – em particular a Patisserie Gerbeaud, um vistoso ponto de encontro parecido com a Gunter's,[21] perto da estátua do poeta Vörösmarty – eu gostava de Peste muito menos do que do meu próprio lado da cidade, mas nunca me cansava de examiná-la a partir do Bastião dos Pescadores. Desse ponto de observação junto à Igreja da Coroação viam-se camadas íngremes que desciam encosta abaixo emplumadas de árvores, e em seguida um trecho do Danúbio cruzado por meia dúzia de pontes. A Ilha de Santa Margarida se estendia rio acima e o Parlamento pairava na margem oposta. Construído na virada do século e repleto de estátuas, esse maciço e maravilhoso desvario consistia numa nave alta, com telhado gótico íngreme, acompanhado ao longo de uma prodigiosa extensão por pináculos medievais com toques dourados e adornados com florões; e, no ponto onde seus transeptos se encontravam, era coroado por um tipo de domo na forma de ovo e guarnecido de nervuras, que mais se esperaria dominar os telhados de uma cidade renascentista da Toscana, exceto que o domo mesmo era encimado por uma flecha gótica afiada e arrepiada. Ímpeto arquitetônico dificilmente poderia ir além.

Lances de degraus, arqueados e encobertos, como claustros em rampa, ziguezagueavam colina abaixo desse ninho de águias e eu sempre parecia estar sem fôlego por subi-los ou apressadamente descê-los, e disparar pela Ponte Széchenyi atrasado para algum encontro em Peste; num caso específico, para um almoço no número 7 da Joszef Tér, logo do outro lado.

Minha anfitriã no *Schloss** na Baixa Áustria, onde eu havia feito um papelão no dia do meu décimo nono aniversário, pertencia a uma família de origem grega de Trieste. Ela havia escrito para amigos e parentes em Budapeste. Um deles era o antigo Primeiro-Ministro, Conde Paulo Teleki, que pertencia a uma famosa e um tanto romântica família da Transilvânia. Um membro meio distante, recentemente, ao explorar a Etiópia, havia descoberto o Lago Rodolfo e o nomeara em honra do malsinado arquiduque; e ao vulcão em sua ponta sulina denominou 'Monte Teleki' (possivelmente,

---

* Em Pottenbrunn, perto de Sankt Pölten. Ver *Um Tempo de Dádivas*, pp. 196-8.

não mais o é). O meu – o Conde Paulo – também era um geógrafo famoso. Havia mapeado a totalidade do arquipélago japonês e, do outro lado da mesa, contou-nos histórias de viagens entre os turcos e os árabes, de quando ele ajudara a definir as fronteiras da Mesopotâmia. Entrou por vívidas descrições de Abdul Hamid[22] e Slatin Paxá,[23] aquele estranho anglo-austríaco, por muitos anos prisioneiro e running footman[24] do Mahdi.[25] O rosto alerta e pontudo do conde, por detrás de óculos de aro de chifre e iluminado por uma expressão vivaz, chistosa e entusiasmada, tinha uma aparência quase chinesa. É difícil pensar em alguém mais generoso. Sendo Chefe dos Escoteiros da Hungria, levou meus planos a sério, abriu mapas, indicou passos e rotas, traçou rios, sugeriu abordagens alternativas, dando vida a tudo com vinhetas e digressões. Ele havia sido Ministro de Relações Exteriores e, mais tarde, Primeiro-Ministro por pouco menos de um ano, renunciando para voltar ao seu trabalho geográfico quando Horthy enviou soldados com o objetivo de impedir o retorno do Rei Carlos. Fui convidado várias vezes a voltar, e toda sua família foi generosa comigo de inúmeras maneiras; quando parti, ele me recomendou a conhecidos na Transilvânia. Chegou a me dar uma carta para um velho paxá turco que vivia no lado asiático do Bósforo, o que subitamente fez o ponto final de minha viagem parecer mais do que uma mera abstração.*

Annamaria, a bonita garota com quem fiz amizade no baile, estudava história da arte, e conhecia de cor cada pinacoteca e museu; graças a ela, visitei a todos com frequência. Deve ter sido ela que me mostrou (mas onde?) uma luta corporal de Courbet, excepcional e pouco típica; e foi ela o "Abra-te, Sésamo!" para uma residência privada dotada de um longo espaço vazio, exceto por uma meia dúzia de extraordinários El Grecos. Passei a

---

* O Conde Teleki tornou-se novamente Primeiro-Ministro ao se aproximar a guerra, na esperança de salvar algo diante do terrível dilema em que a Hungria se encontrava, um cerco que se fechava cada vez mais. De alma, era profundamente pró-britânico, mas foi forçado pelo imperativo da situação a posições pelas quais não teria optado por vontade própria; tendo a Hungria assinado um pacto de amizade com os iugoslavos, optou por suicidar-se na primavera de 1941, para não ter de apoiar o ataque alemão à Iugoslávia, que se faria através de território húngaro.

conhecer muita gente e o ritmo da minha vida acelerou. Uma das incursões exploratórias entre as altas-rodas me levou à sala de estar de uma antiga beldade, famosa, em igual medida, tanto por sua aparência quanto por sua destacada posição social. Mais tarde, quando Berta me perguntou o que havia achado, respondi que ela era belíssima; mas não seria um tanto afetada? Berta riu. "Quando éramos enfermeiras na guerra", disse, "Ella, minha amiga, insistia em trabalhar apenas nas enfermarias para cegos, dizendo 'Tem que ser, sabe! Nas outras, todos se apaixonam por mim e não devo aumentar ainda mais o sofrimento desses rapazes'".

Diariamente, Tibor costumava dirigir até uns estábulos militares localizados depois de Peste para exercitar seu corcel favorito. Certa manhã, perguntou se eu gostaria de acompanhá-lo: ele havia conseguido outro cavalo, de maneira que trotamos e galopamos lentamente por volta da pista e praticamos alguns saltos fáceis; daí, seguimos para um padoque onde o assisti conduzir seu cavalo pelos mais misteriosos e indecifráveis passos num silêncio tão envolvente e com uma competência quase tão perfeita quanto a daqueles peritos na Escola Espanhola de Equitação em Viena. Acho que este passeio consistiu numa forma discreta de avaliação, na qual devo ter conseguido passar ainda que raspando, pois no caminho de volta, ele disse que talvez conseguisse obter uma montaria para parte de minha viagem em direção a leste, já que eu cruzaria pelas terras de uma amiga, proprietária de muitos cavalos – talvez ela pudesse me emprestar um por dois ou três dias. "É a maneira certa de se ver a planície." Fiquei tão entusiasmado com essa perspectiva, que mal ousei responder.

◆ ◆ ◆ ◆

COISAS TRIVIAIS LIGAM os fusíveis da memória. Uma florista no cais do Danúbio, sempre que eu passava, gritava "Flores, lindas flores!" – "*Virágot! Szép virágot!*" (o plural de '*virág*', 'flor'). Dois anos mais tarde, lendo *Ulisses* pela primeira vez, deparei com "*Nagyságos uram Lipóti Virág*", que é a versão magiar aproximada de "Leopold Bloom, Esq.". No livro, Bloom era um imigrante judeu vindo da Hungria; '*Virág*' é uma típica magiarização de

'Blum'; e sua grafia deve ter mudado para 'Bloom' quando o autor reassentou seu protagonista em Dublin. Estou certo de que Joyce, tão alerta para línguas quanto Borrow,[26] deve ter aprendido um pouco de húngaro quando ensinava na Escola Berlitz. A Trieste do pré-guerra era ainda uma cidade austro-húngara com muitos húngaros que poderiam lhe ter ensinado. (Alguns deles ainda vivem por lá.) Havia quem acreditasse, e muito provavelmente, de maneira errônea, que ele ensinara inglês ao Almirante Horthy, quando o futuro governante era ainda o comandante K. und K. da base naval em Pola; e também, ao mesmo tempo, acabo de descobrir, Joyce fez considerável progresso em grego demótico.* Este porto arrebatador, há três anos por mim visitado pela primeira vez, teima em surgir nestas páginas. Fantasmas literários abundam por lá: não apenas James Joyce e os Burton, mas, igualmente, Italo Svevo. Talvez o espectro do biplano de d'Annunzio, inaudível, esteja a zumbir acima a caminho de Fiume, enquanto a sombra de Rilke desliza ao longo das margens adriáticas em direção a Duíno, de onde ambos tiveram um último vislumbre de Waring.[27]

Era difícil acreditar que eu houvesse estado em Budapeste por apenas dez dias. Ao fim de uma última festa, muito depois de meia-noite, subi os degraus de Buda com Annamaria, sentamos num muro e contemplamos, lá em baixo, as pontes lançadas sobre o Danúbio em colares cintilantes. Pedi uma vez mais que ela repetisse uma canção que vinha rodando em minha cabeça desde o baile. Para um estrangeiro, a música húngara é, às vezes, tão diferente e quase tão difícil quanto a língua. Eu achei a canção impossível de aprender de cor. Fala de uma andorinha voando baixo sobre um campo de trigo que amadurece. Ela começou,

"Érik a, érik a búza kalász"

e continuou até o fim. Mas não adiantou. A melodia me escapou novamente, e ainda me elude.

---

* Ver seu caderno de notas, publicado em *Ta Ellinika tou James Joyce*, de Manto Aravantinou (Hermes Press, Atenas, 1977).

CAPÍTULO 3

A GRANDE PLANÍCIE HÚNGARA

🌿 🌿 🌿

Malek, um belo castanho, com crina e cauda esvoaçantes, uma meia branca, uma chama e mais do que um toque de árabe em sua testa, esperava junto a um grupo de acácias na estrada para Cegléd. O rapaz que o montara até nós disse a Berta que ele havia sido ferrado recentemente e que, exceto num pequeno trecho próximo ao seu estábulo, não deveria apresentar qualquer problema. Arrumamos minhas coisas nos alforjes, enrolamos meu sobretudo e o amarramos no cepilho. Berta partiu de carro com Micky e Tim, levando o rapaz de volta para casa; eu não havia trotado mais do que meia hora pela mesma estrada antes que reaparecessem. Fizemos um piquenique debaixo de um carvalho e depois saímos em direções opostas, eles para Peste, eu para Constantinopla, olhando para trás e acenando até que estivéssemos todos fora do alcance da vista.

Era 13 de abril. No claro e vasto céu, as poucas nuvens estavam tão imóveis que pareciam ancoradas em suas sombras. A Grande Planície Húngara – o 'Alföld', em magiar – é a estepe mais ocidental da Europa, o último posto avançado nas inóspitas vastidões pônticas e cáspias. Influenciado pelas imagens do Hortobágy,[1] mais selvagem, uma centena de milhas adiante a leste, fiquei desapontado, de início, ao ver terras agrícolas e campos verdes com trigo jovem e uma cultura mais alta, com folhas pontiagudas e de um verde-pálido, que, no fim das contas, era nada mais do que milho nativo; havia carreiras de pés de fumo e, a seguir, pomares e fazendolas em meio a árvores; e a planície por entre os trechos cultivados era pontilhada de rebanhos. Ovelhas e porcos e tropas de bois pastavam a meia distância, com vilarejos a cada poucas milhas. Aquele sobre o qual eu havia sido alertado era Alberti-Irsa;* era o trecho que prometia ser mais difícil. Malek tentou entrar por uma trilha que levava a um portão e a dependências externas e celeiros, que permitiam um vislumbre, para além deles, de um castelo meio escondido entre árvores, de onde seu estábulo o chamava. Quando insisti em tocar em frente, deram-se olhares descontentes para trás; eu sabia que outros cavalos pastavam por ali, mas seu expressivo relincho não recebeu resposta – talvez o cavalariço os tivesse conduzido para mais longe, onde não mais podiam ouvi-lo –, e, depois de um pequeno confronto de vontades, batíamos os cascos tão animadamente quanto antes.

Tipóias puxadas por cavalos ou bois eram bem mais numerosas do que automóveis. Ciganos se moviam em carroças longas e desengonçadas que faziam todos os seus apetrechos chacoalharem. Saindo da estrada pela esquerda, segui por trilhas menores, onde logo as fazendolas e choupanas se espalhavam mais escassas pelo campo. Algumas, cobertas de caniços e palha de milho e cercadas por estacas trançadas, tinham um ar desgrenhado, mas a maioria era limpa e arrumada, com paredes grossas recentemente caiadas, talvez para a Páscoa, e pintadas na parte de baixo, em toda a volta, a cores. Tal como um pré-histórico cabideiro, uma árvore convenientemente plantada tinha cumbucas e panelas presas em seus galhos podados; enquanto, noutra, uma família de galinhas brancas e um galo salpicado se empoleiravam. Plataformas rasas elevavam as casas acima da planície, e as mulheres, ocupadas com tarefas domésticas, ali se sentavam a futricar. Numa delas, um corte de tecido num padrão vermelho e branco, abruptamente subdividido em dois, se estendia sobre um longo tear; uma velhota com lenço na cabeça jogava uma lançadeira através da tensa urdidura. Deslocando os fios entre si com uma batida do pedal, ela ajeitou a nova fieira

---

* No meu mapa de hoje, só consigo encontrar Irsa, mas muitas vezes os nomes mudam; já, no mapa velho, esgarçado e rasgado pelo frequente dobrar e desdobrar, esta quadrícula específica desapareceu faz muito tempo. Mas, nas apressadas notas de meu diário, é 'Alberti-Irsa', de modo que a este nome me prendo e assumo o risco.

no lugar com a ajuda de um caniço em formato de pente; parou e, diante de minha saudação, respondeu com "*Isten áldjs*" ("Deus te proteja"). Percebendo que eu era estrangeiro, perguntou: "*Német?*" ("Alemão?"). Minha resposta ("*Angol*") induziu um olhar de polida perplexidade: 'anglo' significava tão pouco para ela quanto 'magiar' no interior de Dartmoor. Como no lado oposto da casa havia barulho de mugidos, ela gritou através da janela e, num minuto, uma neta trouxe um copo de leite espumante: ambas sorriram ao me ver tomá-lo. Bebi lentamente e pensei: estou bebendo este copo de leite montado num castanho em meio à Grande Planície Húngara.

Ao se aproximar o entardecer, qualquer sinal da capital e das colinas ocidentais havia desaparecido. Estávamos em meio a um espaço ilimitado, salpicado de matas, e aguilhoado aqui e ali pela solitária e, de início, enigmática perpendicularidade dos poços de cambão. Estes dispositivos primitivos (chamados de '*shadoofs*' no deserto egípcio) são feitos com dois paus colocados lado a lado e cruzados por uma travessa a seis pés de altura – ou com os galhos de uma árvore, desbastados até que não reste nada mais do que uma forquilha – fazendo o papel de um pivô, onde um braço de muitas jardas de comprimento se assenta. Pesos – quase sempre matacões – são amarrados ao lado menor, até que as jardas de braço do lado oposto se inclinem para cima; dessa ponta mais alta desce uma vara – ou se necessário, duas varas amarradas – na qual é preso um balde. Este é empurrado para dentro do poço com seguidos movimentos, mão sobre mão, enquanto o extremo lastreado do braço se eleva: a retenção é então liberada, o matacão desce e um balde cheio sobe à superfície, pronto para ser derramado num bebedouro de gado com o formato de uma canoa escavada. Estes solitários pilares dão à planície um ar desolado: de dia, parecem engenhos de guerra medievais abandonados e, ao crepúsculo, transformam-se em patíbulos ou naquelas estacas encimadas por rodas dos quadros de Hieronymus Bosch, nos quais os urubus se altercam por esqueletos de pernas e braços abertos no espaço.

A tarde se enchia do rangido do vaivém de suas madeiras. Num deles, junto a uma casa de fazenda em ruínas com um ninho de cegonhas entre seus caibros, dois vaqueiros trabalhavam desmontados; suas calças de linho, largas e brancas, usadas soltas por fora de botas pretas de cano longo, desciam até a metade da batata das pernas. Haviam acabado de dar de beber a um grande rebanho de gado de um notável tom claro, com chifres quase retos e de enorme envergadura, que enchia o ar com pisoteio, mugido e poeira. Quando os vaqueiros remontaram, acenei, saudando-os. Levantaram seus chapéus pretos com cerimônia e fizeram seus cavalos girar, e então, assistidos por cães brancos de pelo áspero, tocaram as esporas, seguindo o rebanho, trotando ou em galope lento pelas laterais, e rodopiando longos aguilhões para evitar que os fujões se distanciassem. O sol em declínio marcava todas as silhuetas. Envoltos em halos de poeira e formando longas sombras, eles se moviam em direção a oeste numa algazarra de gritos ásperos, latidos, e o retinir de chifres e sinos. Uma cegonha se juntou a seu companheiro entre os caibros, provavelmente depois de ter engolido um sapo retardatário, capturado em algum oásis mais sossegado, e eu trotei para leste em direção ao extremo mais escuro da planície. As nuvens haviam explodido num cor-de-rosa surpreendente.

Mas isso não se comparava ao céu que ficava para trás. A planura do Alföld cria um palco para que, ao pôr do sol, as nuvens se manifestem em representações difíceis de descrever: exércitos levitados em impasse e esquadrões sem montarias descendo em câmara lenta para lagoas ferventes e sulfurosas onde barbacãs colapsam gradativamente e frotas de trirremes escurecem antes de afundar. São procissões de vésperas negras... quanto menos dito, melhor.[2]

◆ ◆ ◆ ◆

SEMPRE QUE PODIA, Malek partia num galope lento, e um desses surtos transformou-se num longo e pleno galope ao crepúsculo; ele talvez pensasse que estávamos longe de casa e que era bom nos apressarmos; e quando nos acomodamos a uma passada mais lenta, a escuridão que caía mostrou o brilho de um fiapo de lua nova. Um cordão de luzes distante, que eu sabia ser a cidade de Cegléd, estava por detrás à direita, e aqui e acolá, na medida em que escurecia, surgiram, como navios, luzes de fazendolas através da planura. Eu havia planejado procurar abrigo numa delas, mas, de súbito, não havia mais uma que fosse, e, quando a noite já havia caído por inteiro, apenas um único foco brilhava. Era difícil calcular a distância, mas quanto mais perto chegávamos menos parecia ser uma fazenda, exceto pelo latir de meia dúzia de cães que, por fim, frenéticos, correram em nossa direção.

Três fogueiras espalhando fachos de luz por entre os troncos de árvores iluminavam as lonas de tendas e as silhuetas de homens e cavalos. Um grupo de ciganos havia se estabelecido pela noite junto a um outro desses poços de cambão, e nossa chegada os causou espanto. Com exceção das fogueiras, não havia brilho por qualquer lado e eu percebi, em parte animado e em parte com um toque de medo, que teríamos que passar a noite ali. Recentemente, ouvira inúmeras histórias de eriçar os cabelos sobre ciganos, e fiquei preocupado sobretudo com Malek. Quando desmontei, agruparam-se em torno dele, dando-lhe tapinhas e acariciando seu pescoço e seus flancos, avaliando suas qualidades com olhos argutos, pretos como amoras. Desgrenhados e desleixados, eram os ciganos mais escuros que jamais vira. Alguns dos homens vestiam calças húngaras, folgadas e brancas; os demais usavam roupas comuns, citadinas, com chapéus pretos, todos em seu último estágio de decomposição. Garotos remelentos e criancinhas magras e cor de piche vestiam coletes que desciam até a cintura, enquanto outros nada usavam, exceto um ou dois enchapelados com *trilbies* descartados, tão largos e instáveis que rodopiavam quando andavam. Umas garotas lindas, a se pavonear em molambos verde, amarelo e magenta, me encaravam com fulgurantes olhos. Para além das fogueiras, bois de carga, livres de suas juntas, ruminavam; cavalos, postados sob galhos, tinham suas patas atadas, e um par de éguas pastavam soltas, tendo ao lado potros altos. Cães se altercavam e rosnavam e as aves domésticas, retiradas de suas gaiolas de viagem, ciscavam na poeira. Tendas pretas e marrons haviam sido erguidas sobre estacas cruzadas, mas o jeito precário e a dispersão atrapalhada de objetos domésticos mal indicavam seus mil ou dois mil anos de prática em assentar acampamento; exceto pelos caniços e vimes e as cestas semitrançadas com as quais suas mãos morenas já estavam a se ocupar, a tribo toda parecia ter fugido meia hora antes de um bairro miserável em chamas. Acho que se dirigiam às margens do Tisza visando cortar novas provisões de material.

Escapei de toda essa agitação durante dez minutos, levando Malek para dar umas voltas, antes de conduzi-lo ao bebedouro, onde um homem chamado György me ajudou com o balde. Eu me perguntava se deveria amarrar Malek a uma árvore; havia um pouco de aveia e um cabresto no alforje, mas o cabresto era curto demais para que ele pudesse pastar. Era melhor tolhê-lo como os ciganos haviam feito com seus cavalos, mas eu não tinha ideia de como se fazia. György me ensinou, juntando as pernas dianteiras de Malek na caprichada figura de um oito. Fiquei ansioso: Malek não podia estar acostumado a este tipo de procedimento; mas se comportou com grande paciência. Dei a ele um pouco de ração e um pouco do feno dos ciganos, e aí peguei a sela e os arreios e me estabeleci com os demais junto ao fogo.

Graças aos céus, sua refeição simples havia terminado! Tirando os ouriços, deliciosos, segundo ouvira dizer, o caráter intragável e até mesmo o risco apresentado por sua comida habitual eram bem conhecidos. Ouviu-se um estridente barulho de metal: um cachorro lambia uma panela junto à fogueira. Percebendo meu olhar apreensivo, uma garota de dez anos, que havia acabado de me pedir um cigarro, jogou uma pedra certeira no bicho, que escapuliu com um uivo surpreso; depois, jogando a vasilha para cima de maneira que pegasse no galho adequado, ela se enroscou no chão novamente, com um sorriso indulgente enquanto deixava a fumaça fluir preguiçosamente por suas narinas. O item mais importante dos suprimentos de Berta era um salame de quase uma jarda de comprimento, envolto até a metade numa fita nas cores nacionais. Impressionei bem ao cortá-lo, entregando-lhes um terço e provocando um breve tumulto com agarrões, pragas e pancadas. Então, trinta pares de olhos, acompanhados por um suave coro de sussurros, olharam arrebatados enquanto eu comia um sanduiche e uma maçã. Tomei três rápidos e gigantescos goles de minha garrafa de vinho antes de passá-la adiante. Pareciam meio fascinados, e, sem que eu conseguisse definir porquê, também um tanto assustados com minha presença: talvez todos os estrangeiros, exceto as vítimas potenciais, trouxessem maus presságios. De início, não conseguimos nos comunicar; mas, antes dele me auxiliar a dar de beber a Malek, uma observação feita pelo mais velho dos homens a György alertou-me para algo: os resmungos de sua frase haviam terminado, pensei, com a palavra '*pani*' – imediatamente reconhecível como 'água' em hindi por qualquer pessoa que tivesse tido contato com a Índia inglesa. Quando apontei, com ar inquisitivo, para a jarra d'água e perguntei o que havia dentro, eles disseram: "*Víz*", usando a palavra magiar; astutamente respondi: "*Nem* ('não') *víz! Pani*". Provoquei sensação! Perplexidade e espanto estavam escritos em suas faces iluminadas pela fogueira.* Quando levantei os cinco dedos de minha mão e disse: "*Panch!*" – a palavra para 'cinco' tanto em hindi quanto em *romani* ('öt', em magiar) –, o espanto cresceu. Tentei as únicas outras palavras de que conseguia me lembrar do *Lavengro*,³ apontando para minha língua e dizendo: "*Lav?*"; mas não tive resultado; '*tchib*' teria sido a palavra adequada. Errei de novo com '*penning dukkerin*', a palavra usada por Borrow – ou melhor por Mr. Petulengro – para 'leitura de mão'. Mas tive mais sorte com a própria palavra '*petulengro*', ou pelo menos com sua primeira metade. A palavra inteira (ou seja, 'mestre de sapatos de cavalos', isto é, 'ferreiro', em Borrow) não provocara reação alguma, mas quando a cortei para '*petul*', e apontei para a bigorna, um garotinho zuniu pela escuridão adentro e voltou triunfante, trazendo uma ferradura.**

Logo que pegaram o sentido da coisa, toda vez que eu apontava para algo com um olhar interrogativo, devolviam a palavra cigana. A maioria deles ria, mas um ou dois se mostrava preocupado, como se estivesse sendo revelado algum segredo tribal. Um dedo apontando para o céu e "*Isten?*" (a palavra magiar para 'Deus'), imediatamente evocou um grito

---

*   O que torna tudo ainda mais estranho é que a palavra usada pelos ciganos húngaros e romenos para 'água' é '*pai*'; o 'n' se evaporou. E apesar disso, foi assim que ouvi a palavra. Eu me pergunto se a letra perdida ainda paira em seu subconsciente, como o fantasmagórico e atávico 's' por detrás de um circunflexo francês.

**   '*Petáli*' ou '*pétalo*' – eu não sabia então – é a palavra em grego contemporâneo para 'ferradura' e pode ter se juntado ao vocabulário *romani* durante um ou dois séculos em que os ciganos provavelmente ficaram parados no Império Bizantino. O original grego significa 'folha' e, portanto, cobre a ambas, 'pétala' e 'ferradura', já que os jumentos na Grécia, e por todo o Levante, ainda são ferrados com uma fina folha de metal. A moderna forma, em crescente, da ferradura de cavalos e mulas deve ter sido um refinamento tardio, pois a palavra antiga pegou para sempre.

de "*Devel!*", que de início soa fora de lugar;[4] até que se pense em '*Deva*' em hindi e em seu provável ancestral sânscrito. Um brilho ansioso surgiu naquelas caras escurecidas. Cabelos lustrosos, olhos escuros, pele castanha e, entre as mulheres, um andar sinuoso e uma flexibilidade quebradiça de punho e tornozelo – tudo isso sugeria que não haviam mudado quase nada desde que deixaram o Baluquistão ou o Sinde ou as margens do Indo. Recentemente, eu havia lido ou ouvido falar de duas lendas que lhes são hostis e estão ligadas às suas habilidades como artesãos em metal: não só haviam eles forjado o Bezerro de Ouro[5] para os israelitas, mas, supostamente, um ferreiro cigano havia feito os cravos para a Crucificação, pelo quê fora punido, tendo um demônio vira-casaca martelado um cravo similar em suas costas.

◆ ◆ ◆ ◆

MALEK PASTAVA SOB a árvore na qual eu o havia deixado, a doze jardas do fogo. O laço parecia seguro e confortável; e, usando sela e alforje como travesseiro, eu me deitei e fumei, mas não consegui pegar no sono por muito tempo. Quando adormeci, o bem-estar gerado pelos rápidos goles de vinho e pela alegre conversa junto ao fogo haviam se esvaído. Como eu poderia ser tão insano de levar um cavalo emprestado a um tal antro de perigos? Mais tarde, semiacordado, tive pesadelos nos quais via os ciganos fugirem com aquele lindo cavalo Szapáry; para então (como se dizia que era seu costume) pintá-lo de uma cor diferente antes de vendê-lo para algum estranho cruel; ou, talvez, simplesmente comê-lo logo; ou, ainda pior, transformá-lo secretamente em salame, o destino sussurrado de todos os jumentos, depois do rápido despacho tanto do cavalo quanto do cavaleiro. Este último destino seria a melhor solução: caso o cavalo tomado de empréstimo sofresse alguma desgraça, melhor a morte do que toda uma vida de vergonha. Quando acordei dessas terríveis fantasias, a lua nova havia aparecido; e lá estava Malek, abaixo dos galhos e iluminado pelas estrelas, e ainda lá estava ele quando a alvorada colocou em fuga as assombrações noturnas. O sol, um disco cor de sangue, levantou-se em meio àquela vastidão e o cantar do galo dos ciganos correu do quintal de uma fazenda para outra, até que o bulício tomou conta de toda a planície.

Eu havia trazido uma boa quantidade de torrões de açúcar e, depois de, agradecido, dar alguns para Malek, eu lhe ofereci algo mais substancial e saí para ver o que se passava nos arredores. As sombras da noite passada, em negativo, listravam a planície; a fumaça subia e já se viam dedos enfiando, trançando e emendando em meio aos montículos de caniços. Na noite anterior, deixando de lado os ofuscantes adereços das garotas, eu ficara desapontado com a mansidão desse pequeno bando. Nenhum vislumbre de instrumentos musicais, nenhuma nota ou vibração; nem mesmo um urso dançante. Mas estava enganado. Sob a proteção de uma carroça, um imenso brutamontes marrom dos Cárpatos, sua bochecha apoiada nas patas dobradas, dormia profundamente; e justo quando eu o olhava, começou a se mexer. Sentado, deu um longo e amplo bocejo, esfregou os olhos, deixou suas patas caírem no colo e espreitou ao redor, preguiçoso e bem-disposto, enquanto seu companheiro, soprando brasas, preparava um desjejum para dois. Reencontrei Malek e, enquanto nós dois mastigávamos, percebi que a árvore que nos protegia, tão alta quanto um carvalho de porte médio, pertencia a um tipo que eu nunca tinha visto antes. A casca era mais escura; folhas ovais de um verde-azulado cresciam em pequenos conjuntos simétricos e, entre elas, vagens coriáceas balançavam tal como favas de feijão escuras. Era uma alfarrobeira. (Enegrecidas, com gosto de chocolate velho, débil, sem graça, mas persistente, essas vagens parecem teca quando mascada. Alguns anos mais tarde, quando queria segurar a fome, eu as mascava nas rochas do sul de Creta, imitando, sem saber, o Filho Pródigo: as cascas são as que ele e os suínos comiam, e ainda hoje são servidas aos porcos. 'Feijão-gafanhoto' é um nome alternativo e há quem, precipitadamente, pense que são elas, com mel selvagem, que mantiveram São João Batista vivo no deserto.)

Selei Malek, e me despedi. Partimos rumo a leste.

Era hora, e talvez agora também seja, de ver onde estávamos, e de dar uma olhada no passado dessa extraordinária região. Desde os tempos em que a fronteira romana se situava ao longo do Danúbio, o caminho lógico de Buda ('Strigonium') para o Levante corria para o sul, rio abaixo, até a confluência com o Sava, onde a fortaleza de Belgrado, imensa e de crucial importância, seria mais tarde implantada: e daí, através dos passos balcânicos e dos futuros reinos da Sérvia e da Bulgária, até Adrianópolis, e Trácia adentro rumo à Cidade Imperial[6] ou para o Helesponto, onde a Ásia começava. Essa era a ligação por terra entre os reis húngaros e os imperadores bizantinos; foi a trajetória de Barbarossa[7] e seus cruzados na jornada que terminou com a morte do imperador no curso gelado do Calicadno. Mas, o penúltimo exército cruzado – os húngaros do Rei Sigismundo,[8] com seus aliados franceses, alemães, borgonheses e valáquios, e até, dizem alguns, um milhar de ingleses – incauto, seguiu em frente rio abaixo até que Bajazeto, o Raio,[9] atacando-os em Nicópolis, os destruiu completamente. (Mais tarde, voltaremos a isto). Na geração seguinte, uma última cruzada foi destroçada junto ao Mar Negro; em seguida, a própria Constantinopla caiu. Essa mesma rota, em sentido contrário, havia levado os turcos, em sucessivas etapas fatais, ao coração da Europa. Na tardia Idade Média, haviam subjugado os Bálcãs e, no tempo dos Tudor, já avançavam rio acima. Solimão, o Magnífico, derrotou o Rei Lajos II,* e em seguida capturou e incendiou Buda; mas em 1529, lançou o malsucedido cerco de Viena, e quando, ao final do século seguinte, falhou uma segunda tentativa contra Viena, a maré otomana começou a virar. Carlos de Lorena e depois o Príncipe Eugênio[10] impediram seu avanço e os fizeram descer rio abaixo ao longo dessa mesma passagem aquática; e o exército austríaco, com ousadia e em desordem, cercou Belgrado com suas baterias.[11] Caíram ambas, *Stadt und Festung*,[12] e este caminho, havia muito consagrado, tornou-se o itinerário seguido por todos os viajantes do Ocidente; em especial, para os embaixadores que se dirigiam à *Sublime Porte*.[13] Filas de carruagens com batedores montados e escoltas de mosqueteiros, ou casas flutuantes embandeiradas, de muitos remadores, moviam-se, majestosamente, corrente abaixo. (Pode-se imaginar Lady Mary Wortley Montagu,[14] semicoberta de peles e um tanto frágil em roupas turcas, numa das paradas, lendo o *Homero* de Pope debaixo de um álamo.)

---

*   Luís, pronunciado em magiar mais ou menos como 'Lóiosh'.

No século seguinte, aparece Kinglake,[15] mas, irritantemente, sua narrativa pula a Hungria e só começa com o autor imitando o som e os movimentos de uma máquina a vapor como maneira de explicá-lo ao paxá de Belgrado, a cobiçada cidadela estando uma vez mais nas mãos dos turcos. A estrada de ferro que, em tempo, iria ligá-la ao Ocidente e a Constantinopla tem tido papel importante em novelas de espionagem e de aventura.

(Anos depois da presente viagem, segui todas essas antigas pegadas. Se o rio diante de Esztergom me havia lembrado um Champs-Élysées líquido, tal semelhança nesta parte mais ao sul é ainda mais contundente. Um largo fluxo de cor ocre atravessa a Europa minguando rumo ao infinito entre franjas simétricas de salgueiros e álamos, com mais nada à vista a não ser uma garça a se levantar das folhas-bandeira, ou uma ocasional canoa de pescadores suspensa na névoa como um barco numa pintura chinesa. Passei a noite numa taverna de embarcadiços em Mohács para poder ver o campo de batalha onde Solimão havia derrotado o Rei Lajos – um dos mais negros e destrutivos marcos da história: uma derrota tão fatal para a Hungria quanto Kosovo foi para os sérvios e Constantinopla para os gregos).

É o que basta quanto ao caminho que o Danúbio faz para o sul; não foi o que tomei. Malek e eu o havíamos abandonado em favor da rota através da Grande Planície, menos percorrida, rumo à Transilvânia; trotávamos firmes para sudeste, e cada vez para mais longe do grande rio. Depois, pesquisando histórias de viajantes, encontrei apenas alguns poucos que utilizaram esse caminho.

Quase alegóricos, percebidos vagamente através da névoa das lendas e da poeira das crônicas, esses personagens desconhecidos têm uma dimensão desproporcional; algo de gigantes e algo de ogros, seres goyescos, imponentes como um Pânico[16] entre as turbas que se sucedem umas às outras através dessas vastidões, para a seguir desaparecerem. Nenhum detalhe histórico pode soprar vida nos gépidas, os parentes dos godos que deixaram os Bálticos e se fixaram na região em tempos romanos; e os lombardos só parecem se tornar reais quando se movem Itália adentro. Fora esses, todos os agressores vieram do leste, tendo os hunos como sua temida vanguarda. Espalhando-se a partir da Grande Planície, saqueando e escravizando metade da Europa, fizeram tremer todo o Império Romano. Paris foi salva por um milagre, e só foram parados e recuaram perto do Marne. Quando Átila morreu, numa imprudente cama de núpcias depois de um infausto banquete, em algum lugar perto do Tisza, talvez a poucas milhas de meu caminho, os hunos galoparam várias vezes em torno a sua tenda funerária numa explosão de lamentos. O Estado se desintegrou e, entre os lavradores, há quem ainda sonhe encontrar enterrado seu tesouro em joias, lingotes de ouro e arcos folheados a ouro. Os sombrios gépidas sobreviveram até que os ávaros os espalharam e ocuparam seus territórios por quase três séculos. De origem mongol, aparentados dos turcos (eram todos turanos), como a maior parte dos invasores, essas hordas selvagens de tranças longas e seus *khans* ameaçadores quase chegaram a levar Bizâncio de roldão. Permanente incômodo para o Ocidente, o estribo, que por eles havia há pouco sido inventado, os fazia ainda mais assustadores: firmemente assentados na sela, abandonaram o arco como principal arma do cavaleiro e a substituíram pela lança curta e, depois, pela lança longa, o que, por sua vez, levou aos cavaleiros medievais de pesadas armaduras, e, de maneira bárbara e remota, antecipou o tanque. Quando Carlos Magno destruiu seu enigmático sistema de fortificações de sete anéis concêntricos, e deles deu cabo, toda a Europa deu um suspiro de alívio. Entretanto, enquanto isso, os eslavos, sem estardalhaço, tal como a umidade, vinham se expandindo em direção a leste, a sul e aos Bálcãs, dando origem, pelo caminho, ao Reino da Grande Morávia. Foi quando os recém-chegados búlgaros estenderam uma ala de seu reino a noroeste pelo vazio que os ávaros haviam deixado. (Que figura seria mais remota do que Svatopluk, *kral* do quebradiço domínio da Morávia? E quem mais distante do desejável do que Krum, o primeiro *khan* dos búlgaros? Ele e seus boiardos tinham por hábito beber no crânio do capturado Imperador Nicéforo,[17] partido ao meio e forrado em prata.)

Por fim, apareceram os magiares. Povos originalmente dos pântanos e da tundra, eles também eram aparentados com os invasores que vieram antes e depois, mas, havia alguns séculos, distanciaram-se de seus familiares ugro-fínicos; devem ter convivido com os persas em suas andanças; e é quase certo que, por um ou dois séculos, vagaram por entre os turcos nas

Estepes Pônticas, ao norte dos Mares Cáspio e Negro, onde ficava o vasto, misterioso e profundamente interessante Império Khazar. Deixando para trás o Rio Ural, e a seguir o Volga, o Don e o Dniepre, chegaram ao delta do Danúbio onde pararam na Bessarábia, logo ao norte. O imperador bizantino, ferozmente assediado pelos búlgaros, persuadiu os magiares, oportunamente caídos do céu, a atravessar para o sul do Danúbio e atacá-los. Para fazer frente a essa ameaça, Simeão, o líder dos búlgaros (que viria a tornar-se tsar)[18] convocou a terrível raça dos pechenegues, os mais violentos, mais cruéis, e mais pérfidos de todos os nômades das estepes, que, parados na fila de invasores asiáticos diretamente atrás dos magiares, já estavam impacientes. Enquanto os magiares se ocupavam em assaltar os búlgaros, os pechenegues se adiantaram, devastaram e depois ocuparam os campos de pisoteio dos bessarábios que os magiares haviam temporariamente evacuado.

Pôs-se em movimento uma fatídica cadeia de eventos. Privados da Bessarábia, os magiares partiram para o ataque na direção do sol poente. Alguns deles foram rumo a sudeste, ao longo do Danúbio, através das Portas de Ferro, logo tomando à direita; mas o maior contingente seguiu para noroeste através de passos por entre os Cárpatos, e aí direto à esquerda, até que todas as tribos magiares se juntaram na Grande Planície, ao final transformada em Hungria. A essa altura, já estavam organizados numa hierarquia militar; Arpád havia sido erguido sobre um escudo por outros chefes; e seus súditos, todos peritos cavaleiros, arqueiros e lançadores de dardos, contavam com selas e estribos que lhes permitiam se voltar como saca-rolhas e a disparar, a todo galope, em qualquer direção. A campanha ganhou ritmo. Todos os rivais foram subjugados ou varridos da planície; a Eslováquia foi tomada por inteiro; a Transilvânia foi ocupada; o Reino da Grande Morávia foi pisoteado e esmigalhado; e os eslavos do norte e do sul ficaram para sempre separados.

Não era de se espantar que os velhos cronistas misturassem magiares e hunos! Por décadas no passado, suas origens, conquistas e comportamento se apresentaram exatamente nas mesmas linhas. Tal como os hunos, os magiares se tornaram o terror da Europa; barganharam com o imperador romano sob as muralhas de Constantinopla, cavalgaram sem piedade através da Itália chegando até Otranto, cruzaram o Reno e devastaram a Lorena e a Borgonha, até que, por fim, o Imperador Oto[19] quase os aniquilou perto de Augsburgo; humilhados, arrastaram-se de volta para sua casa, no imenso território que haviam capturado junto ao Danúbio. Então, tudo começou a mudar. Em poucas décadas, como vimos, Estêvão, descendente de Arpád, tornou-se rei de um grande Estado cristão; morreu santo; e as fronteiras da Hungria permaneceram inalteradas por novecentos anos – exceto pela expansão posterior em que absorveram a Croácia e pela fragmentação, durante um ou dois séculos, ocasionada pelos invasores turcos. A portentosa coroação de Santo Estêvão em 1000 A.D. – tal como a de Carlos Magno em São Pedro no dia de Natal de 800 – é uma dessas felizes datas-chave que ajudam a nos orientar nesse caos.

Mas a procissão nômade ainda não havia se esgotado. Vimos o que aconteceu com os mongóis em 1241, e como os domínios do Rei Béla foram reduzidos a cinza. Para repovoar o deserto, Béla convocou os cumanos,* outra horda das estepes e ainda piores do que os pechenegues. Um vasto número deles se estabeleceu na planície; e na esperança de domesticá-los, Béla casou seu filho com uma princesa cumana. Mas o poder dos bárbaros só fez crescer, quase levando o país a uma recaída pagã; por fim, a corajosa e arguta dinastia dos Arpád começou a fracassar. Ao morrer o último deles em 1301, seus herdeiros legais, os Anjou, de Nápoles, o sucederam, e uma competente linhagem de reis angevinos, culminando com Luís, ou Lajos, o Grande, fez o país ressurgir; a reconstrução começou, e por algum tempo, gerações de andorinhas-dos-beirais puderam voltar para os mesmos abrigos todos os anos, e as cegonhas para suas chaminés, sem encontrar tudo em ruínas. Mas fora do palco, nas cochias, os turcos já se inquietavam.

◆ ◆ ◆ ◆

---

* Eram chamados de '*kipchaks*', junto ao Irtish, seu rio nativo na Sibéria, e também de '*polovitzi*', no sul da Rússia; donde as *Danças Polovitsianas* na ópera O Príncipe Igor.

AO ABRIR MEU mapa embaixo da algarobeira, vi que, diretamente à frente no meu caminho, o Rio Tisza se desenrolava, fluindo na direção sudeste para encontrar o Danúbio; fiquei surpreso com os nomes dos lugares que se dispersavam depois da margem ocidental: Kúncsorba, Kúnszentmartón, Kúnvegytöke, e por aí afora. Ao que parecia, a primeira sílaba significava 'cumano' e a região ainda era conhecida como 'Nagykunság' ou 'Grande Cumânia'. Do meu lado do rio, uma profusão de nomes ligeiramente diferentes se espalhava em direção ao sul: Kiskúnhalas, Kiskúnfélegyháza, Kiskúndorozsma. 'Kis' significa 'pequeno': eles pertenciam à região chamada de 'Kiskunság' ou 'Pequena Cumânia'.

Então aqui foi onde os cumanos vieram parar! E até mais perto de minha rota, ocorria uma proliferação mais peculiar ainda de nomes locais. Jászboldogháza, por exemplo, apenas algumas milhas ao norte; e um pouco mais afastado, Jászladány, Jászapáti, Jászalsószentgyörgy, e muitos outros... Aqui a primeira sílaba trazia à memória uma raça de colonizadores mais inesperada e até mais antiga. No século III a.C., os jáziges, ramo dos sármatas, gente de língua iraniana, mencionados por Heródoto, foram detectados pela primeira vez em regiões ocupadas pelos citas, perto do Mar de Azov, alguns deles a se deslocar para oeste. Eram aliados de Mitrídates[20] – Ovídio, de seu exílio no Mar Morto, a eles se refere – ocasionando muitos problemas para os romanos, entre o Danúbio e o Tisza, exatamente onde seus descendentes vieram a se estabelecer. Conhecemos bem sua aparência graças à coluna de Marco Aurélio na Piazza Colonna. Em baixo-relevo, os guerreiros – e seus cavalos, com detalhes que chegam aos boletos dos animais – estão embainhados em armaduras de escamas, tais quais pangolins. Tendo abandonado seus dardos, e atirando para trás no famoso estilo dos partas, eles parecem galopar lentamente, com seus arcos recurvados, pela coluna acima, em espiral.

Deixaram outras marcas na planície? Algum costume obscuro e inexplicável, traço incomum de rosto, fragmento de linguagem, ou fraseado que ainda perdurasse? Alguns lembretes esparsos dos pechenegues e dos cumanos ainda cintilam pelos Bálcãs; mas a nação inteira parece ter desparecido como fogo-fátuo e só esses nomes de lugares marcam os pontos de onde se evaporaram. Houve época em que estiveram dispersos pelo hemisfério, desde as longínquas margens do Danúbio até às neblinas do Oxus e à silenciosa imensidão da Corásmia.[21]

◆ ◆ ◆ ◆

PASSARAM-SE MUITOS DIAS até que eu soubesse desse povo selvagem, mas não consigo resistir a apresentá-los enquanto estamos em seus refúgios. Aprendi também que Jászberény, uma velha cidade localizada ao norte, e um dos possíveis sítios da capital de Átila, ainda possuía um antigo corno de marfim, uma presa entalhada. Embora fosse na realidade um trabalho bizantino, foi reverenciado por algum tempo como sendo o olifante[22] de Lehel, chefe de uma das primeiras tribos magiares; este corno é tão famoso na Hungria quanto o de Rolando no Ocidente. Eu já sabia que Carlos Magno havia conquistado os ávaros e percebi, com certa tristeza, que as milhas que eu agora cavalgava eram o último trecho de meu itinerário ainda ligado ao grande imperador; ele parecia haver presidido sobre toda esta viagem até agora. Eu maldizia a ignorância que me fez passar por Aachen sem saber que se tratava de Aix-la-Chapelle! Uma figura histórica completa, que contava com Alcuíno de York e sua corte de eruditos; suas notórias datas, guerras, declarações e leis, incluindo seus estranhos nomes para os meses – 'Hornung', 'Ostarmonath' e todo o resto –, Carlos Magno foi envolvido e, a partir daí, transformado por uma nuvem de fábula. Conversas junto ao fogo, lendas, séculos de bardos e canções de *Minnesingers* o colocam a flutuar entre Alexandre e o Rei Arthur, onde paira, com uma *corona muralis*,[23] enorme, volumosamente barbado, recoberto de hera e visco, anunciado por águias e corvos, cercado por lebréis, acompanhado por anjos e auriflamas e escoltado por uma multidão de prelados e monges e paladinos; confundido com Odin, e, como Adônis, aparentado às estações, ele é acompanhado por terremotos e eclipses do sol e da lua, e celebrado por estrelas cadentes e raios; trompas e harpas sopram-no através das planícies, levam-no através de cânions e florestas e ao topo de íngremes montanhas, até que sua auréola é envolvida nas sete estrelas de seu Carroção.[24]

Acabo de aprender que em 802 A.D., Harun-al-Rashid[25] enviou um elefante de presente para Carlos Magno. Chamava-se Abulahaz, 'Pai do Bravo', e o imperador o manteve em seu parque em Aachen até que foi morto numa batalha contra os dinamarqueses. Não há menção à sua rota de vinda: teria sido a velha estrada do Danúbio? Ou por Brindisi e pela Via Ápia? Veneza ou Grado, e aí pelo Ádige e o Passo de Brenner – dessa vez, bem a leste do caminho tomado por Aníbal – e finalmente pelo Reno? Ou *teria o califa determinado que fosse pelo Helesponto ou pelo Bósforo?* Pode ter sido; embora o perigo o espreitasse nos Bálcãs: Krum e seus boiardos poderiam tê-lo avistado e deglutido... Mas a Grande Planície, quase toda ainda em charcos e floresta e, oito anos antes, liberada da presença dos ávaros, era o território perfeito para elefantes. Ele provavelmente viera do sopé do Himalaia, ou talvez dos pântanos e das florestas de *sal*[26] de Azufghur... Sem qualquer esforço, consigo agora visualizar seu *mahout*, Abulahaz, seus tratadores e uma tropa de lanceiros beduínos caminhando através das clareiras e planícies, enquanto eslavos interioranos, e talvez alguns dácios perdidos que aí tivessem sobrado, olhavam embasbacados de seus abrigos rudes. É possível até que ele tenha descansado a algumas poucas milhas adiante no meu caminho, enfiando sua tromba no Tisza e cobrindo-se de jatos de água fresca por entre os ensombrecidos juncais.

◆ ◆ ◆ ◆

ENQUANTO ISSO, ATRAVESSADA pelas sombras de nuvens achatadas nas partes mais baixas, a planície continuava matizada por campos de trigo e linhas de álamos e pomares; uma única vez, um moinho de vento, ao longe, quebrou a planura; havia poços de cambão por toda parte e amplas vastidões de capim onde o gado de cor pálida podia pastar. Em meio aos rebanhos, alguns dos vaqueiros, ainda vestidos com casacões de lã grossa e tosca, se apoiavam em longos bastões assemelhados a *tomahawks*; outros usavam tecidos caseiros parecidos com feltro, guarnecidos com intricadas palas de bordado em torno aos ombros. Nas entradas das fazendolas e aldeias, os gansos saíam apressados de seus tanques e atravessavam o caminho com sibilos e pescoços esticados que sempre se transformavam num hostil bater de asas à medida que Malek se deslocava cuidadoso entre eles num passo picado; se estivessem em terra firme, os gansos corriam para os tanques e se espadanavam na água. As mulheres usavam aventais ou batas bordadas ou plissadas de muitas maneiras bonitas e surpreendentes, e seus cabelos estavam cuidadosamente penteados ou amarrados com lenços. Muitas delas tinham rocas de fiar envoltas em faixas trançadas de um colorido vivo. Umedecendo polegar e indicador com a língua, puxavam e torciam os fios das meadas de lã crua que cobriam as pontas das rocas e, com a outra mão, faziam com que, flutuantes, seus fusos rodopiassem. Estes subiam e desciam como ioiôs em câmara lenta, formando bobinas de fios, cada vez mais espessas; mais tarde, esticadas em longos teares, eram usadas na tessitura daquelas capas densas e pouco maleáveis. Uma garota, sentada num banco em meio às alceas, do lado de fora de seu casebre, pisava e fazia girar uma roda de fiar, um instrumento lindamente entalhado e polido pela labuta de gerações, o único que jamais vi em uso.

Aquelas amplas extensões, em nada parecidas com desertos, deixaram a lembrança de orvalho, capim novo e dos cascos de Malek trotando através das matas e flores, enquanto o sol, ao se levantar, mostrava-se tão claro através de folhas, pétalas e lâminas de capim que mais pareciam estar em chamas. As matas cintilavam com rabirruivos e chasco-ruivos, que, recém-chegados de extraordinárias viagens, as traseiras a delatá-los, zuniam pelos troncos das árvores, por entre aves cujos ninhos já estavam preparados; e nas áreas abertas, à nossa aproximação, cotovias de penacho alçavam voo do meio do capinzal e cantavam como se estivessem suspensas no céu por fios. Nada poderia tornar a vida melhor. As orelhas de Malek, alertas e animadas, seu passo incansável e macio, e a satisfação que dele irradiava significavam que nosso humor se transmitia de um ao outro, como ocorre com frequência entre cavalo e cavaleiro.

Na escuridão da noite anterior, eu havia tomado um caminho excessivamente ao norte e a cidade de Cegléd, não avistada, ficara a sudoeste. Paramos e, na sombra junto ao Rio Zagyva, comemos. Mais tarde, a mudança nos cultivos agrícolas, o repentino aumento na quantidade de árvores e o número de lavandiscas indicaram que outro rio estava próximo; e logo, através dos salgueiros e dos enormes e espraiados álamos, lá estava ele: o largo Tisza, o segundo maior da Hungria, fluindo tranquilo em direção ao sul por entre margens baixas e caniços tremulantes. Alguns barcos de feitura grosseira aportavam sob as árvores e um pescador junto à outra margem trabalhava arduamente com uma tarrafa, recolhendo-a no barco e voltando a jogá-la repetidas vezes sobre a corrente, numa sequência de momentâneas nuvens.

Ao trotarmos corrente abaixo, eu pensava no elefante do califa; de repente, entre os cálamos emplumados dos juncos, agigantou-se uma visão tão inesperada e quase tão impressionante. Apenas visível sobre a superfície de um remanso do rio, emergiu um focinho negro, largo e cheio de poros, suas narinas brilhantes portando um pesado anel. Encurvando-se por trás de um emaranhado tufo na testa, cresciam chifres enormes, enrugados e chatos. Olhos escuros e úmidos se fixaram, com entorpecido ressentimento, direto nos meus. Não muito distante, uma outra criatura enorme e desajeitada, igualmente equipada e recoberta de lama, abanava preguiçosamente um rabo em borlas. Eu tinha passado por muitos carros de boi na estrada, mas ninguém mencionara búfalos, uma surpresa assustadora. Depois disso, eu os vi com frequência, em especial na Transilvânia, chafurdando no lodo ou, dois a dois, sob uma canga, puxando cargas pesadas com inacreditável lerdeza e má vontade.

Parando numa ponte que nos teria levado a Törökszentmiklos – o nome, contrariando o usual, celebrava os turcos, e também a São Miguel –, seguimos pela margem direita, visando Szolnok. Pouco depois, as carroças, o gado, uma charrete e um par de homens a cavalo vindo da direção oposta me indicaram que o dia de mercado estava chegando ao fim. Logo estávamos na periferia empoeirada de um povoado e não demorei a encontrar a casa que procurava.

Dr. Imre Hunyor, um homem rubicundo e bem-humorado, havia recebido aviso da invasão. Imediatamente nos dirigimos a um vizinho – estou quase certo que era o veterinário – que tinha um estábulo e um padoque, colocando Malek sob seus cuidados. Quando saímos, dois *setters* vermelhos nos seguiram com um olhar ansioso. Um *dachshund* a eles se juntou. Dois cães pastores chegaram. Quando uma ninhada inteira de filhotes já quase crescidos se aproximou, saltando desajeitados, com ar de expectativa, o doutor e eu paramos e trocamos olhares perplexos. Nesse ínterim, dois indefiníveis animais vieram andando ao longo da pista com semblante alerta e amistoso, e logo, mais três, todos olhando para cima como se esperassem um sinal. "Eu me pergunto", disse o Dr. Hunyor, "se, por acaso, seria isto?". Apontou para os alforjes pendurados sobre meu braço. Ainda demasiado grande, o salame, com sua cinta vermelha, branca e verde, havia estado fora da bolsa, sob o sol, durante todo o dia, e a brisa do entardecer soprava sobre a *puszta* a mensagem que dele advinha, a ponto de que até eu, embora a ele já paulatinamente acostumado, comecei a perceber algo de estranho. Os cães balançavam seus rabos; um ou dois começaram a saltar no ar com latidos espasmódicos. Resignado com a perda, eu já estava pronto para jogar o salsichão em meio a eles quando o doutor segurou minha mão. "*Nein, nein!*", disse ele. "*Es würde einen Bürgerkrieg lancieren!*" ("Faria eclodir uma guerra civil!") Então peguei minha faca, cortei o salame em discos cheirosos e os atirei rodopiando no ar. Os cães se espalharam em delírio e, em coisa de um momento, tudo estava acabado.

◆ ◆ ◆ ◆

O PRIMEIRO VOLUME desta história fala de um caderno grosso e verde comprado em Bratislava e que eu havia usado para anotações e como diário; cinco anos mais tarde, ao eclodir a guerra, por engano, eu o deixei para trás na casa de campo de amigos, na Romênia, onde eu então vivia.* Há pouco tempo, miraculosamente, depois de décadas de separação, consegui recuperá-lo, com a encadernação verde um pouco desgastada e esmaecida, mas intacto. O diário, escrito a lápis, é de grande ajuda, mas não tem a continuidade devida. Eu o havia começado na Eslováquia com um texto longo para cada dia; mas nas cidades, talvez graças àquelas matinais dores de

---

* A casa era Baleni, na região moldava de Covurlui, não muito longe do Rio Prut.

cabeça, às vezes, eu o negligenciava: e nem sempre o retomava de imediato quando seguia em viagem. Aconteceu o mesmo em Budapeste e no início dos percursos subsequentes. Szolnok, por exemplo, tem apenas o nome da cidade e do animado doutor que me abrigou: a deliciosa e quentíssima sopa de carpa, escarlate e laranja, explodindo de páprica, que tomamos no jantar, é relembrada, mas não registrada; o resto foi-se. O dia seguinte menciona 'Barão Schossberger' e 'Pusztatenyö', um lugarejo doze milhas a sudeste. A própria Szolnok ficou apenas como uma pálida lembrança. Lembro de trotar pela ponte sobre o Tisza porque parei no meio para observar um cordão de balsas que descia a corrente entre multidões de álamos, tão altos que davam a impressão de uma pálida e cintilante floresta ao longo das margens. As balsas desapareceram sob a ponte, surgiram do outro lado, e aí foram sumindo na corrente com suas cargas de madeira, em direção ao Danúbio. Pouco depois, alcancei uma atarracada casa de campo (para onde o bondoso Dr. Hunyor já havia telefonado) e, durante o almoço, cuidei de que Malek ficasse numa cocheira ampla com outros animais. A propriedade pertencia a um amigo de Tibor v. Thuroczy, cunhado de Pips Schey, que fora tão gentil comigo na Eslováquia; o Barão Schossberger vinha de uma família de banqueiros judeus de Budapeste. Alto, vigoroso e de olhar penetrante, era um apaixonado fazendeiro e, ao nos dirigirmos à casa, orgulhosamente acarinhou uma máquina de debulhar que acabava de chegar.

Mais tarde, ao passarmos animados, Malek e eu, por uma sonolenta parada de estrada de ferro chamada Pusztapo, o cenário ficou um pouco mais claro; o nome me ficou gravado por nada mais do que sua estranheza. Aldeias como estas eram pouco mais do que uma fileira de casebres cobertos de sapê de cada lado do caminho empoeirado. Vez por outra, eu parava para comprar um pouco de aveia; quando a palavra '*kocsma*' aparecia sobre uma porta ou pintada em branco na folha de uma janela indicando uma taverna, eu desmontava e sentava num banco entre alceas que brotavam, diante de um copinho de feroz *schnapps* caseiro, o chamado '*seprü*' ou '*cseresznye*', quando feito de cerejas. De vez em quando, piscando sob o sol e a poeira, um ou dois carroceiros haviam se estabelecido no mesmo banco e, embora não lográssemos nos comunicar, imediatamente eu me sentia entre amigos, dada a prevalente simpatia por cavalos. A bela aparência de Malek cativava corações, e todos queriam acariciá-lo. "*Nagyon szép!*" ("Muito bonito!"), murmuravam, ou "*Az egy szép ló*" ("É um belo cavalo..."). [Vocabulários incompletos estão lançados no diário aqui e ali: '*zab*' (aveia); '*ló*' (cavalo); '*lovagolok*' (eu cavalgo); '*lovagolni fogok*' (cavalgarei); '*lovagolni fogok holnap Mezötúrra*' (amanhã, cavalgarei para Mezötúrra). '*Gyönyörü!*' (excelente!; de primeira classe!), continua o vocabulário, e '*Rettenetes!*' (terrível!), e assim por diante.] Sentado sob as folhas transparentes das acácias, com as rédeas soltas nas mãos, eu me sentia como um cowboy solitário, a me aventurar por entre tribos pouco conhecidas, e os ciganos e pastores com cajados em estilo *tomahawk* proviam detalhes que confirmavam a impressão.

Deixando para trás uma vila, mais uma vez nos encontramos a sós numa paisagem plana e já familiar, metade deserto, metade cultivada, com seus rebanhos e seus boiadeiros e seus solitários poços de cambão e suas procissões de nuvens ao longo do horizonte. No final da tarde, buscávamos passagem em meio a mais uma daquelas enormes manadas de gado de chifres longos e retilíneos. Dali a pouco, apareceram choças de ciganos e fornos dispersos e galpões e milhares de tijolos a secar e o indefinido adro de uma igreja, recoberto de mato; em seguida, casas mais sólidas começaram a se multiplicar, e logo chegamos à periferia da considerável cidade agrícola de Mezötúr.

Menor do que Szolnok, ela era, no entanto, um lugar de certa importância. (Entre dois cafés na rua principal, com '*kávéház*' inscrito nas suas fachadas, facilitando minha vida, uma outra vitrine, repleta de cosméticos e loções e fotografias de mulheres de olhos fechados acariciando a tez macia, levava um sobrescrito misterioso: '*Szépség Szálon*'. Depois de alguns segundos, tal qual a operação de uma lenta máquina de calcular, '*Salão de Beleza*' assomou à superfície...) Muitas lojas tinham nomes judaicos, alemães na origem, mas grafados à maneira húngara. Outros eram simples palavras húngaras – '*Kis*', '*Nagy*', '*Fehér*', '*Fekete*', talvez a tradução de '*Klein*', '*Gross*', '*Weiss*', e '*Schwarz*', modificadas durante impulsos passados de magiarização.* Um merceeiro chamado Csillag

---

* Meu amigo R.F. me avisou sobre o perigo de tirar conclusões rápidas nesse tocante. Como muitas outras coisas na Hungria, o assunto é muito mais complexo do que possa parecer.

('Stern'?) me colocou no caminho certo para encontrar um estábulo. Havia muitos cavalos no entorno e muitas carroças rurais; veículos de quatro rodas, velhos e maltratados, com suas capotas abaixadas, esperavam pacientemente sob a folhagem ou perambulavam na luz empoeirada do entardecer. Numa viela junto aos estábulos, fiz camaradagem com um ex-estudante chamado Miklós Lederer. Acabava de se tornar aprendiz de um químico; após dar de comer e beber a Malek, ele me ajudou a levar todos os arreios para um quarto na casa onde se alojava. Metade húngaro e metade suábio, também falava alemão. Tal como todos a essa hora do dia, passeamos pela cidade, enquanto atarefadas andorinhas nos ultrapassavam em disparada; havia algo de oriental, indefinível, na atmosfera do lugar. (Só mais tarde descobri que, ao sul de paralelos de variável latitude, o *corso* – este universal passeio de fim de tarde – era um fenômeno que se estendia de Portugal à Grande Muralha da China.) Num comedouro ao ar livre, compartilhamos uma galinha com páprica e tomamos café. Foi então que o barulho e a música nos chamaram até um *vendéglö* muito modesto, repleto de pastores e vaqueiros. Eles eram sujeitos resistentes, desalinhados e castigados pelo tempo, em botas que chegavam aos joelhos ou então mocassins de couro cru amarrados com correias; usavam pequenos chapéus pretos e fumavam estranhos cachimbos com o bojo recoberto por uma tampa de metal, e uma haste de seis polegadas de caniço ou bambu; os colarinhos dos mais arrumados, usados sem gravata, eram fechados num aperto apoplético. Os instrumentos dos ciganos eram um violino, um violoncelo, um contrabaixo, um cimbalão, e inesperadamente, uma harpa ornamentada, entalhada e dourada, com seis pés de altura, entre os joelhos de um harpista muito moreno; a varredura que ele fazia nas cordas adicionava um arrepio líquido ao langor e à súbita fúria das canções. Alguns dos clientes já estavam embriagados; abundavam bebida derramada, olhos vítreos e sorrisos benignos. Como toda gente do campo que se aventura pela cidade, os recém-chegados de início mostravam timidez e falta de jeito, mas isso logo desparecia. Uma mesa cheia de gente barulhenta, clamando tumultuadamente por música mais agitada e por vinho mais forte, estava prestes a entrar em colapso. "Em breve estarão em lágrimas", Miklós disse sorridente, e estava certo. Mas não eram lágrimas de tristeza; o que umedecia aqueles enrugados olhos era uma espécie de êxtase. Aprendi, então, o que é 'mulatság' – o sentimento exaltado, isto é, o arrebatamento e a melancolia e, algumas vezes, a ruptura que os instrumentos de corda dos ciganos, incitados por uma constante ingestão fluida, podem provocar. Eu também me encantava com essa música desprezada, e quando, depois de um par de horas, nós nos levantamos para sair, estava tomado do mesmo deleite sentimental. Um bocado de vinho havia passado por nossos lábios.

Eu me pergunto quanto de sangue cumano e jázige se misturou com o húngaro nas veias de todos esses foliões.

◆ ◆ ◆ ◆

NO DIA SEGUINTE, as nuvens que costumavam permanecer no horizonte davam a impressão de se fecharem sobre nós. Formavam um dossel ameaçador e senti uma gota no pescoço; Malek estremeceu e suas orelhas se agitaram de maneira inquisitiva; quando a chuva caiu forte, as estrelas escuras que surgiram na poeira ao redor de início se espalharam e logo se juntaram numa mancha líquida pontilhada. Não durou muito. O sol irrompeu e um arco-íris saltou a meia distância. As nuvens novamente se dispersaram, o pelo brilhante do Malek e minha camisa logo estavam secas, e um sopro de vento fresco e úmido e claros matizes chuvosos transformaram os campos e as árvores. Gostaria de ter visto a *fatamorgana*[27] que assombra a Grande Planície nos meses de verão; mas, além das linhas finas e de aparência úmida que o sol brilhante às vezes cria sobre superfícies distantes, não havia dela o menor sinal. Eu havia lido e ouvido falar dos pés de vento do Alföld. Redemoinhos de poeira, palha e folhas mortas subiam a alturas enormes, circulando depois através da planície em grande velocidade, parecendo fantasmas a correr, varrendo e ceifando à medida em que avançavam; mas o outono é sua estação e só muito mais tarde pude ver esses portentos, no Baragan, aquela desolada amplidão de estepe do outro lado do rio, em frente a Dobrudja, na penúltima curva do Danúbio.

Logo à frente havia um bosque e, de repente, em meio ao silêncio, um cuco começou a cantar. À medida que nos aproximávamos, era ouvido mais alto e tão claramente que as orelhas do cavalo de novo se agitaram. O cenário plano e estranho, o arco-íris e o inesperado cuco – com seu som, que, como o do rouxinol, todos consideram sua propriedade privada – provocaram em mim um abrupto e inesperado surto de saudades de casa. Por que estava eu a vagar por essa bela paisagem, em lugar de estar mil milhas a ocidente, nos bosques e colinas inglesas, que me eram tão familiares? Quando entramos sob os galhos, uma trama de troncos de árvores acentuou e expandiu meu estado de espírito: o lugar poderia ser um capão de mato inglês. Numa clareira, cresciam aveleiras, sambuco, rosas selvagens e cicuta, e restavam gotas de chuva nos vãos das folhas. Havia barba-de-velho e ervas-mouras mortíferas e amoreiras silvestres que em mais um par de meses estariam cobertas de frutos pretos; um melro, ciscando nas folhas mortas, levantou voo e se empoleirou entre galhos atingidos por oblíquos raios de sol. Havia dois pintassilgos, um turdídeo e uma toutinegra. Apanhado de surpresa, sentei sob uma árvore e comi pão e queijo polvilhado com páprica e depois uma maçã e fumei um cigarro após outro ouvindo o cuco, o cantar do melro o *encore* do turdídeo, enquanto Malek aparava a grama a uma jarda de distância. Todas as aves eram dominadas pelo cuco, que parecia estar empoleirado logo acima; e eu ainda conseguia ouvi-lo mesmo após deixar o capão muito para trás.

Papoulas se espalhavam entre plantações verdes, o odor de feno, trevo e alfafa flutuava no ar, e cavalos de crina fulva pastavam. Desejei que a viagem não acabasse nunca. Mas, a próxima parada, depois de mais uma linha verde de árvores, foi a última e, apesar de eu ter levado num passo preguiçoso esse estágio equestre final, a cavalgada foi curta demais. Seguindo a linha de uma estrada de ferro, logo cruzei uma ponte sobre um rio que fluía veloz e entrei em Gyoma. O agente do proprietário de Malek lá tinha um amigo ao qual eu deveria devolvê-lo. Achei que seria um tanto difícil a viagem de volta para aquele castelo, mal entrevisto em meio à folhagem verde, perto de Budapeste, mas quando me manifestei, o amigo pôs de lado a sugestão. Nada mais fácil; ele colocaria Malek sob os cuidados de alguém que ia para a capital no dia seguinte – de acordo com uma placa de sinalização, seriam apenas cento e sessenta e seis quilômetros – e em poucas horas, ele estaria em casa. Eu o entreguei com o coração pesado.

O Dr. Vitéz Haviar Gyula era alto, moreno e tinha um leve ar oriental, com pálpebras epicânticas, um nariz recurvado, têmporas estreitas e altas e um sorriso um tanto triste. Eu me perguntei se ele teria ascendência armênia: respeitados por sua ágil perspicácia e ironizados por seus proeminentes narizes, um bom número deles tinha se espalhado pelo país, tal como pequenos grupos de tucanos. Mas seu nome não era armênio, e nem tampouco húngaro. Nomes romenos originados numa profissão – o equivalente de 'Potter' ou 'Tyler' – muitas vezes terminavam em 'ar', mas não aqui, acho eu: gravuras bem conhecidas de Kossuth[28] e Deák[29] estavam dependuradas na sala de estar e, deixando de lado o alemão pouco fluente através do qual conversamos, o magiar era sua única língua. Jantei com ele e sua família num restaurante na rua principal, sob a lua nova e uma treliça carregada de lilás ('*orgona*', em magiar; a palavra subitamente despontou em minha cabeça depois de quase meio século). Depois da chuva, o ar estava parado e, de repente, fazia muito calor. A cidadezinha, ao entardecer, estava repleta de caminhantes e muitos deles paravam em nossa mesa para uma prosa; tive um vislumbre do que seriam as cidades da Grande Planície em agosto. Jantar e logo após ir para a cama pareciam predeterminados. Não mais me sentia surpreso de, como Elias, ser alimentado por corvos; mas nunca parava de dar graças.[30]

No dia seguinte, ao esvaziar o alforje numa cadeira a fim de reorganizar minha mochila, alguns croquis caíram no chão e a Senhora Haviar os recolheu. Apesar de não serem muito bons, ela me pediu para fazer um retrato de sua filha, Erszi, uma garotinha de uns dez anos, surpreendente e muito bonita. Com frequência eu havia feito desenhos na Alemanha e na Áustria, como maneira de agradecer a meus anfitriões – ninguém parecia se preocupar com minha falta de proficiência –; assim, aceitei prontamente a sugestão e Erszi correu, animada, para arrumar o cabelo. Como depois de dez minutos ela ainda não havia retornado, gritaram por ela, que chegou, numa visão extraordinária, vestindo um chapéu de sua mãe em estilo *cloche*,[31] brincos longos e uma estola de raposa; havia passado pó de arroz no rosto e transformado seus lábios num pegajoso arco de Cupido. Empoleirou-se num banquinho, um bracelete num pulso dobrado sobre o quadril, a outra mão levantando uma piteira de doze polegadas e batendo a cinza com o langor de uma vampe. Era convincente e um tanto desconcertante, um caso avançado de um broto querendo se passar por mais velha. "Não é bobinha?", disse sua mãe, carinhosamente. Não sei se o desenho lhe fez justiça.

Mais tarde, de volta em suas roupas habituais, ela, seu pai e eu fomos até os alojamentos de Malek. Havia me preparado para o adeus com alguns torrões de açúcar e me endurecido para uma despedida de árabe ao seu corcel. Encontramos Malek no final de um padoque, brincando com uns pôneis, mas quando o chamei, ele galopou lentamente com um agradável esvoaçar de crina e cauda; bati de leve na chama de sua testa e acariciei pela última vez seu lindo pescoço arqueado. Disse adeus e parti. Minha modelo, ainda entusiasmada com seu recente avatar, acenava e pulava e gritava "*Viszontlátásra!*", até que ficamos todos distantes demais para ouvirmos uns aos outros.

◆ ◆ ◆ ◆

O KÖRÖS ME fez companhia ao longo do dia. O rio era ladeado por diques, inteiramente recobertos de mata, e os galhos salpicavam de sombras toda a extensão do caminho e da margem. Os mergulhos dos sapos e a penugem dos cardos das ervas-salgueiro, lançada sobre a água, marcavam quase todos os meus passos. Caniços e touceiras altas de junco protegiam famílias de galinhas-d'água, e libélulas roxas pairavam no ar, assentando-se entre as folhas-bandeira amarelas. Quando sentei para fumar, um movimento abrupto fez aparecer uma lontra; ela olhou em torno, seguiu pela raiz de um salgueiro e entrou na água com um *tibum* fazendo o remanso se agitar em anéis concêntricos. A comida era abundante: peixes brilhavam na água clara e, rio acima, a pouca distância, dois meninos se ocupavam com juncos compridos e boias de cortiça. O produto de sua pesca estava pendurado pelas guelras no oco de uma árvore e mal havíamos trocado cumprimentos quando espocou uma faísca prateada e outro peixe foi rapidamente alçado da corrente. Quando eu disse "*Eljen!*"— "Bravo!", esperava eu – eles se propuseram a me presentear com ela, mas me intimidei ante a ideia de chegar na próxima parada como se Tobias fosse.[32] O gado se juntava sob os galhos e vadeava, com água na altura dos joelhos, enquanto as ovelhas se escondiam do sol do meio-dia, tão imóveis quanto fósseis, ocupando cada pedacinho de sombra nos campos.

Um enxame repentino de ciganos me fez olhar por entre tendas e carroças para verificar se eram meus amigos do norte de Cegléd, mas em vão. Homens com foices carregavam sobre as cabeças longos feixes de juncos, que balançavam para cima e para baixo ao caminharem. As mulheres estavam mergulhadas na água até a altura das coxas, lavando e retorcendo seus trapos e suas melhores, mas desgastadas, roupas, e em seguida as dispondo como grinaldas sobre moitas e galhos de árvores, enquanto bandos de meninos, tal como eu havia visto na margem eslovaca durante a Páscoa,[33] exploravam as margens à procura dos esconderijos de uma caça quase indigesta: ratos-do-mato, doninhas, ratos d'água e mais. Deixavam o trabalho sério para suas irmãzinhas, que trotavam incansavelmente ao lado de sua única oportunidade do dia, gritando "Bácsi! Bácsi!"— já que as vítimas masculinas de pequenos ciganos são todas 'tios' honorários; e seus agudos gritos de "Tio! Tio!" continuaram por uma boa distância. Quando o assédio perdeu intensidade e cessou, eu me vi mais uma vez a sós, com apenas as andorinhas fazendo curvas por entre as sombras ou a ocasional faísca azul--esverdeada de um martim-pescador a eriçar a calmaria das folhas e da água.

No começo da tarde, o rio se subdividiu, e eu acompanhei o Sebes ('Rápido') Körös, rio acima, até que um campanário coberto de telhas vermelhas me informou que eu havia atingido o velho vilarejo de Körösladány.

À primeira vista, a palavra magiar 'kastély' – pronunciada, um tanto perversamente, 'koshtei' ou quase isso – sugere, tal como 'Schloss', uma edificação fortificada e acastelada, mas o equivalente mais próximo em inglês ao que vi na Hungria e na Transilvânia seria uma 'casa senhorial' e o termo me vem à mente quando tento buscar na memória a imagem do kastély em Körösladány, seus contornos um pouco esmaecidos pelas décadas intervenientes. Tinha apenas um pavimento, como um rancho, mas sem as características desordenadas que a palavra sugere; era um edifício comprido, de cor ocre, do final de século XVIII, com complicados e arredondados frontões barrocos sobre grandes portões, telhas desbotadas, ninhos de martins-caseiros e folhas de venezianas presas por trás, facilitando a entrada de luz ao final da tarde. Deixando minhas coisas sob as galhadas da entrada, fui levado através de portas que se abriam sobre uma ensombrecida e interconectada fileira de cômodos, em meio à qual encontrei minha anfitriã. Era charmosa e bonita, com cabelos louros lisos e cortados *à la garçonne* – acho que estavam partidos ao meio, pois foi isso que, anos mais tarde, fez com que eu me lembrasse dela quando fui apresentado a Iris Tree.[34] Usava um vestido de linho branco e sapatos anabela e carregava na mão uma cigarreira e um cigarro aceso. "Então, eis nosso viajante", disse, numa voz gentil e ligeiramente enrouquecida, ao me levar, através de portas envidraçadas, até o resto de sua família, que, com exceção de seu marido, esperado de Budapeste no dia seguinte, estava reunida em torno aos apetrechos de chá, sob altas castanheiras cujas flechas rosas e brancas explodiam pontiagudas. Eu os vejo agrupados como num *conversation piece*[35] de Copley ou Vuillard, e chego a quase perceber seu reflexo na louça e nos talheres. Eram a Condessa Ilona Meran, um filho e uma filha, Hansi e Marcsi, com cerca de treze e quatorze anos, e uma garota bem menor, Helli, todos três muito bem-apessoados, com bons modos e um pouco sisudos. Havia uma amiga, talvez uma parente, com óculos de aros de chifre, chamada Christine Esterházy, e uma governanta austríaca. Todos, exceto a última, falavam inglês; mas não consigo me lembrar de uma só palavra que tenha sido dita – apenas de suas aparências, da cena sob as largas folhas e do encanto do momento. Ficamos sentados conversando até quando grupos de lustres dentro da casa foram sendo acesos por meio de varas, ao longo de sucessivos cômodos que exalavam um perfume de lavanda. Iluminaram-se as lombadas das encadernações, os quadros e a mobília, que tinha o exato tom de esmaecimento que cabia a uma desgastada casa de campo, com cortinas lavadas centenas de vezes e pautas abertas sobre as teclas de um piano. Que música? Não me lembro; mas subitamente, invadindo minha memória depois de todos esses anos, vejo um vaso sobre o piano cheio de peônias brancas e vermelhas e algumas pétalas caídas no chão encerado.

Enquanto me arrumava para o jantar e, mais tarde, antes de deitar, examinei os quadros nas paredes de meu quarto. Havia um Schloss Glanegg, pousado sobre uma rocha escarpada, muitos compatriotas Almásy da Condessa Ilona, e vários Wenckheim, gloriosos em suas peles e cimitarras; e havia uma gravura colorida do começo do século XIX que me encantou. Mostrava um garboso varão pós-Regência[36] – acho que se chamava Zichy – com barba enroscada e suíças, um *stock*[37] azul no padrão olho de perdiz e um casaco de caça inglês escarlate. Era um desses tremendos centauros húngaros que se tornaram famosos nos condados ingleses pela maneira intrépida com que faziam a caça à raposa. Estavam por toda parte: deambulando pelos *lawn meets*[38] em Badminton, ou nas gravuras de Ackermann[39] ilustrando desastres ao pé de cercas *cut-and-laid*,[40] com a matilha de cães latindo incessantes, varando Ranksborough Gorse, saltando sobre o Riacho Whissendine, correndo de campanário em campanário através de paróquias verdejantes; e mais do que tudo, ao entardecer, em celebrações em torno a mesas repletas, onde notáveis paladinos, vestidos no cor-de-rosa próprio para a ocasião, levantam-se por entre guardanapos espalhados e baldes de gelo e garrafas vazias, erguendo seus copos em barulhento uníssono. Entre os Osbaldestone e os Assheton-Smith, a identificação das silhuetas no canto das gravuras frequentemente contém os nomes de um ou dois desses Ninrodes[41] da Grande Planície.*

Na biblioteca, no dia seguinte, enquanto aulas eram dadas na sala ao lado, procurei saber tudo que podia sobre o Alföld até a hora prevista de saída para um piquenique. Uma espécie de vitória, rodando sobre cintilantes raios, parou em frente à casa, e todos nos enfiamos lá dentro. Fiquei muito impressionado com o chapéu que acompanhava o uniforme do condutor, com seus alamares e cadarços pretos. Parecia um *pork pie*[42] em feltro preto – ou talvez fosse de veludo? – com a aba virada para cima na perpendicular e, com uma pena negra de avestruz, fixada em semicírculo, atravessando a copa da frente para trás, ali arrematado por duas tremulantes fitas negras que terminavam em rabo de peixe. Seriam herança dos *spahis* turcos[43]

---

*   Esterházy, talvez, ou Conde Sándor, pai de Pauline Metternich; e, mais tarde, embora fosse da Boêmia, Kinsky, o ganhador do Grand National.

ou dos janízaros; ou teriam sobrevivido dos primeiros invasores magiares? (Eram esses os temas sobre os quais eu me debruçava por aqueles dias.) No caminho de saída, muitos chapéus se agitaram em saudação e, quando já tínhamos avançado uma meia milha, um chamado em voz trêmula veio da beira da estrada. A Condessa Ilona fez parar a carruagem, desceu, e logo estava sendo abraçada por uma velhota com lenço na cabeça; e após expressões de reconhecimento e muita falação e riso – algumas lágrimas, acho eu, e mais abraços –, subiu novamente na vitória, obviamente emocionada; e ficou acenando para trás, até estarmos fora de vista. Era a mãe de alguém do vilarejo, que quinze anos atrás havia emigrado para a América, mas ficara com saudades de casa. Estava de volta havia apenas dois dias.

Sentamos sobre um dique coberto de gramíneas, embaixo de uns salgueiros, numa curva do Körös, e lá banqueteamos, enquanto, na sombra ali perto, os cavalos pastavam e balançavam seus rabos. Uma garça deslizou através dos galhos, pousando entre as folhas-bandeira num banco de areia no meio da corrente. Estávamos na beira de um grande bosque repleto de aves, e na silenciosa hora da tarde, quando a conversa se esvaziou, três cervos com os chifres começando a despontar passaram furtivamente junto às margens do rio. No caminho de casa, cantamos baixinho em austríaco e alemão e inglês e húngaro, instigados por uma canção vinda do campo. Na última, eu fiquei de língua presa, mas eles conheciam Érik a, érik a búza kalász, minha canção favorita de Budapeste. Nenhuma outra poderia ser mais adequada: dirigíamos junto a um trigal onde as andorinhas mergulhavam e faziam curvas sobre os brotos verdes que em breve se transmutariam, tal como a canção descrevia. Era a hora dos sinos soarem, dos mugidos e balidos, quando os rebanhos e o gado, todos flamejantes sob nuvens de poeira dourada, convergiam para o vilarejo, e nosso regresso ao *kastély* coincidiu com a chegada de seu proprietário. *Graf* Johann (Hansi) Meran era muito alto, e tinha cabelo escuro e bigodes, e bela aparência aquilina, marcada por uma expressão de grande bondade. As crianças voaram para ele e, quando ele conseguiu se desvencilhar, cumprimentou os demais, primeiro beijando mãos e depois bochechas, naquela maneira ao mesmo tempo polida e afetuosa que observei inicialmente na Alta Áustria.

Os encantos desse lugar e de seus habitantes soam de uma improvável e irrestrita perfeição. Tenho conhecimento disso, mas só posso descrever a coisa como a senti. Essa estadia teve também uma outra dimensão, inesperada, que propiciou uma súbita concretude a fragmentos inteiros da história europeia, já passados de um século ou mais. Novamente, foram as fotografias no meu quarto que me colocaram na trilha. Uma delas mostrava o Arquiduque Carlos,[44] bandeira na mão, atacando o exército napoleônico através dos juncais de Aspern. (Sua estátua, oposta à do Príncipe Eugênio no Heldenplatz em Viena, o mostra nesse mesmo momento num corcel empinando freneticamente. Como ficaria surpreso! Havia sempre recusado estátuas e honrarias.) Tomei conhecimento dele pela primeira vez quando olhei o Marchfeld, do outro lado do Danúbio, depois de deixar Viena: lá, a umas poucas milhas de Wagram, a primeira vitória aliada sobre Napoleão foi ferozmente combatida e vencida. A gravura seguinte mostrava seu irmão, protagonista da *Erzherzog Johann Lied*, uma infindável canção em forte dialeto estírio: eu a escutara primeiro numa estalagem do outro lado de Pöchlarn e, desde então, com frequência. Os dois irmãos, dois de muitos, eram netos de Maria Teresa, sobrinhos de Maria Antonieta, e filhos de Leopoldo II; e seu irmão mais velho, que sucedeu ao trono como Francisco II, foi o último Sacro Imperador Romano. (Para que Napoleão não tentasse usurpá-lo, desistiu da estupenda honraria e tornou-se Imperador da Áustria, pouco mais de mil anos após a coroação de Carlos Magno.)

Mas o Arquiduque João foi o mais interessante deles. Com apenas dezoito anos, liderou corajosamente um exército contra Napoleão, governou províncias com sabedoria e justiça e foi frequentemente chamado a ocupar posições importantes em momentos cruciais. Inteligente, determinado e embebido nos princípios de Rousseau, foi a vida toda um oponente de Metternich, e sua paixão pelas coisas simples da vida nas montanhas fez dele uma espécie de rei não coroado dos Alpes, desde a Croácia até a Suíça. Em meu quarto, na representação romântica, feita por volta de 1830, ele se apoiava num cajado alpino entre picos florestados, uma peça de caça sobre os ombros, e um *wideawake*[45] de abas largas, afastado de uma fronte pensativa. Que alívio poder registrar as qualidades desses Habsburgo exemplares!

Coragem, sabedoria, capacidade, imaginação e paixão pela justiça os levaram por caminhos profundamente diferentes dos destinos fatídicos de sua dinastia, e esse príncipe em especial pôs um toque final em sua repugnância à capital, com um casamento morganático com a filha de um chefe da agência de correios da Estíria. Ela e seus filhos receberam um título do que era então Meran, no sul do Tirol, agora conhecida como Merano, no Alto Ádige.

"Sim", disse a Condessa Ilona quando falamos a respeito dele, "era o bisavô de Hansi e ali", apontando para um quadro, "está a encantadora Anna. Ela ficou imensamente feliz quando sua primeira criança, coitada, deu sinais de ter o beiço típico dos Habsburgo". (Não havia muito sinal disso em seu marido e parecia estar inteiramente ausente em suas crianças.) Ela me contou a história toda com paciência e humor, encorajada vez ou outra pelo Conde Hansi, que fumava e lia um jornal numa poltrona ali perto. "Devo dizer", continuou ela sorridente, "que quando houve toda aquela agitação e falatório, há alguns anos, sobre quem deveria ser rei, não pude deixar de pensar" – e, então, acenou com a cabeça na direção do conde – "por que não *ele*?". Seu marido, incomodado, disse: "Que é isso, que é isso!", e depois de alguns segundos, riu para si mesmo e voltou-se para o jornal.

◆ ◆ ◆

AO PARTIR, QUASE desejei que meus planos estivessem me levando em outra direção; um par de dias de marcha rumo a nordeste me faria chegar ao Deserto Hortobágy, com suas manadas de cavalos selvagens e seus famosos e ferozes cavaleiros. (Para minha surpresa, esses gaúchos com esporas, a estalar chicotes, eram protestantes estritos; Debrecen, sua capital na estepe, fora um reduto calvinista desde a Reforma.) Mas, no dia anterior, velhos mapas na biblioteca me haviam convencido de que havia indicações suficientes de isolamento e abandono na rota que eu já vinha seguindo a sudeste. Cem anos atrás, boa parte dessa extensão do Alföld parecia um vasto charco, vencido por alguns poucos oásis em terrenos mais elevados. Havia uma improvável dispersão de aldeias, muitas delas assentamentos do século XIX, surgidas quando o pântano foi drenado, diferente do velho vilarejo de Körösladány. O ar de abandono era confirmado pelos altos poços de cambão que erguiam suas peças de madeira no vazio, parecendo catapultas. Nas partes meridionais da região cumana, celebradas por Petöfi[46] – é curioso como os nomes de poetas húngaros surgiam o tempo todo na conversa e em livros! –, chuvas pesadas com frequência isolavam os vilarejos em pequenas colinas, formando diminutos arquipélagos só acessíveis por barcos de fundo chato. Mas, para corrigir o equilíbrio, havia regiões perto de Szeged que, em julho e agosto, ficavam secas, transformando-se em extensões recobertas de brilhantes cristais de sal, e para viajantes desavisados, já perplexos com as miragens e os redemoinhos de poeira, esses acres cristalinos devem ter feito com que as alucinações de verão fossem completas. Sabia-se de lagos rasos que secavam completamente e depois voltavam a encher, até que, após um pequeno intervalo evolutivo, os juncais novamente cresciam, os peixes nadavam, seguiam-se os girinos e os sapos começavam a coaxar. Era refrescante pensar nos imutáveis lagos cheios de carpas do sudoeste e da prolífica abundância do Tisza; e que dizer dos peixes que aqueles meninos vinham alçando às braçadas do rápido Körös? Quando as tristes matas que me rodeavam ainda eram terra de ninguém, os *betyárs*[47] as infestavam: afáveis salteadores de estrada que raptavam viajantes para exigir resgates, desviavam rebanhos e manadas e impunham tributos aos fidalgos ilhados em seus castelos. Era uma região de perigos, lendas e feitos brutais.

Eu não precisava ir muito longe. Recusei, virtuoso, a oferta de uma carona de charrete, e mourejei até Vesztö, alcançada à tarde. O Conde Lajos – ou seja, Luís, embora fosse conhecido por um apelido – era primo de meus amigos de Körösladány. (Na Europa Central, naquela época, se você conhecesse um conde, e caso também se deparasse com seus amigos e parentes, era provável que viesse a conhecer todo um bando deles. O polímata de Wachau[48] fazia muita graça ao se referir à proliferação de prefixos em sua terra, inclusive o seu. "'Conde' e '*earl*' são mais ou menos equivalentes", disse. "Assim, se a Lady Clara Vere de Vere,[49] de Tennyson, tivesse nascido nesta parte do mundo, ela poderia facilmente ser a avó de uma centena de *earls*, em lugar de meramente filha de um deles – com um pouquinho de sorte, é claro. Requereria dez filhos, e mais dez de cada um deles. Então, somariam cem – em lugar de apenas um, como acontece na Inglaterra.")

Encontrei o conde passeando pela aleia que levava à casa. Deveria ter uns trinta e cinco anos. Sua aparência era frágil, com um leve tremor e uma expressão de angústia – que, notei aliviado, não era reservada apenas para mim – e que um sorriso um tanto tristonho iluminava. Uma tendência natural para falar lentamente havia se acentuado após um sério acidente automobilístico provocado por ter dormido ao volante. Havia nele algo de tocante e muito simpático, e enquanto escrevo, olho para um par de desenhos no final de meu caderno de notas; não são muito bons, mas revelam algo de suas características.

O alemão era sua única alternativa ao magiar. Disse: "Venha ver meus *Trappen*!". Não entendi a última palavra, mas fomos passeando até o outro lado da casa, onde duas enormes aves estavam postadas sob as árvores. Uma primeira olhada sugeria uma mistura de ganso e peru, mas eram maiores e mais nobres e mais vigorosas do que qualquer dos dois e, sob inspeção mais detida, totalmente diferentes; a maior das aves media bem mais do que uma jarda do bico ao rabo. Seu pescoço era cinza-pálido com colarinho ferrugem, as costas e asas eram salpicadas de um bege-avermelhado, e estranhos bigodes chorões saltavam para trás de seu bico amarelo-pálido, como se fossem esvoaçantes *dundrearies*.[50] Seus movimentos eram majestosos; quando nossa aparição as pôs a correr, Lajos me fez parar. Aproximou-se delas e espalhou um pouco de grão, e a maior permitiu que sua cabeça fosse coçada. Para tristeza de Lajos, suas asas haviam sido aparadas pelo fazendeiro que, no mês anterior, as achara; mas quando as abriu, espalhando um belo rabo na forma de leque, como o de um peru, pareceu, por um momento, inteiramente branco, escurecendo de novo ao fechá-las. Eram grandes abetardas, aves raras e selvagens que se costuma pensar, erroneamente, aparentadas com avestruzes. Gostam de lugares desolados como a *puszta* e Lajos planejava mantê-las até que suas penas crescessem o suficiente para que voltassem a voar. Ele amava aves e tinha com elas um jeito especial; as duas o seguiram escada acima em seu passo majestoso e atravessaram a sala de estar e o hall até a entrada; e, fechada a porta, era possível ouvi-las, de tempos em tempos, nela batendo com seus bicos.

No jantar, falou das migrações de grous e gansos selvagens na primavera e no outono. Muitas vezes, voam numa formação em cunha; em outras, com bicos colados aos rabos, por milhas a fio; diferente das cegonhas que, como eu tinha visto algumas semanas atrás, se movem numa infinita, esgarçada multidão, tão esfarrapada quanto nômades da Idade das Trevas. Sabia que ele era um exímio atirador. Ele comentava sobre galos-do-mato e, quando pensei que já houvesse terminado, ele disse muito devagar: "Seu nome latino é *Scolopax*". Deu-se uma longa pausa; e aí completou, "*rusticola*", e finalmente, depois de uma pausa mais longa ainda, adicionou outro "*rusticola*", num complemento semiconsciente.

Sua esposa estava fora. Durante o jantar e também mais tarde, enquanto conversávamos sentados à luz de abajures, a casa tinha um jeito solitário (acredito que foi quando fiz os desenhos; é o que parece, pelo sombreamento). Quando o conde me convidou para ficar um ou dois dias mais, acreditei que não fosse por mera gentileza; mas eu precisava seguir em frente.

◆ ◆ ◆ ◆

O DESJEJUM FOI servido num cômodo ensolarado junto a seus aposentos. "Não sou de acordar muito cedo", disse, erguendo sua xícara para que lhe servissem mais café. Ainda vestia seus chinelos e uma camisa de dormir fora de moda, em feitio de bata, que trazia no peito as iniciais W.L.* sob um discreto diadema de nove pontas, e tive a certeza, ao ouvir a cadência quase onírica de seu discurso, de que, sob ela, batia um coração bondoso. Logo após, continuamente, diversas pessoas entravam e saíam para receber ordens de serviço: alguns lhe beijavam a mão e, em pouco tempo, o cômodo estava repleto de mexericos e risos discretos. Sentia-se um toque de Molière no clima daquele momento, uma insinuação de *petit lever du roi*;[51] e enquanto ele lentamente se vestia, pegando cada peça de roupa oferecida por um atencioso Jeeves,[52] respondia a suas visitas e agentes em tons cativantes, sem pressa, surgindo

---

* Na Hungria, a ordem do nome e sobrenome é invertida.

finalmente em *plus fours* e *brogues*[53] bem polidos. Pegou milho de uma cesta no hall e saímos para ver as abetardas.

"Você não usa um cajado?", Lajos me perguntou no hall, enquanto eu colocava minha mochila nas costas, pronto para sair. Disse que o havia perdido. Pegou um do bengaleiro e me deu, com gesto um tanto solene. "Tome aqui! É uma lembrança de Vesztö. Meu velho pastor os fazia, mas já morreu." Era um cajado muito vistoso, bem balanceado, e entalhado por inteiro num padrão de folhas, e envoltas nelas, um pouco abaixo no fuste, estavam as armas da Hungria: as faixas no lado direito eram os rios, enquanto, na esquerda, morrotes triplos, com uma cruz duplamente barrada no meio, simbolizavam as serras e a fé predominante, e sobre ambos estava a coroa apostólica com sua cruz inclinada. Fiquei entusiasmado com o presente. Era, além do mais, muito oportuno: eu havia perdido o último cajado fazia apenas uma semana. Ao subir um furo as correias de couro dos estribos do Malek, eu havia enfiado meu cajado de freixo numa moita e, uma vez na sela, dele me esqueci. (Talvez ainda esteja por lá. A ponteira tinha caído, e é possível que tenha se enraizado e que, por agora, esteja chegando à altura de cinquenta pés.)

Depois de um dia de fácil caminhada, eu era esperado naquela tarde na casa de outro de seus parentes. "Sim", disse Lajos. "Somos muitos. *Aber wir sind wie die Erdäpfel, der beste Teil unter der Erde.*" ("Somos como as batatas, a melhor parte está debaixo da terra.") Não conseguia me decidir se a observação era muito profunda ou o contrário. Quando nos despedimos, olhei para trás e o vi espalhando grãos para as grandes aves que dele se aproximavam.

◆ ◆ ◆ ◆

NUM DADO INSTANTE, a planície parecia vazia por milhas afora; noutro, logo após, eu estava entre campos e prados molhados, ou, atravessando o pátio, repleto de patos e galinhas-d'angola de uma fazenda que havia subitamente se erguido em meio à *puszta*. (Na realidade, o contrário muitas vezes ocorria: sabia-se de prédios grandes que haviam afundado cinco ou seis pés no solo macio.) Cheguei a Doboz depois de escurecer e recebi um animado boas-vindas de László, primo de Lajos: aviso do risco que se movia através do sudeste do Alföld deve ter circulado e, graças a Deus, jamais saberei se pairava como ameaça ou como uma espécie de piada. Foi tratado com risos por Graf László (ou melhor, 'gróf', na Hungria) e, a partir do momento em que nos estabelecemos para tomar uns drinques, tive que contar minha viagem para ele e sua loura grófnö. Ele tinha rosto corado e garboso e ela – como me haviam dito e eu esquecido – era inglesa, e mais ainda, de Londres, "como você pode ver", disse ela alegremente. Ela havia trabalhado no teatro – "nada muito sofisticado, acho eu", alguém havia comentado – como dançarina ou cantora, e embora já não fosse uma sílfide, era fácil ver como devia ter sido bonita, e como era simpática. Ambos irradiavam bondade. Na Alemanha e na Áustria, depois que eu revelava a que viera, a primeira pergunta era invariavelmente: "Onde estão sua mãe e seu pai?". Quando eu respondia, "Na Índia e na Inglaterra", uma segunda pergunta sempre se seguia: *Und was denkt Ihre Frau Mama davon?* ("E o que pensa disso sua mãe?") Deve sentir sua falta, com você circulando por toda parte desse jeito..." e foi exatamente o que aconteceu dessa vez. Eu lhes disse que tudo corria bem e que eu escrevia com frequência à minha mãe.

Mostraram preocupação também com minha travessia pela Romênia. Nenhum dos dois havia estado lá, mas estavam repletos de maus presságios. "É um lugar horrível!", disseram. "São todos ladrões e vigaristas! Não se pode confiar neles. Vão deixar você sem nada, e" – neste ponto, as vozes em conluio baixavam – "vales inteiros estão crivados de DV[54] e, por favor, tenha cuidado!" Percebi pela forma sincera com que se manifestavam que, de fato, acreditavam no que diziam, e comecei a sentir um toque duplamente de apreensão e excitação. Meus dias nas margens eslovacas do Danúbio, onde a maior parte dos habitantes era húngara, haviam me dado uma ideia inicial do furor de suas convicções irredentistas. O viés contra os eslovacos era forte; mas, desde a perda da Transilvânia no Tratado de Trianon, a mera menção à Romênia fazia com que ficassem fulos, e me pareceu que tal mutilação era sentida ainda mais colérica e amargamente do que a perda da Eslováquia; e muito mais do que a cessão pré-guerra da parte sulina da Hungria para a Iugoslávia. Mais tarde, terei que atacar este angustiante e insolúvel problema. De maneira alguma era a primeira vez que o tema se apresentava e, portanto, eu sabia bem o quão exaltados eram os sentimentos a respeito.

Subitamente, minha anfitriã correu escada acima e desceu segurando uma elegante caixinha de couro na qual me pareceu caber pouco mais do que um baralho. "Você precisa se cuidar, querido", disse ela. *Gróf László* assentiu de forma grave. Fiquei pensando o que conteria. Passou rapidamente por minha cabeça, mas apenas por um louco segundo, que poderia conter algum antídoto contra a insidiosa ameaça médica daqueles vales. "Cruza-se com todo tipo de gente estranha nessas excursões! Isto me foi dado anos atrás por um admirador", continuou. "Agora, não tem mais qualquer utilidade para mim; assim, por favor, o aceite." Quando a aba de couro saiu de seu encaixe, revelou uma minúscula pistola automática que poderia ser descrita como uma 'arma de damas'; era acompanhada por uma caixa de balas de calibre muito pequeno e seu cabo estava folheado de madrepérola. Era o tipo da coisa que atrizes tiram apressadamente de uma bolsa de mão quando sua honra está ameaçada. Fiquei um tanto animado e muito sensibilizado. Mas a ansiedade deles, que mais tarde se mostrou sem qualquer fundamento, era bem concreta.

◆ ◆ ◆ ◆

NO DIA SEGUINTE, fui barrado pelo Körös. Não havia ponte à vista, então segui por uma margem repleta de coelhos até que um velho pescador, pálido como um fantasma e todo vestido de branco, me atravessou a remo para o outro lado. As pessoas na estalagem tinham um jeito diferente e fiquei alerta ao ouvir uma língua eslava. Eram eslovacos que, séculos atrás, tinham vindo para cá, a centenas de milhas de suas antigas moradias, com vistas a se estabelecerem na região que ficara vazia após a expulsão dos turcos; eram luteranos devotos da confissão de Augsburgo, diferentes dos protestantes de Dobracen, todos calvinistas.

A distância foi ficando maior do que eu esperara. Dessa vez, suspirei por uma carona: não queria chegar atrasado, e assim que esse anseio se formou, surgiu uma nuvem de poeira no caminho e um *governess cart*,[55] cujo condutor vestia um chapéu de lã de carneiro e levava duas freiras. Uma das irmãs deu espaço para mim com um sorriso e um chacoalhar de contas. Dirigimos por muitas milhas, com a cidade de Békéscsaba pairando longe à direita; adiante dos caules de milho, brilhavam as torres gêmeas da catedral católica, encimadas por flechas, e o domo de cobre verde da protestante, qual imensa coberta de um bule de chá. Ambas haviam já desaparecido quando chegamos à curva da estrada onde eu deveria descer. As irmãs ficaram bastante impressionadas quando lhes contei qual era meu destino, e eu também fiquei.

Józsi (José) – o irmão mais velho de László e chefe daquela numerosa família – e Denise, sua esposa, eram os dois únicos de meus benfeitores nessa Grande Planície que eu já conhecia. Foi num magnífico almoço para muitos convidados em sua casa nas encostas de Buda, e quando souberam que eu estava indo para sudeste, fui convidado a me hospedar com eles. Outro irmão, Pál, um diplomata com o ar refinado e elegante de um Norpois[56] húngaro, disse: "Vá, sim! Józsi é uma figura de destaque naquelas bandas. É uma casa fora do comum, mas gostamos muito dela".

Tendo atravessado os grandes portões, fiquei perdido por um instante. Uma mata de imensas árvores exóticas se misturava aos carvalhos, às tílias e às castanheiras. Magnólias e alámos-tulipas estavam prestes a florescer; os galhos de cedros bíblicos, qual abanos rasteiros, varriam o entorno; e soava por toda parte o canto de turdídeos e melros e o imensamente letárgico arrulho de milhares de pombos; e ao centro, quando deixei as árvores para trás, vi uma casa que, a cada passo, parecia mais extraordinária. Era uma imensa massa de cor ocre, construída nas últimas décadas do século XIX, e talvez, no local de uma construção mais antiga. Blois, Amboise e Azay-le-Rideau[57] (que eu só conhecia de fotografias) vieram imediatamente à mente. Havia pináculos, pedimentos, frontões barrocos, ogivas, lancetas, mainéis, íngremes telhados de ardósia, torres com bandeiras ao vento e lances de escadas encobertas terminando em colunatas de arcos achatados.

Imensas alas formavam um pátio e, de um terraço levando a uma portada cerimonial, uma escadaria se abria em dois segmentos lançados por entre balaustradas. Enquanto eu cruzava essa *place d'armes*, várias pessoas desciam os degraus, um deles, o Conde Jószi. Devidamente alertado por László, ele logo me identificou. Acenou em cumprimento e gritou: "Você é exatamente do que precisamos! Vamos lá!". Segui, a ele e aos outros, através do pátio até um telheiro. "Você alguma vez jogou polo de bicicleta?", perguntou, segurando meu cotovelo. Na escola, eu tinha jogado uma versão com cajados e bola de tênis numa quadra de saibro; entre nós, era um jogo que não se levava muito a sério. Mas aqui era jogado com tacos de polo de verdade, cortados no tamanho adequado, e com uma autêntica bola de polo, e o telheiro estava repleto de bicicletas maltratadas, mas fortes. Jószi era o capitão de meu time, e Bethlen, um famoso jogador de polo de verdade, comandava o time rival; dois outros convidados, dois lacaios e um cavalariço eram os demais jogadores. O jogo era rápido, temerário e cheio de colisões, mas não havia nada que pudesse se comparar à alegria de bater na bola na medida certa: soava como um tapa barulhento e dava um vislumbre sedutor do que seria uma autêntica partida. Não sei como nossas canelas não ficaram descascadas até o osso; nem porque nenhuma das janelas estava quebrada, já que uma das balizas dava costas para a casa. O outro lado venceu, mas marcamos quatro gols, e logo que os Gatos Malteses[58] metálicos foram colocados de volta em seus suportes, caminhamos claudicando para a escadaria, onde a Condessa Denise, sua irmã Cecile e algumas outras senhoras haviam se encostado na balaustrada, qual damas que assistem a um torneio medieval.

Mais tarde, ao bebericar uísque e soda num pesado copo, pensei na sorte que tive com o aparecimento daquelas freiras! Alguém me acompanhou ao longo de um corredor de pé-direito alto até meu quarto, onde encontrei um dos jovens lacaios que havia jogado conosco, já novo em folha em seu uniforme, mas parecendo perplexo ao tentar em vão dispor as coisas de minha mochila de uma maneira que parecesse adequada. Ambos ficamos, reciprocamente, de língua presa, mas ri e ele também: derrubar um ao outro de bicicletas quebra barreiras. Mergulhei numa imensa banheira.

A Condessa Denise e o Conde Jószi eram primos-irmãos e em gerações anteriores havia uniões similares. "Temos mais casamentos entre familiares do que os Ptolomeus", ela me disse ao jantar. "Deveríamos ser todos loucos." Ela e Cecile tinham cabelos negros e lindas feições e compartilhavam a expressão meio tristonha do resto da família, mas que, quando sorriam, também se dissolvia numa amigável cordialidade. O rosto distinto de seu marido, sob uma cabeleira grisalha escovada para trás, tinha igual característica. (Num acesso de melancolia, quando muito jovem, havia disparado uma bala através do peito, que por pouco não pegou o coração). Estava muito elegante num velho *smoking* bordô. A família de Dürer vinha da cidade vizinha de Gyula, segundo a condessa; o húngaro 'Atjós' ('porteiro') foi traduzido para o alemão antigo como '*Thürer*' e daí para '*Dürer*', quando a família emigrou e se estabeleceu em Nuremberg como ourives e prateiros. Mais tarde, na sala de estar, o lacaio meu amigo se aproximou do Conde Józsi trazendo um surpreendente cachimbo com uma haste de cerejeira de mais de uma jarda de comprimento e uma piteira de âmbar. No extremo, uma bacia de *meerschaum*[59] já estava acesa, e, com ela confortavelmente descansando na dobra de seu tornozelo, o conde em pouco tempo estava envolto em fumaça. Percebendo que, tal como eu, um outro convidado estava fascinado pelo cachimbo, ele pediu dois outros desses *calumets*,[60] que em poucos minutos chegaram, já incandescentes; antes que nos fossem entregues, as piteiras foram mergulhadas em água. Essa deliciosa pitada me pareceu o auge do luxo oriental, pois aqueles cachimbos eram os descendentes diretos e singulares dos compridos *chibouks* que todos os viajantes pelo Levante descrevem e todas as velhas gravuras apresentam; os turcos do Império Otomano os usavam como alternativa ao narguilé (O *hookah* turco, aquela coisa sinuosa, ainda sobrevivia pelos Bálcãs afora e, antes que o verão terminasse, eu os estaria pitando desbragadamente, metade paxá, metade lagarta,[61] em bom número de *khans*[62] búlgaros. Mas a Hungria era o único país do mundo onde o *chibouk* ainda permanecia. Mesmo na Turquia, como eu viria a descobrir no inverno, ele havia desaparecido por completo, como o *khanjar* e a *yataghan*.)[63]

Ybl, o arquiteto do castelo,[64] permitiu-se ampla liberdade no tocante a detalhes armoriais. Bestas heráldicas abundavam, capacetes, coroas e manteletes se multiplicavam desvairados, e as espadas e asas de águia dos brasões da família ecoavam em bandeiras, no cortinado das camas e nas colchas. Os espíritos de Sir Walter Scott e Dante Gabriel Rossetti[65] pareciam presidir sobre o lugar e, como eu havia bebido em ambos desde meus mais tenros anos, qualquer coisa que envolvesse castelos, cercos, escudos, torneios e cruzadas ainda faziam meu pulso acelerar, de maneira que os detalhes comprobatórios do castelo eram tudo que eu poderia desejar.

Campos de trigo com papoulas espalhadas cercavam o castelo e os jardins cobertos de árvores, e quando, na manhã seguinte, voltamos de uma cavalgada por eles, Cecile, a irmã de minha anfitriã, olhou para o relógio e gritou: "Vou chegar atrasada em Budapeste!". Nós a acompanhamos até um campo onde uma avioneta a esperava: ela entrou e acenou, o piloto fez girar a hélice, o capim à volta se aplainou como cabelo sob um secador e eles se foram. O filho da casa, Szigi, me levou então até o alto da torre, de onde avistamos uma infinidade de cultivos sobre os quais serenamente flutuavam as sombras das nuvens. Ele me disse que iria para Ampleforth dentro de alguns períodos escolares; e perguntou que tal era? Tinha ideia de que fosse uma escola muito boa, respondi, e que os monges arbitravam partidas com sobretudos brancos sobre seus hábitos; ele me pareceu satisfeito com essas poucas informações. Explorando a biblioteca, fiquei fascinado com uma estante perdida repleta de volumes com debates ocorridos na Dieta húngara no começo do século XIX; não pelo conteúdo – material enfadonho sobre uso da terra, irrigação, a extensão ou limitação dos tributos fundiários e por aí afora – mas porque eram todos em latim, e fiquei pasmo ao constatar que até 1839, no Parlamento, e mesmo nas instâncias inferiores, nenhuma outra língua era falada ou escrita.

Depois do chá, a partida de polo em bicicleta foi ainda mais feroz do que a do dia anterior. Um *chukka*[66] terminou num completo empilhamento dos jogadores e, enquanto nos desembaraçávamos uns dos outros, nossa anfitriã nos chamou da balaustrada.

Uma carruagem com dois cavalos e um condutor num chapéu de plumas e fitas estava chegando ao pé da escadaria. Deixando o taco de lado, nosso anfitrião ajudou seu único passageiro a baixar e, quando este saiu, fez-lhe uma reverência. O recém-chegado, alto e ligeiramente encurvado, com cabelo branco, barba em corte elizabetano ou eduardiano, um chapéu verde-alpino e uma capa de *loden*,[67] era o Arquiduque José. Morava numa propriedade próxima e pertencia a um ramo dos Habsburgo que se tornara húngaro, e no atormentado período depois da derrota e revolução húngara, havia sido brevemente o palatino do reino – ou seja, uma espécie de regente – até que os aliados vitoriosos o deslocaram. Nossa anfitriã descia as escadas enquanto o arquiduque as subia, dizendo em voz trêmula: "*Kezeit csókólóm kedves Denise grófnö!*" ("Beijo-lhe as mãos, querida Condessa Denise!"); e quando ele se vergou para fazê-lo, ela dobrou o joelho, e, simultânea e diagonalmente, ambos afundaram umas nove polegadas nos largos degraus, recobrando-se outra vez como que em câmara lenta. Depois de todos termos sido apresentados, suarentos e desgrenhados, pulamos de volta nos selins, pedalamos e voltamos à peleja até que ficou escuro demais para ver qualquer coisa.

Para o jantar, foi-me emprestado algo mais apresentável do que minhas calças de lonita e sapatos de ginástica. Depois, o arquiduque se juntou a nós para uma pitada de *chibouk*; e a memória daquela fumaça aromática ainda envolve a última noite e a última casa de minha passagem pela Grande Planície.

◆ ◆ ◆ ◆

ALGUÉM HAVIA DITO (embora não creio que fosse correto) que as autoridades da Romênia não deixavam que se cruzasse a fronteira a pé: a passagem tinha de ser feita forçosamente de trem. Assim, por todo o dia seguinte, enredei-me através dos campos de milho na direção de Lökösháza, a última estação antes da fronteira: uma região vazia com umas poucas fazendas e inumeráveis cotovias, e onde culturas se alternavam com pastos. Uma bússola esquecida no bolso da mochila me manteve num curso rumo a sudeste, ao longo de uma esgarçada teia de caminhos secundários. Havia capões de álamos e frequentemente trechos pantanosos e o som de maçaricos; filhotes de gansos e patos seguiam seus maiores por caminhos dentro das vilas. O único tráfego era o de carroças puxadas por burros e vagões compridos de chassis altos, cobertos de lonas arqueadas. Dirigidos por eslovacos com cabeleiras muito louras, tocavam adiante animadamente, por detrás de cavalos fortes com crinas e caudas claras, atrelados em trincas, lado a lado. Borlas carmesins decoravam seus arreios, e potros e potras, amarrados de cada lado, galopavam diligentemente, procurando acompanhar o passo. A planície tilintava com os cucos.

Ao cair a tarde, resolvi me abrigar numa meda de feno. A dois terços de sua altura, um largo recuo havia sido fatiado e uma escada estava ali esquecida para minha conveniência. Logo subi, desembrulhando os pãezinhos com manteiga e o porco defumado e as peras que me haviam sido oferecidas em O'Kigyos. Terminei, então, o vinho aberto ao meio-dia. A súbita solidão – além do fato de ir para a cama na mesma hora que os pássaros – me pareceu um tanto triste depois da semana de alegres noites; mas isso foi contrabalançado pelo gosto de dormir ao ar livre uma quarta vez, e por saber que estava perto do começo de um novo capítulo da viagem. Embrulhado em meu sobretudo e com a cabeça na mochila, deitei fumando – cuidadosamente, dada a facilidade de combustão de meu ninho de doce aroma – e me entreguei a pensamentos leves. Foi como em minha primeira noite ao relento, junto ao Danúbio: um similar sentimento de quase êxtase decorrente de ninguém saber onde eu estava, e dessa vez, nem mesmo o porqueiro; e, exceto pela pena em deixar a Hungria, as perspectivas eram todas brilhantes. Não que fosse a última vez que iria ver os húngaros, graças aos céus: paradas previamente arranjadas já salpicavam as marcas ocidentais da Transilvânia; mas pairava no ar uma leve preocupação, à qual se juntava uma pitada de culpa: minha intenção inicial era a de viver como um modesto andarilho, peregrino ou estudioso errante, dormindo em valas e medas e me consorciando apenas com seres similares. Mas, recentemente, em lugar de partilhar cigarros baratos com companheiros de vagabundagem, eu havia passeado de castelo em castelo, bebericando tokay em cálices de cristal lapidado e fumando cachimbos de uma jarda de comprimento na companhia de arquiduques. Esses desvios mal poderiam ser condenados como uma tentativa de ascensão social, o que implicaria na dignidade de um esforço; as minhas mudanças de patamar, destituídas de intenção, haviam se dado com a facilidade de quem flutua em balões. As pontadas de remorso não eram lá muito severas. Afinal de contas, na

Aquitânia e na Provence, os estudiosos errantes frequentemente passavam tempos em castelos; e, disse para mim mesmo que um mergulho de volta ao baixo mundo quase sempre compensava e muito.

◆ ◆ ◆

SALPICADAS POR PAPOULAS, as ondas verde-ouro dos milharais se esmaeceram. O sol vermelho parecia forçar para abaixo do horizonte um dos lados de uma balança, simultaneamente levantando, do outro, uma lua laranja. A lua subiu por detrás de uma mata, dois dias antes de estar cheia, perdendo seu rubor rapidamente ao flutuar para o alto, até que o trigo saltou da penumbra como um mar arrepiado e metálico.

Uma coruja acordou na mata e, um pouco mais tarde, o som de sussurros me trouxe de volta das fronteiras do sono. Caules e espigas de trigo sibilavam simultaneamente e duas pálidas formas apareceram, saltitantes e agitadas, correram aqui e ali por entre o restolho, e aí pararam, olhando atentas uma para a outra. Eram duas lebres. Parecendo muito maiores do que seu tamanho real, imóveis e tontas, sentaram eretas como varas, com as orelhas empinadas.

CAPÍTULO 4

AS MARCAS DA TRANSILVÂNIA

🌿 🌿 🌿

Quando chegou o trem da tarde vindo de Budapeste, eu já batia perna pela plataforma de Lökösháza desde o meio-dia, e quando nele entrei e a bandeira vermelha, branco e verde da Hungria desapareceu, a noite já havia caído.

Essa era a mais contestada fronteira da Europa e minhas recentes conversas na Hungria a haviam recoberto de uma sombra ameaçadora adicional. Bem, pensei, pelo menos não tenho nada a declarar... e aí sentei com um sobressalto no canto do vagão vazio: a pistola automática? Ao me imaginar sendo levado para uma cela, resgatei do fundo da mochila a pequena e indesejada arma e puxei a lingueta da caixinha de couro; o diminuto tamanho, a leveza e o revestimento de madrepérola do cabo faziam com que ela mais parecesse um brinquedo. Será que eu deveria me esquivar destes desprotegidos bancos de madeira e escondê-la nos assentos estofados da vizinha primeira classe? Ou enfiá-la por detrás da caixa d'água no lavatório? Ou simplesmente jogá-la na terra de ninguém? No final, eu a escondi numa dobra grossa, no canto inferior do meu sobretudo, e a fixei com três alfinetes de segurança; colocando a transgressora peça de roupa no bagageiro, sentei logo abaixo com o coração palpitando, enquanto o trem se arrastava em meio ao luar.

Poucas milhas adiante, chegamos à fronteira e à bandeira azul, amarelo e vermelho do posto de controle da Romênia. Atrás de uma mesa, lá dentro, estava dependurada a fotografia do Rei Carol com um capacete de plumas brancas, peitoral de aço e capa branca com uma cruz no ombro. Outro quadro mostrava o Príncipe Miguel, um menino bonito, com olhos grandes e meigos, e cabelos grossos cuidadosamente penteados, vestido num suéter branco; ele também havia sido rei durante o período de três anos no qual seu pai abdicara.[1] Foi um alívio, um tanto anticlimático, quando o bocejante funcionário carimbou meu passaporte sem um olhar sequer para minhas coisas. Meu maltratado documento ainda mostra a data: 'Curtici, 27 de abril de 1934', a sexta fronteira de minha viagem.

Pensei que fosse o único passageiro, mas um grupo de rabinos barbados e de óculos, em sobretudos longos e pretos e chapéus largos, havia saltado do último vagão; estavam acompanhados por estudantes que, como duendes, tinham cachos que se desenroscavam sobre bochechas pálidas como cera, e o grupo em trajes escuros sobre a plataforma parecia tão estranho sob a lua quanto um congresso de corvos. Três se vestiam de forma diferente dos demais; calçavam botas russas de couro macio e cafetãs negros, e os rabos de raposa, serpenteando em torno a seus chapéus de copas baixas e pele de castor, correspondiam exatamente à barba de um deles – vestimenta com a qual me deparei mais tarde, muitas vezes, no norte da Moldávia e na Bucovina; e, mais tarde ainda, entre os devotos que se apressavam pelas vielas íngremes de Jerusalém para chegar ao Muro das Lamentações. Eles falavam ídiche e, de alguma maneira, eu me fixei na ideia de que os que usavam rabos de raposa eram poloneses do sul de Cracóvia ou de Przemysl, talvez pertencentes à seita zelote dos hassídicos; e, acho eu, estavam todos a caminho de um mesmo e importante encontro em Bucareste. Quando reentraram, o trem partiu noite adentro, os funcionários sumiram e logo me vi só nas rudes ruas de Decébalo: o lugar recebera o nome do último rei da Dácia,[2] antes de sua conquista pelos romanos.

Via-se por ali nada mais do que cães. Três deles barraram meu caminho, rosnando e mostrando gengivas e línguas por entre seus dentes, ferozes como dingos ao brilho claro da lua, suas sombras se atravessando e entrecruzando, à medida em que recuavam ao longo da empoeirada viela principal, cujas portas e janelas estavam todas fechadas.

◆ ◆ ◆ ◆

DEPOIS DA SOLITÁRIA data de cruzamento da fronteira, baixa uma névoa, e a próxima entrada no meu diário é similarmente curta: '27 de abril, Pankota – fiquei com Imre Engelhardt, proprietário do Cinema Apollo'. Acabo de encontrar a cidade num mapa – Pîncota, em romeno – mas o cinema e seu proprietário desapareceram para sempre da minha memória. Tratava-se, seguramente, de um daqueles colonos de Maria Teresa vindos do sudoeste da Alemanha; com certa imprecisão, são todos chamados de 'suábios'.

Quando a névoa se levanta, exceto pelas colinas florestadas à distância, a paisagem mostra pouca diferença com relação à da Grande Planície, que eu pensava haver deixado para trás. Via-se um geométrico entrelaçamento de terra arada de cor chocolate, com faixas de cevada, trigo, aveia, centeio, milho, algum tabaco e um súbito lampejo de mostarda do campo. Era rompido por moitas de árvores e, a cada tantas milhas, campanários castanho-avermelhados e amarelo-enxofre se erguiam de coberturas em telhas. Cada vilarejo tinha uma igreja barroca um tanto rústica para os católicos e outra para os uniatas, e, de vez em quando, embora infrequente por aquelas paragens, uma terceira para os calvinistas ou para os luteranos; pois, embora a Contrarreforma tenha saído vitoriosa na Áustria, diversas e variadas safras reformistas sobreviveram na Hungria e na Transilvânia. Por fora, as igrejas eram iguais, mas dentro, Estações da Cruz, a divisória entalhada e encrustada com ícones, ou a austeridade dos Dez Mandamentos, em magiar, sobre a mesa de comunhão, de pronto, indicavam onde residia a filiação daquele templo. Havia ninhos de cegonhas e poços de cambão e rebanhos e gado e ciganos em movimento. Quanto mais eu via os búfalos, mais eu os apreciava; os grandes olhos líquidos pareciam perder o rancor que eu neles discernira às margens do Tisza, e agora pareciam imersos em tristeza. Mas havia diferenças significativas nas pessoas. Depois de semanas diante de rostos magiares e de sua franqueza, as feições agora eram diferentes – ou seria apenas minha imaginação e recentes leituras que lhes deram um ar mais latino? Eu me juntei a um grupo que carregava foices e ceifadeiras e bebês dependurados. Suas túnicas largas e brancas, feitas de tecido caseiro e amarradas por largos cinturões, eram muitas vezes recobertas por tachas de ferro; e, exceto por aqueles que estavam descalços, usavam os familiares mocassins com pontas em canoa e tiras em couro cru. Suas fedorentas jaquetas de couro de ovelha eram vestidas com o lado macio para fora e seus chapéus – bulbosos cones de lã negra ou branca, de um pé de altura – davam-lhes um jeito selvagem e folgazão. Meus fragmentos de magiar, obtidos com dificuldade, pareciam ser entendidos por todos; mas logo percebi que a língua falada entre eles seria muito mais fácil de aprender. Homem era 'om'; mulher, 'femeie', e 'ochi', 'nas', 'mâna' e 'foaie' eram olhos, nariz, mãos e folha. De início, ficavam um tanto perplexos com o fato de eu apontar com gestos inquisitivos para tudo que estivesse à vista. Cachorro? Boi? Vaca? Cavalo? 'Câine', 'bou', 'vaca', 'cal'! Era maravilhoso: *homo, femina, nasus, manus, folium, canis, bos, vacca* e *caballus* percorriam meu cérebro qual uma tropa delirante. 'Câmp' era campo e 'fag' era faia ("...*quatit ungula campum!*"[3] ..."*sub tegmine fagi* ...!"[4]). Que estranho encontrar esta fala latina vagando tão longe de seus parentes! O Mar Negro a cercou a leste e o eslavônico pelo norte e sul, enquanto pelo oeste foi barrada pelos dáctilos ugro-fínicos dos magiares.

No fim da tarde, em meio a essas trocas linguísticas, chegamos à cidadezinha de Ineu – 'Borosjenö' no meu mapa do pré-guerra – onde um dia de mercado terminava. Mugidos, balidos e gritos ressoavam por toda parte; carroças estavam sendo carregadas, gaiolas desfeitas e cercas empilhadas. Mulheres e meninas usando longos aguilhões mantinham em ordem os bandos de aves. Lenços de diferentes cores estavam amarrados sob seus queixos, e saias plissadas, com aventais bordados na frente e atrás, emergiam de cintas tecidas em motivos vermelhos e amarelos. Algumas vestiam botas escarlate que chegavam aos joelhos, tal como figuras de um balé russo.

◆ ◆ ◆ ◆

MEU OBJETIVO ERA chegar à casa de um amigo chamado Tibor, que insistira que eu me hospedasse com ele, mais ou menos pelos dias que corriam. Fomos apresentados por seu xará em Budapeste. De súbito, lá estava ele, sob uma acácia, socializando com camponeses e com um dos pés sobre o degrau de uma elegante charrete, cujo pônei tordilho chicoteava a cauda pelo ar: alegre, varonil, rubicundo, com um chapéu de *Jäger* emplumado, servira na

Artilharia Montada, na mesma tropa que o outro Tibor. Seu rosto se iluminou em boas-vindas e, num passe de mágica, duas aguardentes de ameixa apareceram numa bandeja; e tão pronto foram sorvidas, partimos para as montanhas. Ao longo do caminho, Tibor levantava cerimoniosamente seu chapéu verde em resposta aos chapéus cônicos despidos à sua passagem.

◆ ◆ ◆ ◆

POR TODA A tarde, as colinas vinham crescendo em altura e agora corriam à distância por detrás de um hemisfério íngreme e solitário recoberto até o topo de videiras.

Passamos por portões altos que ficavam a seus pés e uma longa extensão de grama nos trouxe até uma fachada palladiana assim que a noite começava a cair. Duas garças-reais se levantaram quando chegamos; as sombras estavam imersas num aroma de lilás. Por detrás de janelas de venezianas, uma empregada com touca e descalça acendia com uma comprida vara as luminárias de um extenso corredor e, a cada novo trecho aclarado, ganhavam forma o mobiliário biedermeier e cadeiras e sofás onde apenas alguns fiapos do tecido original ainda permaneciam; havia cortinas desbotadas de cor ameixa e um piano de cauda coberto de fotografias emolduradas e velhos álbuns de família com garras de latão; galhadas se desdobravam, um lince empalhado levantava as orelhas, ancestrais com espadas e túnicas forradas de pele faziam poses discretas. Uma fornalha branca se erguia entre estantes de livros, peles de urso se abriam sob os pés: e, como em Kövecsespuszta,* um aparador servia de apoio a uma coleção de cigarreiras de prata com as armas e os monogramas de amigos que as tinham presenteado por terem figurado como padrinhos de batismo ou de casamento ou de um duelo. Lá estava a cápsula polida de uma bala de alguma batalha na Silésia, um amontoado de pequenos cálices, uma cimitarra com uma bainha encrustada de turquesas, jornais dobrados – o *Az Ujság* e o *Pesti Hírlap* enviados de Budapeste, e o *Wiener Salonblatt*, um *Tatler*[5] austríaco, recebido de Viena, repleto

---

*   Ver *Um Tempo de Dádivas*, p. 292.

de fotografias de longínquos grupos de tiro, eventos equestres e bailes elegantes. Entre as molduras de prata estava um daguerreótipo da Imperatriz Elizabete – rainha, melhor dizendo, dessa perdida província do antigo reino –, um outro do regente, vestido como almirante de uma esquadra desaparecida,[6] e um terceiro do Arquiduque Oto[7] nas peles e plumas de um magnata húngaro. Em vermelho, verde e azul, os grossos volumes do *Almanaque de Gotha* estavam prontos para serem pinçados. Um volume brilhante em fólio, suntuosamente encadernado em couro verde, quase encobria toda uma pequena mesa; seu nome, *Az Ember Tragédiája*, estava gravado em ouro: *A Tragédia do Homem*, de Imre Madács. Trata-se de um longo poema dramático do século XIX de gosto filosófico e contemplativo e não havia casa húngara, até mesmo a menos voltada para os livros, que parecesse completa sem ele – tal como ocorre nas casas inglesas com a edição de Omar Khayyám[8] ilustrada por Edmund Dulac e encadernada em velino. E, finalmente, uma prateleira no canto estava cheia de longos cachimbos turcos. Esse catálogo de detalhes compõe um arquétipo do qual cada casa de campo que eu vi na Transilvânia parecia ser uma variação.

No outro extremo, passadas as portas duplas de um cômodo que era meio estúdio e meio sala de armas, mais galhadas proliferavam, figuras se deslocavam sob o brilho suave de luminárias e as vozes de convidados ressoavam. Corri escada acima para tomar um banho e retirar a poeira antes de encontrá-los. Como todos desempenham um papel no que vai se passar ao longo das próximas semanas e como suas casas se sucedem umas às outras como pedras na travessia de riacho, esperarei até que os encontremos, em lugar de apresentá-los agora.

◆ ◆ ◆ ◆

A MANHÃ SEGUINTE revelou a fachada de um prédio do final do século XVIII. Entre as alas, quatro colunas toscanas largamente espaçadas se projetavam, galgando dois pavimentos e formando uma esplêndida *loggia*. Em ambos os lados desta, folhas de venezianas brancas davam continuidade à linha de janelas; ao se abrirem sobre a fachada, cada folha tocava sua vizinha, e, pelo lado de dentro, a luz derramava sobre o chão; fechadas, com suas venezianas entreabertas quando o sol ficava muito quente, riscavam as tábuas largas e enceradas do piso em faixas claras e escuras. Uma roda e manivela faziam descer um extenso toldo branco, e olhando para fora, era como se estivéssemos no convés de uma escuna pintada por Tissot,[9] vendo ondas em vez de topos das árvores. Mais além, Mokra, aquela colina hemisférica recoberta de vinhedos, erguia-se como uma ilha vulcânica contra um céu pálido e amontoados de nuvens brancas como neve. Os aromas de lilás, lavanda e buxinho penetravam no ambiente, tentilhões dourados se moviam pelos galhos, e de vez em quando os martins-domésticos, vindos dos ninhos agrupados no frontão, extraviavam-se porta adentro, voando em desesperados círculos ou varrendo direto, pelo meio da casa, e saindo do outro lado.

Nesse espaço arejado, encontrei Tibor recostado num sofá *récamier* com uma toalha sob o pescoço, fumando um charuto próprio para após o café da manhã, enquanto um criado ensaboava seu queixo. "Gyula estará pronto para cuidar de você num minuto", disse, soprando um perfeito anel de fumaça em direção aos caixotões do teto; em pouco tempo estava eu deitado, entoalhado, sob a navalha de Gyula; e, por imitação, envolto numa cheirosa nuvem de vapor. Passeando para lá e para cá, e sentando no peitoril tendo as aves como pano de fundo, Tibor me contou anedotas da guerra, de ciganos e de garotas de cabaré, distribuindo suas aventuras por Paris, Bruxelas e Constantinopla, com enredos divertidos e impróprios. Ao descermos para o térreo, com os queixos tilintando de água-de-colônia, ele se perguntou o que haveria para o almoço; embaixo, do outro lado do pátio, vimos a cozinheira sentada à sombra, do lado de fora, num redemoinho de penas. "Que bom!", disse ele. "Margit está depenando uma galinha." E saímos para inspecionar os campos e as colheitas numa carruagem aberta, atrás das fitas flutuantes e das negras plumas de avestruz do condutor. "Isso é que é vida", pensei comigo mesmo, enquanto rodávamos sob a folhagem.

Mas, em Borosjenö, a grande atração era Ria, que a tudo comandava. 'Governanta' é um termo um tanto ou quanto solene e enganoso para aquele rosto charmoso e engraçado e para o corpo jovial que desmentia seu cabelo prematuramente grisalho e cortado no estilo *shingle*.¹⁰ Era polonesa, filha de um editor de música de Cracóvia, vítima de algum infortúnio. Considerei a possibilidade de um romance entre ela e Tibor. Se de fato houve, já havia terminado; mas eram grandes amigos, e ela, a anfitriã nesta casa de um celibatário. Ela falava um lindo francês e polonês, alemão e húngaro, e também um pouco de romeno. Ao inspecionar meu emaranhado guarda-roupa, quando entreguei minhas coisas para serem passadas ou costuradas, ela perguntou quantos lenços de bolso eu tinha. Todos haviam sido perdidos exceto dois. "Et quels *torchons*", disse ela, levantando-os. "*Regarde-moi ça! Il faut que je m'occupe de toi!*", e o fez. Comprou uma dúzia de lenços de linho de tessitura doméstica na cidadezinha de Arad, neles gravou minhas iniciais, amarrou-os cuidadosamente com uma fita vermelha e meteu-os em minhas mãos como se fossem um pacote de sanduíches: "*Au moins tu auras de quoi te moucher*". Ela tinha uma voz muito agradável e passamos horas cantando junto ao piano recoberto de retratos. Canções francesas e alemãs e algumas polonesas: consegui acompanhá-la numa dessas últimas, aprendida tal qual um papagaio: e, subitamente, agora, ao escrever, retornam a alegre melodia e sua letra.* Ela era muito engraçada e talvez mais sofisticada do que Tibor. Quando saía para visitar os vizinhos na charrete ou na carruagem, eu ia junto, informando-me sobre uma dúzia de cômicas biografias. Todos gostavam dela, e eu também.

◆ ◆ ◆ ◆

O RITMO DE minha viagem tinha ficado mais lento, todo o sentido de tempo havia se dissolvido, e só agora, com meio século de retardo, é que, em retrospecto, eu tenho um súbito constrangimento por haver aceito tanta hospitalidade; mas ainda assim, não é lá muito forte. A Revolução Industrial deixara essas regiões intocadas e seu ritmo de vida permanecia muitas décadas atrás daquele do Ocidente – cem anos, talvez, quando as estadias no campo eram tão longas e tão aprazíveis quanto em romances

---

* "*Pojekai, Hanka, tam u hrustu, tam u hrustu, tam u hrustu...*" etc.

ingleses e russos daquela época; e, nessa província perdida, onde os hospitaleiros húngaros se sentiam desgarrados do mundo, visitantes do Ocidente eram recebidos com abraços. Espero que haja sido isso mesmo, já que os três meses seguintes de preguiçosa temporada nas marcas e nas regiões sulinas da Transilvânia fizeram daquela primavera e começo de verão uma completa exceção ao resto desta viagem. Baixou sobre mim um abençoado e feliz encantamento.

◆ ◆ ◆ ◆

A TRANSILVÂNIA* é quase três vezes o tamanho do País de Gales e, para os húngaros, a perda dessa província parecia ser o que de mais duro tiveram que suportar dentre todos os desastres do pós-guerra. A posição da Hungria na Monarquia Dual a tinha envolvido de forma indissolúvel no destino da Áustria, e então, por reação em cadeia, também no da Alemanha e, finalmente, em 1918, no caos da derrota. Mas, dos desastres subsequentes – a breve república soviética de Béla Kun,[11] a conquista pelos romenos que lhe pôs fim e o Terror Branco[12] que se seguiu – nenhum pareceu tão catastrófico quanto o desmembramento do país pelo Tratado de Trianon. As cessões para a Tchecoslováquia e a Iugoslávia foram amargas, mas em comparação foram simples, os cortes limpos e as perdas, literalmente, periféricas. Foi o oposto na Transilvânia; fazer justiça para ambos os lados foi e é impossível; e essa impossibilidade reside na densa massa de húngaros da Transilvânia, isolados duzentas milhas a leste dos seus conterrâneos por uma massa ainda maior de romenos a lhes rodear. A menos de tornar esse enorme e isolado enclave magiar um posto avançado da Hungria – engastado, como teria de ser, numa Romênia hostil, tal como, mais tarde,

---

* Na realidade, a região só começa a mais ou menos trinta milhas a leste do ponto que eu havia alcançado. Mas a estreita faixa de terra, entre esse ponto e a fronteira húngaro-romena do pós-guerra – aquela que eu acabava de cruzar – não parece ter um nome específico e, ao se expressarem de maneira informal, as pessoas frequente e erroneamente a juntam à Transilvânia: seria o nome que viria a calhar para todo o território que a Hungria perdeu para a Romênia em 1920, e eu, às vezes, me vejo fazendo esse mesmo uso, desleixado mas conveniente.

no experimento do Paquistão Oriental, e talvez com o mesmo destino –, não havia solução. Fora isso, os romenos da Transilvânia eram em número maior do que os húngaros, quase um milhão, e assim, *mutatis mutandis*, teria sido igualmente impossível propor fronteiras para uma Hungria vitoriosa que fossem justas para os romenos. Quem sofreria a inevitável injustiça – a perda de seus compatriotas da Transilvânia no caso dos húngaros, e a perpetuação do *status quo*, no dos romenos – dependia apenas de quem perdesse a guerra. A Hungria ficou do lado perdedor e o resultado foi inevitável: destruíram-se fronteiras que, exceto pelo período de dominação turca, haviam permanecido intactas por quase mil anos, e dois terços de seu território foi partilhado entre os vencedores. Desde então, a bandeira húngara, literal e metaforicamente, se mantém a meio mastro.

Os húngaros baseavam sua reivindicação sobre a Transilvânia numa prioridade histórica mais do que numa dominância étnica; os romenos recorriam a ambas. Arrogavam-se descendência de uma mistura dos antigos dácios (cujo reino ficava exatamente aqui) com os romanos que conquistaram e colonizaram o país na época de Trajano, em 107 A.D.; alternativamente, eles descenderiam – pois as teorias mudam – dos dácios que haviam sido romanizados pela ocupação que durou até 271 A.D., quando a esmagadora maré de godos obrigou o Imperador Aureliano a recuar suas tropas para o sul do Danúbio. Durante os cento e sessenta e quatro anos entre Trajano e Aureliano, formara-se uma população daco-romana de fala latina, comparável aos galo-romanos na Gália, e quando as tropas de Aureliano se retiraram, estas por lá permaneceram e transmitiram sua língua a seus descendentes (mais ou menos como aconteceu no Ocidente com as populações locais de fala latina, quando as legiões foram chamadas de volta a Roma). Atribuem a presença de um elemento eslavônico na língua romena à expansão, mais tarde, dos eslavos sobre toda a Europa Oriental, uma contribuição linguística que poderia ser comparada no Ocidente aos elementos teutônicos nas línguas do norte da Gália quando os francos se espalharam, após atravessarem o Reno. Os daco-romanos teriam assim formado a camada inferior da estrutura racial e linguística da região. Invasores a varreram, com olhos em prêmios mais a oeste; destes, alguns permaneceram por tempo determinado, mas vieram, um por um, a desaparecer. Entrementes, através dessa Idade das Trevas sem crônicas, os daco-romanos, vivendo como pastores nômades – nobres rudes, talvez, com seus vassalos –, mantiveram seus rebanhos nessas terras até que os magiares, voltando-se novamente para leste depois de ocuparem a Grande Planície Húngara, invadiram a Transilvânia e os subjugaram: um jugo que durou, de acordo com esta teoria da história, até serem liberados pelo Tratado de Trianon.

A versão húngara da história é a mesma dos romenos até o tempo de Aureliano. De acordo com os húngaros – que baseiam sua teoria no único texto que aborda a questão*,[13] –, a remoção dos colonos, e não apenas das tropas e da administração romanas, foi total. Se alguns poucos dácios permaneceram, presume-se que tenham sido dispersados e obliterados pelos godos e o seu hábitat reocupado pela subsequente expansão eslava: a única população que os magiares lá encontraram no século IX teria sido de eslavos dispersos e logo absorvidos; a região foi descrita como 'deserta' pelo seu primeiro cronista. Para preencher esse vazio, os magiares instalaram nos Cárpatos uns parentes guerreiros, os sículos[14] (a menos que estes tenham precedido os magiares), que ainda formam na região a massa da população húngara. Então, chamaram os 'saxões' do Baixo Reno; e foi apenas depois disso, no começo do século XIII (insistem os húngaros), que os romenos entraram em cena; não como descendentes dos daco-romanos, sobreviventes detentores de um mandato jamais interrompido, mas como grupos imigrantes das conhecidas populações valáquias vindas da Macedônia e dos Bálcãs, falantes de uma língua derivada do latim vulgar, resultado de uma longa sujeição ao Império Romano. Eles haviam vagado para o norte com seus rebanhos, dizem os húngaros, talvez empurrados pelos cumanos, ou talvez não, e provavelmente na companhia dos bravios pechenegues. Adentraram pelo sul da Transilvânia e se estabeleceram nos picos dos Cárpatos, onde – assim segue esta teoria – ganharam reforços consideráveis com a chegada de novas levas de valáquios; até que finalmente ficaram em

---

*   O historiador romano Flávio Vopisco em *Augustan Scriptors*.

número maior do que os magiares da região – e também dos sículos e dos saxões – por enorme margem.

A fala dos romenos e dos valáquios dos Bálcãs deve ter como origem a mesma fonte. São próximas demais para que não seja assim; poucas línguas românicas são tão parecidas e é surpreendente que os séculos que as separam não as tenham distanciado mais. Até cento e cinquenta anos atrás, os dois grupos nacionais eram informalmente chamados de 'valáquios', ou '*Wallachs*', pelo resto do mundo (mas nunca pelos próprios romenos), e isso certamente aponta para uma origem comum. Onde? Fora da Transilvânia, dizem os húngaros: só apareceram ali como imigrantes tardios. Dentro da Transilvânia, insistem os romenos: apenas mais tarde é que emigraram para o sul, espalhando-se. É neste ponto que um recém-chegado ao problema, sem qualquer *expertise*, começa tentativamente a se perguntar: a resposta não poderia estar em algum ponto entre as duas versões tradicionais? Os valáquios estavam dispersos por todo o sudeste da Europa; não poderia ter havido alguns também na Transilvânia quando os magiares a invadiram, tal como os eslavos que por aí vagavam?* Igualmente, estes putativos valáquios da Transilvânia não poderiam fazer parte de uma população ainda mais amplamente dispersa, e não necessariamente o núcleo de irradiação de toda a raça, tal como mantêm os romenos? Ambos os lados diriam que não: os húngaros insistem na ideia de um vácuo; os romenos, na de um berço. Nem é preciso dizer que dos dois lados da controvérsia, os opositores – citando ou desafiando as fontes e aduzindo argumentos linguísticos, arqueológicos, geográficos, nomes de lugares, religião, e apoiando-se em todo um conjunto de evidências circunstanciais – conseguem desmentir todos os argumentos contrários com uma tranquilidade convincente havia muito praticada.

Na visão romena, os koutzovaláquios (os chamados 'macedo-romenos' dos Bálcãs) fariam parte dos descendentes dispersos dos habitantes de

---

* Uma fonte húngara, o *Anonymous Notary* do Rei Béla (1234-1270), registra a tradição de que os invasores húngaros tiveram que superar a resistência de um certo Gelu, chefe das tribos valaco-eslavas na Transilvânia Central, antes de lograrem sujeitar a região.

duas novas 'Dácias' – colônias fundadas por Aureliano para a população por ele evacuada para a Moésia (modernas Sérvia e Bulgária) ao longo das margens sul do Danúbio. Uma figura interessante brilha, por um instante, entre esses dácios transplantados, uma centena de anos após a evacuação de Aureliano: o notável São Nicetas de Remesiana[15] (agora Bela Palanka, na Sérvia), autor não só de um *Te Deum* – erroneamente atribuído até o começo deste século a Santo Ambrósio e Santo Agostinho –, mas também de uma cláusula no Credo dos Apóstolos. Era amigo de Paulino de Nola,[16] que lhe dedicou uma ode em versos sáficos quando o visitou no sul da Itália; isso o coloca a apenas um passo de Ausônio e da Bordeaux romana. É então que a escuridão engole este farol aceso em meio ao crepúsculo.

◆ ◆ ◆ ◆

AH, SE TIVÉSSEMOS registro do que aconteceu durante a retirada de Aureliano! Mas, fora as frases pouco claras de Vopisco, não sabemos nada, nada mesmo: o silêncio e a escuridão duraram mil anos. Sabemos que a retirada romana teve lugar em 271 A.D. (mais de um século antes de sua retirada da Bretanha), mas depois disso – desconsiderando Gelu – as menções mais antigas aos habitantes de fala latina da Transilvânia ocorrem em 1222 e 1231, quando é apontada a "região dos valáquios" e a "floresta dos pechenegues e dos valáquios". Eles emergem – ou reemergem – das sombras na época mesma em que as dinastias dos Valois e dos Plantageneta estavam no seu auge, apenas vinte anos após os cruzados terem capturado Constantinopla, e pouco mais de seis depois da *Magna Carta*. É desconcertante e pouco verossímil que tão pouco se saiba sobre seus contemporâneos da Transilvânia. Alguns colocam a culpa por este vazio surpreendente na invasão dos mongóis no século anterior. Destruíram tudo que acharam; não só castelos e igrejas e abadias, mas, ao que parece, todos os documentos que nelas estivessem guardados. Anseia-se por notícias que possam vir a surgir entre as ruínas soterradas de alguma fortaleza, milagrosamente intocadas desde que Batu Khan a incendiara; um tesouro talvez achado por um silvicultor transilvano que, cavucando um buraco atrás de uma raposa ou um texugo, tivesse caído, por entre trepadeiras e raízes, dentro de uma cripta cheia de caixas de ferro repletas de pergaminhos...

Mas sob outro ponto de vista, a vantagem desta ausência de evidências é enorme, já que favorece a controvérsia. Teorias podem se desenvolver no vazio, por assim dizer, não sendo necessário que os ocasionais fragmentos de fatos concretos – sejam linguísticos, geográficos, etnológicos ou religiosos – se encaixem como num quebra-cabeças; na verdade, são incapazes de o fazer, pois as demais peças estariam faltando; e dentro de certos limites fluidos, podem ser arrumados em qualquer padrão que melhor satisfaça o proponente. As interpretações são tão diversas quanto o trabalho de dois paleontólogos, um dos quais reconstruiria um dinossauro e o outro um mastodonte do mesmo punhado de fragmentos de ossos. "Assumamos", em poucas páginas, passa a ser "Podemos assumir", que, em poucas páginas mais, vira "Como demonstramos"; e, depois de outras tantas, a acanhada hipótese inicial se solidificou numa referência definitiva e desavergonhada, e, em todo o processo, sem que um átomo de nova evidência tenha sido aduzido. Pontos que favorecem a argumentação ganham a roupagem de uma bela floração e os de encaixe desajeitado são, de maneira discreta, podados à inexistência. A obscuridade reina. É uma região turva onde *suggestio falsi* e *suppressio veri*,[17] esses duplos vilões dos conflitos históricos, espreitam por entre as sombras com lampiões corta-luz e o arco retesado.

Essas antigas ambiguidades seriam campo apenas para meras conjecturas eruditas, não fossem as amargas rivalidades que as vieram assombrar em épocas posteriores e que ainda persistem. A prioridade histórica, caso pudesse ser estabelecida, seria tomada como evidência vital numa petição relativa a uma propriedade contestada; e mais cedo neste século, antes que as considerações étnicas se tornassem os fatores dominantes que desde então se tornaram, tal prioridade seria mais importante ainda: posse por conquista, apoiada na continuidade histórica e enrijecida por tratados, seguia sendo uma consideração válida e respeitável. Os impérios coloniais da Grã-Bretanha e da França floresciam sem contestação e a Rússia tinha a posse firme, como ainda tem, de imensas terras asiáticas anexadas pelos tsares. Em tal ambiente, qualquer pesquisa capaz de desenterrar evidência danosa ao lado no qual se situava o pesquisador teria sua objetividade manchada pela pecha de traição.

Obviamente, nessa época, eu sabia muito pouco disso tudo, mas era impossível não ter vislumbres; e mais tarde, tendo ficado por longos períodos na 'velha' Romênia – o *Regat* (ou o 'Reino'), como era sempre referida na Transilvânia – eu, mais ou menos, fui entendendo o sentido da abordagem romena, mas em doses discretas – seria difícil imaginar uma gente menos chauvinista do que a família e os amigos com quem eu me estabeleci na Moldávia – e eu lia tudo o que me caía em mãos, de ambos os lados. Argumentos opostos eram apresentados de forma persuasiva e hábil; em cada caso a cadeia lógica parecia sem erros; todas as objeções eram encaradas e demolidas; e quando eu passava de um argumento para seu rival, a mesma coisa acontecia, e eu me via encalhado entre os dois. Sou a única pessoa que conheço ter sentimentos similarmente calorosos por ambos pleiteantes em litígio e desejaria com fervor que se tornassem amigos. Será que a descoberta daqueles imaginários documentos por entre ruínas poderia resolver a questão? Minha posição indecisa entre os dois lados me faz inútil para ambos.

Entre os latifundiários húngaros na Transilvânia havia uma adicional fonte de amargura. Reformas agrárias haviam desapropriado e redistribuído o grosso de suas propriedades entre os camponeses. Não obstante a justiça contida nessas medidas, ninguém gosta de perder terras, e gritos de revolta se fizeram ouvir. Talvez não soubessem, mas esses gritos não eram substancialmente diferentes das lamentações que se podia ouvir nas casas de campo dos boiardos romenos, cujas propriedades haviam sido igualmente desmembradas. Mais ainda, esses boiardos se ressentiam por estarem convencidos de que seu próprio governo dava tratamento mais favorável aos novos e relutantes súditos húngaros, de maneira a lhes cair nas graças. Em visitas posteriores, quando eu dizia isso a húngaros da Transilvânia, inabalavelmente convencidos de que eram vítimas únicas de discriminação, eles se mostravam atônitos e descrentes. Fervilhavam com a inequidade do regime e com a venalidade dos novos funcionários do *Regat*. Histórias de suborno eram lugar-comum e sua atitude com relação ao novo

Estado e a seus funcionários, oriundos de além da bacia hidrográfica dos Cárpatos, fazia lembrar, no pós-Guerra Civil Americana, a desconfiança e desprezo dos fazendeiros pelos *carpetbaggers*[18] nortistas. Evidentemente que havia elementos impalatáveis em questão: falta de tato e de escrúpulos eram motivados, talvez, por um incitamento à vingança dado o absolutismo húngaro no passado. Ao longo dos séculos, os húngaros haviam tratado seus súditos estrangeiros – e todos seus compatriotas abaixo de um certo nível – com enorme inabilidade; desdenho, opressão, feudalismo cego, exclusão de voz em seus conselhos, e magiarização rigorosa – não faltava do que os acusar. (Caso suas iniquidades alimentem autocomplacência em algum peito inglês, lembrem-se que os sentimentos magiares em relação à população hilota se assemelham muito convincentemente à atitude inglesa, satirizada por Swift, na Irlanda pós-Cromwell.) Problemas se acumulavam; expressavam-se volta e meia em revoltas sanguinárias seguidas de retribuição implacável. Tivesse a reversão de posições colocado os húngaros sob soberania romena durante esses tristes séculos, não há razão para crer que a mudança de jugo viesse a ser mais leve de suportar: os soberanos romenos eram tão mesquinhos e opressores com relação aos seus próprios súditos quanto os húngaros frente aos seus. Eram tempos ferozes na Europa Oriental; e ainda o são.*,[19]

Mas havia poucos traços disso tudo no dia a dia. Para o bem ou para o mal, senhores e camponeses conviviam há muitas gerações, enquanto os funcionários do *Regat* eram recém-chegados para ambos; e, localmente, um sentimento de solidariedade havia sobrevivido às mudanças de fronteira e propriedade e aos conflitos do passado. "Lembro-me do velho Conde --------", ouvi de um pastor romeno mais tarde, "com todos aqueles cavalos e carruagens! Era uma visão e tanto. E veja, agora, o pobre velho!". Frequentemente, prevaleciam sentimentos de similar natureza, mas de maneira inversa e, na minha parca experiência, fidalgos que, embalados pelo vinho,

---

* "Todos os pensamentos que rasgam o coração aqui se mostram, e todos inutilmente, Horror e escárnio e ódio e medo e indignação..."
— Estas linhas me vinham sempre à mente.

exaltavam-se no tocante às iniquidades do Estado, tomavam cuidado em isentar os locais a quem haviam sido entregues seus acres de terra. A antiga relação feudal podia ter se evaporado, mas símbolos robustos sobreviviam ainda nos chapéus levantados, nas mãos beijadas, e nas formas cerimoniais de saudação, e isso dava um sentimento estranho, imaterial, distante de tudo, à vida na Transilvânia. A maioria dos pequenos proprietários tinha sido obrigada pelas circunstâncias a adotar a cidadania romena; mas poucos deles haviam estado em Bucareste. Olhavam-na como uma remota Babilônia, tomada por poeira e suborno e maldade, e juravam, se lhes fosse dada a alternativa, nunca lá por os pés ou mesmo cruzar a antiga fronteira leste. Saudosos da coroa de Santo Estêvão, não tinham olhos, ouvidos ou coração para nada mais do que seu mutilado reino a oeste.

Finalmente, deve ser dito que quase nenhum traço dessa ansiedade era detectável para um estrangeiro. (No meu caso específico, o que sobrevive mais que tudo é a lembrança de uma ilimitada generosidade.) Grandes propriedades ainda existiam, embora muito reduzidas, e em certos momentos poderia até parecer que nada houvesse mudado. Charme e *douceur de vivre* ainda permeavam o ambiente por entre a decoração esmaecida dos interiores, enquanto, do lado de fora, tudo conspirava com vistas ao deleite. Isolados em meio à multidão romena, diferentes em raça e religião, e com os fantasmas de sua perdida ascendência ainda em torno a si, a atmosfera que prevalecia entre estes moradores dos *kastély* invocava aquela dos decadentes patrimônios dos anglo-irlandeses de Waterford e Galway, com toda sua magia e tristeza. Saudosos do passado, interagindo apenas com seus próprios congêneres, vizinhos de propriedade, e com os camponeses que lá trabalhavam, viviam num sonho voltado para o passado, genealógico, quase confuciano. Muitas frases terminavam num suspiro.

◆ ◆ ◆

RIA TINHA INÚMEROS livros em francês que eu tomava emprestado à vontade. Tibor não era de leituras, mas seus antepassados devem ter sido, já que a biblioteca era bem guarnecida, principalmente de obras em húngaro e alemão. Perdendo a esperança em relação ao magiar, anseava por mergulhar com mais profundidade no alemão; assim, comecei lendo todos os pares de versos sob os maravilhosos desenhos de *Max und Moritz* e *Hans Huckebein* num volume grande de Wilhelm Busch.[20] Entusiasmado com esse resultado e ambicionando ir mais longe, passei para a novela *Morte em Veneza*, de Thomas Mann, de início, devagarinho, checando o dicionário a cada duas palavras e, quando emperrava, buscando a ajuda de Ria. Mas consegui terminá-la numas duas semanas e, tendo em vista que havia começado o alemão apenas cinco meses antes, achei que fosse um grande salto à frente. Passava as manhãs entre a biblioteca e uma mesa do lado de fora da casa devorando a história da Europa Central – em particular, da Hungria e da Transilvânia – no *Meyers Konversationslexikon*; e daí me voltei para o período de Béla Kun, nos livros um tanto lúgubres de Jean e Jérome Tharaud – *La Fin des Habsburgs, Quand Israel est Roi*. Estes dois irmãos franceses, um dos quais se tornou membro da Academia, eram muito populares nesta parte do mundo. Embora quase todos soubessem muito sobre o passado da Europa Central, este conhecimento parava abruptamente nas cristas dos Cárpatos. A história da Romênia – ou seja a história da Valáquia e da Moldávia, os dois principados do outro lado das montanhas que vieram eventualmente a se unir sob um único príncipe, formando o Reino da Romênia – não era de seu interesse; era descartada invariavelmente com a menção a "*die wilde Wallachei*" ("a Valáquia selvagem") – talvez seja uma citação, mas de quem? – como se ficasse no coração da estepe mongólica.

Desviando do tema, mas não muito, descobri que, em francês, 'capão' é '*hongre*' – considerava-se que os húngaros introduziram essa prática[21] na Europa – enquanto o termo usado em alemão é '*Wallach*', o que sugere uma origem romena, cada um dos países mencionados tendo dado um passo a mais em direção ao leste. Minha alegria em descobrir que a palavra 'hussardo' era de origem magiar – '*husz*' ('vinte'), invocando um esquadrão de vinte soldados – não durou muito, pois lexicógrafos mais recentes a derivam, por via do sérvio, do italiano '*corsaro*' ('pirata'), substituindo liberalmente cascos por quilhas. Houve tentativas no passado de derivar 'ogro' de 'húngaro' – ou melhor, dos seus ancestrais, os ugrianos; mas a palavra vem, na realidade, de 'Orcus', nome do deus romano do mundo inferior. Pelo menos parecia correta a derivação de '*cravat*' de 'Croácia', que fora um reino vassalo da Hungria; a palavra surgira na França em referência aos acessórios esvoaçantes usados ao pescoço pelos mercenários croatas da cavalaria de Luís XIV. A palavra '*coach*' é um lembrete de 'Kocs', presumivelmente porque o veículo foi construído pela primeira vez naquela cidade húngara.

◆ ◆ ◆ ◆

TAIS MANHÃS LOGO terminaram. Cegonhas as presidiam e os cucos, enquanto houvesse luz, se faziam ouvir das diferentes matas. Três dias sucessivos foram marcados pela chegada de aves que eu jamais vira antes: o primeiro tinha uma deslumbrante plumagem preta e amarela e um canto curto e penetrante; era um papa-figo dourado; o dia seguinte foi marcado pelo lampejo azul, verde e amarelo dos papa-abelhas, e o terceiro por duas poupas caminhando pela grama e abrindo e fechando seus cocares feito os peles-vermelhas, e aí tremulando no ar e correndo atrás uma da outra por entre as folhas, suas asas as transformando em zebrinhas voadoras, até que voltassem a aterrissar.

A irmã de Tibor e alguns amigos chegaram de Viena e houve muita celebração, muito apuro no vestir, piqueniques e, finalmente, uma festa à meia-noite no topo mesmo da colina recoberta de vinhedos. Uma fogueira foi acesa: uma carruagem descarregou quatro ciganos – um violino, uma viola, um cimbalão e um contrabaixo – que se juntaram sob uma árvore. O vinho de cor âmbar que tomamos ao redor das chamas, apoiados sobre os cotovelos, era prensado de uvas que haviam amadurecido naquelas mesmas encostas que se derramavam à nossa volta. Os vinhateiros subiram, formando um anel externo, e quando ficamos sem o que beber, trouxeram novos suprimentos de seus chalés, enchendo todos os copos até quando o canto de um galo, partindo de um invisível quintal, espalhou uma contagiosa convocação através da escuridão; outros galos acordaram; e então, abaixo de nós, os confins da Grande Planície renasceram cintilantes e tudo, exceto os ciganos, foi se tornando pálido. Suas cordas e suas vozes nos fizeram companhia por todo o caminho pela colina abaixo, e, logo, através dos portões e ao longo do caminho gramado em meio às árvores. Nossas pegadas marcaram de cinza o orvalho; e quando alcançamos as colunas da frente da casa, o som de ninhos assustados e de aves acordando e o bater de asas de uma cegonha no frontão indicavam que já era tarde demais para ir para a cama.

Esses eram os sons ouvidos todos os dias ao se despertar. Logo, a cada manhã, a eles passou a se juntar o sibilar de foices chegando até às paredes da casa e as vozes dos ceifadores cantando para si próprios; quando um deles parava por um minuto, ouvia-se o tinido de uma pedra de afiar correndo sobre uma lâmina. O aroma do feno enchia a casa, e os trabalhadores dominavam a paisagem e espalhavam as listras prateadas das leiras através do restolho pálido. Meu quarto dava para um campo onde era erguida uma enorme meda, as camadas ascendendo e irradiando na direção dos ponteiros do relógio, em volta de um alto polo central. Mulheres com forcados, mergulhadas até os joelhos sobre uma carroça, lançavam o feno para o alto, enquanto, no cone afunilado, os homens o dispunham como as espirais de um amonite. As carroças, rangendo ao longo das trilhas, estavam tão carregadas que, ao passar pelos galhos mais baixos das árvores, iam deixando presos tufos de feno entrelaçados com papoulas mortas e flores silvestres.

Eu passava a maior parte do dia com Tibor nos campos e caminhava nas colinas por milhas, aprendendo fragmentos de romeno. Por algum tempo, deixei de lado meu diário, acreditando, suponho, que tais intervalos, estando eu parado, eram irrelevantes num registro de viagem. Desejaria ter sido menos orgulhoso: esses vazios facilitavam perder a conta de dias e mesmo de semanas; mas itens ocasionais e alguns desenhos espalhados nas páginas de trás do diário me ajudam a reconstruí-los, e um desses, sem dúvida alguma, caracteriza esse lapso específico de tempo. Tibor, como sob uma súbita e alegre inspiração, havia dito que me conduziria a Arad – lembrou-se que tinha algumas coisas a fazer por lá – e aí, mais adiante, até minha próxima parada, onde todos deveríamos voltar a nos encontrar. Depois do chá, um automóvel, usado apenas para viagens que não estivessem ao alcance de carruagens, foi trazido para a frente da casa com certa solenidade. Tibor se mostrou um tanto misterioso sobre nossa viagem.

Arad era do tamanho de Guilford e lá, nas ruas, diferente do campo, tive a impressão de ouvir mais magiar do que romeno. Havia sobre as lojas muitos nomes húngaros, muitos nomes judaicos e um enorme número de típicos nomes alemães, pertencentes aos colonos suábios. O lugar havia se tornado famoso na história húngara pelo fato dos austríacos haverem executado treze generais húngaros ao fim do grande levante de Kossuth contra o domínio dos Habsburgo em 1848. (Eu acabara de ler sobre o assunto.) No entanto, não havia muito tempo para maiores explorações; a tarefa de Tibor era fazer uma visita demorada a uma garota alta, morena e muito bonita, Ilona, por quem ele tinha especial entusiasmo e que vivia numa rua discreta e frondosa que levava ao Rio Mureș. Ela havia chamado uma amiga, Izabella, igualmente bonita, mas de tipo diferente – o que acredito tenha sido em meu benefício. Tinha cabelos muito louros e olhos de um azul-escuro e não falava sequer uma palavra de outra língua que não o húngaro, o que pouco importava. (Eu me perguntei se sua coloração, de um louro extremo, viria de um traço de sangue eslovaco: eu havia visto descendentes igualmente louros de colonos nortistas em O'Kigyos, vizinhança de minha penúltima parada húngara e não muito distante dali em linha reta). De qualquer maneira, aqui está ela, imprensada como uma pétala nas páginas finais de meu diário, cuidadosamente desenhada, com sua cabeça encostada no antebraço, o olhar fixo sob sobrancelhas arqueadas, e, por um golpe de sorte, parecendo quase tão bonita no desenho como era na vida real. 'Iza, Arad. 16 de maio de 1934' está escrito no topo a lápis.

◆ ◆ ◆ ◆

MAIS UMA VEZ ao norte de Arad, na manhã seguinte, a ondulante linha de colinas havia recuado algumas milhas e a atarracada casa de campo com jeito de rancho em Tövicsegháza, pela qual já busquei no mapa sem sucesso, ficava entre campos de milho sob um amontoado de olmos.

No momento em que demos entrada na sala de bilhar, Tibor identificou uma espingarda de duplo cano apoiada sobre o peitoril da janela. Rapidamente a dobrou e dois cartuchos pularam pela culatra afora.

"Olhe só isso! Que tal?!", disse ele rindo e os colocando sobre uma prateleira com um suspiro. "*Polnische Wirtschaft*! Veja só o que é a arrumação de uma casa polonesa!" Nosso anfitrião, Jaš, pronunciado 'Yash', entrou naquele momento e disse que sempre a mantinha carregada e à mão contra as gralhas. "Caso contrário, não deixariam uma só espiga do trigo jovem por muitas milhas à volta."

Nesses círculos, era visto como uma grosseira desconsideração negar aos recém-chegados certos detalhes sobre aqueles com quem estavam prestes a se encontrar. Nenhuma circunspecção inglesa ou estudada imprecisão dificultava tais enunciados, e muito menos o medo de parecer mundano ou impressionável pela vanglória heráldica ou a pompa do poder. "Jaš?", alguém perguntara. "Vem de uma excelente família do sul da Polônia, oito mil acres, não muito longe de Cracóvia. Seu bisavô foi o embaixador austríaco em São Petersburgo e sua insígnia, com a cabeça de um turco, foi outorgada à família depois da captura de três estandartes tártaros na Ucrânia."

"Sua esposa Clara? De uma velhíssima, velhíssima, velhíssima... *uralte* família" – e aqui as pálpebras do interlocutor quase se fechavam como se devaneasse ao pensar em tanta antiguidade – "do alto das Montanhas Tatra. Vivem num dos mais antigos castelos da Hungria – agora é Eslováquia, uma pena! Condes desde o reinado de Matias. Portam um brasão com um duplo chevron indentado, entre três salamandras divididas com cinco lúcios *hauriant*; *arms parlant*, veja bem, que têm a ver com o rio que por ali corre e os peixes que nele nadam".[22] (Quando a fauna armorial era mencionada, o cômodo ou o gramado parecia se encher, por um momento, de leões com rabo em forquilha, com garras e presas azuis, olhando para trás um tanto preocupados; e com unicórnios, toupeiras, basiliscos, grifos, dragões alados com rabo de serpente, outros a expelir fogo e dragõezinhos listrados. Falcões e águias circulavam livres e o ar se enchia de corvos e martinetes e cisnes com correntes douradas em espiral sobre seus pescoços).

Somente após abordar essas coisas essenciais é que se admitia trazer à tona pontos de menor vulto como caráter, aparência ou competência. Apesar de algumas dificuldades territoriais, os húngaros tinham uma indubitável simpatia pelos poloneses; que alívio encontrar uma exceção ao habitual ódio dos europeus do leste pelos seus vizinhos! Já fazia muito tempo que tais sentimentos haviam se enraizado numa compartilhada inimizade em relação aos alemães, turcos e moscovitas. Uma clara indicação lhes foi dada no século XVI, quando os poloneses elegeram Estêvão Báthory, o príncipe húngaro da Transilvânia, ao trono polonês. Ele afugentou todos seus inimigos, capturou uma vintena de cidades russas e escurraçou Ivan, o Terrível, reino afora.

Jaš era delgado e louro, com nariz aquilino, cabelo cortado *en brosse*,[23] brilhantes olhos azuis por trás de lentes muito grossas numa armação de chifre, e tinha um ar distraído e benevolente. Ideias sobre arqueologia, história, religião e física fervilhavam em sua cabeça e se dizia que ele era cheio das teorias típicas dos especialistas (na prática, propensas a falharem) sobre economia, rotação de espécies agrícolas, treinamento de animais, forragem de inverno, silvicultura, apicultura, banho de ovelhas, e de como melhor fazer a engorda de patos para o mercado da primavera. Acolhia com entusiasmo noções excêntricas e, antes que completasse cinco minutos de nossa chegada, perguntou o que achávamos da ideia de que a terra fosse oca, com um pequeno sol ao centro e uma lua muito maior a circular à sua volta, sua sombra originando as noites e os dias. E milhões de estrelas, do tamanho de Viena e Varsóvia, rodando em torno ao sol a diferentes distâncias e velocidades? O correio daquela manhã lhe havia trazido um panfleto trilíngue do inventor dessa teoria e seus pálidos olhos se iluminaram por trás das lentes. "Die Welt ist eine Hohlkugel!", leu em voz alta na capa; "*Le monde est une boule creuse!*" O mundo é uma bola oca, meu caro!", explicou, com forte sotaque, colocando a mão sobre meu antebraço; e então, virando as páginas com emoção, leu as passagens mais reveladoras. Tibor, ao nos despedirmos, me deu uma discreta piscadela de olhos.

◆ ◆ ◆ ◆

A PRÁTICA PODIA não ter chegado ao nível da teoria em outras questões, mas como atirador Jaš era fenomenal. A espingarda foi logo recarregada e, de vez em quando, em meio a uma frase e aparentemente sem mirar, ele atirava ao ar pela janela, usando apenas uma das mãos e quase sem interrupção da fala; e um segundo mais tarde, como se fosse um pesado embrulho, espatifava sobre o gramado um pássaro de um ninhal que de tão grande eclipsava a casa. Fiquei triste; todo aquele movimento e os grasnidos me trouxeram à mente pensamentos saudosos. Pancadas aleatórias pontuaram todas as horas do dia enquanto havia luz.

Clara, a filha daquelas ameias encanecidas do Alto Tatra, tinha um olhar indomado e raramente penteava o cabelo. Amava os cavalos e sua vida girava em torno a duas lindas criaturas negras que um cavalariço caolho e obstinado de nome Antal mantinha lustrosas e asseadas – "diferentes de mim", comentava de maneira sincera, subindo em salto rasante sobre a sela. Era tão leve quanto um jóquei, cavalgava lindamente e voava sobre intimidantes cercas. Jaš havia desistido dessa prática – "não tenho tempo" – e assim saíamos em longas cavalgadas no frescor da tarde.

Durante as quentes horas do meio do dia, soda gelada era respingada no vinho de um dourado profundo que já mencionei. Parece algo bárbaro, mas era uma delícia – 'Spritzer' em alemão; 'hoszú lépés' ('um longo passo') em magiar, um dos variados termos para os diferentes graus de diluição possíveis. Em geral, não havia dúvida de que esses vinhos tinham a marca da região, mas, ainda assim, cada um parecia mudar de caráter a depender do teto sob o qual era bebido. Ficavam prontos para o consumo a partir do momento em que, depois da fermentação, a safra se estabilizava; e depois de anos em adegas frescas, não havia elogio que lhes fizessem justiça. No jantar, decantador após decantador era esvaziado, agora sem diluição, à luz de velas protegidas por mangas altas em formato de tulipas. Jaš gostava de ficar conversando até tarde depois do jantar, e temas variados e candentes avançavam pela madrugada adentro. Quando levantava o indicador, ficávamos em silêncio para ouvir o rouxinol por um minuto. Os vaga-lumes, em arranjos geométricos incessantes, zanzavam em volta, sob as castanheiras em forma de espátulas, e uma noite, ao nos levantarmos para ir dormir, encontramos rãs arvícolas de cor esmeralda, menores do que moedas de três *pennies*, agarradas às folhas como se fossem miniaturas verdes de náufragos em balsas.

Em minha última tarde, Clara e eu conversávamos deitados num talude no extremo do gramado. Do lado de dentro da casa, Jaš tocava complexas fugas com bastante competência, interrompendo-se, volta e meia, por alguns segundos e voltando rápido ao piano, depois de um espocar e um baque, ocasionando um confuso revoar de gralhas sobre a casa. Ao longo de todo o gramado, as velas das castanheiras[24] começavam a deixar cair sua floração, e ocasionais discos cor-de-rosa se mostravam entre as pétalas brancas espalhadas pela grama. Ao final desse panorama, víamos os dois cavalos, cujas selas haviam sido retiradas alguns minutos antes, rolando em êxtase pela grama, antes de se colocarem novamente de pé com resfolegadas e sacudidelas, e logo ociosamente a pastar, abanando suas caudas para afastar os mosquitos. Na manhã seguinte, com o espocar da espingarda cada vez mais indiscernível, um deles me transportou à próxima parada.

◆ ◆ ◆ ◆

ÖTVENES FOI MINHA última estadia nesse encadeamento especial de amigos e casas e, como em todas as outras, eu conhecera os proprietários naquela primeira tarde na casa de Tibor. Era uma família de suábios aqui estabelecida desde quando esses territórios foram recuperados dos turcos, e o crescimento de suas propriedades logo os fizera subir ao estrato dominante. Podem os séculos de precedentes conflitos ser comparados ao longo processo da Reconquista na Espanha, com os otomanos no lugar dos mouros? As primeiras campanhas, com as vitórias de Hunyadi e Báthory e Zrinyi,[25] possuem uma clara afinidade: porém, mais tarde, as energias dos heróis transilvanos foram utilizadas em fazer do principado, pelo menos por algum tempo e sob vassalagem turca, um bastião das liberdades magiares contra os Habsburgo. Foi a perspicaz habilidade matrimonial dos Habsburgo, ao casarem com a herdeira do trono húngaro e depois ao declararem a Coroa hereditária e não eletiva, o que permitiu à dinastia engolir a Hungria; e quando os exércitos do imperador, por fim, avançaram rio abaixo, seus partidários já haviam se acostumado a pensar nos húngaros liberados dos turcos como uma raça conquistada. Daí os assentamentos estrangeiros e a quantidade de nomes não húngaros que subitamente se espalharam pelas terras resgatadas. Forasteiros foram convocados de suas terras; durante os últimos três séculos, o Sacro Império Romano e o Reino da Hungria se tornaram cosmopolitas, e sobretudo os comandantes dos exércitos; mas seus descendentes já haviam sido de há muito assimilados. Ilustrando esse ponto, dois irmãos que vieram de uma propriedade próxima tinham o famoso nome genovês Pallavicini. Eram, por acaso, descendentes do margrave que assassinara o Cardeal Martinuzzi,[26] salvador da Transilvânia, que, por sua vez, era metade veneziano? Eu acabava de ler sobre ele, mas não tive coragem de perguntar. Outro convidado, uma princesa de estatura alta, casada com um naturalista erudito, proprietário de terras, de nome Béla Lipthay, de Lovrin no Banat, era descendente (não diretamente, espero) do Papa Inocêncio IX, da famosa casa de Odescalchi, senhores de Bracciano.*

Georgina, a filha da casa, parecia uma loura inglesa num safari, e era tão boa amazona quanto Clara. Separada de um muito ausente marido tcheco, ela tentava, sem grande esperança, uma anulação de maneira a poder se casar com um cavaleiro melhor ainda do que qualquer das duas. Bronzeado, esguio, ele era adorável e surdo como uma porta. Os pais, e especialmente a mãe de Georgina, generosos, cheios de apreensão, levavam com muita seriedade os percalços de minha viagem. Seu filho havia estado no Brasil por quinze anos, e, se eu tivesse permitido, ela teria enfiado a totalidade de seu guarda-roupa em minha mochila.

Lembro-me de cada detalhe dessa casa e de todas as outras; e seus habitantes, os empregados domésticos, os cães e os cavalos, o cenário, tudo permanece intacto. Talvez o fato de ser estrangeiro nessa remota sociedade derrubava algumas das barreiras habituais: pois eu me tornei íntimo de suas vidas e os sentimentos foram mais intensos e duraram mais tempo do que se esperaria dessas semanas de rápido voo pelas marcas da Transilvânia.

---

* De acordo com Sir Walter Scott (ou Macaulay, ao citá-lo; procurei em vão por esta passagem em textos de ambos e provavelmente só voltarei a me deparar com ela no dia em que este livro for entregue ao público), Bracciano, ao lado de um lago cheio de juncais, era o melhor exemplo de fortaleza medieval que ele conhecera: agrupamentos de torres cilíndricas se erguem contra o céu do Lácio, espalhando narcisistas corolas de mata-cães muito acima de seus plácidos reflexos, inúmeras braças abaixo.

O especial prazer da estadia acentuou-se ainda mais nos últimos dias com a chegada de Ria. Presenciamos a construção de uma imensa meda e cruzamos as matas em galope lento, fazendo uma 'caça ao tesouro'; e no último dia, descobrimos uns rojões num galpão e os lançamos aos ares após o jantar.

Todos os lugares da Europa que até então eu havia cruzado seriam despedaçados, estraçalhados pela guerra; de fato, exceto no último estágio antes da fronteira turca, todos os países atravessados nesta viagem foram disputados, poucos anos mais tarde, por dois poderes destruidores e impiedosos, e quando estourou a guerra, todos esses amigos desapareceram numa súbita escuridão. O desenraizamento e a destruição que se seguiram foram em escala tão gigantesca que, em certos casos, apenas anos depois que tudo terminou, foi que a névoa ficou menos densa e tive, aqui e ali, algumas pistas e pude reconstruir o que havia acontecido nesse ínterim. Quase todos esses amigos se viram envolvidos pelo conflito, não importa quais fossem seus reais sentimentos, e o infortúnio tocou a todos. Mas nessa última casa, charmosa e alegre, a tragédia que os atingiu em meio àqueles tempos sombrios não teve nada a ver com conflitos: um incêndio surgiu durante a noite e toda a família e a inflamável casa senhorial que a abrigava foram reduzidas a cinzas.

CAPÍTULO 5

ATRAVÉS DA FLORESTA

※ ※ ※

"*Frater Petre, possumusne kugli ludere post Vesperas?*"

"*Hodie non possumus, fili,*" disse o Irmão Pedro. "*Tarde nimium est. Cras poterimus.*"

"*Quando? Qua hora?*"

"*Statim post Missam. Expecte me ad egressum ecclesiae.*"

"*Bene, frater, sed nonne ante Missam fieri potest?*"

"*Velnon. Est contra regulam nostram.*"

"*Eheu!*"

Fácil identificar o corpo estranho neste latim de segunda categoria! '*Kugli*', em magiar – '*Kegeln*', em alemão – é 'boliche'. O Irmão Pedro era assistente do mestre-hospedeiro na Abadia de Maria Radna, dos franciscanos. O alegre rosto e a cabeça tonsurada, as sandálias, o hábito marrom com capuz e o cordão branco amarrado em torno à ampla cintura lhe davam um convincente ar de Frei Tuck;[1] e como não possuíssemos língua comum, o uso do latim foi compulsório. (Minha parte da conversa foi menos fluente do que parece. Pensei em cada frase antecipadamente, considerando usar o supino 'um'; e me surpreendi com o uso de '*velnon*'. Mais tarde, não a encontrei em dicionários de latim, talvez porque fosse constituída de duas palavras; seria uma negação usada apenas em círculos eclesiásticos e que tomava o lugar de um inexistente 'não'; mas soava como se fosse uma única palavra. 'Sim' era '*etiam*').[2] Com exceção das interpretações que fazia na escola, ou então, ao derramar versos ao longo da estrada, eu não falava mais latim do que o meu próximo, de maneira que toda essa encenação me dava a estimulante ilusão de estar retrocedendo a quando o latim era a língua comum da Europa letrada: invocava o mundo dos estudiosos errantes que, de forma presunçosa, antes de partir, eu tomara como modelo e do qual ultimamente havia me afastado.

Naquela manhã, o caminho a partir de Ötvenes correra para sudeste, até que, as colinas florestadas se separaram e a trilha se encontrou com o belo Vale do Maros, por volta de vinte milhas a leste de Arad; logo, um pouco mais a montante, via-se as cúpulas de bronze de Maria Radna receberem a luz da tarde. A abadia foi fundada em 1520, mas ninguém, de uma só mirada, teria associado esse maciço do Alto Barroco à Ordem Franciscana. Destruída no século XVI pelo exército de Mustafá II, foi reconstruída em seu novo formato depois da derrota dos otomanos cem anos mais tarde. Então, uma imagem milagrosa de Nossa Senhora tornou a abadia famosa; acumulou patronos e se encheu de peregrinos e ex-votos.

Sarapintada pelas sombras das folhas de castanheiras, uma larga escadaria subia por entre as altas estátuas barrocas de São Francisco de Assis e de São João Nepomuceno. Lá em cima, eu me encontrei com o Irmão Pedro preparando um jogo de boliche. Ele procurava um parceiro, de maneira que cheguei na hora certa e jogamos durante todo o fim de tarde, felizes, sem trocar palavra, exceto por nosso ocasional e desajeitado latim. Era necessário ter alguma força para lançar as pesadas bolas que batiam nos enormes pinos e os espalhavam: estávamos ambos pegajosamente suados quando o badalar dos sinos, chamando para as Vésperas, pôs fim ao jogo, e foi apenas após terminar de ajudá-lo a recolher os pinos que se deu o colóquio anterior. Com o término das Vésperas, ele me conduziu para a cela de hóspedes e mais tarde para o refeitório, onde cerca de quarenta monges se sentavam para o jantar enquanto um deles lia em voz alta no púlpito, primeiro em latim e depois em magiar.* Eu o encontrei novamente no claustro depois do término das

---

* Os únicos seguidores do rito latino nesta parte da Romênia eram os húngaros e suábios. A população à volta, acho eu, era quase toda uniata: ou seja, católicos do rito oriental, aqueles para os quais a liturgia ortodoxa era cantada em romeno desde o fim do século XVII, depois do período grego em que se obedecia ao eslavônico original da igreja.

Completas³ e lhe perguntei, "*Dormitum ibant omnes?*" – eu me preparara para isto! –, mas ele apenas riu, e pôs um dedo contra os lábios: era a primeira vez que eu ficava sob um teto monástico e o *magnum silentium* havia começado.

Na manhã seguinte, 2 de junho, um domingo, ele se ocupava com os visitantes; então, como solicitado, esperei, temendo que me respondesse '*non possum*';⁴ mas chegou agitado com seu cordão e túnica de tecido caseiro, e ao terminar o jogo, tentei deixar algum dinheiro; ele o dispensou – eu era um estrangeiro, um *viator* e um *pelegrinus*; assim deixei cair, por uma fresta no interior da igreja, umas moedas que retiniram o bastante para preservar minha dignidade. Ele me ajudou a colocar a mochila e disse "Vá com Deus" em latim; depois, "*Quoniam angelis suis mandavit de te, ut custodiant te in omnibus viis tuis*". Comecei a descer a grande escadaria em direção ao rio, impressionado e um tanto perplexo com suas palavras; haviam sido ditas como se fossem uma citação e me perguntei de onde teriam saído.*

◆ ◆ ◆ ◆

QUANDO, HAVIA UM mês, o Danúbio ficou para trás, e, em seguida, o Tisza e, finalmente, a Grande Planície Húngara, eu senti que me despedia de marcos famosos. Nunca ouvira falar do Maros.**

É o grande rio da Transilvânia. Seus tributários se espalham como um leque de terminações nervosas através de toda a vertente ocidental dos Cárpatos, onde se jogam pelas colinas abaixo e se juntam num grande caudal que se dirige a su-sudoeste através de cadeias menores, passando veloz pela abadia; em seguida, ele corre adiante até a Hungria. Em Szeged, junta-se ao

---

* O problema se resolveu vinte anos mais tarde na Abadia de São Vandrile na Normandia. É o décimo primeiro verso do Salmo 91 e, como é cantado toda noite durante as orações das Completas, eu possivelmente os teria ouvido na noite anterior.

** Na versão oficial em romeno, seu nome é Mureş (e pronuncia-se 'Muresh'), mas como a sorte quis que, nesta parte da viagem, eu só ouvisse a forma magiar 'Maros' (pronunciada 'Marosh'), não acho natural escrevê-lo de forma diferente. De agora em diante, os acidentes geográficos têm dois ou três nomes, de maneira que confusões podem vir a acontecer e por elas me desculpo antecipadamente.

Tisza, setenta milhas ao sul da ponte em Szolnok, através da qual, Malek e eu havíamos trotado; e, então, essas águas reunidas despencam, adentrando pela Iugoslávia, e somam-se ao Danúbio; logo, o Sava, inchado pelas contribuições vindas da Eslavônia e dos Alpes, encontra o grande rio sob as muralhas de Belgrado. A partir daí, todas essas individualidades afogadas nas correntes do Danúbio avançam sobre as Portas de Ferro e se dirigem ao Mar Negro.

    Colinas abraçavam a margem norte desse trecho e o mosteiro raramente ficava fora do alcance da vista, até que as ruínas pontiagudas do Castelo de Solymos saltaram de um pedestal de rocha; era uma fortaleza do grande João Hunyadi, mas ainda mais velha do que ele. As árvores dos sopés das colinas começaram a se agregar em ondas, borrifadas de lilases selvagens espalhados por entre seus galhos. As colinas na outra margem se postavam altaneiras, e por entre as duas cadeias de montanhas o grande rio se desdobrava preguiçoso. Algumas vezes volteava fora de vista por uma ou duas milhas, para então retornar; e as manchas de salgueiros e choupos que marcavam seus meandros se intercalavam com álamos afilados como fusos ou expandiam como redes de borboletas. Nos campos, as mulheres usavam lenços nas cabeças sob chapéus de palha macia e trançada, tão largos quanto rodas de carroças; folhas tais como azagaias[5] quebradas emplumavam o milho alto; uma brisa ocasional enrugava o trigo; os vinhedos, borrifados com o amarelo-sulfato, subiam em sucessivas fileiras. Gado pálido com chifres largos e eretos pastava às vintenas e os charcos e os prados molhados que se espalhavam ao longo do rio formavam lamaçais onde os búfalos chafurdavam; lustrosos como focas, ou emplastrados em lama seca servindo como armadura contra insetos, muitas vezes só eram perceptíveis no lodo e nos pântanos pelas borbulhas ou por um focinho que emergia. Sempre que cavalos e éguas com seus potros se moviam soltos pelo pasto, tendas rasgadas com certeza estariam aí assentadas. Tudo, nesses sinuosos juncais, era inerte e silencioso sob uma sonolenta magia de crescimento e uma imperturbada abundância.

    Encontrei um grupo de amieiros repleto de ranúnculos, papoulas e dentes-de-leão, comi pão e queijo e me deixei levar pela letargia prevalente; acordei depois com verdilhões e uma nuvem de insetos se mexendo agitados nos galhos ao alto. Não tinha muito que caminhar. Fora acertado que eu passaria a noite na casa do Sr. v. Konopy. Informado de que eu já havia deixado o *kastély* algumas milhas para atrás, peguei uma carona numa carroça de feno e o condutor logo me mostrou uma casa de campo que saltava de uma colina recoberta de mata.

♦ ♦ ♦ ♦

PODERIA TER SIDO uma diocese rural, e o Sr. v. Konopy, com suas maneiras suaves e cabelo prateado, facilmente o pároco; havia um toque de *Evensong*[6] em sua pessoa. Seu passatempo era a reprodução de trigo e os dois colegas suecos que ali se hospedavam tinham vozes tão suaves e baixas quanto a sua. Espigas de trigo cobriam a mobília e um dos suecos, muito bem versado na terminologia em inglês dessa sua paixão, me explicou, enquanto íamos de espécime em espécime, a diferença entre espigas túrgidas e o tipo barbado comum; então, passamos a inspecionar as variedades polonesas e avaliamos as espiguetas e as barbas, as floretas e as glumas. Ele havia trazido para o Sr. v. Konopy uma edição alemã de *O Livro de San Michele*[7], que, apenas alguns poucos anos antes, fora um tremendo sucesso na Europa e, enquanto o lia em voz alta, passaram-se dois calmos dias. Era tudo muito diferente do ambiente recente de galhadas e cascos e das recordações de champanha e chinelos de dançarinas da casa de Tibor.

♦ ♦ ♦ ♦

AS COLINAS AO longo da margem norte foram se tornando mais altas e, à medida que as árvores se multiplicavam, eu tive a sensação de que estava, inextricavelmente, mergulhando em regiões afastadas e desconhecidas. Por volta do meio da tarde, cheguei a Soborsin,* onde um castelo dos Nádasdy[8] se escondia em meio à mata, e onde cruzei uma ponte para a outra margem. Embora essa região ao sul do rio, de coração, fosse da Transilvânia, era, de fato, o canto mais extremo, a nordeste, do

---

* Şávarşin.

velho Banat de Temesvár, cujo nome deriva de sua capital – Timişoara, em romeno – situada a oeste. No século XVI, os húngaros a perderam para os turcos que vinham se expandindo. Ficou quase toda despovoada; mas foi reconquistada dois séculos mais tarde pelo Príncipe Eugênio[9] e pelo Conde Pálffy, sendo, então, reocupada. A moderna província era tipicamente romena, assim como fora por todo meu itinerário, mas dizia-se que os novos moradores eram de origens tão variadas que um camaleão explodiria se fosse colocado sobre um mapa em cores com as populações do Banat.*

Depois de uma ou duas horas, exausto, avancei a passos largos para o *kastély* em Kápolnás em meio a compridas sombras. Uma escadaria em lance duplo subia até um terraço balaustrado, onde várias pessoas espaireciam no frescor que antecede o pôr do sol; ao fundo, através de janelas de venezianas, havia vislumbres de cômodos iluminados. O Conde Paulo Teleki, meu generoso benfeitor de Budapeste, aquele dotado de veleidades geográficas, havia escrito ao proprietário, seu primo-irmão, e eu lhe havia telefonado no dia anterior. Ele se chamava Conde Eugênio (Jenö, em húngaro) e levava o mesmo sobrenome; levantou-se e caminhou na minha direção de maneira acolhedora.

"Então, conseguiu?", disse gentilmente; e a seguir, "Venha juntar-se a nós", em inglês, mas com um curioso sotaque escocês.

Era um homem de meia-idade, alto, avantajado e tranquilo, com óculos em aros dourados e um rosto notadamente inteligente, um pouco feio e muito engraçado; tal como o de seu primo, possuía um discreto traço asiático. Eu sabia que era um famoso entomólogo e uma grande autoridade em mariposas, especialmente aquelas do Extremo Oriente, e dizia-se que mantinha, permanentemente ocupados, a dois caçadores de insetos, um na China e o outro no Japão, ambos a lhe mandar um

---

* A palavra persa 'ban,' trazida para essas regiões pelos ávaros, indicava um governador militar cuja jurisdição era um 'banat', termo que mais tarde aparece em províncias fronteiriças da Hungria, Eslavônia e Croácia; mas '*Banat*', sem qualificativos, sempre se referiu, em particular, a esta região. Curiosamente, um 'ban' jamais a governou.

fluxo permanente de espécimes. Um cortejo de lepidópteras em caixas de vidro se espalhava por toda a casa. Algumas eram grandes, peludas e vivamente coloridas, algumas sem graça ou parecendo um pauzinho ou transparentes, e outras demasiado diminutas para serem notadas. Fora isso, ele tinha todos os instintos de um polímata: tudo excitava sua curiosidade e o levava, desajeitadamente, a subir os degraus da escada da biblioteca. Adorava fofocas e histórias engraçadas, e tinha paixão por *limericks*,[10] e quanto mais picantes melhores. Deixava-se levar por reminiscências durante horas: uma história fascinante levava a outra, muitas das quais descrevendo, num tom absurdo, mas sempre divertido, figuras famosas ou veneráveis. Tinha sede de histórias similares às suas, que, quando lhe pareciam boas, eram recompensadas por uma imponente, embora quase silenciosa, risada, em surtos de inaudível hilaridade que o deixavam limpando cuidadosamente os óculos com o lenço de mão até que sua pose se restabelecesse. Era muito viajado e conhecia bem as Ilhas Britânicas; seu inglês era quase perfeito e uma babá dos Highlands o havia deixado com um estoque de ditos escoceses enunciados com uma adequada sugestão de que fazia uso de aspas: perguntado sobre o que pensava de um vizinho, disse, "*I hae me doots*";[11] e, lidando com algum dilema, "*I'll dree my own weird*".[12] (Teria sido difícil exagerar a influência das babás britânicas entre as crianças da Europa Central no período anterior à guerra; os dedos dos pés contavam os porquinhos a serem levados ao mercado muito antes dos dedos das mãos aprenderem a utilizar as contas do rosário, e os três camundongos cegos apareciam em cena à frente de quaisquer indícios da Trindade).[13] Sua esposa, a Condessa Catarina (apelidada Tinka) era alta, de cabelos negros, elegante, muito generosa e inteligente, e muito lida em campos bem diferentes dos de seu marido. Num aspecto específico, ela se mostrava ímpar nessa sociedade húngara desgarrada: era romena; mas de um tipo pouco comum. Várias famílias húngaras na Transilvânia haviam, de fato, se originado de sangue romeno – apesar do quão húngaras se sentissem ao ascenderem na vida. Os ancestrais da condessa vinham exatamente desse molde, exceto que, embora fossem nobres húngaros, guardavam lembrança de suas origens e apoiavam as aspirações romenas. O magiar podia ter sido sua primeira língua por gerações; mas, em Budapeste, como membros do Parlamento, expressavam sempre perspectivas pouco conformistas. O Conde Jenö, descendente de uma das grandes casas da Transilvânia, estava imbuído de ressentimentos de pós-guerra tão profundos quanto os dos fidalgos do interior, embora não os expressasse de maneira enfática; já a Condessa Tinka, quando surgia a ocasião, era discreta, mas eloquente, na defesa do lado oposto; e quando um deles expressava visão discordante, o outro, mais tarde, privadamente, deixava claro ao visitante que as do parceiro eram bobagem. ("Que pena! Jenö é um homem tão inteligente, mas tão parcial", e, "Bem, acho que Tinka falava tolices novamente...") Eles eram muito afeiçoados um ao outro e civilizados demais para se contradizerem em público. No castelo, viviam também um filho, bem-apessoado e um tanto mimado, que se chamava Michael, e seu tutor húngaro, além de uma itinerante população de visitantes; e sabia-se da existência, numa outra ala, da mãe da condessa, vítima de recente invalidez. "Ela não vem se sentindo muito bem," disse o conde.

◆ ◆ ◆ ◆

MATAS DENSAS SE erguiam íngremes por trás da casa. Na frente, prados trêmulos desciam suavemente em direção ao Maros, mas as florestas ocorriam novamente íngremes na outra margem. "É apenas do início do século XIX," disse o conde, referindo-se à casa, "e talvez um pouco exagerada". Pedras de cantaria rusticada formavam o primeiro andar, pilares se elevavam até uma cornija e colunas coríntias em caneluras corriam por toda a extensão da fachada, adornadas com máscaras de sibilas e ninfas e sátiros.

À tarde e no começo da noite, o terraço era o retiro do conde. Ele se sentava numa das cadeiras de vime e conversava durante horas ou passeava sem preocupação sob um para-sol de linho cinza com arremate verde. Uma caminhada mais ambiciosa o levava às cavalariças. Lá, um sótão abrigava pombos de cauda em leque e uma ninhada de pombos *tumbler*[14] que disparavam, planavam, davam cambalhotas, e então caíam como se fossem pedras, recompondo-se num turbilhão de plumagem nevada, fascinante de se observar. Lilases sombreavam o caminho de volta para casa. As peônias deixavam cair suas últimas pétalas e o ar estava carregado do aroma das tílias em flor.

Mas a biblioteca, com seus milhares de livros e suas redes, *vascula* e equipamentos de coleta, era seu refúgio preferido. Ele me conduziu até lá depois do desjejum e eu a explorei utilizando a escada, enquanto ele se sentava à sua mesa com um suspiro de prazer. Desempacotando embrulhos cobertos com selos estranhos e postados do sopé do Monte Fuji ou em algum porto no Yangtzé, ele começava separando os conteúdos com pinças, inspecionando-os sob uma lente ou microscópio, acompanhando sua tarefa com um comentário multilíngue, apenas murmurado. "Jól van... *gyönyörü!*... Que beleza! Olhe este camarada! Ah, até que enfim temos você por aqui!... e aqui está *Euploea leucostictus*... aposto que de Java... Aahan! E o que é isto?... Vou procurar no Hampson... ou no Kirby... *I dinna ken, I dinna ken*...[15] ou no Breitenbach, talvez..." Seria impossível imaginar alguém mais feliz. No tocante a mim, tesouros infinitos acenavam: fileiras de enciclopédias em várias línguas; os versos cínicos em latim de Janus Pannonius, húngaro--croata do século XV, Bispo de Pécs, o 'Marcial da Hungria'; memórias e gravuras da vida da Transilvânia no passado, cartas-patentes, transferências de arrendatários, pergaminhos de títulos de propriedade com volumosos selos vermelhos; genealogias cintilando com escudos falseados ou ilustrados em tons desbotados e os muitos volumes da maravilhosa *Géographie Universelle* de Élisée Reclus. Eu me perdia numa vintena de pequenas tentações enquanto a manhã escorria.

O conde era dado a entusiasmos abstrusos. No momento, ele estava encantado com a teoria de Hugo v. Kutschera sobre os judeus asquenazes da Europa Oriental: seria mesmo possível que eles derivassem dos habitantes do velho Império Khazar, cujos soberanos, na Idade das Trevas, abandonaram o paganismo e se converteram à fé judaica? Em especial, ele andava interessado na evidência de que houvera correspondência entre Itil – a capital khazar junto à foz do Volga, mais ou menos no sítio de Astrakhan

– e os eruditos judeus de Córdoba: seriam essas cartas falsificações? Seria verdade que o Rei José, dos khazares, e o Rabino Hazdai-ibn-Shaprut,[16] da Andaluzia, estiveram em contato?* Certa vez, acompanhando uma pesquisa sobre as inscrições rúnicas dos godos, o conde desviou-se do tema, e erguendo o olhar de um livro, perguntou em voz surpresa o que eu achava que os hunos tinham por costume vestir. Respondi que, se tivesse que especular, diria que seriam peles de animais com algum metal aqui e acolá. "Também eu", disse ele, "mas estamos errados". E aí leu em voz alta o relato de Amiano Marcelino[17] sobre a missão que o levou a Átila: "Eles se cobrem com vestes de linho ou com peles de camundongo do campo, costuradas umas às outras".**

Sua família sempre esteve envolvida com viagens, ciência e literatura. Um de seus ramos explorou a África Central e descobriu lagos e vulcões na fronteira da Etiópia; meu amigo de Budapeste havia mapeado arquipélagos no Extremo Oriente; o Conde Samuel Teleki, um astuto chanceler transilvano do século XVIII, juntou quarenta mil livros em Marosvásárhely ('Târgu Mureş', em romeno) numa biblioteca para eles especialmente construída, e os deu à cidade: estava lotada de incunábulos e edições *princeps*[18] e manuscritos, incluindo um dos primeiros de Tácito. (Deve ser a mesma pessoa – de nome igual ao seu – que colecionou e editou os epigramas de Pannonius.) Um Conde József Teleki, viajando pela França com esse seu primo bibliófilo, tornou-se amigo e

---

*   A lembrança dos entusiasmos do Conde Jenö veio à tona num almoço com Arthur Koestler vinte anos atrás, numa taverna de Atenas. Logo cativado, Koestler disse que o episódio dos khazares também lhe havia chamado atenção, mas que não sabia o suficiente sobre o assunto. Um ano ou dois mais tarde, apareceu *Os Khazares: A Décima Terceira Tribo e as Origens do Judaísmo Moderno*, causando uma certa comoção entre os historiadores judeus. Teria sido esta conversa de bar o impulso que o levou de volta ao tema? É tarde demais para perguntar.

**   Bruce Chatwin, para quem os nômades e sua história contêm cada vez menos segredos, me diz que isso é comprovado por escavações realizadas em Katanda, no Altai, de um *kurgan* (sepultura antiga) turcomano, datado de 400 a.C. e que se manteve intacto graças ao *permafrost*. Trata-se de um chefe nômade, vestido num colete de losangos, tamanho quatro por três polegadas, retirados de pequenos mamíferos – talvez gerbos, roedores abundantes nas estepes – e tingidos de laranja, azul, amarelo e vermelho.

partidário de Rousseau e lançou um ataque arguto contra Voltaire que chegou a alcançar três edições; e aqui estava ele nas prateleiras: *Essai sur la Foiblesse des Esprits Forts*, Leyden, 1760. Meu quarto continha parte das sobras da biblioteca: livros de Henty e Ballantyne,[19] *Jock of the Bushveld, Owd Bob, The Story of the Red Deer, Beleza Negra, Os Livros da Selva, e Histórias Assim*. Havia grande quantidade de Edições Tauchnitz, industriosamente perfuradas por insetos, desbotadas pelos últimos verões da monarquia dos Habsburgo e com o aroma daqueles tempos pacíficos quando, fora a habitual e maltrapilha fuzilaria nos Bálcãs, pouquíssimos tiros haviam sido ouvidos entre as batalhas de Sedan e Sarajevo: Ouida,[20] a Sra. Belloc Lowndes,[21] *The Dolly Dialogues, My Friend Prospero, The Cardinal's Snuffbox, The Indiscretions of Ambrosine, Elizabeth and her German Garden*; Maupassant, Gyp, Paul de Kock, Victor Margueritte, e os primeiros livros de Colette...[22] Mas o tesouro mais importante e revelador foi a meia dúzia de romances históricos do escritor húngaro Móric Jókai (1825-1904), traduzidos no período vitoriano: *'Midst the Wild Carpathians, Slaves of the Padishah, An Hungarian Nabob, The Nameless Castle, The Poor Plutocrats, Pretty Michael, Halil the Pedlar, Ein Fürstensohn* – e muitos mais. Os enredos se passavam em tempos agitados: a rebelião de Kossuth, as guerras contra os turcos, com a totalidade da Transilvânia pegando fogo; castelos nos ares, abismos de bocarra aberta, lobos, nobres húngaros em disputa, *spahis*, paxás de seis rabos de cavalo,[23] cercos, campos de batalha e sítios de defesa final; relatos envolvendo todas as grandes figuras da história local: Hunyadi, Zrinyi, Thököly, a dinastia Rákóczi, os Bocskay, Bethlen, Báthory, Bánffy – os b's pareciam abundar entre os líderes e príncipes transilvanos; e, naturalmente, os Teleki. Os enredos eram uma estonteante mistura de Scott, Harrison Ainsworth e Dumas *père*, transpostos para os Cárpatos e para a *puszta*. Foi somente depois de mergulhar nestes livros e perguntar sobre eles, às margens do Maros, onde a condessa nos havia a todos levado para um piquenique à beira-d'água, que a ideia de uma excursão histórica surgiu.

Foi necessário o aparecimento de um automóvel, um evento solene nessas regiões de estradas ruins. A condessa dirigia e, quando um búfalo errante nos detinha, o conde, com lembranças de Cowes,[24] levantava a mão e murmurava, "Veleiros à frente de vapores!" e esperávamos enquanto o animal passava desajeitado. Dirigimos rumo a leste, ao longo da frondosa margem norte do rio, viramos para o sul sob a íngreme colina em Deva,* coroada de ruínas, e desembarcamos alguns vales à frente, onde altos e precários pilares de pedra sustentavam uma estreita ponte sobre um precipício.

No outro lado, empoleirava-se o Castelo de Vajdahunyad,** principal fortaleza do grande João Hunyadi, um edifício tão teatral e fantástico que, numa primeira mirada, parecia, por inteiro, irreal. Como muitos castelos, fora danificado por fogo e reconstruído no seu formato original; mas era inteiramente genuíno. A ponte levava a uma entrada protegida dentro de uma barbacã alta terminando numa colunata; sobre esta, um teto ascendia vertiginosamente em forma de cunha, tal como nas grandes barbacãs de Praga: espigões de metal ou lajota erguiam-se para lesionar as cavalarias dos infernos que tentassem se infiltrar depois do anoitecer. Torres agrupadas em diferentes alturas, algumas quadradas, outras redondas e todas adornadas com mata-cães, encaixavam-se na íngreme estrutura. A luz, passando por entre os pilares que seguravam o enorme e anguloso capelo da barbacã, dava à enorme construção um aspecto um tanto improvável de leveza e suspensão, e a sequência de contrafortes perpendiculares, pouco espaçados entre si, fazia com que o empuxe vertical fosse ainda mais acentuado. Começando lá embaixo no abismo, essas pilastras de alvenaria subiam pelo pano da parede, pela torre de menagem e pela parte externa do salão de banquetes numa progressão ininterrupta, e então eclodiam lá no alto, numa fila de torres laterais em formato octogonal, metade salientes e metade embutidas, todas iluminadas por janelas que carregavam uma linha dominante de mainéis em lancetas; e uma malha de rendilhado gótico tardio, entrelaçada, ramificava-se e florescia, ligando-os a todos com o ímpeto e capricho do Flamejante francês.

---

* É assombrada pelo sacrifício da mulher do mestre-pedreiro, tal como a Ponte de Arta no Épiro e Curtea de Argeș na Valáquia. Todas três são tema de velhas baladas.
** Hunedoara.

Ao longo dos beirais do telhado que se precipitava ao alto, torres sobressalientes terminavam em tampas de extintores desconectadas, cones que se alternavam com pirâmides facetadas em octógonos e que farpeavam os beirais com uma sequência de espigões, enquanto mais adiante lâminas coloridas recobriam os telhados em padrões intricados, similares aos de Santo Estêvão em Viena. Para além da entrada defensiva, o pátio interno era arrumado em galerias e balaustradas e filas de arcos românicos; ogivas em cúspides levavam a escadas em espiral; e dentro do edifício, saltando de capitéis guarnecidos de folhas sobre pilares de mármore cor-de-rosa, belas abóbadas de gótico tardio fechavam-se sobre o Salão dos Cavaleiros. Eu não havia visto nada de comparável desde Viena e Praga; a súbita explosão de molduras flamejantes invocava o Hradcany e as margens do Loire.*

Minha cabeça estava repleta do Hunyadi e caminhei pelos pátios e subi os degraus e explorei os cômodos abobadados num estado de grande excitação. Ele é o mais celebrado herói da história húngara; os romenos acertadamente o reivindicam como conterrâneo; e foi o maior paladino de toda a Cristandade no século XV. Quando jovem, entrou a serviço do Rei Sigismundo da Hungria (filho do rei cego da Boêmia morto em Crecy; e mais tarde, Sacro Imperador Romano), havendo alguns rumores de que Hunyadi era seu filho natural. Logrou vitórias brilhantes, governou a Transilvânia em tempos difíceis e, por fim, administrou todo o reino. Sua campanha nos Bálcãs rompeu o poder do sultão na Herzegovina, Bósnia, Sérvia, Bulgária e Albânia; e dentre suas façanhas, a maior foi derrotar, nos arredores de uma Belgrado sitiada, o exército de Maomé II, três anos depois do sultão, o grande conquistador, haver capturado Constantinopla. Essa libertação e o triunfo sobre o invencível Maomé eram diariamente celebrados pelos sinos das igrejas ao dobrarem ao meio-dia através do mundo católico; na Hungria, isso ainda ocorre. A vitória aliviou a pressão sobre o

---

* Uma réplica exata desse castelo figura, entre álamos, à beira de um lago no Parque da Cidade de Budapeste. Foi construída no ano de 1898 em honra de Hunyadi, nas celebrações dos mil anos da história húngara. A lembrança da rápida visão que dela tive deu ao original na Transilvânia, por um momento, esse caráter quase ficcional.

reino por mais setenta anos – na verdade, até a batalha de Mohács. Conhecido por toda a Europa como o 'Cavaleiro Branco', era não só um grande comandante e estadista, mas um baluarte da retidão num reino e época em que conspirações fervilhavam.*

Nascido em tardios tempos dos Plantageneta, ele era contemporâneo de Joana d'Arc e da Guerra das Rosas. (É somente através de conexões como estas, e algumas vezes por sua roupagem, que consigo fixar personagens históricos em seus contextos, e os situo nestas páginas, caso o leitor padeça do mesmo mal.) Os floreios arquitetônicos do castelo podem ter sido trabalho de seu famoso filho, o responsável por sua ampliação.** Matias, de maneira um pouco diferente, foi tão notável quanto seu pai. Mais conhecido como 'Matias Corvinus' ou 'Corvino', derivado do corvo em seu escudo, participou das campanhas de seu pai desde os doze anos de idade; mais tarde, foi eleito ao trono da Hungria por quarenta mil nobres precariamente reunidos sobre o Danúbio congelado, tornando-se um de seus maiores reis. Novas vitórias sobre os turcos deram continuidade à empreitada de seu pai nos Bálcãs; desbaratou os exércitos poloneses e do imperador[25] e empenhou-se contra os hussitas; os tchecos católicos o elegeram Rei da Boêmia. Investiu contra Breslau, ocupou Ancona, recuperou Otranto dos turcos e sua aquisição de metade da Áustria foi marcada por uma entrada triunfal em Viena. Além de seus dons marciais, era um estadista, um legislador, um orador e um erudito de brilho singular que tinha por hábito passar metade da noite em frente a seus livros. "Indiscutivelmente o maior dos homens de seus dias", disse um historiador inglês, "e um dos maiores a reinar em todos os tempos". Era profundamente instruído, um poliglota, um humanista apaixonado,

---

* Alguns especialistas, incluindo David Rosenthal, seu mais recente tradutor, estão convencidos de que o grande épico catalão de cavalaria *Tirant lo Blanc* baseou-se nos feitos de Hunyadi. Escrito poucas décadas depois da morte do herói, era um dos livros favoritos de Cervantes; e se, como pensam alguns, 'lo Blanc' – 'o Branco' – é realmente 'o Valáquio' (o 'v' e o 'b' sendo intercambiáveis), reforça-se a teoria de sua paternidade romena.

** Quem também promoveu sua ampliação foi Gábor Bethlen, o celebrado comandante que atuou na Guerra dos Trinta Anos.

o colecionador da fabulosa Bibliotheca Corviniana,[26] e um grande construtor de palácios – de fato, um esplêndido príncipe do Renascimento; mas diferente de muitos desses (continua o historiador), "apesar de sua incomensurável convivência com a ingratidão e a traição, nunca foi culpado por um único ato de crueldade ou vingança".

O bom estado de conservação do castelo era uma exceção à negligência do pós-guerra ou à supressão de monumentos húngaros sobre as quais vinham me falando, e por boas razões. "János Hunyadi", afirma a *Enciclopédia Britânica*, com o que concordam quase todos os historiadores, "era filho de Vojk (ou Vaic), um valáquio magiarizado", o que significa que o grande cruzado era de origem romena. Os romenos sentiam, e ainda sentem, justificado orgulho pela parte que lhes cabe nestas duas figuras modelares, especialmente no caso do pai; talvez, pelo campo de atuação do filho ter sido o Ocidente e por sua identificação com a catolicismo ser ainda maior do que a de seu pai, o que o levou para mais longe do âmbito do leste ortodoxo. Lógico que os romenos tinham orgulho dele, e com todo direito. Mas qualquer um que, dentro do castelo, lesse as notas explanatórias seria levado a acreditar que Hunyadi era apenas um herói dos romenos: as atividades húngaras com as quais toda sua vida foi ligada estavam diminuídas a tal grau que se poderia imaginar que ele nada tivera a ver com o reino. Era triste ver esse cintilante personagem arrastado no amargor e obscurantismo da rivalidade territorial. Assim, seu esplendor era reduzido, de repente, a algo pálido e provinciano.

O Conde Jenö reagiu com fatalismo: "Eles parecem acreditar que o Tratado de Trianon lhes garantiu não só o território da Hungria, mas também sua história", disse, abrindo uma garrafa com um certo mau humor. "É como se os corsos celebrassem Napoleão sem mencionar a França." Estávamos estabelecidos sob uma árvore, de costas para a ferrugem e a escória de uma siderúrgica próxima. O castelo pairava ao alto diretamente à nossa frente. "Bem", disse a condessa, arrumando os pratos na grama e distribuindo sanduíches de galinha, "Acredito que os húngaros diminuiram a importância do papel desempenhado pelos romenos".

Acho que foi isso mesmo.

❖ ❖ ❖ ❖

E ASSIM SE passaram as primeiras semanas de junho com livros e conversas e passeios e trocas de visitas. Muitos moradores apareceram; o cabelo de um deles era tingido de um ruivo intenso e óbvio. "Ele é muito divertido", disse o conde. "Mas sua aparência! *O wad some Pow'r the giftie gie us, to see ourselfs as ithers see us!*"[27] Eles me levaram para almoçar no castelo dos Nádasdy do outro lado do rio; era habitado por um casal alto e distinto: Hunyadi, como o herói, mas sem serem parentes, creio eu. Um diplomata húngaro chamado Barão Apor se hospedava com eles – é estranho como figuras vistas uma vez só de súbito explodem em nossa memória, completas, nos menores detalhes: ele tinha uma cabeça esférica totalmente raspada e eu vejo o brilho de seu escalpo e o rajado da pedra de heliotrópio no seu anel de sinete, como se ele houvesse deixado a sala apenas um minuto atrás; mas não consigo me lembrar de uma sílaba sequer do que foi dito.

Um primo da condessa vivia em Bulci, umas poucas milhas adiante, e a adesão de sua família às causas da Romênia no Parlamento húngaro do pré-guerra o colocou numa posição de destaque quando a guerra acabou. Com um nariz aquilino e um queixo recuado, cinquentão, cosmopolita, urbano e inteligente, atirava muito bem, e o Rei Carol o havia nomeado '*Grand Veneur du Roi*', ou 'Mestre das Caçadas Reais', uma posição que envolvia animais de caça, batedores, e atiradores mais do que cavalos e cães. (O Conde Jenö explicou – com uma fungada, achei eu – que o fato de seu primo por casamento ter os pés dos dois lados da cerca, talvez o tenha recomendado ao rei como uma eventual ponte entre os romenos e os húngaros da Transilvânia: então, deu de ombros com desdém e disse, "Que pretensão!".) O *Grand Veneur* hospedava em sua casa um grupo vindo de Bucareste. "Vai trazê-los aqui para um lanchinho!", anunciou o conde; e, diariamente, houve movimento de lá para cá entre as duas casas.

Esses foram os únicos romenos que conheci, fora os camponeses e minha anfitriã – que, de certa maneira, só contava pela metade –; e do *Regat*, ou velho

'Reino', foram seguramente os primeiros. Um deles era um diplomata alto, um tanto distante e quieto, um ministro em férias chamado Grégoire Duca, que usava um monóculo.* As bem-cortadas roupas de campo vindas de Paris e as pérolas das mulheres, com seu discreto e apenas detectável aroma, nos transportavam para as páginas da *Vogue*. Todos falavam bem inglês, mas, o que era um tanto surpreendente para mim, conversavam entre si em francês, como se fosse esta sua primeira língua; e, por estranho que pareça, de fato era. Dentre eles, muitíssimo bonita e com enormes olhos cinza-esverdeados, estava a filha de um anterior Ministro de Relações Exteriores. (Na ópera em Paris, quando lá estava para a Conferência de Paz, um amigo havia lhe perguntado com quem certa pessoa – outro romeno – havia se casado; e ele havia respondido, com franqueza, "*Une grue, hélas!*" ("Infelizmente, com uma rameira"); e poucos minutos mais tarde, uma mão apareceu do camarote ao lado, segurando um cartão de visitas do marido em questão; ocorreu um duelo com pistolas e o pai da senhora levou um tiro no estômago, passando o resto da vida a sofrer terríveis dores). "Seus duelos são muito piores do que as nossas querelas com sabres, onde apenas se é objeto de lanhadas", comentou o conde. "Eles preferem pistolas – ou, tão ruins quanto, os floretes." Outra mulher – branca como giz, toda vestida em preto com uma comprida piteira jade e transfigurada por uma permanente nuvem de fumaça – era uma apaixonada e famosa jogadora de bridge, e um tanto assustadora; outra mais, Marcelle, bonita e inteligente, era chegada a um diplomata alto, charmoso e bem-apessoado, de nome Josias v. Rantzau. Após choferes elegantes os terem levado em dois carros escuros e reluzentes, o conde sugeriu um *wee drappie*[28] na biblioteca e foi enquanto bebericávamos que aprendi tudo sobre eles. "Rantzau é o Primeiro-Secretário na Legação Alemã," disse o Conde Jenö. "Vem de Holstein; são gente importante por lá. É envolvido com a corte de Mecklenburg-Strelitz, ou seria Schwerin? Nunca consigo me lembrar. Luís XIV fez de um deles um Marechal da França, mas Mazarin o prendeu na

---

* Seu irmão Jean, o último Primeiro-Ministro, tinha sido assassinado pela Guarda de Ferro fazia seis meses. "Uma gente horrível", disse sucintamente o Conde Jenö; e então: "Uma pena! Duca era o melhor político do país".

Bastilha..." (Repito os detalhes porque estes novos conhecidos reaparecerão trezentas milhas e cinco meses adiante; Josias v. Rantzau e eu viemos a nos conhecer bastante bem, como veremos;* e alguns deles ressurgem em minha vida, bem mais tarde, muito tempo depois destas viagens chegarem ao fim.)

"Como são elegantes," disse a condessa, quase pesarosa. "Eles nos fazem sentir muito rústicos e desmazelados."

"'And what ho! When they lifted the lid!'",[29] murmurou o conde, ao abrir uma caixa de espécimes que acabava de chegar. Apesar de sua avidez por novos limericks, ele se mantinha fiel àqueles que aprendera em sua juventude. "'What ho! When they lifted the lid!'", repetiu deleitando-se, pinças nas mãos; a palavra 'risadinha' poderia ter sido inventada para ele. Durante a noite, havia me ocorrido uma charada e a apresentei ao conde durante o desjejum:

PLF: "Qual é a mais entomológica das peças de Shakespeare?"

JT (após uma pausa): "Desisto."

PLF: "Antennae e Coleoptera."

Foi um grande sucesso e as palavras imediatamente se entrelaçaram em seus comentários e solilóquios multilíngues e nos fragmentos de limericks que acompanharam sua tarefa de desembrulhar e classificar – "Ah! There's a bonny wee fellow! ... Kenspeckle![30] Antennae e Coleoptera, francamente! Retenetes!"** Enquanto ele ajustava os desgastados controles de seu microscópio, eu me estabeleci com uma pilha de livros pronto para passar uma tranquila manhã na biblioteca.

Inesperadamente, a condessa entrou, com ar preocupado. Sua mãe de súbito havia piorado muito: parecia que o kastély viria a se transformar numa casa enlutada. Meu próximo ponto de parada já havia sido arranjado; era do outro lado do rio, em Zám, algumas milhas rio acima; e eu me determinei, contra gentis objeções, a partir pela manhã.

---

*   Era um bom amigo de Adam v. Trott e se envolveu mais tarde na Conspiração de Stauffenberg, embora, ao que pareça, fizesse restrições a que efetivamente se procedesse ao assassinato. Ver a autobiografia de Tatiana Metternich, *Tatiana*, na edição inglesa, e *Under Five Passports*, na edição americana; e *The Berlin Diaries 1940-45*, de 'Missie' Vassiltchikov (Chatto, 1986).

** Pronunciado 'Ret-en-et-esh', e quer dizer 'terrível'.

◆ ◆ ◆ ◆

NA VERDADE, ZÁM seria minha primeira efetiva parada na Transilvânia nesta jornada. A fronteira do velho principado ficava logo a oeste do vilarejo e seu limite ao sul era o rio. Xenia, a moradora do *kastély*, tinha trinta anos, mas parecia muito mais jovem. Era muito bonita e, no todo, bastante incomum. Seu pai, Michael Csernovitz, de quem todos falavam com afeto, havia estudado na Inglaterra e viajara por muitos países, e as árvores, altas e exóticas, que ele trouxera de volta sombreavam caminhos e laguinhos. Quando o Conde Jenö se fazia mentor de um novato (como no meu caso) a história parecia cair do ar ou jorrar do solo. Ele me contou que Csernovitz era um ancestral colateral de Arsênio, o famoso Patriarca Ortodoxo Independente de Ipek,* localizada na borda da Albânia, de Montenegro e do velho Sanjak de Novipazar.[31] Por instigação do Imperador Leopoldo, ele se levantou contra os turcos quando da grande investida do Príncipe Eugênio, em 1717, levando a mais um ataque a Belgrado.[32] Mas quando a retomada da fortaleza pelos turcos foi seguida de retaliação, o imperador garantiu asilo a Arsênio e a seus parentes e a seus quarenta mil seguidores sérvios, que então foram espalhados pelos domínios dos Habsburgo (o que explica a presença da família de Xenia em Zám). Os Csernovitz se mantiveram ortodoxos – 'gregos orientais', como eram chamados por lá – e o Conde Jenö e os outros amigos de Xenia costumavam gracejar com ela, a propósito de seu desvairado sangue sérvio. Havia qualquer coisa de muito atraente e inesquecível em sua tez cor de marfim e no seu cabelo negro como um corvo e nos seus olhos grandes e escuros como amoras. A casa havia ficado desabitada por algum tempo e havia nela um toque melancólico e de uma certa magia. Pelo menos, assim me pareceu pelos poucos dias em que lá estive e enquanto caminhávamos sob as árvores do Himalaia e da Patagônia, contemplando mais abaixo o Maros, que a lua cheia transformava em mercúrio. As matas e os rios estavam cheios de rouxinóis.

---

* É agora Peć, no sul da Iugoslávia. O antigo mosteiro do patriarca ainda está de pé, à sombra de plátanos e cheia de afrescos maravilhosos. A região é hoje quase inteiramente habitada por muçulmanos, os kosovares da Albânia.

◆ ◆ ◆ ◆

A ÚLTIMA E mais longa estadia passada de fato entre a gente da Transilvânia se desenrolou algumas milhas mais adiante ao longo do Maros e cada um de seus detalhes permanece gravado em minha memória.

Já ouvira falar sobre István* em Budapeste e nos encontramos por uma ou duas vezes por entre as mariposas e os *limericks* em Kápolnás, onde era muito benquisto. Havia cursado o Theresianum em Viena, o estabelecimento criado por Maria Teresa para os filhos de seus súditos nobres: *kshatriyas*, como numa hierarquia brâmane, inalterada até que o império e o reino, ambos, desapareceram para sempre. (O lugar era ligado à Konsularakademie, onde, em fevereiro, eu havia passado horas examinando mapas; e, o que muito me havia impressionado, os estudantes de ambas as escolas usavam, antigamente, tricórnios e espadas cerimoniais, como no *Young Törless*).** István fugiu para se juntar a um regimento de hussardos durante a guerra e imediatamente recebeu uma comissão, justo a tempo de participar de todos os desastres. Mais tarde, durante o regime de Béla Kun, escapou dos grupos de execução de Szamuely e foi envolvido nas confusões subsequentes; e pouco depois, a Transilvânia foi cedida à Romênia. Educado, alto, com boa aparência e um nariz de falcão, uma ampla testa e grandes olhos azuis cristalinos como os de um francolim, era um atirador, cavaleiro e *steeplechaser*[33] de primeira, um virtuose em tudo o que fazia. Tinha trinta e poucos anos e estava no melhor de seu vigor físico; sua impetuosidade, charme, iniciativa e humor o tornavam querido por todos, embora de vez em quando o metessem em encrencas, incluídos nelas quatro daqueles episódios com sabres e, em todos, no papel da parte desafiada. Em pouco tempo, a reforma agrária o deixou com quase nada de uma propriedade, que, embora sempre próspera,

---

* Algumas personagens destas páginas desapareceram de cena, mas aqui e ali, como no caso de István, e Angéla no próximo capítulo, por ainda estarem vivos, como eu, convém alterar seus nomes. Fico com mais liberdade ao reconstruir suas falas. E também muita coisa mudou desde aqueles tempos quando a vida corria mais tranquila.

** Ver *Um Tempo de Dádivas*, p. 228.

nunca havia sido muito grande. O domínio de sua família fora longo; seus velhos pais ainda viviam por lá. Era ligado ao lugar por profundo afeto atávico, mas, dado que a administração do que restava de terras aráveis e florestas o impedia de procurar fortuna no exterior, seu confinamento o irritava. Quando falamos da intenção inicial de me juntar ao Exército Indiano, seus olhos se acenderam. "Teria gostado imensamente de fazer a mesma coisa!", comentou. "Você acha que eu ainda teria chance hoje?" Por que não? Um irlandês de nome O'Donnell havia sido governador da Transilvânia no século XVIII. "E o que me diz sobre aquele camarada, o parente do Rantzau – de Holstein! – no comando de um exército de Luís XIV? Eu ficaria bem feliz com um esquadrão de Lanceiros de Bengala!" Ele se via claramente nesse papel, e eu também.* Serviu outros drinques e suspirou: como o mundo havia ficado provinciano e limitado! Eu o admirava muito; era imensamente divertido e ficamos ótimos amigos. (Como quase todos nestas páginas, ele desapareceu de vista quando a guerra começou e o consequente desenraizamento e a dispersão interpuseram oito anos até que pudéssemos retomar o fio da meada, o que veio a acontecer por acaso.)

"Por que não ficar um mês ou dois", insistiu. "Ou um ano?" E ainda, quando eu de fato parti: "Por que tanta pressa?".

"Tenho uma ideia!", exclamou no almoço. "Todos nos juntaremos para lhe comprar uma bezerra! Você poderá tocá-la pela estrada afora. Quando ela crescer, você a apresenta a um touro; e aí terá um bezerro, e mais tarde, outro mais. Chegará a Constantinopla daqui a alguns anos com uma grande manada..."

No ínterim, generoso anfitrião que era, mostrava-se ansioso para que eu não perdesse coisa alguma. Um dos vizinhos que havíamos visitado era um velho suábio, muito sério, que perguntou o que eu estudava: "*Was studieren Sie?*". Tratava-se de uma pergunta embaraçosa; não consegui pensar numa resposta. Línguas? Arte? Geografia? Folclore? Literatura? Nenhuma delas parecia se encaixar. Os segundos se escoavam, e por desespero, respondi, "*Gar nichts!*" ("Absolutamente nada!"). O silencioso choque que se seguiu durou ainda mais e só fez aumentar meu desconforto. Para um alemão

---

* Ver Um Tempo de Dádivas, pp. 131-2.

apreciador de diligência e dedicação – deveras *Fleissigkeit* – minha confissão era uma blasfêmia, e István foi rindo intermitentemente por todo o caminho de volta para casa. Não foi possível conhecer, por estar ausente, um outro vizinho que ele acreditava pudesse me interessar. Gróf K., que vivia no Vale do Hátszeg para além de Vajdahunyad – Hunedoara – soava como uma espécie de Squire Weston, com uma pitada de Mytton e Waterton.[34] "Uma vez vi quando apostou que montaria em certo cavalo," disse István. "Em seguida, amarraram um saco sobre a cabeça do animal. Ele endoidou, mas *gróf* K. logrou permanecer montado por uns cinco minutos."

O romeno de István era fluente para questões práticas que tinham a ver com o campo, e certos detalhes agrícolas eram até mais rapidamente expressos por ele em vernáculo; no entanto, era muito limitado para qualquer conversa que fosse mais abstrata ou complexa. Certa vez, jantamos numa mesa de cavaletes, junto a um pequeno bosque de faias, com quarenta camponeses e fazendeiros, alguns deles os novos proprietários de suas terras; e ele me levou para ver um velho pastor, que desfiou histórias de espíritos, fadas e lobisomens. (Os '*priculici*', semelhantes ao eslavônio '*vrkolak*', foram mencionados; eram vâmpiros. E '*stafi*' e '*strigoi*', que pareciam ser uma mistura de maus espíritos e fantasmas; e bruxas também, se '*strigoi*', como no italiano '*strega*', vier do latim '*stryx*'.) Toda esta gente do campo acreditava nesses entes sobrenaturais e os temia; lobisomens espreitavam, prontos para mudar de forma ao anoitecer; e coitado do homem ou animal que bebesse água de chuva das pegadas de um urso! Ele também me levou a uma velhota franzina, uma bruxa, e implorou a ela que recitasse feitiços, versejando. Ela os entoou através de gengivas que sustentavam um só dente escuro, como o olho único das Três Irmãs Cinzas,[35] e eu anotei foneticamente alguns deles: encantamentos misteriosos com aliterações: '*descântece*',[36] como eram chamados. Mais tarde, encontrei similares na Moldávia.

◆ ◆ ◆ ◆

O KASTÉLY ERA muito mais antigo do que qualquer outro em que eu houvesse estado até então. De aspecto, era uma mistura de casa senhorial, mosteiro e sede de fazenda, assentada sobre um montículo recoberto de árvores, de onde se avistava o Maros e matas que se espalhavam adiante e subiam à distância. Um arco achatado, através de espessas paredes de cor ocre, dava num pátio onde castanheiras gigantes ainda deixavam suas pétalas caírem e, abaixo, nos paralelepípedos, os pombos alçavam um súbito voo fazendo barulho de vento. Dois cães pastores e seus filhotes pulavam sempre à frente em saudação e jovens cegonhas aninhadas num celeiro coberto de musgo começavam a esticar seus pescoços entre as pernas escarlate de seus pais. Estábulos, tulhas e garagens para carruagens, carroças e trenós alinhavam-se de um lado do pátio; os outros três lados, formados por colunatas de pilares quadrados, fatiados nos cantos em octógonos, como num claustro, eram constantemente atravessados pelo sibilo dos martins cujos ninhos aí se agrupavam. No extremo e ao alto de uma arcada, vidraças verdes e púrpuras brilhavam numa báscula sobre a porta que levava a uma *loggia* onde nos sentávamos à noite, contemplando uma ampla visão de mata e água. Do lado de dentro, lampiões de querosene com mangas opacas lançavam seu brilho no belo retrato de um ancestral embaixador e sobre as peças usuais dos interiores da Transilvânia; o brasão familiar, espalhado pela casa e entalhado sobre a portada, mostrava um arco recurvado apontando em direção ao alto; por assim dizer, ao acaso.

Retirado da vida, envolto numa nuvem de fumaça, o pai de István, envelhecido e sob um bigodão, dava baforadas de mau humor por detrás das páginas de um *Pesti Hírlap* já velho de uma semana; mas sua mãe, que falava francês sempre que eu não conseguia acompanhá-la em alemão, era rápida e engraçada, com um toque de severidade e uma mirada objetiva como a de István e a de sua irmã, Ilona, que era calma, boa e generosa; e depois do jantar, traziam seus trabalhos de costura para o lado de fora, enquanto Sándor, um velho e respeitável empregado da casa, providenciava o café, decantadores e copos. (Vários serventes idosos perambulavam pelo *kastély*; um deles tomava conta dos cavalos e dirigia a velha carruagem; dependentes alquebrados permaneciam por ali. Não havia muito dinheiro, mas muito de tudo mais, e acho eu que o pessoal que ali servia – tal como a família, por assim dizer – era paga em espécie. Era exatamente assim que faziam os boiardos moldavos mais a leste.) Toda noite, István cortava no aparador algumas folhas apimentadas de tabaco e Ilona arrumava as lascas numa faixa de pano entre dois carretéis de uma maquineta e preparava cigarros de primorosa execução para todos nós; e quando ela e sua mãe se retiravam, já deixava pronta uma nova pilha. Algumas vezes nós nos pusemos diante de velhos mapas: István tinha paixão pelas campanhas de Napoleão; mas em geral, ficávamos apenas conversando, às vezes até o amanhecer. Ele detestava ir para a cama tanto quanto eu; quando o suprimento de cigarros acabava, ele os enrolava com as mãos com a descuidada destreza de um cowboy (uma arte que eu também vim a dominar), selava-os com uma passada da língua, e depois os acendia na lamparina. Ainda consigo me lembrar da chama transformando seu rosto numa máscara brilhante, por um momento, quando ele aumentava o pavio.

A lua, logo após a cheia, deitava um brilho metálico sobre o rio e um fio de prata ao longo do topo das matas. As constelações de julho e a Via Láctea apareciam brilhantes num céu esvaziado de umidade, e à medida que a lua diminuía, as estrelas começavam a cair, fazendo grandes arcos, por vezes vários num minuto, e aí parávamos de falar para observá-las. Eram as Perseidas, chuvas de meteoros do fim deste mês e do começo de agosto, da constelação de Perseu com sua forma em sino ou em flor. Algol pisca entre estrelas menores com um incansável clarão; 'El Ghul' – em inglês, 'Ghoul' ('Demônio') – é o nome que os astrônomos árabes dão para a Górgona.[37] O herói estrelado, segurando as madeixas-serpentes, agita sua cabeça pelo céu do norte e a sacode até soltar seus fragmentos; ou foi isso que decidimos ao final de um ou dois decantadores. Quando ficávamos até mais tarde, os rouxinóis preenchiam os raros espaços em nossas conversas; as Plêiades, e depois Órion, seguiam os declives de Cassiopeia e Perseu sobre as árvores.

◆ ◆ ◆ ◆

MUITO ANTES DISTO, notícias alarmantes do mundo externo haviam chegado ao nosso vale. Em meio à noite, Hitler, Goering e Himmler haviam reunido e assassinado muitos de seus colegas, e vários – talvez muitas centenas – de oficiais e soldados da SA.[38] Ninguém sabia como interpretar esses augúrios sanguinários, mas eles espalharam desalento e não se falou de outra coisa por um ou dois dias; e, então, o assunto morreu, afogado pelo calor e pelo peso do verão.

Poucos dias mais tarde, uma mensagem telefônica anunciou a morte da mãe da condessa. Um trem, que mais parecia um brinquedo entre as árvores e as colinas e sobre o qual voava uma pálida pluma de fumaça, cruzava o vale duas vezes ao dia. Levou a István e a mim rio abaixo através dos campos de milho alto e de trigo; pegamos Xenia, que se protegia do sol sob as plataformas de acácias de Zám, e encontramos a carruagem de Kápolnás nos esperando em Soborsin.

A condessa estava toda de preto. A cerimônia foi celebrada no hall, onde três sacerdotes uniatas, com suas barbas curtas e cabelo cortado rente à cabeça, bem diferentes das madeixas flutuantes e das barbas volumosas dos clérigos ortodoxos do outro lado do Danúbio, entoaram os ritos funerários em romeno. (O caixão estava aberto; foi a primeira vez que vi alguém morto.) A cerimônia terminou na cripta da família e, depois do almoço, já de volta ao *kastély*, onde os últimos feixes de incenso ainda permaneciam, o conde nos levou a todos para a biblioteca para nos mostrar alguns novos espécimes, e "enquanto isso, tomaremos a '*wee deoch-an-doris afore ye gang awa*'".[39] Na viagem de volta, senti como se conhecesse a todos eles desde sempre.

◆ ◆ ◆ ◆

QUANDO, EM 1917, István treinava com seu regimento dos Hussardos de Honvéd, ganhou o terceiro lugar em *dressage* entre cem hussardos, dragões e ulanos e foi o segundo em salto. "Você precisava nos ver saindo em direção a Galícia e Bucovina", disse. "Os ulanos com suas *czapkas* quadradas e calças vermelhas, os dragões em longos *waffenrocks*,[40] e os hussardos, como eu, em azul-claro." Ainda mantinha seu uniforme num armário, e eu o desenhei: numa túnica azul-claro com alamares, um dólmã com colarinho de pele, jogado descuidadamente sobre um dos ombros – "era chamado de 'Átila'", disse ele, acertando o caimento –, botas hessianas, e um *shako* com uma pluma branca e um sabre preso à cintura. Quão incongruente isso me parecia, quando associado àquele sinistro período de guerra! Eu tinha algum conhecimento sobre as campanhas da frente ocidental; mas aqueles primeiros embates montados contra os cossacos, que levaram aos terríveis campos de batalha nas longínquas encostas dos Cárpatos, eram matéria apenas de rumores e obscuras conjecturas.

Pensei nessas conversas com István, madrugada adentro, muitos anos mais tarde, quando primeiro li o poeta Ferenc Békássy e dele ouvi falar através de sua irmã, Eva. Ele era filho de um proprietário de terras da Hungria Ocidental, um homem surpreendentemente liberal, que enviou todos seus filhos e filhas para Bedales.[41] De lá, Ferenc foi para King's College, Cambridge, onde seus poemas apareceram pela primeira vez. Ele figurava entre os Apóstolos,[42] era amigo de Rupert Brooke e James Strachey e muito especialmente de Maynard Keynes, que se hospedou em sua casa na Hungria durante umas longas férias. Seus poemas – um deles um esquete bem-humorado sobre *A Toccata of Galuppi's*[43] – mostrava talento promissor, e suas últimas cartas aos amigos da Inglaterra, entregues postumamente quando a guerra acabou, revelam uma mente sensível e atraente. Retornando à Hungria quando a guerra estourou, tornou-se logo tenente no Sétimo dos Hussardos de Honvéd. Ao fim de uma carta para Nowel Olivier, datada de maio de 1915, de Budapeste, escreveu: "Já haverá rosas quando eu me for, e levarei três das vermelhas na testa de meu cavalo, porque são três as que figuram sobre o escudo em nosso brasão (mas ninguém saberá disso). Esta não é de maneira alguma a carta que gostaria de ter escrito, mas não há o que fazer. Desejo muito vê-lo... E nos reencontraremos um dia, não é mesmo?". Morreu numa carga de cavalaria em Bucovina, em 25 de junho de 1915, com vinte e dois anos de idade.*

---

* Ver *The Life of John Maynard Keynes*, de Sir Roy Harrod, *The Golden Echo*, de David Garnett, e o artigo do Dr. G. Gömöri no *New Hungarian Quarterly* (nº 79, outono de 1980). Keynes foi criticado por alguns de seus amigos de Bloomsbury por ter providenciado a liberação de fundos bloqueados que permitiram que Békássy voltasse à Hungria para participar da guerra, em lugar de permanecer, em segurança, enquanto ela durasse.

◆ ◆ ◆ ◆

UM DIA, AO sermos convidados por vizinhos para o almoço, István disse, "Vamos levar os cavalos", e seguimos por um caminho tortuoso morro acima para poder olhar um pedaço remanescente de floresta. "Graças a Deus, está repleta de carvalhos comuns", disse ele, voltando-se para trás na sela, enquanto subíamos por uma trilha sobre a qual os raios de sol incidiam inclinados. "Podem ser usados para tudo." A segunda árvore mais presente era o carvalho turco, que quando seco dava uma lenha muito boa, e era também usada para pisos de estábulos e para estacas de barris. Depois vinham as faias: "Quase não deixam brasas". Seguiam-se o olmo-branco e o olmo mais comum: "Úteis para mobília e caixões". Havia muito freixo – conveniente para ferramentas, cabos de machadinha, martelos, foices recurvadas e as de cabo longo, pás e ancinhos. Exceto uns poucos perto dos riachos, não se via álamos lá no alto, mas eram abundantes junto ao Maros: inúteis, no entanto, exceto para cochos e colheres de madeira e coisas similares. Os ciganos é que as executavam. Sentavam-se nos jardins e nos pátios dos *kastély* com suas mulheres e crianças e punham-se a entalhar incessantemente. "Não se mexe com dinheiro", disse István. "O regime de meação é o esperado, mas se for uma tribo de gente honesta, já estamos bem se conseguimos ficar com um terço. Temos melhor sorte com os romenos de vilarejos isolados nas montanhas, tipos muito primitivos e pobres, mas muito honestos."*

Numa clareira, trocamos saudações com um pastor de cabelos brancos, debruçado sobre um cajado dotado de um gancho de metal. Sua capa de tecido caseiro, recoberta de bordado, jogada sobre os ombros e chegando até o chão, era de um verde brilhante. Seu rebanho cortava o capim entre os tocos de árvores, em toda volta. Adiante, um caminho seguia íngreme colina abaixo através de aveleiras, as cascas e bolotas sendo trituradas e deslizando sob os cascos dos cavalos.

---

* Acredito que devam ter pertencido à interessante e antiga comunidade dos *motsi*, que habitam em picos e vales nas profundezas do Maciço da Transilvânia Ocidental.

Era um dia fervilhante de quente. Ao voltar da divertida festa, descemos até o rio para olhar o trigo. Tomados pela visão da torrente límpida e refrescante, retiramos as selas dos cavalos num campo sombreado, do tamanho aproximado de um padoque, despimos nossas roupas, descemos por entre os juncos e agriões e mergulhamos. Nadando rio abaixo com preguiçosas braçadas de peito ou meramente flutuando à sombra dos álamos e dos salgueiros, conversamos e rimos a propósito dos convidados com quem havíamos estado até pouco. A água estava salpicada pela sombra da folhagem junto à margem e recoberta de plumas de cardos; uma garça alçou voo sobre uma paisagem ensombrecida. Flotilhas de galinhas-d'água dobraram sua velocidade e pularam para fora do rio fazendo um escarcéu, e trigo, milho e fieiras de vinhedos deslizavam por nós quando, de repente, ouvimos uma cantoria. Duas garotas colhiam o extremo de uma estreita faixa de cevada; a julgar pela cor de suas saias e pelos bordados das blusas, faixas de tranças e lenços, elas teriam vindo de algum vale distante para a colheita. Pararam quando entramos em seu ângulo de visão, e, ao chegarmos junto a elas, irromperam em risos. Aparentemente, o rio nos protegia menos do que imaginávamos. Tinham uns dezenove ou vinte anos, bochechas rosas e bronzeadas e grossas tranças escuras, e não eram nem um pouquinho tímidas. Uma delas gritou algo, e paramos marcando passo em meio ao Maros. István traduziu: "Elas dizem que deveríamos estar envergonhados", explicou, "e ameaçam encontrar nossas roupas e fugir com elas."

Ele gritou de volta, "Não tratem os estranhos assim tão mal! Cuidado, ou saímos daqui e pegamos vocês".

"Vocês não têm coragem", foi a resposta. "Não desse jeito, nus como nasceram."

"Para que serve isso aí?", István disse, apontando os galhos perto da margem. "Podemos ficar tão bem-vestidos quanto Adão."

"Vocês não conseguiriam nos pegar! Com esses pezinhos delicados no restolho?! E tem mais, vocês são gente respeitável demais. Olhe só sua cabeça ficando careca na frente."

"Não está não!", István respondeu gritando.

"E esse garoto", gritou a segunda menina, "não teria coragem".

Os olhos azuis de István se acenderam quando traduziu esse pedacinho final. Então, sem trocar uma só palavra, corremos para a margem tão rápido quanto crocodilos e arrancando ramos de álamo e um amontoado de salgueirinhas, subimos rápido a borda do rio. Recolhendo braçadas de feixes, as garotas correram para o campo vizinho, pararam junto a um bastião ilusório constituído pela meda de feno, e acenaram com suas foices num falso desafio. Nosso disfarce de folhas e nossa marcha saltitante através do restolho provocaram novos surtos de risadas. Quando já estávamos bem perto delas, deixaram suas foices cair e jogaram os feixes sobre nós, correndo para trás da meda. Mas mesmo com apenas um braço livre, nós as pegamos, caindo os quatro numa barafunda de feno, cevada e risos.

◆ ◆ ◆ ◆

"HERRGOTT!", OUVI ISTVÁN exclamar de súbito – muito mais tarde, e poucas jardas depois da curvatura da meda – golpeando a testa com a mão. "Ah, meu Deus! O bispo! A *Gräfin*! Eles vêm jantar conosco, e olhe o sol onde está!"

Baixara muito no céu e a noite começava a entrar. As medas e os álamos e as compactas filas de feixes e os montículos de feno faziam listras de sombras sobre o campo ceifado, enquanto um grupo de pássaros voava para casa através da floresta. O cabelo desgrenhado de István, misturado à palha, diferia comicamente de seu ar de consternação e todos rimos. Extraindo fios de feno e partículas de cevada, ajeitamos as tranças da Saftă e Ileană, desordenadas por toda essa rude farra, e saímos de mãos dadas com elas em direção ao rio, István e eu nas pontas dos pés. "Coitados desses pezinhos", murmuraram elas. Depois das despedidas, mergulhamos e começamos o longo retorno a nado, e nos viramos muitas vezes para acenar e gritar para aquelas garotas maravilhosas, e elas acenaram e responderam até que ficaram fora do alcance das nossas vozes e aí, depois de uma curva no rio, fora também da visão.

A corrente era mais forte do que pensávamos. Próximo à margem, ela corria com vagar, mas caniços e agrião e lentilha-d'água eram um entrave; assim, pelo caminho que fosse, nossa velocidade foi muito menor do que na animada viagem rio abaixo. Andorinhas voavam raso sob os galhos; e um pastor e alguns ceifeiros que voltavam para casa nos olharam com estupefação. Depois de intenso esfôrço e confiantes na noite, saímos da água e corremos através da escuridão que apertava e por fim, graças a Deus, encontramos tudo tal qual havíamos deixado. Pusemos as roupas, selamos os cavalos, e galopamos por três milhas de volta para casa através dos arredores iluminados do vilarejo e novamente por dentro da mata, baixando a cabeça ao passar pelos galhos mais baixos, apostando corrida na última meia milha, até que, num estampido, passamos sobre a ponte e sob o arco e saltamos ao chão com os corações batendo, espalhando os pombos. Tomamos banho, trocamos de roupa, escovamos os cabelos a toda e logo nos vimos subindo os degraus para a *loggia*.

O jantar estava servido num dos extremos, e os convidados, sentados ou decorosamente de pé, taças nas mãos, agrupavam-se no outro. A Gräfin tinha cabelo curtinho cinza-chumbo, e seus dedos finos e anelados se cruzavam sobre o colo; e a faixa púrpura do bispo brilhava sob a luminária.

"Ah, vocês chegaram", disse a mãe de István. Não estávamos nem um pouco atrasados; e, num átimo, István já beijava as mãos da Gräfin, com seu jeito requintado e à vontade, passando a seguir para o anel do bispo. Já sentados à mesa, eu não conseguia manter atenção na conversa: a aura da tarde ainda me envolvia; meus pés ardiam das picadas do restolho e era difícil evitar um sorriso. A Gräfin desdobrou seu guardanapo, sacudindo-o com um brilho de safiras.

"Muito bem, István", disse ela, no tom afetuoso e de animação que uma tia talvez usasse com seu sobrinho favorito. "O que é que você andou fazendo?" Evitei olhar em sua direção. Se nossos olhares houvessem se cruzado, estaríamos perdidos.

Dois dias depois, voltamos ao campo, mas por lá não havia mais ninguém. Tudo havia sido colhido e até os feixes tinham desaparecido. Nunca mais vimos Saftă e Ileană e ficamos tristes.

◆ ◆ ◆ ◆

O SOLSTÍCIO DE verão havia passado, as peônias e os lilases haviam desaparecido, os cucos haviam trocado de pio e se aprontavam para voar. Apareceram espigas de milho assadas e trutas das montanhas; cerejas e logo morangos e abricós e pêssegos e, finalmente, maravilhosos melões e framboesas. O brilho escarlate da páprica – havia dois tipos à mesa, um deles tão feroz quanto pólvora – era refrescado pelo pepino cortado tão fino quanto musselina e por soda borrifada no vinho em taças repletas de gelo; este fora apanhado num depósito similar a um iglu, por entre árvores onde mãos prudentes o haviam empilhado seis meses antes, quando – impossível imaginá-lo! – a neve a tudo cobria. Carroças rangiam sob as cargas de abricós, embora as árvores ainda estivessem carregadas; elas espalhavam poeira, vespas as perfuravam e rodas e pisadelas as achatavam numa polpa amarela; altos tonéis de madeira borbulhavam por entre os girassóis empoeirados, enchendo o pátio com o cheiro doce e inebriante da sua fermentação; e logo, até mesmo ao meio-dia, a bebida recém-destilada, como se fosse um *sniper*, começou a derrubar os camponeses, deixando os ceifadores prostrados, de bruços, em cada fragmento de sombra. Roncavam entre os feixes e montículos de feno, com uma manta de moscas a cobri-los, enquanto os rebanhos se agrupavam sob cada trecho recoberto de galhos e sequer uma folha se movia.

No *kastély*, por trás das grossas paredes e das venezianas fechadas à tarde, o sono também reinava intermitente, mas logo veio a ressureição. A cevada já estava estocada e István andava ocupado com seus segadores e o que faltava colher do trigo. (Na Hungria, a colheita começava em 29 de junho, festa de São Pedro e São Paulo, mas por aqui ocorria um pouco mais cedo.) Quando saímos, a mãe de István chamou de uma janela do andar superior: "Não se esqueça do chapéu". Ela o atirou, planando, e ele soltou as rédeas, apanhou o chapéu no ar e o colocou. "Você está ficando preto como um cigano." Depois das longas semanas de foices e pedras de amolar, era hora de debulhar. Velhas máquinas labutavam e enchiam o vale com suas palpitações, comandadas por motores e correias que vibravam e chaminés altas e fumegantes que se expandiam num zigue-zague na parte de cima. Lá no alto, nas montanhas, cavalos atrelados a trenós de madeira e calandras para descascar o grão trotavam dando voltas e mais voltas em círculos de paralelepípedos. Seguia-se a joeira, quando nuvens de grãos jogados para cima cintilavam e caíam e depois cintilavam novamente quando o próximo movimento da pá de madeira transfigurava a tarde com o joio. Os sacos, carregados em carros de boi, estavam finalmente seguros nos celeiros. Se os carroceiros fossem romenos, em lugar de gritar "*stânga!*" ou "*dreaptă!*" na sua língua nativa, quando queriam que os bois virassem para a esquerda ou direita (ou "*jobb!*" ou "*bal!*", em magiar, se fossem húngaros), eles gritavam "*heiss!*" e "*tcha!*". Eu havia notado esses chamados exotéricos pela primeira vez quando os búfalos eram persuadidos ou aguilhoados para seguir avante. István acreditava que tinham sido os turcos que trouxeram esses animais para cá, provavelmente do Egito, embora eles devem ter se originado na Índia. Mas as palavras não são nem turcas, árabes, *romani*, hindi ou urdu.

Julho trouxe um punhado de jovens transilvanos e seus parentes e amigos ao longo do rio, à procura de refúgio do calor de Budapeste, que o verão havia transformado numa das grandes cidades tropicais do mundo. Havia festas, piqueniques, banhos e tênis na casa de István, até que estivesse escuro demais para se ver a bola numa quadra afundada entre densas árvores, como se fosse um poço sombreado; e muita festa e cantoria em torno do piano naquelas salas de estar compridas e gastas; e às vezes, dançava-se ao som do gramofone. Alguns dos discos estavam apenas um ou dois anos fora de moda, outros muito mais: *Night and Day, Stormy Weather, Blue Skies, Lazybones, Love for Sale, Saint Louis Blues, Every Little Breeze Seems to Whisper Louise*. Caso necessário, István se revelava um competente pianista – "mas só para esse tipo de coisa", disse, e, como um louco, partia para improvisações, sincopados, ritmos populares e glissandos; e aí, rodopiando no banco do piano, terminava com a unha do polegar numa varredura relâmpago de todo o teclado, do grave para o agudo.

O calendário dos vilarejos estava repleto de festas e dias santos e casamentos. Os ciganos prosperavam, o som de seus instrumentos estava sempre ao alcance dos ouvidos e as praças ficavam de súbito rodeadas com grandes guirlandas circulares de dançarinos em belas roupas, com suas mãos nos ombros uns dos outros, duzentos ou mais deles: e a batida de pé de tripla pontuação da *horă* e da *sârbă*, marcada ao mesmo tempo, encobria por um momento todo seu garbo em nuvens de poeira. (Mais tarde, aprendi todas essas danças.) À noite era quando se impunham com mais insistência, especialmente nas vésperas de um casamento, quando o noivo e seus padrinhos passavam pelos lentos estágios de um falso rapto. Se os ritmos de *High Hat*, *The Continental* ou *Get Along, Little Dogie*, por um momento enfraquecessem entre os espelhos esmaecidos e as arandelas e os retratos no *kastély*, ouviam-se, vindos da vila lá embaixo, gritos em *staccato*, em tom agudo e apenas amortecidos pela distância, penetrando através das compridas janelas, quando a noiva era lançada ao alto. "*Hai! Hai! Hai! Hai!*"* A dança era movida até tarde da noite pela aguardente de abricó fresco, enquanto os violinos e cítaras e clarinetes e contrabaixos eram importunados pelos distantes ganidos de um selvagem e rústico epitalâmio;[44] e então, as cordas, martelos e os estridentes sopros eram uma vez mais afogados por *Dinah*, e por nossa própria algazarra sob os lustres.

>Dinah
>Tem alguém melhor que Dinah
>*No estado da Carolina?*
>*Se existe e você a conhece,*
>*Pode apontá-la para mim!*
>
>*Por que é que toda noite*
>*Eu tremo de pavor?*
>*É porque a minha Dinah*
>*Pode mudar de ideia sobre mim!*

---

*   Em algumas dessas toscas núpcias, dizia-se, gritos de aplauso saudavam a exposição, na janela da noiva, de um lençol sangrento ou de uma camisola, como prova de terminada a virgindade; uma consumação que era supostamente auxiliada às vezes, em caso de dúvida, por sua mãe, mediante o sacrifício de um pombo às escondidas.

"Hai, *pe loc, pe loc, pe loc!*", os dançarinos lá embaixo batiam seus pés em uníssono. "*Să răsară busuioc!*" ("Bata no chão, deixe que o manjericão cresça!")

> Dinah
> Com seus olhos Dixie[45] em chamas
> Como eu adoro mergulhar
> Nos olhos de Dinah Lee...

"*Foiae verde, spic de griu, măi!*" Um lamento *doină* de verdadeiros ciganos subiu através de um brilho pálido, seguido por um agudo floreado no clarinete; mas a folha verde e o papa-moscas da canção local não tiveram chance alguma:

> Dinah
> *Se acaso ela fosse para a China*
> *Eu tomaria um transatlântico*
> *Só para ficar com Dinah Lee**

---

* Parem as máquinas! Naturalmente que eram os olhos 'Dixie' de Dinah, e não os olhos de cigano, que estavam em chamas; mas foi com 'gypsy' que erroneamente cantamos, e o erro ficou alojado para sempre na memória.

CAPÍTULO 6

A TRIPLA FUGA

๛ ๛ ๛

Eu sabia que István e sua família estavam sendo sinceros quando sugeriram que me hospedasse com eles por todo o verão, mas eu havia me desviado tanto da austeridade de meu programa que, quanto mais desfrutava dessas inesperadas semanas, mais duramente minha consciência doía. Assim, escrevi para Londres com as datas aproximadas e os endereços para o envio de dinheiro: essa complacente vida de castelo havia deixado meus fundos razoavelmente intactos, mas em breve eu iria precisar de alguma coisa. Enquanto isso, o vale continuava a me enfeitiçar, e surgiam aqui e acolá sugestões para postergar minha saída. "Se você ficasse", disse István certa manhã, "poderíamos sair à caça de cabritos-monteses"; aí, mais tarde, apareceriam os veados machos; e mais tarde ainda, os ursos. Quando eu disse que nunca havia atirado em nada maior do que um coelho, ele respondeu, "Eu lhe ensino. E que tal participarmos da caça à raposa com a matilha do Barão Wesselényi?". Até seria interessante, exceto que eu não tinha dinheiro algum. István sorriu.

"Não se preocupe", disse. "Eu também não tenho. Ninguém tem."

A discussão foi interrompida pela formação de um grupo, um total de doze pessoas em duas carruagens, para pescar lagostins num riacho de montanha, István e eu devendo sair à frente. Encontramos o riacho: ele despencava por entre rochas e samambaias numa clareira repleta de pombos-torcazes e onde todas as raposas da Transilvânia, assim como suas fêmeas, poderiam ter estado, com suas patas vestidas num decadente magenta. O resto do grupo chegou e, no riacho, cada pedregulho e tufo de elódeas parecia abrigar alguma caça; as cestas logo se encheram, ouvindo-se o estalido de suas caudas esfiapadas enquanto descíamos novamente a colina. Havíamos deixado nossos cavalos junto a um moinho d'água onde as carruagens vieram se agrupar e, nesse momento, todos os cavalos pastavam sem selas e arreios num campo em declive; um fogo já estava aceso e garrafas tinham sido postas para refrescar em meio ao riacho.

A mais ativa do grupo era uma garota bonita e engraçada, de saia vermelha, chamada Angéla (um 'g' duro e acento na segunda sílaba), que vivia rio acima a algumas milhas da casa de István, mais para o interior. Era poucos anos mais velha do que eu, casada, mas não era feliz. Havíamos vislumbrado um ao outro na casa do Conde Jenö, e dançado em improvisado abandono naquela noite barulhenta em que as canções ciganas e *Dinah* se entrelaçaram em pleno ar. Eu não conseguia parar de segui-la. Durante a pesca, ela pulava descalça pelas rochas, ágil como um íbex, os cabelos em revoada. No final das contas, ela era tão temerária e impulsiva como todos supunham que eu fosse; e, acho eu, induzidos, da parte dela, por uma bem-humorada afeição e, da minha, por um embevecido entusiasmo, explodiu, num lampejo, uma descomprometida afinidade. A comilança foi até tarde e, protegidos pelas matas e pelo cair da noite e pela parte remota da floresta para a qual havíamos vagado, todas as barreiras se romperam; e perdemos a noção de onde estávamos até ouvirmos nossos nomes sendo chamados. Corremos para o ponto de encontro onde os cavalos estavam sendo selados e as correias transpassadas. Na viagem de volta era preciso frear com força nos íngremes percursos cobertos de capim, quando então as lamparinas embutidas em cada lado das carruagens jogavam um feixe de luz que tremulava levemente nos troncos das árvores.

De repente, maravilhosamente, tudo mudara e, graças ao alto-astral de Angéla, a alegria e a diversão dominavam; durante as duas noites e dias seguintes, todos os momentos em que não estivéssemos enroscados pareciam um desperdício. Por um golpe de sorte, a família de Angéla estava em Budapeste, mas, por diversas razões, nossos encontros não eram fáceis e maldizíamos as matas que nos separavam. István era seu velho amigo e naturalmente logo percebeu o que estava acontecendo e veio em nossa salvação com um plano irresistível: tomaria emprestado o carro de um amigo que morava adiante de Deva, e nós três sairíamos numa viagem secreta pelo interior da Transilvânia.

Reuni minhas coisas e fiz minhas despedidas, já que, depois da excursão, tomaria o caminho do sul. Os dados estavam lançados. O carro chegou e nós dois partimos. Em poucas milhas, no lugar combinado, Angéla se agregou e dirigimos para leste festejando.

O veículo que tomamos emprestado era um carro de passeio, muito bem polido e à antiga, com espaço na frente para todos três. Tinha uma capota de lona com uma janela de celuloide na traseira e um bulbo de borracha escarlate que, após ser pressionado por um momento, emitia relutantemente um mugido rouco pela boca de uma retorcida corneta de latão, ecoando pelos cânions abaixo e dando aviso ao gado na estrada – exceto aos búfalos, quando então obedecíamos a máxima náutica do Conde Jenö. As estradas não eram boas: o carro se arremessava por entre os sulcos e os buracos como um barco em mar agitado e a poeira que marcava nosso avanço ao longo do Maros formava um fantasmagórico cilindro. Pairando em nossa esteira, ela nos alcançava e envolvia a cada parada e chegamos à velha e principesca capital da Transilvânia parecendo três assombrações.

◆ ◆ ◆ ◆

A PREOCUPAÇÃO COM nomes que vem exasperando estas páginas, neste ponto, chega ao extremo. A 'Apulon' dos dácios torna-se a latina 'Apulum', o lugar estando repleto de traços da velha colônia romana. Mas ambas as palavras silenciaram quando a expansão dos eslavos, quieta e abafada, sufocou para sempre os velhos nomes da Europa Oriental. Eles a renomearam 'Bălgrad' – a 'cidade branca' (uma de muitas), talvez como referência aos seus muros claros – e a ideia do branco pegou. Os saxões a chamavam de 'Weissenburg' e, mais tarde, de 'Karlsburg', em honra ao Imperador Carlos VI, que aí construiu uma grande fortaleza no século XVIII. Os húngaros já haviam adotado essa noção de brancura, mas outro elemento veio a se imiscuiur: a palavra 'Julius', tomada de um príncipe húngaro da metade do século X que havia visitado Constantinopla e lá se batizado. 'Gyulafehérvár', eles a chamavam, a 'cidade branca de Gyula'. Os romenos se apegaram a 'Bălgrad', adotando depois o nome 'Alba Iulia', do latim medieval.

Desejei que o Conde Jenö e a condessa estivessem conosco! Ele nos teria contado sobre Miguel, o Bravo, Príncipe da Valáquia, que conquistou a Transilvânia no século XVII; e de como, havendo tomado também a Moldávia, colocou, embora brevemente, os três principados sob um cetro único e, por um tormentoso ano, antecipou a existência do moderno Reino da Romênia. (Foi em comemoração desse fato que o Rei Ferdinando[1] e a Rainha Maria foram aqui coroados quando, finda a guerra, houve a transferência de soberania.) Quando o conde não estivesse por perto, a condessa provavelmente nos teria contado de como uma prolongada má administração acabou por culminar em 1784 numa *jacquerie* romena com fogo e mortandade e horrores múltiplos, terminada ao serem despedaçados dois de seus líderes na roda de Santa Catarina, em frente ao portão do castelo. O Conde Jenö nos teria levado à catedral, como fez István. O velho edifício românico havia sido muito maltratado pelos tártaros e de novo magnificamente reconstruído, no estilo gótico tardio, por João Hunyadi; uma vez mais, nos encontrávamos entre arcos pontiagudos. A cidade inteira estava imersa na história da Transilvânia; ficara famosa sobretudo na era que se seguiu à derrota em Mohács. A Grande Planície Húngara havia sido reduzida a um *pashalik*[2] turco e o remanescente, a noroeste, para além do Danúbio, era reivindicado pelo Rei Ferdinando, irmão do Imperador Carlos V. A Transilvânia, o terço remanescente do mutilado reino, sobreviveu como baluarte de um monarca rival, o Rei João Zápolya; e quando ele morreu, sua viúva, a determinada Rainha Isabela da Polônia, manteve unida a reduzida parte leste do reino; seu filho, João Sigismundo, foi o último rei eleito da Hungria. Mais tarde, além da Transilvânia, nada mais restou e, quando o jovem rei morreu, esses domínios orientais, agora uma imensa e isolada província, tornaram-se um principado que só conseguiu afastar as reivindicações dos Habsburgo ao aceitar uma sombria vassalagem ao Império Otomano. Então, por mais de um século, uma extraordinária procissão de príncipes transilvanos se sucedeu até que a Reconquista, em 1711, lhe pôs fim, e a Transilvânia se tornou mais uma vez parte da Hungria; deveras reagrupada e redimida, mas apenas um reino dos Habsburgo.

A Rainha Isabela e João Sigismundo jaziam em tumbas sob as abóbadas da catedral, tal como João Hunyadi e seu filho László, decapitado em Buda; também os príncipes Apafi e Bocskay e o assassinado Cardeal Martinuzzi. O belo palácio episcopal, um pacífico labirinto de paredes de cor ocre e, mais, a sombra das castanheiras, transformavam essa parte da cidade numa Barchester[3] da Transilvânia (Mais tarde, no século XVIII, o Bispo-Conde Batthyány doou à cidade uma magnífica biblioteca de preciosos livros, inclusive um dos mais antigos manuscritos de A Canção dos Nibelungos.) O grande Gábor Bethlen[4] foi outro benfeitor, tendo fundado uma academia.*,[5] Casado com a irmã do Eleitor de Brandemburgo, foi um dos mais ativos dessa sucessão de príncipes e, na Guerra dos Trinta Anos, um poderoso líder protestante voltado para o Ocidente, aliado do Eleitor Palatino, da 'Rainha do Inverno' e de Gustavo Adolfo.[6]

Os primeiros príncipes Rákóczi também foram campeões da Reforma Protestante. De maneira a reforçar a causa, buscando o apoio dinástico da Inglaterra e do Palatinato – e talvez com o apoio de uma Boêmia reconvertida – Sigismundo, irmão de Jorge Rákóczi II,[7] casou-se com Henriqueta, filha da 'Rainha do Inverno'. Assim, por boa parte desse estranho período, a Transilvânia foi não apenas uma fortaleza das liberdades húngaras, mas um refúgio para as várias seitas protestantes que lá se estabeleceram; deu-se ali também então uma espécie de era de ouro para as humanidades. A

---

* Um detalhe sobre a academia de Bethlen que, então, não tinha a menor importância para mim, mas que hoje significa muito: por um ano o professor de filosofia foi um poeta silesiano, Martin Opitz (1597-1639), o 'Pai da Poesia Alemã', membro de uma plêiade de poetas do século XVII que incluía Simon Dach, Paul Fleming, Scheffler, Gryphius e Grimmelshausen ("Komm, Trost der Nacht, O Nachtigall"), autor de O Aventuroso Simplicissimus, o grande romance picaresco da Guerra dos Trinta Anos; e Weckherlin, que se tornou o secretário latino de Cromwell, antecessor imediato de Milton, e escreveu um notável soneto sobre o assassinato de Buckingham. Todos foram evocados de maneira muito criativa por Günter Grass em The Meeting at Telgte.

parte saxã da população seguia Lutero, os húngaros adotavam o calvinismo que ganhava corpo logo do outro lado da fronteira, em Debrecen, enquanto unitários de variados tipos prosperavam; todos eles alimentados por um sentimento anti-Habsburgo e reagindo à intransigência jesuíta. Os príncipes urdiram um notável grau de tolerância entre as igrejas em confronto. O fervor sectário ficou aquém das paixões que dominaram a Polônia e a Áustria, e, mesmo quando desta viagem, a rivalidade confessional era menos aguda. (István, apesar de seus sentimentos pessoais se inclinarem fortemente pelo catolicismo, tinha sido batizado como protestante, tal como seu pai, enquanto sua irmã Ilona, como a mãe de ambos, era católica. Esse tipo de arranjo para as crianças de casamentos mistos não era incomum por aquelas bandas.)

◆ ◆ ◆ ◆

TOMANDO UMA SAÍDA algumas milhas adiante, ao norte, deparamos com uma grande agitação. O caminho para o próximo vilarejo estava repleto de sons de terreiros de fazenda e assim que ultrapassamos uma manada de gado e uma barragem de nuvens de poeira, começaram a se juntar roupas típicas de uma vintena de aldeias. Barraquinhas apresentavam cintos de couro tachonados, jaquetas de pele de ovelha, blusas, lenços, e chapéus cônicos de lã, pretos e brancos; havia cilhas, bridões, estribos, arreios, facas, foices e guirlandas de latão e sinos de ferro para ovelhas ainda com o brilho da forja; e também ícones emoldurados em ouropel para os ortodoxos e rosários aos montes para os católicos; cordões de alho e cebola, espetos incendiários de páprica verde e vermelha; cabos acinzentados para ferramentas, ancinhos, forcados, cajados, bastões, gamelas, batedeiras, cangalhas, açoites, flautas lavradas, e talheres de madeira similares aos que os ciganos moldavam no pátio do castelo de István. Panelas, jarros e grandes moringas, a serem carregadas nos ombros ou nas cabeças, amontoavam-se às centenas; fileiras de sapatos estavam dispostos, alternativamente, em posição de atenção ou à vontade, e grupos de mocassins de couro cru em formato de canoa pendiam de seus cordões. Comprei para Angéla um canivete e um lenço alaranjado para protegê-la da poeira e ela me deu umas duas jardas de um trançado vermelho e amarelo, com três polegadas de largura, desenroscadas de uma grande bobina, para fazer um cinturão. Bebemos *tzuica* em cuias de cabos altos e estreitos, sentados em mesas de cavaletes sob umas acácias, lutando para ouvir o que cada um tinha a dizer; mas os animais, o pregão de mercadorias, as barganhas, as rabecas, os ruídos agudos dos sopros, o tamborim e a flauta de um domador de ursos, e o assalto dos mendigos ciganos formavam uma barreira tão maciça que era em vão que berrávamos, uns nos ouvidos dos outros, e logo sossegamos, felizes e sorridentes, e calados sob a luz cambiante. Judeus vestidos de preto estavam espalhados entre as túnicas brancas e as cores vivas dos camponeses. Havia ciganos por toda parte: mulheres mendicantes, tais quais arcos-íris aos frangalhos; crianças de peito, embora jovens demais para falar, já agarravam impiedosamente suas vítimas e os homens pareciam mais tresloucados do que quaisquer que eu jamais houvesse visto; escuros como gente de costados africanos, com barbas desgrenhadas, cachos negro-azulados e foscos caindo sobre os ombros e olhares de canibal. Bêbados aos pares mal se equilibravam ou roncavam sob suas carroças. Imponentes carretas de feno estavam estacionadas por toda parte, com gaiolas que se amontoavam em periclitantes quadriláteros: numa delas uma galinha nômade, parte de uma ninhada empoleirada mais acima, imprudentemente, botava um ovo. Carroças inclinavam suas hastes laterais para o alto num emaranhado de diagonais; e centenas de cavalos da rija raça transilvana bufavam e relinchavam irrequietos na periferia do vilarejo. O lugar poderia ter sido um campo tártaro; e mais além das coberturas de sapê e das folhagens, a massa de montanhas do velho principado ascendia em degraus, a ocidente, até sua recortada silhueta.

◆ ◆ ◆ ◆

"QUE PENA QUE tenhamos tão pouco tempo!"

Adentrando cada vez mais pelo adernante platô central, István acenava em direção às serras que se sobrepunham e nos contava das maravilhas que estávamos perdendo. "Existem velhas minas romanas de sal, até hoje trabalhadas por presidiários, que perfuram o coração das montanhas, contorcendo-se e ziguezagueando à medida que avançam, e emitindo ecos que ricocheteiam de parede a parede até que desaparecem na distância. Uma galeria reproduz o eco dezesseis vezes; gritos repetidos nas profundezas colocam todo o interior do maciço montanhoso a repicar como um trovão enlouquecido." Cada córrego e rio que se desdobrava oferecia novas maravilhas: profundas fissuras calcáreas, cavernas descomunais enfeitadas com arcos e arcadas e estranhas janelas naturais; riachos invisíveis que rugiam na escuridão e grutas onde as estalactites e estalagmites buscavam uns aos outros ou se agarravam indissoluvelmente em pilares de cintura fina; castelos ganhavam as alturas e velhos vilarejos saqueados pelos mongóis ainda caíam aos pedaços por entre assombradas florestas onde os pastores romenos chamavam-se, uns aos outros, e aos seus rebanhos usando cornos feitos de tílias, compridos de muitas jardas, e anelados em metal, tal como aqueles que estrondam pelos prados alpinos e pelas pastagens do Tibete.

A larga rua principal de Turda – ou Torda – lembrou-me Honiton.[8] "São todos sapateiros, curtidores e ceramistas", disse István, "e muitos deles são socinianos". Angéla perguntou o que seriam socinianos e, dessa vez, fui capaz de agregar algo, já que havia pesquisado o tema na biblioteca do Conde Jenö. Eram uma seita unitária que nascera nessa parte do mundo e recebia seu nome de uma família de teólogos de Siena, os Sozzini; por aqui, o nome derivou de um tal de Fausto Sozzini, um sobrinho aventureiro do fundador, que veio parar na Transilvânia vindo da corte de Isabela de Médici, estabelecendo-se em 1578 em Kolozsvár, onde suas doutrinas fixaram profundas raízes heterodoxas. Daqui, caminhou para Cracóvia.

"Sim", disse Angéla, "mas no que acreditam eles?".

"Bem", respondeu István vacilante, "para começar, não acreditam na Trindade".

"Ah, é?", depois de meio segundo de considerações doutrinárias, ela respondeu:

"Bobalhões." István e eu rimos.

Vagamos pela igreja calvinista. O velho prédio era tão severo quanto um convento, e tinha o Decálogo inscrito em magiar sobre a mesa de comunhão. Tal qual numa igreja paroquial inglesa, a seleção de hinos do domingo anterior estava emoldurada em madeira numa pilastra junto a um alto púlpito. As únicas coisas com caráter decorativo eram os elegantes bancos barrocos: haviam sido pintados em verde-claro e retocados em dourado, como se os reverendos houvessem determinado que os católicos nem sempre poderiam fazer tudo a seu jeito. Três irmãs de meia-idade, cujos rostos sobre suas toucas mais pareciam maçãs, poliam os bancos com vigor, arrumando os livros de preces e os hinários nas prateleiras e batendo a poeira dos genuflexórios.

◆ ◆ ◆ ◆

AVANÇÁVAMOS ÀS PRESSAS pela Terra de Canaã. Sequências de colmeias, trazidas pelo verão, alinhavam-se na beira das matas. As encostas eram listradas por fileiras de vinhedos e cobriam-se de feixes e medas e do joio que resultara da debulha, misturados à poeira. Rebanhos e manadas começavam a lançar sombras mais alongadas quando atingimos um ponto elevado de onde, abaixo, toda uma cidade se espalhava; e, descendo junto às muralhas de uma vigilante cidadela do século XVIII, contemplamos uma desarrumada massa de telhados. Lá embaixo, pontes lançavam-se sobre uma curva de rio até a parte mais antiga da cidade, do lado oposto. Era a 'Cluj' dos romenos, 'Klausenburg' para os primeiros colonos saxões que a fundaram ou refundaram, mas, inexpugnavelmente, para os húngaros, 'Kolozsvár'.* O sol banhava a bacia do rio com a luz vespertina e fazia acender as janelas e os flancos ocidentais das cúpulas, das agulhas e de muitos campanários, escurecendo as paredes orientais com sombras; e enquanto olhávamos, um deles começou a marcar a hora e um outro aceitou o desafio, seguido por um terceiro e logo uma enorme tonelagem de bronze sectário fazia ressoar suas antigas rivalidades em meio ao crepúsculo. Até mesmo os

---

* Em tempos recentes, o nome romeno foi alongado, por hifenação, com 'Napoca', denominação antigamente dada pelos dácios à cidade. O 'zs' de Kolozsvár soa como o 'j' em francês.

armênios, aqui estabelecidos havia cerca de dois séculos, contribuíram com seu badalar; e apenas as sinagogas se mantiveram mudas.

Ao retornarmos ao carro, um enxame de ciganinhos, saídos de grutas e palhoças, avançou sobre nós, invadiu o estribo e o capô e nos envolveu em gritos e súplicas e numa malha de braços, qual gavinhas marrons, das quais só conseguimos nos livrar jogando moedas para além de suas cabeças, como se fossem confete. Liberado num átimo, o carro deslizou colina abaixo, atravessou uma das pontes e entrou pela cidade antiga adentro.

◆ ◆ ◆

NOSSA VIAGEM ERA um segredo. A cidade não era tão perigosa quanto no inverno, época de festas, teatro e ópera, a todo vapor; mas não era para estarmos por lá, e Angéla, muito menos. István – e nós, em igual medida, – deleitava-se com essa atmosfera de clandestinidade que dava à viagem um toque estimulante de ópera-bufa. Assim, deixamos o carro, conspícuo, do lado de fora de nossas acomodações e saímos a vadiar pela cidade. István andava à frente e espiava através das esquinas com medo de se deparar com alguém conhecido, e, de fato, subitamente, ele sussurrou: "Meia-volta, volver!", fazendo-nos entrar na oficina de um ferreiro dublê de vendedor de tintas onde, de costas para a porta, ficamos debruçados no exame atento de uma seleção de ratoeiras até que o perigo tivesse passado. Era alguém com quem ele havia estudado em Viena.

A cidade antiga estava repleta de grandes residências e palácios, a maioria deles agora vazia, com seus proprietários dedicados às tarefas da colheita. Graças a isso, após dar uns telefonemas, István conseguiu numa delas a cessão de um par de belos cômodos abobadados, não muito longe da casa onde Matias Corvinus havia nascido.

Havia muita evidência relativa a seu reinado. Na grande praça do mercado, uma magnífica estátua equestre apresentava o rei em armadura completa, rodeado por seus cavaleiros e comandantes, enquanto insígnias em quantidade, marcadas com o crescente e rabos de cavalo, empilhavam-se aos seus pés como troféus. No plinto, a incisão dizia apenas 'Matthias Rex' – quando foi feita, não havia necessidade de adicionar 'Hungariae' – e os romenos tanto quanto os húngaros se sentiam com justiça orgulhosos desse parentesco. A maior parte dos nomes associados ao lugar saía direto dos romances de Jókai,[9] e aproveitamos para dar uma rápida olhada nas arcadas barrocas e nos livros e tesouros do magnífico Palácio Bánffy. Será correta minha lembrança de que Liszt deu recitais ali? Acho que *Don Giovanni* foi apresentada em húngaro na cidade de nome triplo antes mesmo que em Budapeste. Entramos na imensa Igreja de São Miguel, católica – um prédio gótico que parecia gigantesco visto da cidadela –, no momento em que os fiéis saiam das Vésperas, e o interior ensombrecido, iluminado por nada mais do que o cintilar de fileiras de círios, parecia ainda mais vasto e esplêndido; os pilares em feixe da nave elevavam-se sem que capitéis parassem o voo dos olhos, inclinando-se depois para encontrar os demais, formando arcos ogivais e perdendo-se num emaranhado de liernes e abóbadas de arestas e de sombra.

O New York, um hotel no final da praça principal – ponto especial de reunião na estação invernal – atraiu meus companheiros como um ímã. István disse que o *barman* tinha inventado um coquetel sensacional – só sobrepujado por outro, conhecido como 'Voando' no Vier Jahreszeiten, um bar em Munique – e que seria um crime não experimentá-lo. Ele circulou pelo lugar e, do alto de uma escadaria, acenou indicando que tudo estava bem; nós nos sentamos num canto estratégico enquanto o bruxo do *barman* foi à loucura com a coqueteleira. Não havia mais ninguém no bar; estava ficando tarde e o ritmo abafado da valsa do *Die Fledermaus* sugeria que todos os demais haviam passado à sala de refeições. Bebericamos com apreensão e encantamento em meio a um *décor* Regência neorromano nas cores creme, sangue de boi e dourado: capitéis coríntios espalhavam suas folhas de acanto, e troféus de aljavas, cornos de caça, liras e violinos se enroscavam em guirlandas por entre as pilastras. Enquanto bebericávamos, nossa conversa versou sobre segredos e disfarces. "Talvez eu deva fingir que tenho uma dor de dentes", disse Angéla, depois do segundo coquetel, enrolando seu novo lenço em torno da cabeça como se fosse uma bandagem a lhe acobertar; "ou", estendendo-o em frente ao rosto e abaixo dos olhos, "usar um *yashmak*. Ou simplesmente cobrir a coisa toda". Ela embrulhou a cabeça no lenço e o amarrou dando um laço no alto, como se fosse um pudim de Natal. Imperturbável, o *barman* serviu uma terceira rodada e então sumiu, exatamente quando Angéla reaparecia, sacudindo os cabelos, lá encontrando os drinques como por mágica. Sugeri o elmo da invisibilidade de Perseu. István acreditava que o *Tarnhelm* de Siegfried seria melhor ainda; nesse último caso, ela não só poderia tornar-se invisível como transmutar-se em outra pessoa: o Rei Carol, Greta Garbo, Horthy, Mussolini e Groucho Marx foram alguns dos considerados, e depois, o Príncipe de Gales, Jack Dempsey, a Rainha Maria e Charlie Chaplin; o Gordo e o Magro, talvez um dos dois; ela teria de escolher, mas insistiu que fossem ambos.

Isso nos levou a conversas sobre visão dupla; os drinques começavam a fazer efeito. Saímos, andando com cuidado e a devida dissimulação, pairando no ar; e mergulhamos então numa carruagem coberta, que no inverno teria sido um trenó, e fomos em *clip-clop* para um discreto restaurante cigano fora da cidade, voltando aos nossos belos cômodos abobadados, acalentados pela páprica e pelos glissandos.

◆ ◆ ◆ ◆

QUE ALEGRIA SER acordado no dia seguinte pelos sinos cismáticos, recíprocos em sua discordância, enquanto a luz de um sol de julho penetrava a janela entreaberta, desenhando listras sobre a colcha! Em suas peles e alamares, os nobres húngaros nas paredes da sala do café da manhã nos inspecionavam com suas mãos serenamente pousadas sobre os punhos de suas cimitarras. Olhamos cada um deles em sequência, admirando os muitos renques de presilhas suntuosamente adornadas. Anunciado pelas emanações, um criado muito velho em avental de baeta, trouxe café e *croissants* de uma parte distante da casa e enquanto nos entregávamos a comer e beber, ele falava; e as notícias que trazia sobre a noite anterior abriram um prolongado momento de melancolia: Dollfuss havia sido assassinado pelos nazistas. Mas, tal como ocorrera no caso dos expurgos na Alemanha, um mês antes, nossa disposição era tal que o desânimo não durou muito além do café da manhã: tudo parecia estar tão, tão distante a oeste. E não passava de cinco meses desde que eu tinha visto o pequeno chanceler liderar aquela sombria procissão em Viena, depois das confusões de fevereiro. Naquele momento, eu sequer ouvira falar de Cluj ou Klausenburg ou Kolozsvár. Mas a Transilvânia havia sido um nome familiar desde sempre. Era a essência mesmo e o símbolo daquilo que fosse remoto, frondoso e de uma estranheza meio mítica; e, estando na própria, parecia ainda mais remota, e mais carregada de charme. Sob sua influência, estávamos insensíveis aos maus presságios, e seria preciso algo ainda mais drástico e mais próximo para romper o feitiço de comédia, aventura e prazer que envolvia nossa viagem.

Nossa euforia era completa, e nos acompanhou durante todo o dia através de cânions escuros, florestas que adernavam, pastagens escarpadas, descendo para um vale onde a tortuosa bruma de salgueiros e álamos marcava mais uma vez a sinuosidade do Maros; e logo uma transformação súbita caiu sobre cidades e vilarejos, não na paisagem – esta mudava o tempo todo – mas no tocante a seus habitantes.

Falava-se muito húngaro nas poucas cidades da Transilvânia que eu havia visto, e, entre os suábios de Arad, também alemão; mas nos vilarejos e no campo, o romeno era de uso quase universal. Agora, de repente, os condutores dando água aos cavalos nos cochos de madeira, os camponeses nos campos, os pastores abraçados com seus bastões sob as árvores e os pescadores lançando suas redes sobre o rio, todos falavam magiar. Estávamos entre os sículos, os húngaros da Transilvânia, para mais de meio milhão deles, ocupando um imenso enclave ao sul e a leste dos Cárpatos. Foi essa posição geográfica, isolada num mar de romenos, que fez com que o problema étnico ficasse sem possibilidade de solução.

Diz-se que os sículos são os mais antigos habitantes da província; os romenos, sabemos, contestam esta versão com vigor. Acreditava-se, em tempos passados, erroneamente, que os sículos – assim como os magiares, só que estes, muito mais tarde – eram descendentes dos hunos. Outros afirmavam que quando Carlos Magno varreu os ávaros da Grande Planície, alguns deles teriam se estabelecido nessas montanhas. Ou, perguntava-se: Não seriam eles descendentes dos belicosos kabares, uma tribo dissidente que se juntara aos magiares durante sua nebulosa estadia no Império Khazar e mais tarde viria a formar a vanguarda das hostes de Arpád? Acho que a teoria mais recente apoia a ideia de suas origens magiares: de alguma maneira, eles teriam se separado do corpo principal das tribos, quando, a partir da Bessarábia, transladaram-se a oeste com os pechenegues em seus calcanhares; devem ter enveredado através das passagens mais próximas ao seu atual hábitat, enquanto as demais tribos trilharam caminhos mais convolutos até a Grande Planície. Se este for o caso, os magiares, em sua expansão, ao se moverem novamente para o leste em direção à Transilvânia, teriam encontrado lá instalados seus parentes sículos. Existe evidência convincente de que os mais antigos monarcas húngaros os fixaram ou os confirmaram como vigias permanentes na fronteira ao longo das bordas dos Cárpatos, atentos a outros invasores bárbaros; e não há nada de incompatível nas duas últimas teorias. De qualquer maneira, por toda a Idade Média e das Trevas, na marcha para o leste, os sículos foram a sentinela e a cavalaria ligeira; e, durante as batalhas, quando o corpo principal da cavalaria húngara tomava o campo em armadura completa, eles insistiam na rapidez das táticas partas de seu passado nômade. Os húngaros, os sículos e os saxões tinham bastante autonomia sob a Coroa Húngara, e muitos dos sículos, mesmo que estivessem calçados de mocassins e ainda assinassem seus nomes com os polegares, foram nobilitados *en masse*; as três nações – ou melhor, seus lideres e nobres – tinham voz nos conselhos da Transilvânia.*

◆ ◆ ◆ ◆

O AUTOMÓVEL SE arrastou por entre os carroções e o gado na metrópole dos sículos e, pelos sons que chegavam aos nossos ouvidos, estaríamos no coração mesmo de um vilarejo húngaro. Târgu Mureş – ainda

---

* Nesse contexto, 'nação' tem um sentido especial: significa a minoria nobre que tem o poder de legislar. Os servos húngaros, não fazendo parte dela, eram tão pouco representados quanto os ancestrais da maioria romena de similar status. Era a posição na hierarquia social e não a 'nacionalidade' o que contava. Havia nobres romenos que tinham voz, mas estes invariavelmente eram absorvidos pela nobreza húngara e nela se perdiam.

'Marosvásárhely' para seus habitantes – passava pelas atribulações de mais um dia de mercado. Sem qualquer sugestão alheia, pareceu-me discernir alguma diferença nas feições locais – algo ao mesmo tempo mais tosco e mais anguloso nas testas, bochechas e queixos – e que correspondia às mudanças de linguajar. Havia diferenças também no vestir, embora os detalhes já tenham me escapado. Calçados de couro cru e sandálias de dedo eram comuns a todos, como os chapéus de lã e os de feltro preto e de coroa rasa. Mas por todo meu itinerário, a principal diferença entre húngaros e romenos das áreas rurais era a túnica ou camisa de cintura folgada, amarrada por um cinto largo, que os romenos vestiam por fora de suas calças. Ambos faziam uso de um linho branco de fabricação caseira, mas as camisas dos húngaros eram sempre abotoadas rente ao pescoço; suas calças, da cintura para baixo, eram incomumente largas e muitas vezes plissadas, o que quase as faziam parecer saias compridas. 'Gatya Hosen', István as chamava; essas eram frequentemente substituídas por bombachas pretas e folgadas e botas reluzentes até a altura dos joelhos. Mas por aqui, os camponeses, quase sem exceção, vestiam calças brancas justas, colantes, em tecido de fabricação caseira, que mais pareciam feitas de pedaços de feltro juntados e costurados. Através da planície húngara e na Transilvânia, as roupas femininas variavam o tempo todo. Cada vilarejo e vale adotava uma conjunção diferente de cores e estilos: galões, túnicas, rendas, fitas, plissados, golas, laços, bonés, lenços, toucas, tranças caídas ou enroscadas: um conjunto imenso de detalhes informava se as portadoras eram comprometidas, noivas, casadas, solteironas ou viúvas. Volta e meia toucas adornavam suas cabeças, lembrando brácteas e espigas; entre os saxões, erguiam-se em rígidos cilindros escarlate. Havia corpetes, mangas bufantes ou em retalhos, bordados, moedas de ouro nas testas ou nos pescoços ou em ambos, aventais na frente e atrás, um número variado de anáguas e saiotes saltando dos quadris como se estivessem sobre anquinhas, tudo isso acompanhado, às vezes, por botas russas coloridas. Estes adereços de aldeia davam a todas as reuniões um ar festivo, em especial porque era elevado o número de beldades húngaras e romenas. Os grupos populacionais tendiam a ficar separados uns dos outros; mas quanto mais se sobrepunham e misturavam – magiares, romenos, sérvios, eslovacos, saxões, suábios e, vez ou outra, armênios, e talvez alguns rutenos ao norte – mais vistosas pareciam.* As roupas de uso diário eram uma versão sóbria das vestimentas de gala; mas em dias de festa e em casamentos, explodiam em arrebatada exibição. As vestimentas ainda tinham um caráter emblemático, e não só entre os camponeses: um especialista em símbolos romenos e húngaros, observando os transeuntes numa praça de mercado – um par de soldados, um capitão na brigada de Rosiori, uma prioresa ursulina, uma irmã de São Vicente de Paulo, uma clarissa, um rabino hassídico, um diácono armênio, uma freira ortodoxa, um arquimandrita uniata, um pastor calvinista, um cônego agostiniano, um beneditino, um frei minorita, um nobre magiar, um cocheiro de chapéu com pluma de avestruz, um motorista russo de voz estridente, um cigano domador de ursos com seus tribais confrades que se dedicavam a entalhar colheres, um cardador de lã, um ferreiro, um vaqueiro, um limpador de chaminés, um madeireiro ou um carroceiro, e sobretudo, mulheres de uma dúzia de aldeias e lavradores e pastores de vales e serranias as mais espalhadas – teria sido capaz de enumerar as origens de todos tão rapidamente quanto um arauto checando bandeiras e casacas numa batalha no século XIV.

Próximo a uma imensa igreja na praça do mercado, um cigano estava postado diante de várias cestas aninhadas. Angéla comprou uma, e quando havia acabado de enchê-la de garrafas e outras coisas saborosas das lojas e barraquinhas, nós nos arrastamos em marcha lenta pelo meio da multidão, e uma vez longe da cidade, dirigimos por algumas milhas e subimos até chegarmos à borda de um campo íngreme e ceifado, logo acima do rio. O motor, quando paramos, assustou uma garça. Ela se ergueu por cima das árvores abaixo e saiu voando sobre os campos.

---

* Naquela época, tinha-se a impressão de que as garotas húngaras dominavam o mercado internacional de cabarés; todas as boates de que me lembro estavam cheias delas. Muitas dessas garotas saíam à cata de melhor sorte no exterior e me recordo de uma novela russa do século XIX em que a palavra 'vengerka' ('garota húngara') carregava um sentido vulgar e profissional.

"Como são rápidas quando alçam voo!", observou Angéla. "Nenhum estardalhaço, como os cisnes."

"Ah", disse István, "isso é porque elas têm bolsas de ar em seus ossos", e nós a observamos diminuir de tamanho à medida que se distanciavam.

Fizemos um piquenique sob um carvalho. As montanhas que explodiam ao norte e a leste eram uma massa de cânions e florestas: repletas de ursos, informou István. O Príncipe Herdeiro Rodolfo e seu círculo – ou foi o insaciável Francisco Ferdinando?[10] – em suas várias estadias, havia matado sessenta. Quando perguntamos a István se ainda sobrara algum, disse, "Estão coalhadas deles". Ele também havia ficado de tocaia naquelas infindáveis florestas de coníferas. E havia lobos. Os filhotes estariam crescendo por essa época.

Percebendo que havíamos ficado sem cigarros, István sacudiu o torpor pós-refeição e dirigiu de volta à cidade. Angéla e eu vagamos até o rio, nadamos e por lá vadiamos, deitados na grama, flertando, nos abraçando e depois observando as libélulas arremetendo por entre os raios de sol que os galhos dos salgueiros aprisionavam e subdividiam em fiapos, enquanto nossos cílios sonolentos os refragmentavam em feixes prismáticos. Voltamos para o carvalho no momento mesmo em que o automóvel vinha resfolegando morro acima. István nos contou que havia se deparado com um colega dos hussardos e não conseguira se desembaraçar dele, e nós fizemos chacota de sua popularidade. Ele disse que preferiria ter descido para um mergulho; e então murmurou para mim, "Embora não faça muito sentido, agora que a colheita está terminada".

◆ ◆ ◆ ◆

DEMOS CARONA A uma senhora idosa que cautelosamente carregava um alguidar de pudim recoberto com um pano. Perguntei, por intermédio de István, se seria da etnia sícula, e ela respondeu, "Não, sou apenas magiar". Seu rosto, coberto por uma touca de viúva sob um chapéu de palha trançada imensamente largo, parecia um machado. Quando Angéla perguntou o que havia dentro do alguidar assentado com tanto cuidado sobre seus joelhos, ela disse: "Sinta só", e levantou um cantinho da coberta. Angéla se ajoelhou no assento, olhou para trás, deslizou sua mão por debaixo do pano e deu uma breve arfada de surpresa. A velha sorriu desdentada e ambas sugeriram que eu também experimentasse; o que fiz, descobrindo com sobressalto uma massa de felpudos e tépidos corpos que se moviam e se tornaram audíveis quando a coberta foi completamente retirada. O alguidar estava repleto de patinhos recém-nascidos e quando desceu do carro, ela nos ofereceu alguns deles em agradecimento pela carona; mas logo correu porta adentro e voltou com três copos de *szilvorium*.[11]

Estava ficando tarde. Deixamos o rio, tomamos o rumo sul e, numa estrada muito ruim que ladeava outro rio – o Kokel?,* – seguimos a montante. Novamente indo para o sul, passamos por pastagens e campos de resteva, onde respigadoras[12] se recurvavam por entre sombras e raios de sol razantes. Era uma visão de Samuel Palmer,[13] uma paisagem tranquila de colinas e matas e campos marcados por feixes; medas piramidais jogavam sombras morro abaixo no formato de lanças; gado e rebanhos voltavam para casa envoltos em auréolas de poeira. Mais uma vez, havia algo de diferente na paisagem e nos vilarejos, mas era difícil dizer o quê. Telhas tomavam o lugar do sapê; muros fechavam amplos pátios, onde a casa de fazenda dotada de frontão ocupava um dos lados; e portões de acesso os perfuravam com arcos achatados, altos o suficiente para que carroças cheias pudessem passar. A ordem e o cuidado dominavam.

Para além das montanhas, ao norte e a leste, nuvens vinham se agrupando em arranjos um tanto perturbadores, de início com uma aparência flocular e calma, e depois irrequietos com relâmpagos de verão. A eletricidade, dançando por entre essas massas de vapor, as tornava azuis-esverdeadas, prata e malva; e com um estremecimento, num fragmento de segundo, ficavam transparentes ou bulbosas ou tão finas quanto coxias de teatro: efeitos pirotécnicos como o do magnésio, como se um palhaço ou um arlequim atmosférico estivesse à solta nas montanhas. Essa sequência incansável de mudanças de cena começou com o cair da noite; e então, a ascensão da oitava lua cheia desta viagem fez do céu uma alucinação e, lá

---

* Târnava? Kukullo? Isso é o que parece dizer o mapa.

em cima, no meio dele, bem em frente, um triângulo vertiginoso de telhados íngremes, espetos, topos de árvores e penhascos em ameias se ergueu como uma cidadela nas iluminuras de um livro de salmos.

"Olhe!", exclamaram István e Angéla. "Segesvár!" Um romeno teria gritado "Sighişoara!"; mas os descendentes dos construtores daquele lugar lá em cima teriam dito "Schässburg!".

♦ ♦ ♦ ♦

TAL COMO 'TRANSILVÂNIA' no Ocidente, os nomes magiares e romenos da província — 'Erdély' e 'Ardeal' — significam, ambos, algo relacionado com florestas. Mas o nome alemão é 'Siebenburgen', e a palavra evoca sete fortalezas, cada uma delas com três nomes. (Reluto em infligir a quem seja todos os vinte e um.)

Sucedera o seguinte. Quando os primeiros reis da Hungria, em particular Géza II, no século XII, encontraram deserta essa região, tal como consta nas crônicas húngaras, convocaram colonizadores 'saxões' do Baixo e Médio Reno, alguns de Flandres e outros, diz-se, da Mosela, e até mesmo alguns valões. Eles araram a terra e construíram as cidades, frequentemente, tal como aqui, sobre antigos sítios dácios; são esses os *Burgen* em questão, e com o passar do tempo, a crescente constelação de fazendas e vilarejos se encostou nas regiões dos sículos, húngaros e romenos. Um século mais tarde, ameaçados pelo avanço decidido dos cumanos em direção a oeste, András II convocou na Terra Santa a Ordem dos Cavaleiros Teutônicos; doou-lhes uma área de terras em torno a Kronstadt; mas quando os cavaleiros buscaram torná-la independente, para depois entregá-la ao Papa, o rei os expulsou. Seguindo em direção ao norte, eles se estabeleceram ao longo do Vístula e fundaram o Estado guerreiro que mais tarde veio a ser a Prússia Oriental; e logo seriam vistos batendo-se nas margens dos Lagos Masurianos e saqueando os lituanos por entre as massas de gelo flutuante do Báltico.

Entrementes, nesta terra, os pacíficos precursores 'saxões' floresciam. Por lá permaneceram mais de duzentos mil deles, que logo se tornariam a comunidade mais progressista da Transilvânia. Cultivavam a terra em torno às suas fazendas muradas e seus múltiplos ofícios lhes traziam prosperidade. Igrejas góticas foram levantadas, campanários erguidos, porões abobadados perfuraram as rochas e ameias os envolveram. O dialeto que falavam afastou-se um pouco daquele dos seus compatriotas a oeste, mas não mais do que um dialeto regional costumava fazer; e, mais tarde, quando a Reforma avançou pelos Cárpatos, sentimentos de solidariedade tribal os incentivaram a adotar os ensinamentos de Lutero. (Foi um recuo, também, do dogma sociniano, que começara a atingir os calvinistas húngaros.) De maneira surpreendente, essas colônias seguiram a mesma linha evolutiva das cidades e vilarejos alemães do Ocidente: prevalecia igual estilo de vida burguesa e artesã, muito diferente da elegância e vanglória magiar, da autossuficiente obstinação dos sículos e da contida diligência pastoral dos romenos. Uma decorosa, sólida e, muitas vezes, esplêndida arquitetura barroca surgiu na província, refletindo a sóbria perseverança e substância de seus habitantes; teólogos e professores emergiram; e eu me pergunto se eu estava certo (em visitas posteriores) ao compará-los aos colonos puritanos do Novo Mundo? De qualquer maneira, os olhos azuis, os cabelos alourados e a fala teutônica que encontrei naquelas arcadas e mercados poderiam muito bem ter se localizado mil milhas a oeste. Ninguém jamais os confundiu com os colonos germânicos posteriores na Hungria reconquistada – os suábios de Arad, por exemplo. Parecia um milagre que eles, com suas cidades e aldeias e suas habilidades e língua tivessem sobrevivido aos últimos oito séculos de convulsões com tão poucos danos. Eles são chamados de 'saxões transilvanos' – '*Sassen*', em seu dialeto. Ninguém sabe muito bem por quê, já que eles nada têm a ver com a Saxônia. Teria sido esta a palavra regional informalmente usada para designar 'alemão' em algum momento da Idade Média? Talvez no tempo dos imperadores saxões – Henrique, o Passarinheiro, os Oto, ou Henrique, o Santo? Ou, mais tarde, sob o cunhado de Ricardo Coração de Leão, Henrique, o Leão?

 Eu, ainda pequeno, conhecia o nome dessa região, desde que ouvi a leitura de O *Flautista de Hamelin*, contando como as crianças de Hamelin tinham sido enfiadas pelo abismo de uma montanha, reemergindo nos Cárpatos:

> Existe uma tribo na Transilvânia[14]
> De gente esquisita que atribui
> Seus bizarros modos e seus trajes,
> De que seus vizinhos tanto falam,
> Ao fato de seus pais terem surgido
> De alguma prisão subterrânea
> Na qual tinham sido capturados,
> Fazia muito tempo, em grande bando,
> Saído da vila de Hamelin, nas terras de Brunswick.
> Mas como ou por que eles não sabem explicar.

A Gruta de Almasch é ainda identificada como a fenda da qual emergiram pelo outro lado. É uma caverna assombrada por morcegos por volta de quarenta léguas em linha reta a leste de Schässburg. A história, ao definir as crianças como sendo de Brunswick, as faria especificamente saxãs.*

Era longe demais dos lugares habitualmente frequentados por Angéla e István para nos preocuparmos com encontros que nos pegassem de surpresa; assim, em lugar de andar às escondidas, passeamos à vontade, pelas ruas do alto da cidadela. Contemplamos a paisagem enluarada abaixo e, acima, as flechas recobertas de lâminas metálicas e observamos os braços de um velho relógio sobre um arco de passagem onde uma figurinha agitada aparecia e marcava a hora. A cidade resplandecia com o luar, mas para além do brilho das serras distantes, o céu oriental ainda se mostrava inquieto com os relâmpagos do verão. Ficamos numa pousada com frontões e janelas encaixilhadas em chumbo numa praça que se erguia bem acima dos telhados e do cinturão triplo da muralha da cidade, e jantamos numa

---

*   Um amigo de Kronstadt-Braşov-Brassó me conta que a lenda do Flautista localmente não existe. Browning possivelmente a tomou dos Irmãos Grimm, que eventualmente a teriam escutado de algum criativo saxão transilvano que estudara na Alemanha. Eles adoravam inventar histórias improváveis sobre sua remota terra materna: em Bonn e Jena e Heidelberg, ela provavelmente soava tão remota quanto a Tartária. Talvez, no Ocidente, a lenda original esteja vinculada, de maneira um tanto confusa, à Cruzada das Crianças. Dois contingentes saíram da Alemanha e o corpo principal de Vendôme; mas todos pereceram ou foram vendidos como escravos. A própria Hamelin está cheia de lembranças do Flautista.

pesada mesa de carvalho no *Gastzimmer*. As taças continham um vinho local e fresco que acompanhou uma truta colhida naquela tarde, e cada visão e som – as vozes, os copos de vinho, as canecas de pedra, e a mobília brilhando com o polimento de um par de séculos – tornou o ambiente mais próximo de um *Weinstube* junto ao Reno ou ao Neckar. Quando István se retirou, Angéla e eu permanecemos no salão enfumaçado, de mãos dadas, profundamente conscientes de que era a penúltima noite de nossa viagem. Existem momentos em que as horas são mais preciosas do que diamantes. As janelas dos frontões no andar de cima propiciavam uma visão de acentuada irrealidade. A lua havia triunfado a leste e a norte sobre os surdos fogos de artifício e todas as dimensões haviam sido mais uma vez embaralhadas. Debruçamos sobre o parapeito e quando Angéla virou sua cabeça, por um momento seu rosto parecia dividido em dois, um deles prateado e o outro tomado pela luz dourada que vinha das lâmpadas do interior.

◆ ◆ ◆ ◆

"PETÖFI FOI MORTO em algum ponto desses campos à frente", István dissera. O Tsar Nicolau I havia mandado um exército apoiar Francisco José, que tinha então dezoito anos, contra os húngaros, que haviam se levantado em rebelião sob o comando de Kossuth, batendo-se numa guerra de independência na qual quase saíram vitoriosos. O conflito se deslocou para a Transilvânia. Segesvár foi uma das últimas batalhas da campanha. Petöfi, um devoto admirador de Shakespeare e Byron, era uma figura atraente, passional e boêmia e, muitos acreditam, o maior poeta húngaro. Tinha vinte e seis anos quando tombou depois de lutar com imprudente bravura por toda a guerra.

Mas, nos anais romenos, Sighişoara se notabiliza, em meados do século XV, por uma estranha e desconcertante personalidade que, não fosse um ponto fraco, teria entrado na história como herói. Vlad III da Valáquia, descendente da grande dinastia dos Bessarabe, era bisneto de Radu, o Negro, neto do guerreiro Príncipe Mircea, o Velho, e filho de Vlad, o Dragão – assim chamado, acredita-se, porque o Imperador Sigismundo,[15] seu soberano, aliado e inimigo, havia dependurado a Ordem do Dragão em seu pescoço. Entregue como refém ao sultão quando menino, o terceiro Vlad mais tarde subiu ao trono da Valáquia e lutou contra os turcos com competência e energia. Visando castigá-lo por esses feitos, o Sultão Maomé II, conquistador de Constantinopla, empreendeu uma expedição punitiva cujo avanço foi subitamente interrompido por uma cena de indescritível horror: um amplo vale estava coberto por milhares de corpos turcos e búlgaros, imobilizados numa floresta de estacas, suspensos no ar e apodrecendo desde o ano anterior; o general do sultão, cerimoniosamente vestido, figurava na mais alta das estacas. O sultão, cujas feições aquilinas e turbante bulboso e branco como a neve conhecemos das pinturas de Bellini e das gravuras de Pisanello, havia sido criado em meio a sangue, como um falcão: retraiu-se horrorizado – alguns dizem que em deferência à implacável crueldade de seu vassalo rebelde – e se desmanchou em lágrimas. Pois a fraqueza de toda a vida de Vlad foi o hábito de empalar. Muitas xilogravuras da época mostram o príncipe nas ravinas dos Cárpatos, a festejar, por entre bosques de inimigos espetados, como um picanço frente a seu estoque de alimento.

Na Romênia, sempre foi conhecido como 'Vlad Tsepesh' (o 'Empalador'), mas para os estrangeiros, que tinham em mente seu pai Vlad, o Dragão ('Vlad Dracul'), ele era 'o filho do Dragão'. ('Dragão' em romeno é *dracu* e o 'l' final é o artigo 'o'. Daí, portanto, o estrangeirismo 'Drakola', 'Drakule' e similares, uma palavra jamais escutada em lábios romenos; na verdade, uma palavra impropriamente formada, que talvez se baseie apenas em 'Draculea', isto é, 'filho do Dragão'.)

Foi esse estranho trissílabo que evoca dragões, combinado a uma vaga aura de sede de sangue, que deu a Bram Stoker a ideia de um Conde Drácula vampiresco, voando pela noite, de casaca preta e gravata borboleta branca e enterrando os caninos no pescoço de suas vítimas; em décadas recentes, apenas Tarzan o ultrapassou em popularidade cinematográfica. O fato de a Transilvânia ser uma região de castelos, florestas, condes e vampiros e que alguns confusos elementos da história conseguiram enredar-se no romance e lhe dar cor local, sempre (para mim) o fizeram pouco atraente. Gente nada inocente explora a confusão entre os dois personagens e quando o 'Castelo de Drácula' é mostrado para um grupo de turistas acomodados num charabã,[16] suspeito que não é o personagem histórico que surge em suas mentes – o príncipe de touca emplumada com olhar esbugalhado, bigodão, pele de urso, fechos e estrelas, longos cabelos, bastão com bordas reviradas e o estorvo de estacas em paliçada – mas um conde garboso portando uma cartola, uma capa forrada de cetim, e um aspecto estranho na região dos caninos; alguém que poderia igualmente estar anunciando loção de barba, ensinado a dançar tango ou, numa matinê, serrando em dois pedaços a caixa que contivesse uma dama.

De volta a Sighişoara! De volta a Segesvár! E acima de tudo, de volta a Schässburg!

◆ ◆ ◆ ◆

MUITOS ANOS MAIS tarde, subindo a maravilhosa escadaria encoberta que leva à primeira plataforma do Pagode de Shwedagon em Rangum, parei a meio caminho e busquei lembrar o que essa subida acentuada trazia à memória; e, assim, retornei a umas duas décadas antes, quando na Transilvânia, eu galgava uma escadaria, debaixo de muito vento, sob barrotes e lajotas de um íngreme telhado de madeira. Os degraus saxônicos nos levavam ao topo gramado da cidade, cujas ameias no céu acolhiam pedras tumulares inclinadas, grandes árvores e uma velha igreja gótica. Uma cobertura tão alcantilada quanto a de um celeiro, com todas as suas escamas semicirculares descoloridas pelo líquen, erguia-se das paredes manchadas; e pelo lado de dentro, o amplo espaço ascendia numa rede medieval de abóbadas. Viam-se novamente arcos pontiagudos e ogivais, trifólios e cúspides, e, na capela-mor, traços de afrescos dos quais três quartos descascados, talvez, uma Crucificação ou uma Transfiguração: a lembrança exata desapareceu. Pedras tumulares heráldicas empilhavam-se aleatoriamente abaixo das cordas dos sinos, e o órgão devia estar quebrado, porque alguém emitia ribombos e chiados ao tocar um harmônio na galeria. O tema dos retábulos da Escola do Danúbio também já foi esquecido.

"Uma maravilhosa mistura de pedra tosca", diz meu diário, "tijolo esmaecido e argamassa, portais chanfrados, uma época sobre a outra, tudo do melhor padrão e tudo com aquela sensação de intocado e bolorento que fala ao coração". De início, pensei que fosse uma igreja católica, mas a falta de iluminação nos santuários e nas Estações da Cruz me diziam que não. Era na realidade luterana e muito menos árida e despojada do que interiores de igrejas calvinistas e unitárias. Havia outras pistas. Bancos, em lugar de cadeiras, pareciam ser uma marca distintiva da Reforma.

Sentamos num deles, e Angéla, sem intenção definida, pegou um livro de orações da platibanda e o abriu ao acaso. "Ah, olhe!" Suas páginas, com cantos dobrados, revelaram uma passagem marcada por uma folha seca, onde letras góticas esmaecidas enunciavam uma prece de intercessão para "unser wohlbeliebter Kaiser Franz-Josef". Mas não havia menção a Elizabete, sua linda rainha e imperatriz. Ela já teria sido então assassinada no embarcadouro em Genebra; e não havia menção alguma a seu filho, o Príncipe Herdeiro Rodolfo, que depois de matar todos aqueles ursos nas mesmas montanhas que nós agora entrevíamos através dos losangos de vidro das janelas, tinha guardado para si, em Mayerling, a última rodada do tambor. Não havia datas, apenas o nome do proprietário em tinta apagada. Mais tarde, especulamos se teria sido publicado depois que o herdeiro seguinte, o Arquiduque Francisco Ferdinando, que detestava a Hungria, fora assassinado em Sarajevo. (1898, 1889 e 1914 – tome nota dessas datas fatídicas.) Também não achamos, se me lembro bem, o nome do Arquiduque Carlos, sucessor de Francisco José e último dos imperadores.[17] Com base nesses detalhes, achamos que a data de edição do livro de orações teria caído logo antes da solitária morte do imperador, em 1916, quando os réquiens e as continências e o tanger de sinos teriam sido afogados pelo tiroteio pouco cerimonial de uma meia dúzia de frentes de batalha: salvas que dois anos mais tarde fariam com que o diadema dos césares e a coroa apostólica da Hungria e os cetros e coroas da Boêmia e da Croácia – de fato, todo um império – caísse em ruínas. "Coitado do velho", disse Angéla, colocando o livro de volta na platibanda.

Do lado de fora, adiante das pedras tumulares, a mais alta das três muralhas da cidade fazia uma volta pela colina abaixo com ameias espaçadas por entre torres sobressalientes, muitas das quais estavam afogadas por ninhos de cegonhas. Grinaldas de flores de sabugueiro explodiam por cima das reentrâncias e, ao nos debruçarmos para olhar a parte de baixo, vimos as andorinhas voando para dentro e para fora de buracos na alvenaria. Pelo lado de fora da porta oeste da igreja, a relva uniforme caía em ondas verdes de floresta misturadas com o pátio da igreja, onde o nome de tecelões, cervejeiros, viticultores, carpinteiros, mercadores e pastores – alguns deles terminando no latim 'us', como no caso de humanistas do século XVI – estavam gravados em gerações de pedras tumulares e obeliscos em obsoleta ortografia alemã. Por baixo de nuvens fugidias e suspensos sobre montanhas, campos e um tortuoso leito de rio, manutenção e decadência lutavam entre si num dos mais cativantes pátios de igreja do mundo.

O organista havia descido para ver quem éramos. Apontou para uma torre robusta lá embaixo. "Vocês vêm aquilo?", disse ele, polindo seus óculos de aro de metal e os recolocando. "Trezentos anos passados, um exército turco marchou vale acima, com a intenção de saquear a cidade. Era comandado por um general impiedoso chamado Ali Paxá, *ein schrecklicher Mann*! Alguns dos citadinos haviam se barricado na torre e um deles apontou seu arcabuz em sua direção, e – *bum*! – foi-se o general." Uma curva em parábola feita por seu indicador, mostrou uma queda em cambalhota. "Ele estava montado num elefante."

"?"

"Sim." Seus óculos reluziram como vidros de janelas. "Um elefante. Os citadinos caíram sobre os atacantes, os turcos fugiram e a cidade foi salva."

Mal tinha ele pronunciado essas palavras quando o vento rodeou o alto cone de madeira. Ocorrera uma pancada de advertência e um tremor. E aí, subitamente, os galhos balançavam, batendo uns nos outros como pugilistas, enquanto poeira e pólen voavam numa retorcida nuvem amarela. O capim se aplainou em giros, subdividindo-se em canaletas, e todos os álamos no vale estremeceram da raiz às pontas como um kris malaio[18] e as medas de feno soltas se transmutaram em espirais. Cascas, joio, palha, pétalas, ramos jovens, folhas do ano anterior, e ramalhetes se soltaram dos vidros de geleia sobre as sepulturas e se espalharam encosta acima numa ventania que jogava pássaros desgrenhados para lá e para cá no ar. As nuvens haviam escurecido, uma pancada de gotas caiu e nós e o organista nos protegemos da enxurrada sob um maciço de castanheiras. A chuva parou tão abruptamente quanto começou e, enquanto um arco-íris se formava e desaparecia num momentâneo 'casamento de viúva', ficamos olhando para baixo, como se fosse através de uma lente de aumento, para um mundo de colinas e prados, para o cintilar de um rio e a confusão de serras distantes. Os galhos estavam apinhados de grasnidos e gorjeios indignados e o ar estava repleto do aroma de pólen, rosas, feno e terra molhada.

◆ ◆ ◆ ◆

TERRAS ALTAS POVOADAS de bosques e declives florestados[19] logo deixaram o píncaro em que havíamos estado fora do alcance da vista, quando nos dirigíamos para o sul em meio a vinhedos e campos de lúpulo. Era uma solene amplidão de terras com aconchegantes aldeias escondidas entre as matas às margens dos rios. Quando perguntávamos como se chamavam, os habitantes mencionavam sempre um nome saxão – Schaas, Trappold, Henndorf, Niederhausen. (Os especialistas vêem um parentesco entre a disposição desses aglomerados e os vilarejos na Francônia medieval, na época em que esta ainda se estendia por longas distâncias, Alemanha adentro, para oeste e norte; e parece que o parentesco entre o dialeto saxão da Transilvânia e a fala dos francos da Mosela vem ao encontro dessa ideia.) Os vilarejos eram construídos num estilo rural rústico, com entradas para carroças em arcos achatados, *lychgates*[20] cobertos em lajotas, telhados de quatro águas, e fileiras de frontões dando para a rua. A alvenaria era sólida, feita para durar e adornada aqui e ali com um discreto e um tanto ousado floreado barroco. No coração de cada vilarejo, igrejas robustas erguiam campanários de quatro faces, atarracados, com aparência dura e defensiva. Na pequena Agnetheln,[21] um núcleo de comércio, paramos junto a uma igreja tão compacta quanto uma pequena bastilha. Perfuradas por seteiras, suas paredes se erguiam lisas, expandindo depois em mata-cães; e sobre esses, fileiras de pequenos suportes, parecendo pilares atarracados, formavam galerias que sustentavam campanários piramidais. Pareciam tão cônscias de seu objetivo quanto as partes de uma armadura e os montantes por entre o campanário e a cobertura davam aos telhados triangulares uma aparência de elmos com aberturas nasais e rasgos para os olhos. Todas as igrejas tinham capacetes similares.

Olhávamos a igreja à nossa frente, de um banco do lado de fora de uma estalagem. Na mesa próxima, um carroceiro, coberto por caracóis de aparas de madeira e com serragem nas sobrancelhas, tinha acabado de deixar sua oficina para beber algo. Sentou-se com um braço em volta de sua filha. Cabelos cobertos de lanugem, de pé entre seus joelhos, ela silenciosamente nos absorveu através de seus límpidos olhos azuis. "O que lhes parece?", ele nos perguntou em alemão.

"Ein feste Burg",[22] István respondeu adequadamente. Uma fortaleza segura.

"Precisava mesmo ser assim", o carroceiro comentou, e eu me perguntei por quê. Nenhuma das igrejas, desde que cruzara as fronteiras da Hungria e da Romênia, tinha se revestido desse ar feroz; mas, por outro lado, nenhuma era tão velha. E, no entanto, não havia ocorrido discórdia sectária por essas partes, na escala da França, Irlanda, Europa Setentrional, ou do Sacro Império Romano, durante a Guerra dos Trinta Anos. Teria sido para protegê-los dos turcos? O carroceiro deu de ombros. Sim, contra os turcos, mas havia quem fosse pior do que eles.

"Quem?"

Ele e István responderam em uníssono: "*Tataren!*".

Entendi, ou acreditei ter entendido: as igrejas encouraçadas devem ter aparecido depois do massacre dos tártaros de Batu Khan; mongóis que haviam deixado o reino em cinzas, incendiando igrejas e castelos, massacrando muitos milhares e levando populações inteiras como cativos. A devastação provocada por Batu e seu súbito retorno a Caracórum deu-se em 1241, quando a morte do herdeiro de Kublai Khan colocou a sucessão mongol em perigo. Que dádiva dos céus eles nunca mais terem voltado!

"Nunca mais?" O copo de vinho do carroceiro parou a meio caminho de seus lábios e voltou a descansar sobre a mesa de carvalho; e, enquanto ouvia a ele e a István, eu percebi as imensas lacunas que resultavam de meus apressados estudos dos últimos três meses nas bibliotecas das casas de campo. O último dos ataques turco-tártaros não teve o mesmo alcance que o da maioria dos precedentes; mas tinha ocorrido havia muito pouco tempo, em 1788, e no vasto período entre 1241 e 1788, ataques menores dos tártaros e de outros bandos de saqueadores haviam sido endêmicos. A maior parte se originava nos assentamentos tártaros na Estepe de Budjak, no sul da Bessarábia. (Devem ter sido um ramo dos nogai, ou tártaros da Crimeia. Depois que Tamerlão[23] destruiu o Canato da Horda Dourada, os remanescentes, sob os descendentes Girai[24] de Gêngis Khan – provavelmente, então, mais túrquicos do que mongóis – haviam fundado um canato independente na Crimeia e outro em Cazã.[25]) Esses invasores cruzavam a Moldávia, adentravam o Passo de Buzău, no canto sudeste dos Cárpatos – o 'Passo dos Tártaros', como os locais o chamavam – e varriam a próspera Burzenland. (Próxima à antiga cidade saxã de Kronstadt,* esta região era o feudo originalmente outorgado aos Cavaleiros Teutônicos.)

Mas uma arquitetura religiosa maciça não chegava a constituir defesa adequada para um ataque desfechado com determinação. À aproximação de invasores, os habitantes fugiam para as matas e dirigiam seus cavalos e gado para as espaçosas cavernas dos Cárpatos. A serra é todo um labirinto de estalactites; e por lá eles se escondiam até que fosse seguro sair e inspecionar os escombros. Finalmente, mais ou menos um século depois da construção das igrejas, medidas mais sérias foram tomadas: lançaram-se grandes muralhas fortificadas em seu entorno que lá estão ainda; são assombrosos círculos de pedra, onde, internamente, fileiras de abrigos de madeira, alcançados por escadas, ascendem como camarotes num rústico teatro de óperas. Cada um desses acomodava uma família diferente e, em época de encrencas, era estocado com carne salgada e presuntos e queijos em preparação para um súbito assédio. Esses anéis defensivos são espantosos até mesmo numa região de fronteira pontilhada por castelos.

---

* 'Brașov' ou 'Brassó', e, até recentemente, 'Stalin' (inteiramente inadequado para essa antiga cidade gótica). A moda é volátil.

Os invasores deixaram poucos outros traços, exceto talvez geneticamente: alguns dizem que a frequência de estupro no passado marcou alguns dos habitantes desses vilarejos com uma aparência mongol. Outros pensam que poderia ser uma herança dos cumanos, antes que eles se fixassem e evaporassem em meio à Grande Planície Húngara.

István olhou para seu relógio e deu um pulo. Um sussurro paterno fez com que a garota saísse correndo em direção ao pátio atrás da oficina, e, quando já estávamos no automóvel, ela se inclinou arfando e colocou um ramo de rosas e lírios-tigre no colo de Angéla.

◆ ◆ ◆ ◆

NENHUM VEÍCULO MECÂNICO exceto o nosso profanava a quietude desses caminhos. Durante milhas não encontramos mais do que gado ou uma ou duas carroças puxadas pelos vigorosos cavalos da região. Mais um vilarejo contendo uma igreja pontiaguda surgiu e ficou para trás, e, à nossa frente, empinando como uma onda, a enorme massa dos Cárpatos montava aos céus. Era o trecho mais alto dos Alpes Transilvanos e seus maiores picos são apenas sobrepujados pelas cristas do Alto Tatra, bem longe, ao sul de Cracóvia, na fronteira da Eslováquia e da Polônia; mais de trezentas milhas a noroeste, para uma águia que se disponha a trocar de moradia. Essas são chamadas também de 'Montanhas Făgăraş', a selvagem região de florestas dos valáquios e pechenegues, tal como aparece no velho cronista; estivera muitas vezes sob o domínio dos príncipes da Valáquia; e tais quais as serras que vimos a nordeste, a partir das terras dos sículos, estava coalhada de ursos e lobos; e a antiga cidade e castelo de mesmo nome se situavam a seus pés. Eu estava esperando uma assustadora fortaleza vertical, mas à exceção da torre de menagem no interior, não passava de um retângulo maciço de cores ocre e tijolo, atingindo quase um quarto de milha quadrada, cortado por reentrâncias, e, em cada um de seus cantos, sobressaía um bastião circular. Medalhões com escudos indecifráveis se desmoronavam sobre o grande portão. Era uma ilustração própria para Vauban,[26] ou uma perspectiva de meia distância para um pintor de batalhas inclinado à imponência e que pedia definitivamente uma floresta de barracas militares, fumaça de canhões e, em contramarcha, um denso punhado de lanças na perpendicular, tudo visto, em primeiro plano, por baixo dos cascos de um frenético cavalo de batalha sarapintado, pateando o ar e montado por um capitão couraceiro do século XVII, sombrio e imperturbável em seu bigodão e chapéu emplumado, com faixa e bastão na cintura. Muito apropriadamente, foi o famoso Gábor Bethlen que deu às fortificações sua forma final, e seus mais conhecidos assediadores foram os janízaros de Achmet Balibeg contra uma desesperada guarnição de quinhentos magiares e sículos. Acredito que o Ali Paxá que a assediou em 1661 deve ter sido (embora eu não consiga corroborá-lo) aquele que, montado em seu elefante, teve um revés em Segesvár.

No momento em que tomamos a estrada principal depois daqueles quietos caminhos saxônicos, passamos por cima de um prego e tivemos que trocar o pneu. Uma vez em Făgăraş – ou 'Fogaras', para István e Angéla – esperamos num restaurante ao ar livre junto à fortaleza enquanto o conserto acontecia e Angéla saiu para telefonar. István estava um tanto perplexo. Nossas manhãs de ócio e saídas tardias – culpa minha e de Angéla – haviam atrasado o programa. Ele queria se dirigir a leste para a antiga e importante cidade saxã de Kronstadt, próxima ao Passo dos Tártaros, para ali almoçarmos, ver a Igreja Negra e passar a noite. Mas sobrava pouco tempo; teríamos que pensar em virar para oeste. Foi quando Angéla voltou de seu telefonema com um ar preocupado. Os subterfúgios e estratagemas nos quais havíamos baseado nossa viagem corriam risco de se romper; a única solução era nos dirigirmos para oeste, e por trem, naquele mesmo dia; eventualmente, ela teria que viajar para mais longe do que qualquer um de nós a pudesse acompanhar. István explicou a mudança de planos. Um ramal ferroviário passava pela cidade, mas a viagem envolveria duas baldeações e longas esperas e estávamos atordoados diante da perspectiva dessas vigílias estáticas e do rompimento de nosso trio e do anticlímax. Enquanto conversávamos, um mecânico cigano amarrava o pneu consertado num encaixe por trás do para-lama dianteiro. Os olhos de István se acenderam com aquela visão, como se estivesse diante de uma inspiração. "Vamos seguir nosso primeiro plano", disse ele, "mas o executando um dia antes". Angéla se perguntou se isso não nos deixaria uma margem pequena demais. "Espere só para ver", respondeu István, esvaziando seu copo. "Avante!"

Entramos no carro e partimos. Quando István pressionou a buzina escarlate, o trompete de latão emitiu, com retardo, seu mugir melancólico. "Não soa muito adequado para o Terceiro dos Hussardos de Honvéd!", disse Angéla. Deixamos para trás Făgăraş-Fogaras-Fogarasch como uma cobra se desvencilha de sua pele e logo esturricávamos ao longo da mesma estrada em que havíamos chegado; passamos da entrada de Agnetheln e tomamos um novo caminho.

A paisagem lavada pela chuva e os flocos de nuvens correndo através do céu haviam feito com que baixássemos a capota. À nossa esquerda, a portentosa massa de montanhas se levantava numa sucessão de íngremes dobraduras. Gargantas cobertas de matas perfuravam o sopé das montanhas e as encostas mais altas eram escurecidas por mantas de florestas até que a rocha nua aparecesse numa confusão de corcovas e picos encarquilhados. Por cima de tudo, sabíamos, uma vintena de pequenos lagos, alguns dos quais de origem glacial, miravam o céu e chegamos a acreditar discernir um brilho de neve aqui e ali, mas era tarde demais no ano; talvez fosse uma descoloração aleatória da rocha. À direita, as árvores que acompanhavam o curso do Rio Olt,* curvavam-se em nossa direção para então muitas vezes se afastarem; foram nos fazendo parcialmente companhia até que o rio se retorceu para o sul, enrolando-se à distância através do abismo que levava ao Passo da Torre Vermelha. (Uma vez transposta essa imensa fissura, ele ganhava o *Regat* – o reino romeno do pré-guerra – e começava sua viagem de cento e cinquenta milhas pelo sopé sul e através da Planície da Valáquia, dando seu nome, ao longo do caminho, a toda a província de Olténia; fluía depois para o Danúbio, tal como todos os demais córregos nesse vasto beco sem saída dos Cárpatos.) Algumas milhas antes que o perdêssemos, István assinalou, do outro lado do rio, o ponto onde uma abadia cisterciana do século XIII, o mais velho edifício gótico da Transilvânia, erguia-se em

---

* Em latim, 'Aluta'; em alemão, 'Alt'; em húngaro, 'Olt', similar, pelo menos dessa vez, ao romeno.

ruínas. "O Rei Matias a liquidou", disse ele, "por causa da imoralidade dos monges".

"Ah, é?", Angéla e eu dissemos em uníssono. "Que imoralidade?"

"Não estou seguro", respondeu István, agregando alegremente. "De tudo, imagino." E os arredores pecaminosos, tal como Sodoma e Agapemone,[27] ficaram para trás, teimosamente desfazendo-se em pó no campo.

Logo apareceu outro marco importante: o campo de batalha onde Miguel, o Bravo, da Valáquia, havia derrotado os exércitos do Cardeal András Báthory, Príncipe da Transilvânia, primo daquele Sigismundo cujas vitórias contra os turcos terminaram com sua abdicação e loucura.[28] Depois da batalha, algum sículo vira-casaca apresentou a cabeça mutilada do cardeal a Miguel: um triste fim para a ilustre casa dos Báthory. Seu tio Estêvão, Príncipe da Transilvânia e depois Rei da Polônia, havia expulsado os exércitos de Ivan, o Terrível, para fora das cidades capturadas da Lituânia e o empurrado de volta para Moscou.

As suaves colinas que se ondulavam para o norte estavam recobertas de aldeotas saxãs; e logo todos os vilarejos estavam uma vez mais repletos de sons em romeno. István nos conduziu hábil e rapidamente, freando com prudência nas ruas dos vilarejos para os gansos passarem barulhentos de um lado para o outro; e aí zarpava em frente outra vez. Trechos de estrada apareciam e desapareciam como numa montanha-russa, investindo contra depressões e enfrentando rampas para alcançar novas vistas, enquanto Angéla acendia cigarros para todos e os distribuía à esquerda e à direita.

Quando nos aproximamos da periferia de Hermannstadt-Sibiu-Nagy-Szeben (o último nome é naturalmente o que ele usou), István gemeu alto. Na capital dos sículos, no dia anterior, havíamos esquecido por completo de olhar a Biblioteca Teleki; agora, nessa antiga cidade saxã, não havia tempo para olhar o que fosse. Igrejas se erguiam em quantidade e antigos e fabulosos edifícios nos convocavam; acima de tudo, havia o Palácio Bruckenthal, cuja biblioteca estava coalhada de manuscritos e incunábulos; e havia uma galeria com cômodo após cômodo repleto de pintores holandeses, flamengos e italianos. Como provocação, István ampliou esses esplendores, "Memling, Frans Hals, Rubens...", disse, sua mão abandonando a direção e fazendo um floreio no ar.

Angéla declarou: "Isto você leu em algum livro".

"Ticiano, Magnasco, Lorenzo Lotto...", continuou; e descreveu então os encantos das pousadas, as maravilhas da culinária saxã, suas habilidades com leitõezinhos de leite e patos e trutas, suspirando, "Não há tempo! Não há tempo!". E tocou adiante através de vielas de paralelepípedos, mercados e grandes praças com pisos em blocos de arenito. Poderíamos estar na Áustria ou na Baváría. Uma vez mais, os nomes sobre as lojas eram todos de origem saxã. Placas com símbolos zoológicos ou heráldicos, indicativas de pousadas, dependuravam-se de suportes ao longo de arcadas robustas e sombreadas e nenhuma discrição rústica atrapalhava os prédios barrocos que nos circundavam. Janelas compridas elevavam-se entre venezianas com dobradiças giratórias; havia frontões triangulares e em forma de arcos, e casas rebocadas em amarelo, ocre, açafrão, verde, pêssego e malva, e nos dois extremos das cumeeiras denteadas, molduras elípticas acentuavam os degraus de corvo dos frontões; esses eram rasgados por óculos adornados com floreios e volutas, e os ressaltos em série das lucarnas interrompiam os declives íngremes de telhas rosadas. Era a perfeita contrapartida urbana para a alvenaria rústica das aldeias. Surgiam edificações com estruturas de madeira. Torres rijas, marcadas por molduras, apresentavam sobre suas faces os números dourados de um mostrador de relógio; eram encimadas por cúpulas de cebola entelhadas ou de cobre verde-enxofre, e, finalmente, terminadas por agulhas e cataventos de flâmulas. Os andares mais altos flutuavam sobre uma espuma de castanheiras e amoreiras que não haviam sido podadas. Angéla também nunca tinha estado lá e nossa excitação e frustração foram profundas; e enquanto o carro costurava seu caminho através de um labirinto de barraquinhas e cavalos de carga, um pensamento novo me bateu forte: no tocante à minha viagem, essas casas, ruas e torres eram os últimos postos avançados de um mundo arquitetônico que eu deixaria para sempre.

O leitor pode achar que estou me prolongando demais nestas páginas. Também acho, e sei a razão: quando, em uma ou duas horas, chegássemos ao nosso destino, estaríamos completando um ciclo. Não seria apenas um mundo de arquitetura, mas toda a sequência desses encantados meses transilvanos que terminaria. Eu estava a ponto de me virar para o sul, para longe de todos os meus amigos, e o soar dactílico do magiar desapareceria. E havia István; eu sentiria sua falta amargamente; e a perda de Angéla – que, nestas páginas, é pouco mais do que um fantasma luminoso em rápida passagem – seria um rompimento no qual mal conseguia pensar. Não posso deixar de retardar esse momento por mais um ou dois parágrafos.

◆ ◆ ◆ ◆

TENHO DE FAZÊ-LO, seja como for. Superconfiantes, depois de resistirmos às tentações colocadas por Sibiu-Szeben-Hermannstadt, chegamos à conclusão de que tínhamos algum tempo de sobra. Paramos, esticamos as pernas e nos deitamos na grama, fumamos um par de cigarros e eu, inconsequente, os fiz rir, falando sobre Sir Francis Drake e o jogo de bocha.[29] Mas mal atingimos a velha estrada que acompanhava o Maros – umas poucas milhas ao sul da entrada de Apulon-Apulum-Bǎlgrad-Weissenburg-Karlsburg-Gyulafehérvár-Alba Iulia – e o destino começou a espalhar obstáculos em nosso caminho. Surgida após nossa passagem por lá dois dias antes, uma inoportuna turma de manutenção, com um rolo compressor e bandeirolas vermelhas, marcara buracos que lá haviam permanecido intocados durante anos. Frustrado e irritado, István acabou por evitá-los com uma ousada cortada semicircular por dentro de um campo coberto de palha. Logo a seguir, fomos detidos pela conivência de alguns búfalos sonâmbulos e uma gigantesca debulhadora que se arrastavam ao longo de um trecho da estrada que tinha mata de um lado e, do outro, uma acentuada queda dando num prado molhado; e, finalmente, quando faltava uma milha para a última estação antes de nosso destino, furamos o pneu, pela segunda vez naquele dia, ocasionado talvez por algum caco de garrafa deixada em meio à palhada um mês antes por algum ceifador que roncava. Pusemos mãos à obra e assim que apertávamos os últimos parafusos do estepe que havíamos consertado, o apito de um trem nos alcançou por trás. Enxergamos, então, a familiar trilha de fumaça aparecendo no vale ao mesmo tempo que ouvimos seu resfolegar e estardalhaço; e lá estava ele. Enquanto arremessávamos o velho pneu na traseira, passou por nós e despareceu tranquilamente numa curva. Pulamos no carro tão ágeis quanto bombeiros e István pegou a direção.

Poços de cambão e campos de milho e tabaco rapidamente ficaram para trás e a poeira se levantou em torno a nós em nuvens que se expandiam. O para-brisa era de um tipo antigo que se divide ao longo do seu comprimento, e quando István torceu, do seu lado, uma maçaneta de latão, a borda inferior da parte de cima se ergueu para fora, e o vento, na mesma velocidade em que vínhamos, rugiu entre nós. De repente, cruzávamos por entre milhares e milhares de girassóis; então, bem à frente, o último vagão do trem apareceu. Este começara a reduzir a velocidade ao se aproximar de Simeria, a última parada antes de nosso objetivo; e logo ao começar de novo a se mover, emparelhamos com ele. Quando ganhou velocidade, ficamos alinhados; os passageiros olharam para fora surpresos e nos sentimos como *cherokees* ou *assiniboines*, vestidos em penas e cornos de bisonte, galopando junto a um trem nas pradarias: nós lhes atirávamos em cheio com flechas emplumadas enquanto eles nos passavam fogo com suas *winchesters* de repetição... István se inclinava sobre o volante, as mangas da camisa enroladas, rindo ferozmente como um gênio da velocidade com os olhos em brasa e com as asas estriadas de um impermeável preto; e à medida que passamos à frente do trem, soltou um alegre uivo, ao qual nos juntamos, e o trem assobiou como se capitulasse. Angéla abraçava a si mesma, os ombros levantados e os dentes à mostra em excitação, os cabelos ao vento, livres a voar. Vez ou outra, arremessados para cima por depressões na estrada, tínhamos a sensação de que voávamos; outro furo de pneu nos teria liquidado. Então, à medida em que o trem ficava para trás, adentramos território familiar. Em Deva, surgiu à nossa frente a colina alta e, no seu topo, a fortaleza em ruínas, assombrado cárcere da vítima na antiga lenda; à distância, via-se as Montanhas Hátszeg, onde se situava o Vajdahunyad. O Maros se enroscava a jusante em meio a sua névoa de álamos, fluindo em direção a Gurasada e ao desconhecido vilarejo de Saftă e Ileană e à Zám de

Xenia, e daí até Kápolnás para chegar a Soborsin, do Conde Jenö e Tinka; Konopy e Maria Radna; e Arad, onde vivia Iza. E para o norte disso tudo, os telhados que abrigavam Georgina e Jaš e Clara e Tibor e Ria espalhavam-se por entre vales e colinas.

    Quando chegamos à estação em Deva, o trem apenas começava a aparecer. Pegamos a mala de Angéla e corremos pelos trilhos. O chefe da estação nos sinalizou que parássemos, e aí, ao reconhecer István, saudou-o; e quando o trem chegou, já o esperávamos serenamente entre as acácias, parte tão imutável de uma plataforma romena quanto os três contornos dourados e o topo vermelho do chapéu do chefe da estação. Inclinando-se pela janela do vagão, Angéla enfiou nas botoeiras de nossas camisas, flores de cor carmesim, tiradas do ramalhete de rosas e lírios-tigre. Nossas despedidas já haviam se dado e ainda posso sentir a poeira em seu rosto macio. Quando a bandeirada e o apito liberaram o trem, ela continuou a acenar, e em seguida, tirou o lenço amarrado no pescoço e passou a agitá-lo, e gesticulamos freneticamente de volta. Enquanto ganhava velocidade, o comprido lenço flutuou na horizontal, até que o trem, parecendo muito pequeno junto às matas inclinadas, diminuiu ainda mais e desapareceu; e então, tornou-se nada mais do que uma pluma de fumaça sob as árvores do Maros. Angéla em breve passaria por todos os nossos antigos lugares favoritos e por todas as paradas de meu solitário roteiro – que parecia ter sido quase uma vida atrás –, cruzando a fronteira em Curtici e Lökösháza. Depois disso, a linha férrea, seguindo pela Grande Planície –, meu itinerário com Malek, mas na direção contrária – deixaria Angéla, uma hora antes de meia-noite, na Estação do Leste em Budapeste.

CAPÍTULO 7

AS SERRANIAS DOS CÁRPATOS

※ ※ ※

Lapuşnic! Finalmente encontrei o nome esquecido, uma mancha apressadamente lançada numa das últimas páginas de meu diário; e aqui está ele de novo, minúsculo, esgarçado, esmaecido e quase ilegível, perdido num ninho de centopeias formado por curvas de nível e hachuras, e mais ainda desfigurado por uma das dobras de meu esfrangalhado mapa da Transilvânia de 1902: a mais de vinte milhas de Deva, ao lado de um pequeno tributário correndo por entre ribanceiras arborizadas para a margem sul do Maros; tudo definitivamente confirmado por uma recente troca de cartas com István (que agora vive em Budapeste). Foi onde devolvemos o carro ao seu proprietário, e a redescoberta desse nome me oferece um marco e um ponto de partida. Eu praticamente havia deixado de lado meu diário nessas semanas de comedor de lótus,[1] e depois, voltando ao campo, não o retomei por um número crucial de dias; mas, felizmente, certos nomes rabiscados e relembrados se apoiam numa coleção de visões bem definidas, e com essas e o mapa, os estágios seguintes da viagem caem todos em seus devidos lugares, embora um ou dois, como diapositivos não datados e abandonados numa caixa, podem ter saído de sua sequência correta.

Lázár, o proprietário da casa e do automóvel, era amigo do Conde Jenö e de István, e o conde havia contado uma porção de divertidas histórias sobre suas aventuras. Ele vivera como cowboy na América e como gaúcho na Argentina, apresentando-se em rodeios circenses quando lhe faltava dinheiro; suas suíças, olhos penetrantes e rosto coriáceo e bonito faziam dele o tipo perfeito para esses papéis. Sua casa ficava a apenas uma dúzia de milhas ao sul da de István; o quarto convidado era um outro vizinho, de Maros Illye, também na margem norte, chamado István Horváth, objeto permanente de amáveis gracejos pela ingenuidade de suas observações. O jantar reuniu, sob uma tília, um grupo só de homens solteiros, mas a cozinheira e caseira de nosso anfitrião, uma bonita suábia, com o jeito de *soubrette*[2] numa ópera, com frequência juntava-se alegremente à conversa enquanto passava os pratos de um lado para outro, obviamente mitigando o celibato da casa. Lembro-me bem dos rostos dos convivas iluminados pelas lamparinas e, mais tarde, do toque animado de István no teclado do piano. Passamos mais um dia por lá e escrevi para Angéla. István e eu, por fim, nos separamos, cada um se arrastando em direções opostas, sob uma tênue nuvem de ressaca. Eu, uma vez mais, estava sozinho.

O esquecimento encobre tudo por um momento; mas, em seguida, o caminho emerge em detalhes claros. Retorcia-se de córrego em córrego por um cânion íngreme e ensombrecido sob rochas que pingavam, amaciadas por musgos e tufos de samambaias. Aldeotas úmidas e sapê embolorado juntavam-se como amontoados de cogumelos nas dobras da encosta. Soturnos búfalos e bois cambaleavam montanha acima, sob cangalhas de madeira fixadas ao eixo com um pino de ferro; e podia-se ouvir o *clique-claque* intermitente das rodas d'água muito antes dos moinhos recobertos de hera aparecerem; os animais por lá paravam para beber enquanto os carreteiros baixavam os sacos. Exceto por alguns minutos do dia, sequer um raio de sol alcançava estas profundezas. Muitos dos esbranquiçados e doentios moradores estavam atacados de bócio, e essas enfermidades rústicas me fizeram pensar nos avisos dos húngaros sobre a prevalência de doenças venéreas a leste da fronteira; soavam como se a varíola espreitasse nas rochas e sebes e pulasse sobre os viajantes como uma trovoada.* István riu quando comentei sobre o tema. "Não é pior aqui do que em qualquer outro lugar", disse ele: na Romênia eram chamadas de 'enfermidades mundanas' – 'boale lumeşti'. (Uma criança nascida fora do casamento era chamada de 'criança das flores' – 'un copil din flori' – um termo mais generoso do que aquele por nós usado.) Ainda cismando com essas advertências, parei subitamente. E aquela infeliz pistola automática? Eu a havia esquecido no fundo de uma gaveta no quarto da casa de István. Logo pensei: que alívio! Teria sido nada menos do que um constrangimento e um estorvo – e até mesmo um perigo, se achada durante uma busca nos confins da Bulgária ou da Turquia. Apesar disso, havia o cabo de madrepérola, o níquel cintilante, o coldre de couro! Eu pediria ao István que tomasse conta dela.

A massa dos Cárpatos à esquerda forçou meu itinerário para sudoeste. Abriu-se um cânion ao pé da montanha, mas, ao alto, distúrbios marcavam ainda os céus quando, ao anoitecer, cheguei a Tomeşti, onde encontrei outro refúgio previamente combinado sob o teto de Herr Robert v. Winckler; era um homem alto e magro, um erudito, vivendo só, entre seus livros e armas, na íngreme borda da floresta. Ele e sua biblioteca eram um tesouro de conhecimento relevante, e a escada, a caminho da cama, estava recoberta de cornos, chifres, peças para caça de aves e armadilhas para lobos. Havia as peles de dois enormes lobos no patamar, um lince empalhado na parede, uma fila de caninos de javali e uma pele de urso no chão de meu quarto; e a última coisa de que me lembro antes de haver apagado a vela é o duplo reflexo do pavio em seus olhos de vidro. A profundidade dos vãos mostrava a grossura das paredes e as toras de madeira, empilhadas até o teto ao lado da maciça estufa de cerâmica, indicavam o quanto o inverno seria frio. Era difícil, ao luar do verão, imaginar o assalto do vento através dos cânions, as

---

* Em Péricles, Príncipe de Tiro, na cena de bordel em Mitilene, a coisa se passa ao reverso: PANDAR, o cafetão: "O coitado do homem da Transilvânia morreu, o que dormiu com a putinha."
BOULT: "Ela acabou com ele."
N.T.: William Shakespeare, Teatro Completo, vol. 2: Comédias e Romances. Rio de Janeiro: Editora Nova Aguilar, 2016. Tradução de Barbara Heliodora.

portadas de sincelos e os flocos silenciosos e obliterantes que assediariam a todos esses edifícios.

◆ ◆ ◆ ◆

A TRANSILVÂNIA, o Banat de Temesvár, a Grande Planície, as Montanhas Tatra, Bucovina, Galícia, Podólia, Lodoméria, Morávia, Boêmia, Valáquia, Moldávia, Bessarábia, e, acima de tudo, os próprios Cárpatos, – como a geografia austro-húngara e a de seus vizinhos estava próxima do mundo de ficção de gerações anteriores! Vêm à cabeça Graustark, Ruritânia, Bordúria, Sildávia[3] e uma vintena de países imagináros, usurpados por tiranos e divididos por disputas pelo trono: conspirações, traições, herdeiros aprisionados e facções palacianas abundam e, com elas, diabólicos espadachins de monóculo, rainhas em torres solitárias, serras íngremes, densas florestas, planícies coalhadas de cavalos semisselvagens, tribos de ciganos errantes que roubam crianças de castelos e as tingem com suco de nozes ou espreitam sob as ameias, derretendo o coração das castelãs com a melodia de suas cordas. Nobres loucos e *jacqueries* arruaceiras; e também assaltantes – por um lado, saqueadores, por outro, Robin Hoods – que zanzam pelas estradas com seus atrozes cacetes de macieira-brava. Eu havia lido sobre os *bétyars* no Alföld; agora os *haidouks* e os *pandours*[4] começavam a se impor. Os grandes boiardos dos principados romenos – com seus chapéus de pele enfeitados por pérolas – apareciam do outro lado da bacia hidrográfica; hospodares[5] fantasmagóricos, com suas quase míticas princesas, portando coroas altas e feitas em ramadas, tropeavam em torno a muralhas de mosteiros-fortaleza, em procissões similares às que se vêem em afrescos; e para além deles, ao norte, estendiam-se rios aprisionados em gelo, estepes e charcos, onde manadas de alces se movimentavam em trote desajeitado, assim como, num passado longínquo, os grandes auroques, agora extintos, exceto nos escudos heráldicos. A nordeste desdobravam-se vastidões das quais voláteis tropas de cossacos se apossavam, ou onde se assentavam tártaros destrutivos; mais além ainda, um reino de polacos em trenós se escondia nas sombras e, em seguida, uma região nevada onde os Cavaleiros Teutônicos despedaçaram os pagãos da Lituânia sobre o Báltico gelado, e onde ainda sobrevivem, agora no mundo de cicatrizes e pontas de ferro da Prússia Oriental; e mais além, Moscou e todas as Rússias... Já, para o sul, mais próximo do que esses e a cada passo mais perto, os vales e as matas do Danúbio haviam sido o teatro de momentosas batalhas entre a Cristandade e o Islã: os exércitos do sultão marcharam rio acima sob bandeiras verdes e absurdos turbantes, enquanto reis, voivodes e cardeais (cujas maças provocavam apenas contusões, absolvendo-os portanto da acusação de derramamento de sangue) e todos os paladinos do Ocidente trotavam, alegremente, rio abaixo rumo à sua ruína – a seu lado, galgos corcoveantes, os raios do sol atingindo as incrustações de ouro sob suas plumas de avestruz e as espirais e listras em suas lanças, algo similar a Uccello em *A Batalha de São Romano*.

Pouco antes de partir, eu, um antigo aficionado, vinha relendo Saki.[6] Suas páginas são frequentemente assombradas por "estas regiões misteriosas entre os Bosques de Viena e o Mar Negro", e cá estava eu, no âmago mesmo deste labirinto de florestas e cânions. As encostas recobertas de árvores avistadas pelas janelas, e o pensamento da neve e do solstício de inverno, trouxeram-me as histórias de Saki à mente, especialmente aquelas sobre lobos, vilões e gênios que presidem sobre o inverno da Europa Oriental. A terrível chegada dos intrusos, no último e monossilábico parágrafo de *The Interlopers*, poderia ter se passado a apenas algumas milhas de distância daqui; e, outra história, *The Wolves of Czernogratz*, na qual o uivo em *crescendo* dos pavorosos monstros do título, invocava mil castelos a norte e oeste. Eu sempre me impressionava com o viajante alquebrado em *The Unbearable Bassington*, "o homem que havia sido fungado por lobos". István era um deles, meu anfitrião era um outro, e *gróf* K., um terceiro: a Transilvânia estava cheia deles. Todos os castelos eram assombrados e alcateias mundanas de lobos eram reforçadas depois do anoitecer por lobisomens solitários; vampiros circulavam; feiticeiras se agitavam e se erguiam; as lendas e os contos de fadas de uma dúzia de nações se sobrepunham e a região pululava com tudo aquilo que, segundo Goethe, era melhor que o Mundo Novo não acolhesse: memórias inúteis e rixas vãs... "histórias de cavaleiros, assaltantes e fantasmas..." ("*Ritter und Räuber und Gespenstergeschichten...*"). Ao final, fiquei por três noites ouvindo histórias de lobos e florestas e lendo na biblioteca; e um pouco disso deve ter penetrado na minha corrente sanguínea.

M. Herriot deixou uma mensagem de consolo para casos desse tipo: "*La culture, c'est ce qui reste quand on a tout oublié*".⁷

Grimpando por vales e sopés de montanhas, rumo a sudoeste para evitar a estrada de Lugoj, e dormindo uma noite sob um carvalho, cheguei, no segundo dia, muito cansado e muito depois do entardecer, a uma olaria na estrada de Caransebeş, onde me encolhi e adormeci exatamente quando a lua começava a aparecer.

◆ ◆ ◆ ◆

VIAGENS COMO ESTA constituem momentos de tamanho bem-estar que o espírito chega a levitar, o que, junto com a animação de estar novamente em movimento, me ajudou a curar o sentimento de solidão que se instalou depois que me separei de István, ao final dos mágicos dias com Angéla.

Temi ter ficado enferrujado, mas tudo estava bem e meu equipamento parecia em tão bom estado quanto no primeiro dia na Holanda. As *ammunition boots*⁸ da Millets na Strand iam triturando o caminho com seus cravos apenas levemente desgastados, prontas ainda para um ilimitado número de milhas. As calças velhas haviam ficado macias com o muito uso e lavagens, mas a costura permanecia intacta; as perneiras cinza haviam sofrido danos menores, mas nada era visível após o aparo das beiradas em farrapos, desgastadas pela neve e pela chuva. Uma camisa cinza com as mangas enroladas completava meus apetrechos de marcha. (Eu exibia, então, o escuro matiz de um móvel de teca e, para combinar, tinha o cabelo descolorido pelo sol.) Dei graças aos céus de que minha primeira mochila, com suas correias e estrutura complexa, o pesado saco de dormir à prova d'água e o excessivo equipamento de cavaleiro andante houvessem sido roubados em Munique; aquela que meus amigos russos do Báltico haviam me doado era menor mas continha tudo que eu precisava, a saber: um par de calças de flanela escura e um outro de lonita clara; um paletó de *tweed* leve de boa aparência; diversas camisas, duas gravatas, sapatos de ginástica, um bom número de meias e suéteres, pijamas, o pedaço de fita trançada colorida que Angéla me havia presenteado; uma dúzia de novos lenços de bolso (tal como sabemos) e uma *nécessaire*, uma bússola, um canivete, duas velas, fósforos, um cachimbo de uso infrequente, tabaco, cigarros e – uma nova conquista – papel para enrolá-los, além de um frasco para encher, à medida que os países mudavam, alternativamente com uísque, Bols, *schnapps*, *barack*, *tzuica*, *slivovitz*, *arak* ou *tziporo*. Num dos bolsos laterais havia um relógio Ingersoll de cinco *shillings* que registrava o tempo com perfeição quando eu me lembrava de retirá-lo e dar corda. O único item desajeitado era meu sobretudo militar; havia meses que eu não o vestia, mas relutava em me ver livre dele. (Felizmente. Era perfeito para dormir ao relento e, enrolado como uma salsicha, esprimido e amarrado por cima da mochila, ficava quase invisível.) Eu ainda tinha o cajado húngaro, intricadamente entalhado como se fora um báculo medieval, sendo o substituto número dois para o original de cerejeira que me havia custado nove tostões numa tabacaria perto de Sloane Square. Fora o caderno de desenho, os lápis e os mapas que se desfaziam, lá estavam meu diário e meu passaporte. (Esmaecidos e com dobras nos cantos das páginas, esses únicos sobreviventes estão ambos a meu alcance neste momento.) Lá estavam também *Húngaro* e *Romeno para Principiantes* (pouco progresso no primeiro, passos iniciais hesitantes no segundo); eu estava relendo *Ronda Grotesca*,[9] e havia o *Hamlet, Prinz von Dänemark*, edição da Schlegel und Tieck, comprado em Colônia; e por fim, o pequeno e belo duodécimo *Horácio*, publicado em Amsterdam no século XVII, cuidadosamente embrulhado, que me fora presenteado pelas mesmas mãos generosas que me deram a mochila. Estava encadernado em couro rígido verde-grama; o texto tinha compridos 's's e vinhetas de Tibur, Lucretilis e da fonte bandusiana[10] gravadas em meia-tinta, um marcador de seda escarlate, o ex-libris do doador e uma folha seca retirada de suas florestas na Estônia.*

---

* Levado para a guerra, esse livrinho despareceu seis anos mais tarde quando um torpedo aéreo afundou o caiaque em que fugíamos na costa leste do Peloponeso. O equipamento caiu a uma profundidade além do alcance de um mergulho. Os peixes no pequeno píer de Leonidion devem ter se juntado em torno dele por algum tempo, mordiscando as páginas e, em seguida, deixando-o se desfazer em pedaços e dissolver no Egeu.

Naquela manhã, teria sido difícil dar partida muito depois do canto do galo, já que o bicho, ele mesmo, batia asas sobre um barril a apenas dez jardas de distância; de maneira que joguei água no rosto e saí. Ia ser um dia quente de rachar.

O Gato Alegre ('Pisica Veselă'), a estalagem de tropeiros onde parei e bebi um frasco afunilado de *tzuica* – era um redemoinho de moscas; um enorme zangão de cor mogno e laranja desmantelava um pedaço de carne no piso de terra; e o vale do lado de fora segurava o calor como um forno. Eu me sentia como um pilar de poeira e suor quando cheguei, um pouco adiante, a um local mais agradável, parte café, parte bar e parte mercearia. "*Wer nicht liebt Wein, Weib und Gesang*" estava escrito em torno das paredes em rodopiante grafia alemã, "*Der bleibt ein Narr sein Leben lang!*". Contei ao estalajadeiro meu encontro com esse par de versos em Goch, em minha primeira noite na Alemanha. Ele era um alegre suábio de Arad e então riu e me perguntou se eu sabia qual era o nome do poeta. Não sabia? Era Martinho Lutero.* Fiquei bastante surpreso. Diferente dos saxões luteranos, os suábios eram todos católicos.

Ele tinha uma enorme quantidade de informações úteis, as quais despejava sobre mim enquanto ambos ingeríamos canecões de cerveja gelada, e cheguei a uma súbita decisão. Ele me ajudou a abastecer: um salame cortado em metades, mantido dessa vez longe do sol; um pouco de porco cozido, um pacote de *pumpernickel*, barras de chocolate, queijo, várias maçãs e dois pães, em cuja crosta figuravam selos colados, algo um tanto estranho. ("É um imposto do governo", disse ele, arrancando-os. "O selo mostra que foi pago.") Da porta, apontou o caminho e me desejou uma boa viagem.

As Montanhas de Banat no lado direito da estrada eram recobertas de mata e bastante imponentes, mas para leste, a floresta se erguia sobre a íngreme agitação dos Cárpatos e longe, acima e além e bem fora do alcance da visão a partir de minha trilha, algumas das mais altas cordilheiras dos Alpes Transilvanos se alçavam em espetaculares pontas desnudas. Minha

---

* "Aquele que não ama o vinho, as mulheres e a música mantém-se um bobo por toda a vida!". A autoria atribuída pelo estalajadeiro estava certa. Acabo de conferir.

decisão súbita foi tomar à esquerda e escapar do calor e da poeira desse vale lindo e incandescente; e aí, se conseguisse, faria meu caminho a sudeste, ao longo da margem fresca da floresta. Tinha pressa para alcançá-la e logo me encontrei sob seus primeiros galhos. Um pequeno caminho se retorcia íngreme pela colina acima através dos troncos e nele mergulhei.*

◆ ◆ ◆ ◆

ERA COMO ENTRAR para dentro de casa. Subir à sombra fez o vale imediatamente parecer distante, e as matas de início estavam silenciosas até que meus ouvidos se afinaram aos passarinhos.

A subida de uma hora terminou à beira de um campo em declive onde uma fileira de segadores entregava-se à tardia colheita das terras altas: homens e mulheres do campo, bíblicos, vestidos de branco e com largos chapéus de palha trançada, algumas com bebês dependurados na diagonal em suas costas com se fossem indiozinhos; quando atrapalhavam, eram pendurados à sombra, confortavelmente amarrados em tinas de madeira. Cestas, jarros d'água, foices e ancinhos amontoavam-se, uma meia dúzia de pônei pastavam e colmeias cônicas formavam filas ao longo da borda do envoltório de árvores. Na medida que avançavam e ceifavam e recolhiam e catavam, uma velha senhora cantava em voz alta e trêmula o primeiro verso, parte de uma interminável sequência, de uma canção um tanto sombria e obsessiva; os demais trabalhadores se juntavam a cada segunda linha. Eu os ouvia ao subir para o pequeno platô; e a música ainda flutuava, mais abafada, muito depois deles terem saído de cena; e quando nada mais se escutava, eu ainda os avistava, lá embaixo, em ocasionais e curtos vislumbres entre os feixes e as medas, reduzidos a meros ciscos, como se os visse de

---

* As montanhas à esquerda da estrada também eram parte do Banat até a linha de cumeeiras que formam a margem ocidental do Retezat, que ainda é parte da Transilvânia. Não estou certo se cruzei essa linha pontilhada durante meu errático zigue-zague dos dias seguintes, e muito menos o quanto teria por lá adentrado. Sinto que esse é o trecho em que minha sequência de lembranças está mais perto de se perder em confusão; mas espero que sem grande prejuízo.

trás para frente através de um telescópio que se encompridasse ao infinito. E então, os topos das árvores os esconderam.

A estrada e o vale abaixo haviam desaparecido e nada havia para oeste, do outro lado, além das Montanhas de Banat, e elas também começavam a diminuir. Mais tarde, uma vintena de vacas, com coleiras nas quais se viam pesados sinos, pisoteavam, desajeitadas, descendo de um pasto mais alto. Troquei cumprimentos com o velho vaqueiro e seus filhos: de onde vinha eu? Anglia? Nunca tinham ouvido falar de tal lugar e continuaram em frente, com olhar atônito. O caminho parecia estar sempre pronto a se acabar entre rochas ou árvores tombadas, mas, no último momento, como se por uma escadaria natural improvisada, eu sempre conseguia evitar ou transpor os obstáculos.

Entrar para dentro de casa... Era mais verdadeiro do que eu pensava; pois lá, de repente, encontrei um espaço que parecia um imenso cômodo: uma clareira comprida e fechada, onde faias se erguiam como pilares gigantes, formando abóbadas de ramos entrelaçados e emaranhados. Cinza na sombra, seus troncos lisos ficavam salpicados de prata quando os raios de sol abriam caminho em meio a uma infinidade de folhas, espalhando discos de luz embaçada sobre as cascas e a musculosa expansão de raízes, e lançando confetes ainda mais ocasionais e relutantes sobre o chão desobstruído. (Não é de admirar que os poetas romanos sempre pensassem no epíteto *'opaca'* ao mencionar a *'umbra'* dos *'fagi'*!) 'Opaca' é o que era. Faias são árvores com os atributos de cães na manjedoura,[11] de tal forma que nada cresce sob elas, e daí a existência dessas clareiras tão espaçosas quanto salões de baile; mas 'opacas' apenas no sentido de que aquelas camadas de pequenas folhas plissadas bloqueavam a quase totalidade do sol. O ar abaixo delas era aquoso e parado; era quase como se a luz fosse vista debaixo d'água. As resistentes bolotas espalhadas pelo chão seriam um paraíso para os porcos. (No caminho de volta, eu me deparei com focinhos pretos e hirsutos, tocados por pensativos porqueiros, destruindo os pisos de similares salões de faias.)

Essas grandes câmaras na floresta, cercadas por trechos de madeira nobre misturadas à vegetação rasteira, inclinavam-se colina acima e para fora do alcance da vista numa confusão de raízes. Riachos abriam caminho através da penumbra, caindo de saliências rochosas para dentro de charcos, o que se podia ouvir de longe, ou brotavam através de cascas e folhas mortas e se transformavam em córregos. Nas matas mais baixas eu havia encontrado duas poupas e abelheiros empoleirados nos ramos perto da clareira dos segadores, talvez de olho nas colmeias; papa-figos dourados, identificáveis por sua plumagem preta e amarela e o insistente e agudo ondular de seu canto, lançaram-se através dos galhos. Mas, de vez em quando, invisíveis revoadas de pombos mergulhavam tudo num feitiço narcótico, tal que, quando me sentei para fumar um cigarro, foi difícil ficar acordado; e então, uma mera passada liberaria uma centena de asas agitadas e as faria circular pela luz salpicada de um dos salões de dança da floresta, como multidões no Palácio de Cristal a demandar falcões wellingtonianos.[12]

◆ ◆ ◆ ◆

A TRILHA MERGULHOU num pequeno vale, onde um córrego caía de poço em poço, saindo do coração da montanha e depois seguindo o raso emaranhado da ravina.

Um bando de ciganos havia se estabelecido aqui com tendas, cães e cavalos estropiados, conseguindo, na sua maneira habitual, transformar em quintal sujo um canto da floresta; mas sua imundície era redimida pela extravagante selvageria de sua aparência. De cócoras à margem do córrego, como é hábito entre os indianos, de início pareciam estar se lavando; isso era algo tão pouco usual que voltei a olhar. Estavam mergulhando panelas de madeira na corrente, a jusante de pequenos canais improvisados com táboas; remexendo e peneirando a lama e o cascalho, retorcendo e revistando napas de carneiro peludas e molhadas que haviam sido ardilosamente colocadas sob comportas franzinas; todos espreitando o que ocorria abaixo, embevecidos como se fossem pequenos falcões. Subitamente lembrei do discurso de *Herr v.* Winckler e me ocorreu o que estariam fazendo. Responderam à minha saudação com um olhar de consternação momentânea, mas permitiram que eu me deitasse para observá-los.

Eles procuravam ouro. Veios do metal – e de prata também – correm por muitas dessas montanhas, e os romanos tinham o costume de cavar túneis que lhes permitissem mineirar. O ouro intercala a rocha em camadas finas, e pequenos fragmentos do mineral exposto e erodido são arrancados e desgastados em pós misturados com lama, areia e cascalho, ou mesmo ficam agarrados na grama e são levados pela corrente junto com outros materiais de aluvião. Os fragmentos são infinitesimais, daí os canais e as peles colocadas para segurá-los.* Supus que ouro e prata, por afinidade com a heráldica, pudessem ser 'aur' e 'argint' em romeno, e eram. O catador de ouro mais próximo, chefe do grupo, disse que nada haviam encontrado; mas depois de fumarmos um par de cigarros que eu havia enrolado e de trocarmos civilidades – até onde permitia minha incipiente sequência de palavras romenas – ele admitiu que haviam, sim, conseguido um pouco – não aqui, mas num lugar chamado Porcurea, nas profundezas das montanhas selvagens do outro lado do Maros. Entendi que não haviam obtido nada nesse córrego e que talvez houvessem sido mal informados. Relutantemente, tirou um saquinho de couro de sua cinta do qual extraiu uma bolsinha de algodão menor ainda, desamarrou o cordão e despejou alguns grãos na palma de sua mão magra. Um ou dois eram do tamanho de paetês microscópicos, mas a maioria era pouco mais do que pó cintilante. Enquanto falava, ofereceu vender o lote, fazendo com que dançassem como ouropel ao longo das linhas do coração e da mente na palma de sua mão; mas pediu uma soma tão absurda que, como resposta, puxei os bolsos de minha calça para fora e fiz com que risse. Estávamos nos dando bem e quando uma garota se aproximou e, como se o dever mandasse, começou a mendigar com suspiros simultaneamente conspiratórios e negligentes, ele disse alguma coisa em romani, e ela se foi com um sorriso de quem pedia desculpas. Não pude deixar de admirar a qualidade das panelas rasas de madeira que usavam para bater o pó dourado: meia jarda de diâmetro e lavradas em nogueira, eram leves e lindamente polidas e, depois de uma pazada feliz, os grãos nelas viriam a brilhar como a Via Láctea num

---

* Acredito que algumas autoridades clássicas associem esta técnica pré-histórica à lenda do Velo de Ouro. A Transilvânia era a mais antiga fonte de ouro no mundo clássico, e os antigos tesouros do Egito podem ter sido extraídos aqui. Era apreciado por sua quente coloração avermelhada.

céu escuro. Estes ciganos eram lingurări ('fazedores de colheres'), habilidosos em todo tipo de metalurgia de lata e entalhe em madeira.

Haviam chegado por ali um par de dias antes e por rota diferente. Na noite anterior, próximo a Caransebeş, tropecei no escuro ao cruzar uma estrada e uma pequena ferrovia que se contorcem ambas em direção a leste no mapa, subindo pelo Vale do Bistra, algumas milhas ao norte, mas mais ou menos em paralelo ao caminho que tomei, não mapeado e muito mais íngreme, e que seguia o das ovelhas. Os ciganos haviam se separado da estrada e seguido em direção ao sul até essa relutante, pequena e silvestre Golconda.[13] Nesse ínterim, a estrada e a ferrovia ascenderam a um passo chamado Porta de Ferro – um de muitos – para então baixarem, volteando e se retorcendo, para Hunedoara, as terras de Hunyadi, e a cidadezinha de Hátszeg. (Essa era a rota que eu deveria ter seguido, mas já era tarde.)

Alimentado pelo êxito em formar substantivos ao eliminar a última sílaba do vocábulo em latim, fiz um gesto ziguezagueante sobre a corrente e disse 'pisc?', com som 'sh' final; e quase acertei (foneticamente 'peixe' é 'peshti'). "Sunt foarte multi", disse o cigano: "Há muitos." Em seguida, falhei com 'trotta' e 'trutta', um dos quais esperava fosse 'truta' em latim,* mas, de deliciosas refeições, lembrei-me que era 'pisztráng' em húngaro, e ele reagiu de imediato a esse som com 'păstrăv' em romeno. (Ambas as raças haviam adquirido suas palavras de raízes eslavônicas. Entre os eslavos do sul é 'pastrmka' e 'pastarva', ou qualquer coisa de similar, que se derramaria por sobre a Grécia como 'péstrofa', e para o norte, na Polônia, como 'pstrąs': o sinal sob o 'a' representa um 'n' fantasmagórico. Quando e onde os sons eslavos primeiro diluíram a fala latina dos romenos? Qual seria a palavra dácia para 'truta'? Ao lado de que córrego foi a palavra dácia emitida pela última vez, antes que as sílabas eslavônicas as eliminassem para sempre? Ah, se soubéssemos!) Meu amigo cigano

---

* 'Fabio' é a palavra que Ausônio usa em Mosella. Mas do Báltico à Macedônia, a palavra eslava é sempre mais ou menos a mesma, exceto na Rússia, onde eles a chamam 'forel', obviamente um empréstimo do alemão 'Forelle', talvez por conta da ausência de riachos de montanha na Rússia, e assim, de trutas... Provavelmente, as obtinham dos Cárpatos, defumadas, depois da Primeira Partição da Polônia, em 1772. Do contrário, os córregos dos Urais e do Cáucaso seriam os mais próximos.

AS SERRANIAS DOS CÁRPATOS

falava romeno e magiar com igual fluência, embora, provavelmente, ambas de modo imperfeito – muitas histórias engraçadas dependem da estranha entonação e dos erros dos ciganos – e se entendia com seus companheiros de tribo em *romani*, assim sendo trilíngue. Mostrando lugares no mapa descobri que ele não sabia ler, mas nem por isso era menos sagaz.

Os ciganos e seus tesouros logo estavam tão abaixo de mim quanto os segadores mais cedo haviam estado.

◆ ◆ ◆ ◆

UM CERTO FASCÍNIO permeia matas íngremes como essas: o intruso é empurrado cegamente para cima, retrocede dez anos em idade (no meu caso, a apenas nove), e vê liberada uma hoste de fantasias imaturas e atávicas, voltando seu pensamento para a Floresta de Sherwood, o zumbido de flechas, os bastões de salgueiro rachados, o xerife de Nottingham, e para Guy de Gisborne e o filho de Much, o Moleiro;[14] pulando o Atlântico, a cena muda para *wigwams*, sinais de fumaça, caçadores de veados, moicanos, tintura de guerra, cachimbos da paz, canoas de casca de bétula e caras-pálidas divisados através de brechas nos galhos de ácer. Li em algum lugar que, durante o reinado do Rei João, um esquilo poderia se deslocar do Severn até o Humber[15] sem tocar no chão; e mais recentemente, que toda a Transilvânia havia sido coberta de árvores. As florestas, então, devem ter sido o hábitat natural dos dácios. Os romanos, é claro, fizeram derrubadas para abrir vias de penetração e lançar estradas; os godos, emergindo de seus milhões de coníferas, devem ter se sentido perfeitamente à vontade por aqui durante as gerações em que estiveram ao norte do Danúbio, antes de baixarem à Itália e à Espanha. (Mas o quê, no sombrio norte, e por entre estas árvores dácias, poderia ter preparado os vândalos para os cetins e o incenso de Cartago?) Entre os lombardos moradores de florestas, não teria havido qualquer queixa quanto ao ambiente ao eliminarem os gépidas sobre a vegetação rasteira; e quando chegou a hora dos eslavos abafarem a Europa Oriental, eles devem ter se estabelecido por estas florestas sem qualquer sensação de estranheza. Mas, e os hunos? E os ávaros e os búlgaros que haviam caminhado ao longo dos vales; e até mesmo os magiares; e os pechenegues e os cumanos? E, finalmente, os últimos dos invasores turco-tártaros, a terrível ninhada mongol de Gêngis Khan que, em 1241, devastou todas estas regiões? A menos que as planícies do sul da Rússia fossem igualmente cobertas de matas, poucos destes invasores podem ter visto muitas árvores; eram filhos do deserto, pertenciam às estepes e tundras. Eu imaginava Batu e seus companheiros com bolsas de arco achatadas e aljavas e cotas de malha e alvos, sobre pôneis com rebuscados adereços faciais e plumagem escarlate na garganta, voltando-se sobre suas selas e olhando uns para os outros, surpresos e confusos, sob suas pálpebras epicânticas, talvez através de máscaras de lobo. Vestidos com corpetes de escamas multicoloridas, ou com os ombros emplumados como asas de águias, de acordo com os totens xamânicos de seus clãs, eu os via todos, consternados, ao serem detidos à borda de uma mata que se extendia por cem léguas.

Em tal ermo, como poderiam ter manobrado e avançado na velocidade em que se dizia, desmontado e arrasando cada cidade, igreja, castelo, palácio, catedral e abadia num terço do continente? Afinal de contas, era o século XIII, tempos dos Plantageneta e Valois, e nem tudo fora construído de material facilmente combustível. Tiveram apenas um ano para conquistar, matar, escravizar, levar cativos, demolir e então se escafeder – não era muito tempo, especialmente ao final, quando a morte do sucessor de Gêngis Khan na Mongólia fez com que os príncipes mongóis se lançassem numa corrida desesperada de volta à casa com vistas ao trono: eram quatro mil milhas até Caracórum. É certo que passaram milhares de seus prisioneiros na espada; mas "levar embora como cativos populações inteiras", como dizem as crônicas, os teria atrasado, e demolições sem explosivos demandariam tempo e mais equipamento do que apenas pederneira, ferro e algumas alavancas, e talvez até algumas máquinas de assédio puxadas por juntas de bois para o lançamento de pedras. Apesar disso, diz-se que destruíram tudo o que era passível de destruição; e aliás, também, que, com uma curiosa e meticulosa infalibilidade, limparam cada fragmento de evidência histórica dos mil anos anteriores.*

Havia muito no que pensar. Eu especulava constantemente sobre a aparência desses bárbaros. Ainda não havia me recuperado da informação de que os hunos costumavam usar vestimentas de linho branco e de peles de ratos-do-mato costuradas umas às outras...

Chegando a um barranco coberto por morangos silvestres, comi todos os que estavam a meu alcance, andei até outro ponto favorável e recomecei. Seria possível ficar por aqui por todo o verão com panela, peneira e vara de pescar, acumulando ouro e vivendo de trutas e de *fraises des bois*, como um sibarita Tom Tiddler[16] dos Cárpatos.

O barulho de um sino de ovelhas ao alto interrompeu esses pensamentos. Havia um ruído de passadas curtas e o latir de cachorros; e então, vitupérios, na voz de alguém a invocar as maldições da mãe do dragão: era uma praga comumente rogada entre os romenos – nesse contexto, a mãe do diabo – '*Mama Dracului!*'. Subitamente, os sinos e o tamborilar de cascos pararam, e percebi, no caminho mais acima, um carneiro e uma dúzia de ovelhas paralisadas e alarmadas ante minha inoportuna presença. Duas delas margeavam à direita em direção a um abismo. Eu barrei sua passagem e, aos gritos, abanando galhos, as dirigi a um canto do rochedo, onde sossegaram desordenadamente agrupadas. Enquanto isso, dois cães brancos e ferozes rosnavam e latiam para elas e para mim, e, por dentre as árvores, surgiu o pastor correndo encosta abaixo, girando seu cajado, também ele as ameaçando com a mãe do diabo. Encurralamos os fujões e os fizemos voltar morro acima.

Em pouco tempo, estávamos conduzindo-as para um prado amplo e levemente inclinado, de um verde primaveril, acima dos colmos ressequidos vistos mais abaixo, onde uma centena de outras ovelhas pastava. As sombras começavam a se inclinar sobre o capim cortado rente como se fosse um gramado, e o som do mascar era interrompido volta e meia pelo

---

* Recentemente, aprendi que, para atacar paliçadas, eles desenvolveram algo parecido com o fogo grego. Mesmo assim...

barulho forte dos sinos das ovelhas líderes. Até mesmo as fêmeas tinham cornos curtos e curvos, e os dos cordeiros eram ainda mais curtos; mas as ovelhas líderes e os carneiros exibiam espirais pesadas e enrugadas que fariam tremer até mesmo as muralhas de Jericó. As matas ainda subiam sem fim, mas agora escuras manchas de pinheiros se degladiavam com troncos decíduos e entrelaçavam suas raízes com as de carvalhos e amieiros e choupos. Só era possível divisar o topo das montanhas mais baixas mirando da beirada exterior, onde o perfil das árvores se interrompia. O sol que se punha a oeste iluminava um cortejo distante de nuvens alinhadas, deixando na sombra os vales que chegavam até elas. As serras mais baixas do Banat, muitas léguas adiante, estavam cercadas de luz como um cardume meio submerso de criaturas do mar.

O pastor Radu e sua família me acolheram como se eu fosse um aliado. Duas ou três casas, construídas com habilidade e cobertas com lajotas de madeira de um esmaecido tom prata-acinzentado, agrupavam-se num extremo da clareira e um *lychgate* dava entrada a um pátio cercado de estacas; por trás, num aprisco oval, poços de cambão chiavam junto a bebedouros feitos de troncos cortados ao meio e escavados. Radu e seus dois irmãos, com gritos e assobios e meia dúzia de cães, conduziram o rebanho para dentro e, em seguida, barraram a entrada do pátio. Ponderei se estavam sendo contidos para evitar que se extraviassem. Para ter certeza, bati numa das estacas e perguntei a Radu "Por quê?" ("*Dece?*"), e sua resposta, "*Lupi*", disse tudo.

Uma platibanda larga corria em torno à casa, e esta e as paredes internas eram caiadas. Havia uma lareira com uma chaminé semicônica; espigas douradas de milho estavam empilhadas com a simetria de uma colmeia de abelhas e as cascas retiradas, prontas para o fogo, amontoavam-se num canto. Era um lugar muito limpo e arrumado ainda que só fosse utilizado em tempos como esse, já que no inverno a neve cobria tudo. A única decoração de parede era uma lamparina a óleo, suspensa e cintilando diante de um ícone da Virgem Maria e do Menino, aureolado com enfeites de latão dourado.

Esses irmãos eram homens amigáveis, tímidos, autoconfiantes, com uma aparência magra e suada e olhos de avelã tão habituados a mirarem, semiabertos, o sol e o vento, que as rugas em seus cantos se expandiam sobre suas bochechas bronzeadas em pequenos leques brancos. Vestiam mocassins, e suas túnicas de tecido caseiro, amarradas por largos cinturões, alargavam-se no volume de kilts. O pai deles era idêntico nas feições e na indumentária, exceto pelo fato de seu cabelo ser branco e ele usar um gibão, um *cojoc* de velo, e, sobre a cabeça, uma *caciula* cônica também de velo. Estava sentado na platibanda com as mãos cruzadas no cabo de um machado. O rosto da esposa de Radu era triste quando descansava, alegre quando em movimento, e notavelmente bonito; ela e outra mulher fiavam enquanto faziam suas demais tarefas. Seus fusos, desgastados e profusamente entalhados, estavam presos em cintas negras trançadas. Detalhes rebuscados, mas cores sóbrias, marcavam suas vestimentas: lenços de cabeça e aventais de um azul desbotado sobre saias brancas e de muitos plissados, e losangos trabalhados de forma intricada, do mesmo azul descolorido, formando painéis sobre mangas bufantes. Seus torsos estavam envoltos em vistosíssimos *hauberks* de couro macio, lustrosos de tanto uso e amarrados nas laterais. Quando uma delas começava uma trama a mais, a esposa de Radu lambia a ponta de seu polegar e indicador como se fosse um caixa de banco, e puxava um tanto de lã do fio que, tracionado em funil até sua outra mão, ampliava-se com o giro do fuso: tudo feito de maneira tão impensada como quando se tricota. Ela cantava uma *doină* para si mesma enquanto se movimentava pelo pátio, cada verso começando '*Foaie verde!*' ('Folhas verdes') ou '*Frunze verde!*' ('Copas verdes'). Essas invocações de folhas verdes sempre me pareceram uma espécie de saudação às faias, freixos, carvalhos, pinheiros e espinheiros da floresta, como se as árvores e sua folhagem tivessem algum poder misterioso e benéfico.

Nada havia para beber além de água. Por isso, tomamos, nós todos, tragos de um frasco, sentados em tamboretes espalhados sobre a platibanda, e eu comi *mămăligă* pela primeira vez – polenta ou mingau, feito de fubá de milho, a comida básica do povo do campo por essas bandas; eu havia sido advertido a respeito, mas, perversamente, até que gostei. Radu apontou para a espingarda na parede e disse que poderíamos comer uma lebre no jantar se eu ficasse mais um dia. Terminamos com um queijo de ovelha, branco e macio: havia um cheiro forte de coalhada e soro de leite no pátio, e de sacos de algodão, parecendo abóboras brancas como neve, dependurados pingando de galhos frondosos. O velho – uma de suas mãos em concha e a outra fechada – ocupava-se com algo: batidas metálicas eram seguidas de um cheiro de tecido chamuscado, proveniente de um pedaço de cogumelo seco que ele havia queimado sobre uma pederneira, nela batendo com um pedaço de ferro na forma de ímã; em seguida, soprando sobre o fragmento em brasa, ele o colocou por cima de folhas de tabaco esfregadas na bacia de um cachimbo primitivo, feito de tronco de caniço. Era a primeira vez que eu me via diante desse instrumento da 'Idade da Pedra', chamado de 'tchakmak' mais ao sul.

Eu teria coletado uma boa quantidade de histórias da gente da terra sobre lobos se conhecesse melhor a língua; havia duas ou três peles pela casa. Volta e meia, eles causavam a morte de cordeiros ou ovelhas, mas havia pouco a temer no momento: estavam nas profundezas das matas com seus filhotes; o inverno, quando a fome e o frio os empurravam pelos vales abaixo, era a época de perigo. Usando gestos principalmente, ele me contou que no ano anterior uma alcateia tinha atacado uns ciganos na neve, e deixado nada mais do que suas botas e alguns fragmentos de osso. Como ressoavam os lobos? Ele levou a cabeça para trás e deu um longo uivo carregado de uma estranha ameaça, e de angústia, também; (e imitou o berro do veado que começaria dali a um par de meses: um rugido vindo da garganta, sombrio, primordial, que, no ano seguinte, ouvi numa ravina da Alta Moldávia: o tipo de som que os antigos cretenses devem ter ouvido com pavor saindo de dentro do labirinto). Raposas, linces, gatos selvagens, javalis e ursos marrons eram os outros principais habitantes dessas matas.

Estava ficando escuro e todos começaram a bocejar, de maneira que vesti tudo que tinha e fui dormir sob uma árvore do lado de fora. Radu me trouxe um pesado cobertor bordado, parte do dote de sua esposa, dizendo que mais tarde faria frio. Do lado de dentro, iluminada pela lâmpada do santuário, ela havia feito o sinal da cruz várias vezes da direita para a esquerda, na maneira ortodoxa, polegar, indicador e dedo médio ajuntados para mostrar a Unidade da Trindade, e dado um beijo de boa noite nos dois rostos aureolados do ícone.

◆ ◆ ◆ ◆

MAS ESSES PASTORES não eram ortodoxos, embora seus ritos e quase todas as suas doutrinas derivassem do grande ramo bizantino da Cristandade oriental. Eles eram uniatas, 'católicos gregos', como eram chamados localmente, e, pela submissão de seus ancestrais ao Ato da União – daí o seu nome –, não mais prestavam sujeição espiritual ao Patriarca Ecumênico de Constantinopla, ou ao Primaz Romeno, mas ao Papa. Os romenos por toda parte entram na história da Cristandade como membros da igreja ortodoxa ou oriental; mas, como sabemos, os transilvanos na Idade Média eram súditos da Coroa Húngara. Nos séculos XVI e XVII, as guerras turcas reduziram a parte oriental da Hungria ao famoso e vassalo Principado da Transilvânia. Impacientes por separar seus súditos ortodoxos de seus parentes de mesma religião situados do outro lado das montanhas – e impelidos também pelo zelo vernacular protestante – os príncipes Rákóczi conseguiram, por meios diversos, dar fim à missa eslavônica de seus súditos (que os romenos haviam mantido desde os remotos tempos em que estiveram sob soberania espiritual búlgara), impondo-lhes uma tradução em romeno; não era para encorajar seu nacionalismo – de fato, exatamente o contrário – mas para alargar a distância entre a liturgia de seus súditos romenos e os ritos eslavônicos (e, recentemente, gregos) de seus parentes a leste; tinham a esperança de colocar o mundo ortodoxo dos eslavos e gregos a uma distância ainda maior. Meio século mais tarde, quando o eclipse turco abriu caminho para o domínio direto dos Habsburgo, a causa protestante perdeu impulso e a católica cresceu; e, em 1699, uma mistura de coerção e bajulação, apoiada pela astúcia dos jesuítas do Imperador Leopoldo,[17] deu um grande triunfo à causa da Contrarreforma no leste: ou seja, o domínio eclesiástico sobre muitos dos romenos ortodoxos na Transilvânia. Ao aceitar a União, os neófitos (ou apóstatas) tinham de aceitar quatro pontos: a cláusula *Filioque* no Credo; hóstias, em lugar de pão, na comunhão; a doutrina do Purgatório (que, como a do Limbo, era desconhecida no Oriente); e o mais importante, a supremacia papal. Todas as demais diferenças – o casamento de padres, sacerdotes barbados, o culto de ícones, e vestuário, rituais e costumes diversos – mantiveram-se intocados. Esse ato rompia todas as ligações oficiais entre a hierarquia da Transilvânia e as da Valáquia e Moldávia; mas a desconfiança permaneceu nas bases uniatas e, por quase um século, muitos sacerdotes locais esgueiravam-se de suas vilas e se faziam ordenar por bispos ortodoxos.

Mas, ao final, essas mudanças tiveram o efeito oposto ao desejado. A nova missa provocou um interesse súbito na língua, nas letras e origens romenas. A publicação na Transilvânia de livros religiosos no vernáculo, que os príncipes incautamente estimularam, competia com aqueles além das montanhas e acabaram por forjar uma aliança intelectual. Igualmente, depois da União, os filhos talentosos dos presbíteros uniatas foram mandados para Roma para estudar, e lá os altos-relevos em espiral da Coluna de Trajano – soldados romanos em batalha com guerreiros dácios vestidos de forma muito semelhante aos montanheses romenos – os enchia da emocionante convicção de sua origem comum daco-romana, e isso deu corpo a tradições que, numa forma mais nebulosa, pairavam havia muito no ar. Milhares de crianças romenas eram chamadas de 'Traian' e 'Aurel' em homenagem ao primeiro e ao último dos imperadores romanos e convicções sobre a ascendência dácia haviam fixado profundas raízes. Entre os romenos de ambos os lados da montanha, essas ideias promoveram um espírito nacionalista e reivindicações irredentistas, que vieram a ser abundantemente atendidas nos últimos cem anos. A causa étnica romena deve muito à igreja uniata – e sua dívida para com ela, por razões temporais comparáveis àquelas que primeiro estabeleceram a União, foi paga através da abolição do Estado e do retorno compulsório ao rebanho ortodoxo. Uma decisão em nada instigada pelo fervor religioso.

Pensando nisso tudo, minha mente retornou àquelas felizes manhãs por entre os livros e microscópios da biblioteca do Conde Jenö. *A dupla procedência do Espírito Santo...!* Esse divisor de águas para a Cristandade era o tipo de questão que excitaria a curiosidade histórica do Conde Jenö. Havíamos falado de como, no Oriente bizantino, o Espírito Santo procedia apenas do Pai ("Mas veja, não sei muito bem o que eles querem dizer", confessara o conde), enquanto, no Ocidente católico, procedia do Pai *e* do Filho – *ex Patre Filioque procedit*. Quando foi que essa cláusula ocidental – não mencionada nos sete primeiros concílios (os únicos válidos no Oriente)

– apareceu pela primeira vez? Livros de referência logo se amontoaram em torno de nós na mesa da biblioteca. "Aqui temos!", exclamou o conde depois de um tempo, e, a seguir, leu: "Cláusula introduzida no Credo no Terceiro Concílio de Toledo (nunca tinha ouvido falar dele!) em 589, quando o Rei Recaredo de Aragão renunciou à heresia ariana!". O conde levantou os olhos excitadamente: "Toledo! *Rei Recaredo!* Era um godo! Muito provavelmente vinha dessas bandas, quero dizer, seus avós – a turma do Ulfilas que foi para oeste!". Continuou a ler pulando, impaciente e titilante, de página em página... "Cláusula ainda não adotada em Roma... omitida dos manuscritos do Credo... inclusão talvez tenha sido um erro do copista! Ahn... Defendida por Paulino de Aquileia no Sínodo de Friuli, 800, sim, sim, sim... mas adotada apenas entre os francos... Aqui temos! *Monges francos entoando a cláusula Filioque em Jerusalém! Ultraje e tumulto entre os monges orientais!*" Ele pausou e esfregou as mãos. "Desejaria ter estado por lá!" Afastou seus óculos por um momento, mas logo recomeçou. "Papa Leão III busca suprimir a adição, apesar da insistência de Carlos Magno – um franco, naturalmente! – mas *aprova* a doutrina. Ahn... Soa como se tivesse se acovardado... Mas o Papa seguinte a adota... já é o século IX. Aí entra Fócio, o grande Patriarca de Constantinopla, e todos se enfurecem, anátema mútuo, e o rompimento final em 1054..." Ele levantou o olhar. "Sempre quis saber sobre isso. *I didna ken. I didna ken*", disse ele, e então fechou o livro. "*Weel, I ken noo.*"[18]

Virando as páginas de um missal uniata que pertencia a sua esposa, ele se deteve sobre uma diretriz que precedia à liturgia: "'Na missa, as palavras 'e do Filho', relativas à emanação do Espírito Santo, não estão incluídas no Credo. No Concílio de Florença de 1439, a igreja de maneira alguma exigiu essa adição aos orientais, mas apenas a aderência deles a esse dogma da fé.' Aderir, mas não proferir!", exclamou. "*Um dogma que não precisa dizer seu nome!*"[19] Eu disse que me parecia uma espécie de lealdade misteriosa. "Por favor, lembre-se", o conde observou em voz grave, "você está falando do Espírito Santo".

Entre os ortodoxos, os uniatas sempre carregaram um leve estigma de deserção e, entre os fiéis católicos da Transilvânia, eles pareciam de alguma maneira – e um tanto injustamente – ambíguos e deslocados. A mudança de lealdade certamente deveu-se menos a razões espirituais do que a *raison d'état*: a expansão da Contrarreforma e do zelo, por um lado; e, de outro, a oportunidade de escapar de um duro regime de opressão para algo um pouco melhor. Gerações posteriores agarraram-se à sua fé com uma decidida tenacidade rústica como ainda o fazem na Ucrânia. Nobreza e compaixão assombram sua história.

Os primeiros uniatas não foram nem os transilvanos nem os rutenos, mas os membros tardios da dinastia paleóloga: Miguel VIII, muito brevemente, e, finalmente, os dois últimos imperadores do Oriente. Temos que retornar aos últimos dias de Bizâncio, quando os turcos se acercavam para a cena final. Foi a esperança de apoio do Ocidente que fez João VIII Paleólogo, sua corte e seu clero empreenderem em 1437 uma extraordinária viagem a Florença, celebrada por Benozzo Gozzoli nas paredes do Palácio Médici. Durante as discussões em Santa Maria Maggiore, foi feita a outorga de chapéus de cardeal a dois dos prelados orientais; mas, em casa, principalmente incitados pela questão *Filioque*, Bizâncio fervia. Ainda assim, por bem ou por mal, e apesar do protesto ortodoxo, o imperador aceitou as demandas ocidentais. Gibbon descreve o momento culminante, com o imperador entronizado de um lado do Duomo e o Papa do outro. "Eu havia quase esquecido", escreve ele, "de um outro personagem, popular e ortodoxo, a protestar: um favorito cão de caça, que habitualmente deitava-se quieto sobre o tecido que caía ao pé do trono do imperador; mas que latia furiosamente enquanto se lia o Ato da União sem que os assistentes reais o conseguissem silenciar, por agrados ou por chicotadas". O imperador teve de retornar e, frente a seus súditos, ver-se vaiado. Mas, exceto por alguns bravos genoveses, ajuda alguma lhes chegou e o irmão de João, Constantino XI, que se mantinha uniata – embora o fosse de maneira talvez relutante – morreu lutando na *mêlée* quando os turcos tomaram e capturaram a cidade. "O sofrimento e a queda do último Constantino", diz Gibbon, "são mais gloriosos do que a longa prosperidade dos césares bizantinos".[20]

Mas foi a primeira citação de Gibbon o que havia incensado o Conde Jenö. "Vejam só! Um cachorro na igreja! E como se chamava? Qual sua raça? Um desses cães de caça árabes, aposto..." Depois de uma pausa, disse: "Isso me faz lembrar de uma ocasião semelhante, quando o Concílio do Vaticano discutia a infalibilidade papal em 1870! Sessões intermináveis e grupos de pressão, sabe, e nada mais do que uma brigalhada – Schwarzenberg, Dupanloup, Manning e o resto deles todos. Mas, por fim, fizeram a coisa passar. Quando a proposta foi cerimoniosamente apresentada em São Pedro, desabou uma terrível tempestade – nuvens pretas como fuligem! raios bifurcados! chuva, granizo e trovão, não se ouvia uma palavra sequer!". O Conde Jenö, um pacato mas devoto católico, resplandecia em meio a suas mariposas e caixas de espécimes. Ele adorava esse tipo de coisa. "Nem uma palavra! Muito pior do que no caso do cão do imperador! E ainda pior é que a guerra franco-prussiana estourou no dia seguinte, e todos os cardeais franceses e alemães se apressaram em direção ao norte na nova estrada de ferro – em diferentes vagões da primeira classe, naturalmente – e todos ignoraram uns aos outros quando saíram para fumar e esticar as pernas na plataforma de Domodossola..."

Bem, como resultado de tudo isso, Radu e sua família, depois de dois séculos e meio sob Roma, são novamente membros da igreja ortodoxa: talvez, um tanto perplexos.

◆ ◆ ◆ ◆

PENHASCOS E SEQUÊNCIAS de rochas projetavam-se por entre as árvores e, de vez em quando, as matas se abriam para dar caminho a desmoronamentos de terra e de pedregulhos e a seixos rolados em forma de leques. Sentia-se o odor de agulhas de pinheiro e de deterioração. Troncos velhos haviam apodrecido e tombado, e as pálidas folhas das mudas que os substituíram espalhavam-se pelo chão com variada luz, quebrando-o em centenas de finos raios de sol. O espectro de um caminho, talvez usado apenas por animais selvagens, avançava com hesitação; o emaranhado tapete de folhas, cones, agulhas de pinheiro, bolotas, bugalho, nozes de faias, e as cascas rachadas das castanhas devem ter vindo se acumulando desde sempre. Um alto pinheiro havia caído sobre um trançado de trepadeiras e eu vinha, por baixo, me arrastando de quatro através das dedaleiras e samambaias quando minha mão tocou em algo semienterrado nas folhas. Era uma galhada de veado com cinco pontas: um objeto maravilhoso, da coroa pregueada na base às extremidades de pontas penetrantes e duras como marfim. Como podia algo tão retorcido com essas rugas de aparência antiga ter crescimento tão rápido e uma vida tão breve? Elas despontam através da testa de um veado na primavera como pensamentos gêmeos se projetando do crânio, disparam e se ramificam com o movimento fluido das plantas, fossilizando-se à medida que crescem; maiores a cada ano, mais ferozmente pontudas, e aí embainhadas em veludo para serem rasgadas em pedaços contra troncos e ramos, até que o macho ao qual armam esteja pronto para limpar as matas de seus rivais; logo novamente caindo ao final do inverno, como penas na muda. Esta era longa, de um pé e meio, e perfeitamente equilibrada; e eu saí pelo samambaial me sentido como Herne, o Caçador.[21] Era impossível deixá-la ali, ainda que não a conseguisse levar até Constantinopla.

Não demorou muito até que eu me deparasse com quatro corças, cada uma delas com seu gamo pastando ou puxando os galhos na beira da clareira. Acredito que eu estivesse contra o vento; elas só levantaram as cabeças quando eu já estava muito próximo. Viraram agitadas, dirigindo-se para a vegetação rasteira e voando morro abaixo em grandes arcos até que todas as suas ancas brancas desapareceram; e, enquanto fugiam, um veado castanho-avermelhado, até então desapercebido, olhou para cima com uma varredura de seus cornos, bem mais largos do que a galhada em minhas mãos; e enquanto as corças passavam corcoveando, sua galhada saiu de uma vista em perfil para uma frontal, como numa separação ritual de duplos candelabros. Seus olhos largos eram severos, mas pouco focados, manchas brancas se espalhavam pela traseira de sua pelagem areia-escuro, e tinha cascos bem conformados e brilhantes. Virando-se para o lado, deu um ou dois passos tranquilos e empertigados, trotou ainda por mais alguns com sua cabeça e seu conjunto de andaimes voltados para trás, e saltou colina abaixo procurando pelas corças. A carga dos chifres subia e descia com cada pulo; e aí ele voou de cabeça por entre uma barreira de galhos, como um cavalo pelo meio de uma argola, e os ramos se fecharam atrás dele, enquanto despencava morro abaixo e para além do alcance do ouvido.

Eu mal podia crer que os encontrara todos lá havia alguns segundos. Seria dele minha galhada, perdida alguns anos atrás? Talvez mesmo agora sua galhada não houvesse alcançado o tamanho definitivo, embora agosto já tivesse começado: eu não havia visto farrapos de veludo... De qualquer maneira, o tesouro em minhas mãos poderia facilmente ter vários séculos.

Aos poucos, os rebordos de rocha nua começavam com relutância a conceder uma base para as árvores mais altas e eu avançava em meio a abetos anões e seixos mais parecidos a escória, encobertos por uma confusão fantasmagórica de cardos. Uma pálida cumeeira mineral surgiu à direita; outra elevação, muito mais arrogante, ergueu-se à esquerda; e para além dela, mais distante, uma outra, enrugada, acinzentada e destituída de sombras, como se estivesse sob a luminosidade do meio-dia. Eu me movia ao longo de um vale vazio, de rochas pálidas e pedregulhos, emplumado tristemente aqui e ali por pequenos abetos, que, a certa altura, também desapareceram. A configuração das montanhas fez com que me extraviasse. Não tinha certeza de que estava onde acreditava estar, ou onde deveria estar. Era um lugar lúgubre com a palidez de um ossuário e o vento que soprava o fazia mais lúgubre ainda. Uma névoa úmida avançava ao longo da depressão, de início mechas finas, seguidas de espirais de vapor mais densas, pegajosas ao toque, até que ficou difícil enxergar mais além de algumas poucas jardas. Eu estaria no coração de uma dessas nuvens que ficamos contemplando a partir da planície sempre que aparecem, ancorando-se nas cordilheiras e enfeitando-as. Quando a névoa se transformou em chuva fina, tateei caminho acima, ao longo do flanco da cumeeira que, sem que eu me desse conta, havia se avolumado cada vez mais ao longo dos últimos dois dias. Afinal, encontrei uma fenda, tomei uma subida íngreme até sair da neblina, desci novamente por entre pedregulhos e instáveis cataratas de seixos, e mergulhei através do cinturão de cardos e abetos anões, revertendo o processo de subida até estar de volta entre as samambaias e as protetoras matas de madeiras nobres e pinheiros. Pelejando em meio ao vazio planetário lá no alto, eu havia perdido minhas referências; e quando encontrei o vestígio de uma trilha de ovelhas – a menos que tivesse sido pisoteada por veados –, segui sua suave inclinação, esperando que dobrasse à esquerda, mas em vão; até que, já avançada a tarde, ouvi cães ladrando à distância e um sino ocasional, e por fim uma música clara e fluida que eu não conseguia localizar. Mas quando as árvores se abriram, havia algo de familiar na relva em rampa, nos telhados em lajotas no seu extremo, e nas ovelhas que pastavam. Era a clareira de Radu; eu havia percorrido um enorme círculo.

Não esperava me encontrar naquele lugar de novo, mas o vexame só durou um momento.

As notas musicais vinham de Mihai, irmão de Radu. Estava sentado numa rocha esverdeada, com seu cajado ao lado, sob os ramos cobertos de musgo de um enorme carvalho, tocando uma flauta de madeira de seis furos e uma jarda de comprimento. Era um som cativante, às vezes fluido e claro e às vezes, em suas notas graves, áspero e rouco. Mínimas e colcheias pairavam no ar, mergulhando ao final de cada passagem a semibreves profundas, antes de ascenderem e seguirem em frente. Do outro lado do vale, o sol caía por entre as serras mais baixas e as nuvens quebravam a luz poente em longos raios que subiam até nossa base, tocando os lados inferiores das folhas e iluminando a lã das ovelhas. Os galhos de carvalhos, a corrente de nuvens e os melancólicos musgos, enroscando-se através dos troncos, foram subitamente atravessados por feixes de sol. Pássaros se espalharam pelo ar e pelos galhos mais altos, e por alguns minutos todos os troncos das árvores fulguravam num carmesim de laranjas sanguíneas. Poderiam ser as matas da Arcádia ou as do Paraíso. Avançamos sobre a relva com a galhada e a flauta e uma tropa de cinco cachorros, como atores numa enigmática parábola ou num mito cujo contexto se houvesse perdido.

Os demais ficaram surpresos e foram acolhedores. Era como voltar à casa. Radu estava perplexo: por que carregar aquela galhada? A ideia de caçar uma lebre, mencionada na noite anterior, não havia sido esquecida já que sua espingarda estava encostada numa árvore e o pátio carregado de emanações de cebola, alho, páprica e folhas de louro. Deveras, minha volta parecia predeterminada.

Na manhã seguinte, depois de deixar desenhos de alguns deles, saí novamente, guiado durante mais ou menos um quarto de milha por Mihai, que me encheu de instruções que mal compreendi.

◆ ◆ ◆ ◆

A CORRERIA E a improvisação dos dias que precederam a saída da casa de Lázár rumo ao sul haviam eliminado completamente a ideia de qualquer planejamento sério. A coisa certa ao deixar o Maros teria sido seguir seu tributário, o Cerna,* passar uma vez mais o castelo de Hunyadi e então entrar pelo lindo Vale do Hátszeg. Aqui poderia ter me hospedado com o excêntrico *gróf* K. – aquele que montara com a cabeça do cavalo coberta por um saco. (Sua fama era generalizada e os pastores sorriram quando seu nome foi mencionado.) Eu poderia então ter subido através da floresta para o grande Maciço de Retezat. Era aqui que István sugerira que caçássemos cabritos-monteses. Quando novamente atingi a civilização, depois desses dias na montanha, fiquei aflito ao tomar conhecimento de tudo que perdera: cabritos-monteses, talvez; vales profundos e silenciosos; uma interessante urze, vermelha como uma rosa e que cheirava a canela e recebia seu nome do Barão Bruckenthal; centenas de córregos; picos que apontavam para os céus como pirâmides e caíam como chumbo no abismo; cascatas de sólidos blocos espalhados numa desordem selvagem; vintenas de lagos alpinos... Senti, no entanto, que seguramente não me haviam faltado esplendores. Poderia aquele distante vislumbre do dia anterior ter sido o cume do Retezat? Provavelmente não. Não o soube então e continuo sem sabê-lo.**

Outras maravilhas estavam escondidas naquele labirinto de vales. No seu mais profundo coração ficavam as ruínas de Sarmizegetusa, a velha capital dos dácios e o reduto do Rei Decébalo. Por volta da época em que ele impusera a Domiciano lhes pagar uma espécie de *dac-geld*,[22] Decébalo e seu reino haviam se tornado a mais poderosa força com a qual o Império Romano jamais se confratara; era uma grande e nobre figura, e quando Adriano invadiu suas montanhas, deu-se um confronto de iguais, ou quase. Foi necessária uma amarga e laboriosa campanha e toda a ciência e

---

* Advertência: Aparece mais tarde um outro desses 'rios negros'. A região é confusamente repetitiva nesse tocante.
** A única solução é ir até lá e escalá-lo.

engenharia militar de Roma para o submeter: artes que, de um modo ou de outro, Decébalo havia em parte dominado; e ao final, em lugar de render-se e ser levado preso em grilhões num cortejo triunfal, preferiu cair sobre sua espada, à melhor maneira romana. Sarmizegetusa tornou-se a Ulpia Traiana, reduto da *Legio Tredecima Gemina*, e o lugar ainda se mostrava atravancado por fragmentos entalhados guardando a memória da *Leg. XIII Gem.*, o que pareceria ser uma legião redobrada. Suas águias por lá presidiram pelo tempo que a província durou. Paredes magníficas e as ruínas de um anfiteatro mostram a importância da cidade; estátuas quebradas de deuses e imperadores e os grandes silhares talhados dos templos estão espalhados pela área; santuários tombados falam de Ísis e Mitras, e, sob os pés, mosaicos rachados recobrem os pisos mitológicos de velhas salas de jantar.

Na tentativa de manter-me junto às encostas ocidentais dessa cordilheira, o desafio maior era evitar a perda de altitude e resistir às rotas que a textura das montanhas tentava impor; as elevações, ajuntamentos de rochas, cones de erosão e deslizamentos de terra tornavam difícil a tarefa; era frequentemente uma questão de ziguezaguear até o fundo de uma ravina para então subir pelo outro lado, ou afundar pelo interior, por onde certamente me perderia. Recorri a ambos; mas, olhando para o sol, para meu ressuscitado relógio e para a bússola (usada até agora apenas no meu último dia na Hungria), consegui não me perder de forma definitiva.

Não encontrei ninguém por todo o dia; havia muitos esquilos vermelhos, alguns pretos e inúmeras aves; mas as únicas criaturas de maior porte eram os falcões e, quase sempre, aos pares, águias douradas, pairando no ar lânguidas e altaneiras em torno aos sobressalientes bastiões de rocha. Às vezes, eu ficava olhando através de amplas copas bojudas de árvores antes de por elas adentrar; outras, andava a passos largos sobre lombadas de relva ou tropeçava desajeitado sobre extensões que, vistas de baixo, pareciam trechos calvos; mas, na maior parte do tempo, segui quaisquer das escuras trilhas que eu identificasse entre as matas, parando, ocasionalmente, para evitar instáveis e penosos derrames de xisto: e aí voltava a me defrontar com as árvores. Como sempre, em trechos solitários, poesia e canções ajudavam, e de quando em vez, davam margem a ecos. Eu ainda tinha muita comida; havia dúzias de córregos dos quais beber, alguns deles espessos com agrião, e ao me jogar na beira de um deles com o rosto para baixo como um veado ao anoitecer,[23] pensei em como me sentia feliz naquele momento específico por não estar de pé na correta posição de descansar no campo de manobras de Sandhurst. Oxford teria sido melhor; mas isso aqui superava a todos.[24]

A laje que achei para passar a noite era protegida por árvores em três de seus lados, e no quarto, topos dos pinheiros alçavam-se das profundezas. Quando, em seguida a um pôr de sol similar a uma fogueira, o resplendor do crepúsculo se extinguiu e o pandemônio que fazem as aves logo antes de dormirem começou a se aquietar, eu me protegi, acendi uma vela, pesquei meu livro e, por algumas páginas, segui as aventuras de Theodore Gumbril.[25] As estrelas estavam inacreditavelmente densas, e só o privilégio de poder mirá-las já fazia de mim um miliardário; e melhor ainda, as Perseidas continuavam a chover como fogos de artifício. Eu havia percorrido uma longa distância e logo adormeci, mas quando o frio da madrugada me acordou, coloquei outra camada de suéteres, engoli o que sobrava no frasco e descobri que a lua tardia havia apagado uma boa parte das estrelas, exatamente como Safo diz. Seu último quarto dotou as matas de volumes e perspectivas e espalhou restos de brilho sobre as rochas.

Logo depois de sair pela manhã, ao parar para amarrar os sapatos numa ribanceira coberta de capim, ouvi um barulho, metade rangido, metade farfalhar. Olhando por cima do rebordo em direção a um ressalto similar quinze jardas abaixo, vislumbrei os ombros arqueados de uma ave muito grande justo no ponto onde suas penas fulvas encontravam uma plumagem de tom mais puxado para o castanho-pálido: protegiam seu escalpe e cangote. Ela arrumava as penas em seu peito e ombro com um bico imperiosamente recurvado. Um pequeno salto a deslocou um pouco mais longe no rebordo e quando, com um ranger, ela abriu a asa esquerda em toda sua amplitude e começou a examinar as axilas, percebi seu enorme tamanho. Eu estava perto o suficiente para apreciar cada detalhe: as penas castanho-amareladas no formato de *plus fours* cobrindo três quartos de suas pernas escamosas, o amarelo e o preto em seus talões, as terminações em quadrículas do seu rabo, e a faixa amarela na base de seu bico superior. Passando das axilas para as penas de voo, continuou a se limpar, pondo-as em ordem como se a noite as houvesse desgrenhado. Recolheu a asa novamente sem pressa, e então abriu a outra num movimento que parecia desequilíbrá-la por um momento, mas em seguida continuou com seus cuidados com a mesma deliberação.

Com cuidado para sequer piscar os olhos, devo tê-la observado por uns vinte minutos. Após recolher as duas asas, sentou-se vasculhando o entorno com soberba, dando de ombros e arqueando as costas de tempos em tempos, abrindo e fechando uma das asas pela metade, e certa vez esticando largamente as mandíbulas de seu bico num gesto quase de bocejo. Finalmente, com um súbito arranque, entre um ranger e um arrepio, ela abriu as duas asas em sua máxima e impressionante amplitude, bamboleando por um momento como se seu equilíbrio estivesse ameaçado; e aí, com outros dois ou três saltos e um lento impulso de suas pernas em *plus fours*, ele se alçou no ar, com todas as penas de voo espalhadas; suas pontas se levantavam à medida que movia as asas para baixo, e depois, baixavam, com a varredura seguinte para cima. Depois de algumas batidas, as duas asas descansaram formando uma linha única, com todas as penas de voo ondulando novamente para cima, enquanto a ave se entregava a uma corrente de ar invisível que a carregava para fora, para baixo e para longe, e, ao navegar sobre o grande golfo, corrigia seu equilíbrio com movimentos dificilmente perceptíveis. Alguns minutos mais tarde, pancadas barulhentas, mas invisíveis soaram do outro lado de um contraforte, e uma segunda e enorme ave a seguiu quase sem qualquer ruído. Balançavam delicadamente no ar, com um largo espaço entre ambas, como navios sobre uma suave onda. Então, enquanto cruzavam a hipotenusa de sombra que se esticava desde a silhueta dos Cárpatos até o flanco das Montanhas de Banat, a luz da manhã as tocou e lustrou suas asas, revelando-as em sua devida majestade. Olhar para esse par de aves reais, flutuando assim em discreta camaradagem, propiciou-me um longo momento de exaltação. Pensar que os quirguizes usavam águias douradas para caçar! Eles as carregavam sobre cavalos, um feito aparentemente impossível, e depois, quando na estepe, retiravam seus capuzes para que se erguessem, procurando por antílopes e raposas e lobos, e então, baixando sobre suas vítimas. Por aqui, Radu informara, elas rivalizavam com os lobos em decimar os rebanhos e, aprendi mais tarde, em trazer destruição por entre as ovelhas e cabras dos nômades sarakatsani das Montanhas Ródope, e os rebanhos dos parentes de Radu, os koutzovaláquios dos Pindo.[26] Elas circulam sobre os rebanhos de animais, pairam, miram e aí despencam como dardos, levando consigo cordeiros a balir, plangentes, pelos ares.

Eu me perguntei se essas duas haviam meramente pousado aqui em seu voo matinal ou se seus ninhos estariam perto. Melhor não olhar! (Tive uma visão súbita, de congelar o sangue, das páginas frontais do La Domenica del Corriere, em cobalto, laranja e sépia: um goleiro esmigalhado até a morte por uma anaconda diante dos olhos de times dominados pelo terror: "Offside! Un Incidente in Torino"; três rinocerontes perseguindo uma freira carmelita através de um caótico mercado dos Apeninos: "Uno Sfortunato Incontro"; ou, neste caso, "Al Soccorso dei Bambini!" – um ninho cheio de filhotes e duas águias a rasgar em pedaços um saqueador que desesperadamente revida com uma galhada de cervo...)

Segui sua imóvel flutuação e seus lânguidos círculos por um longo tempo enquanto me dirigia ao sul. Esse encontro, a apenas vinte e quatro horas daquela breve visão do veado, que me fazia lembrar Altdorfer, era quase demais para absorver. Fiquei me perguntando o quão perto de porcos selvagens meu caminho havia passado ou passaria; e de lobos e ursos. Dizia-se que esses também jamais se aproximavam de gente nesta época do ano. Não vi qualquer um deles; mas talvez me tivessem visto enquanto eu me debatia pelo caminho. E o que dizer da paixão dos ursos por mel e das colmeias de que se socorriam? Eu ansiava por vislumbrar, a uma distância razoável, um deles circulando com suas pernas arqueadas, ou nas pontas dos pés, perseguidos por abelhas, tentando alcançar o oco de uma árvore atrás de um favo de mel. Durante a noite, haviam ocorrido movimentos entre os galhos como os de um espírito inquieto; eram maiores do que os de um esquilo: teria sido um gato selvagem ou um lince? Talvez uma marta-de-pinheiros.

Os dias nas montanhas, começando de madrugada, terminando quando escurecia e apenas separados por um sono leve, pareciam conter uma sequência mais longa de momentos do que uma semana ao nível do chão. Vinte e quatro horas se prolongavam numa vida inteira, e o ar rarefeito da montanha, faculdades aguçadas, o acúmulo de detalhes e um caleidoscópio de mudanças de cena transformavam a passagem das horas numa espécie de eternidade. Eu me sentia profundamente imerso nessas solidões vertiginosas, a cada minuto mais relutante em novamente descer e pronto para seguir em frente para todo o sempre. Graças aos céus, pensei, ao subir ao longo de um escuro cânion de pinheiros, nada indicava que ele chegaria logo ao fim. Mas, súbito, quase imperceptível e ao longe, ouvi o barulho de um machado, e depois, de mais dois ou três. Ainda que distantes, falavam de gente do mundo inferior: era uma nota sinistra que soava, já que, nos dois dias de solidão desde que deixara os pastores, eu havia me imbuído de sentimentos incontestes de propriedade sobre tudo que estivesse ao alcance de minha visão e escuta.

◆ ◆ ◆ ◆

OS MACHADOS TRABALHAVAM arduamente. Carvalhos, faias e amieiros se erguiam isolados em meio à desordem de tocos aparados, cavacos anelados e pinheiros derrubados. Haviam sido cortados quase que de um lado ao outro com serras de fita manobradas por dois homens, sendo a tarefa arrematada com machados, malho e cunha; e enquanto eu os olhava, os madeireiros batiam suas cunhas na última vítima do dia. Os impactos só me atingiram quando os malhos foram erguidos para a pancada seguinte; e logo, um rachar e um choque, e abaixo veio a árvore, sobre a qual eles aí se lançaram, desbastando-a e aparando seu tronco caído com serras, machados e podadeiras. Quando troncos de árvore limpos e em número suficiente se acumulavam, uma parelha de cavalos com garras e equipamento para arraste seria convocado e os troncos levados para a orla da clareira e rolados sobre um íngreme percurso: um caos de madeira sufocava o capim morro abaixo, até um ponto onde carroções podiam levá-los. Lembrei das listras de neve que eu vira na Áustria, nas florestas em volta do Danúbio, e os troncos de pinheiro sobre elas tombados, tal como caixas de fósforos esparramadas: todos seriam cortados em pranchas para venda ou juntados uns as outros em balsas e postos a flutuar rio abaixo.

Fiquei sabendo disso tudo em alemão conversando com um homem corpulento que vestia uma camisa de flanela quadriculada em vermelho e óculos escuros de celuloide, como os de um jornalista num filme. Após deixar a equipe de madeireiros, ele me acompanhou pelo caminho que levava a uma cabana de troncos com um teto de ferro corrugado. Lá, sentado à mesa, de maneira um tanto incongruente, um homem barbado, em terno e chapéu de castor preto, com as abas em torno viradas para cima, fixava um livro largo e muito folheado, com os óculos próximos ao texto. Em poucos anos, ele viria a se parecer com um dos anciãos no Templo, na representação de Holman Hunt,[27] e isso era exatamente o que ele era. Dois filhos, de idade próxima à minha, também vestidos em preto, o ladeavam, em similar concentração. Também eles estavam voltados para sua religião: isso era perceptível por seus cachos de duende e pela penugem não tosquiada que enevoava suas bochechas de cera. Como eram diferentes do homem de camisa quadriculada! Era o irmão mais novo do rabino e suas feições poderiam ter sido modeladas por um cartunista hostil. Era o encarregado da concessão de madeira e vinha de Satu Mare ('Szatmár'), uma cidade no cinturão magiar a noroeste da Transilvânia. O rabino e seus filhos estavam passando uma quinzena com ele; os madeireiros, gente das montanhas, vinham da mesma região.

Quando o encarregado me levou até o grupo junto à mesa, eles me olharam apreensivos, quase alarmados. Ofereceram uma cadeira, mas estávamos todos dominados pela desconfiança. *"Was sind Sie von Beruf?"* O encarregado, que poderia ser tudo menos tímido, me olhava claramente desorientado. *"Sind Sie Kaufmann?"* Seria eu um vendedor ambulante? Eu me senti um pouco desconcertado pela pergunta que, no entanto, era perfeitamente razoável. Ninguém circulava por lá como eu e suponho que, por essas bandas, os únicos estrangeiros itinerantes, se não fossem pedintes ou tipos de todo desqualificados, deveriam ser vendedores ambulantes, embora eu jamais tivesse cruzado com qualquer um deles. (Mas obviamente a aparição de um estranho precisava de uma explicação. Logo de início, todos, pastores e ciganos, haviam demonstrado uma ponta de desconfiança: figuras desconhecidas em terras isoladas não traziam bons augúrios. No passado, apareciam para prender vadios e demandar a corveia feudal; nos dias que correm, deles se espera cobrança de impostos, compilação de censos, exigência de direitos de pastagem, procura de malfeitores, desertores ou recrutas fugidos e inadimplentes com o serviço militar – uma imensa série de interferências a restringir a liberdade dos que vivem nas matas.) Meus interlocutores pareciam aturdidos quando tentei explicar as razões para não estar em casa. Por que estaria viajando? Para ver o mundo, estudar, aprender línguas? Não estava claro nem para mim mesmo. Sim, seriam algumas dessas explicações, mas sobretudo "para me divertir" – expressão que, de início, não consegui encontrar e que, quando a encontrei, não soava lá muito adequada, o que fez com que suas sobrancelhas continuassem franzidas. "*Also, Sie treiben so herum aus Vergnügen?*" O encarregado deu de ombros, riu e disse algo em ídiche para os outros: todos riram e perguntei o que seria. "Es ist a goyim naches!", disseram. 'A *goyim naches*', explicaram, é algo de que os *goyim* gostam, mas que não motiva os judeus; uma mania irracional ou absurda, que faça a delícia de um *goy* ou o prazer de um gentio. Pareciam ter acertado na mosca.

A reserva inicial dos demais moradores nessas montanhas não durara muito; nem durou aqui; mas os judeus tinham outras razões para cautela. Os séculos de perseguição não haviam acabado; houvera julgamentos por assassinato ritual no final do século passado na Hungria e, mais recentemente, na Ucrânia, e incidentes cruéis na Romênia e *pogroms* na Bessarábia e através da Paliçada da Rússia.[28] Mitos caluniosos eram abundantes e os rumores sombrios sobre os Anciões de Sião[29] haviam começado a circular fazia apenas quinze anos. Nesse ínterim, surgiam presságios terríveis na Alemanha, embora o quanto viriam a se revelar nefastos, nenhum de nós então sabia. Eles acabaram por se engajar na conversa e – parece agora completamente inacreditável – falamos de Hitler e dos nazistas como se representassem tão somente uma fase assustadora da história, uma espécie de aberração transitória ou um pesadelo que pudesse de repente desaparecer, como uma nuvem que se esvanecesse. Em seguida, passamos para os judeus na Inglaterra – um tema mais feliz: sabiam muito mais do que eu, o que não era difícil; e depois veio a Palestina. Suspiros e um humor fatalista se intercalavam na conversa.

Tudo tomou um caminho diferente quando os textos sagrados foram mencionados. O livro em frente ao rabino era a Torá, ou parte dela, impressa em hebraico em densas letras góticas, irresistíveis para alguém com paixão por alfabetos, em especial, por aquelas letras específicas, com sua aura de magia. Com muito esforço eu conseguia decifrar foneticamente os sons de algumas das palavras mais simples, naturalmente sem sequer vislumbrar seus significados, mas minha demonstração de interesse lhes agradou. Mostrei-lhes, então, algumas das palavras que eu, em Bratislava, havia copiado de lojas e dos jornais judaicos nos cafés, e seu significado, que eu já esquecera, os fez rir: no caso, os símbolos bíblicos recomendavam nada mais do que uma tenda para conserto de guarda-chuvas, ou, então, 'Daniel Kisch, Koscher Würste und Salami'.* Como soava a canção de Miriam no original? E a canção de Débora; o lamento de David por Absalão; e a rosa de Saron e os lírios do vale? No momento em que, através de minhas desajeitadas traduções para o alemão, ficava claro a quais passagens eu me referia, o rabino começava a recitá-las, de imediato, muitas vezes acompanhado por seus filhos. Nossos olhos brilhavam; era como um jogo maravilhoso. Em seguida, vieram os rios da Babilônia e as harpas pendentes dos salgueiros – isso eles proferiram num firme uníssono, e ao chegar a "Se eu lhe esquecer, Ó Jerusalém", a solenidade do momento foi extrema. Na parte de trás de meu diário figuram umas poucas linhas inscritas em hebraico pelo próprio rabino; e, por estarem em grafia cursiva, são por mim de todo indecifráveis; por baixo delas aparecem os sons fonéticos que registrei quando as recitaram.

> Hatzvì Yisroël al bomowsèycho cholol:
> Eych nophlu ghibowrim!
> Al taghìdu b'Gath,
> Al t'vashru b'chutzòws Ashk'lon;

---

* Ver Um Tempo de Dádivas, p. 255.

> Pen tismàchnoh b'nows P'lishtim,
> Pen ta'alòwznoh b'nows ho'arèylim.
> Horèy va Gilboa al-tal, v'al motòr aleychem...

Aqui, o registro se detem por um momento, e recomeça:

> Usodèy s'rumòws...

As poucas palavras que soavam como substantivos próprios revelavam do que se tratava: "Não divulgueis isso em Gate, não o anuncieis nas ruas de Ascallom, a fim de que não se regozijem as filhas dos filisteus, nem se alegrem as filhas dos incircuncisos". O outro pedaço incompleto deve ser: "Ó colinas de Gilboa, que nunca mais haja orvalho...".[30] A essa altura, o rabino do outro mundo e seus filhos e eu estávamos muito animados. O entusiasmo corria solto. Essas passagens, tão conhecidas na Inglaterra, eram duplamente carregadas de significado para eles, e sua emoção era contagiante. Pareciam surpresos – sensibilizados mesmo – que sua poesia tribal obtivesse tal prestígio e afeição no mundo exterior; completamente isolados, imagino eu que disso não tivessem a mais vaga ideia. Uma sensação de grande cordialidade e alegria surgiu entre nós; e o rabino polia suas lentes com frequência, não para usá-las, mas por pura satisfação e vibração, enquanto seu irmão nos observava com divertida benevolência. Ficou escuro enquanto ainda estávamos à mesa, e quando ele retirou a manga de vidro para acender a lâmpada de querosene, três pares de óculos cintilaram. Se fosse sexta-feira à noite, disse o rabino, teriam me pedido para acendê-la; e ele me explicou sobre o *shabbas goy*. Era o gentio do Sabá, que judeus bem de vida – "não como nós" – empregavam em suas casas para acender lâmpadas e amarrar e desamarrar nós ou executar as muitas tarefas que sua lei lhes impede de executar no Sétimo Dia. Disse-lhes que lamentava que fosse apenas quinta-feira (o Sabá começa ao pôr do sol na sexta) já que, pelo menos uma vez na vida, poderia ter sido útil. Despedimo-nos em meio a risadas.

◆ ◆ ◆ ◆

ESTICADO SOB UM dos carvalhos que sobrevivera, não me continha de tão animado. Jamais imaginara poder interagir em termos amigáveis com homens que aparentavam ser de abordagem tão difícil. Antes, já havia entrevisto similares figuras; a última vez, à noite, na plataforma enluarada, quando entrei na Romênia; pareciam completamente apartados de tudo, distantes e inacessíveis; teria sido mais fácil solicitar 'fogo' a uma abadessa trapista.

Pensei sobre o *shabbas goy*. Afinal das contas, eu acabaria por não ser indispensável, pois pouco mais adiante, reunidos em torno a sua própria fogueira, os madeireiros cantavam baixinho em húngaro. De alguma maneira indefinível, soava diferente do canto romeno, mas igualmente cativante e igualmente triste.

Depois que me despedi na manhã seguinte, o mais jovem dos rapazes, que vestia um quipá e carregava os rituais xales de prece, brancos com listras negras nos extremos, juntou-se aos outros dois dentro da casa; e, ao partir, eu os ouvi entoar suas preces numa pungente lamentação, enquanto o encarregado, nem um pouco devoto, apontava um novo conjunto de árvores para os madeireiros.

◆ ◆ ◆ ◆

FORA UM INESPERADO encontro considerando quão remota era essa paragem nos Cárpatos. Que itinerários os haviam trazido desde as distantes Canaã, Jerusalém e Babilônia? Alguns poucos cismáticos caraítas,[31] estabelecidos no Mar de Azov e no Mar Negro, haviam se dirigido para a Europa Oriental, mas deles não se ouvia falar desde então; e um punhado de judeus – de religião, se não de sangue – podem ter vindo com os magiares, se é que os belicosos membros da tribo kabar, companheiros dos khazares, pertenciam àquela elite que se convertera ao judaísmo: pois foram três as tribos kabares que acompanharam a migração dos magiares a oeste e terminaram na Grande Planície; elas seguramente abraçaram o cristianismo quando os demais se converteram. Os mais prováveis ancestrais de meus anfitriões – ao menos, parcialmente – pareceriam ser os judeus que se estabeleceram no Reno nos primeiros dias do Império Romano, depois de terem cruzado a Itália e antes da diáspora babilônica; talvez antes mesmo da destruição do Templo.

Nos primeiros tempos, em que todas as religiões eram politeístas, os deuses eram compartilhados e trocados; circulavam de panteão em panteão e eram bem-vindos em qualquer lugar. Os maniqueístas efetivamente reduziram o elenco do zoroastrismo a dois rivais de igual poder: uma aposta perigosa, como demonstrado por sua prole herética. Já os judeus curvaram-se a um deus solitário que não tolerava rivais e não podia ser visto, registrado em imagem, nem mesmo mencionado pelo nome, e, desde o começo, houve discordâncias entre vizinhos. (Às vezes, parece ser tão difícil evitar conflitos no monoteísmo quanto tirar as listras de um tigre.) O período de glória terrena passou; dias duros se seguiram; e na altura em que deu origem ao cristianismo e depois ao Islã, o judaísmo estava na posição de um Rei Lear, abatido por Goneril e Regan, mas sem que a parte de Cordélia tivesse sido escrita, ou sem haver quem a pudesse representar – a menos que, por um ou dois séculos, tivesse sido o Império Khazar.[32] A elevação do cristianismo, das catacumbas à religião de Estado do Ocidente, tornou irrecuperável a solitária posição dos judeus. Um programa inflexível de revanche pela Crucificação foi estabelecido e os séculos que se seguiram, de arbítrio e humilhação, provocaram uma satanização e uma mistificação que ainda hoje estão presentes. Na Idade Média, os judeus eram acusados não apenas de deicídio, mas por cada uma das calamidades que afligiam o Ocidente, notadamente a peste negra e a invasão dos mongóis: esses demônios encarnados eram as doze tribos vindo a galope do leste para reforçar os perniciosos planos de seus parentes judeus na Europa... Nas terras germânicas, em especial, o ardor das Cruzadas explodiu numa sequência de massacres sombrios, eventos que colocaram muitos judeus mais uma vez na estrada, indo se estabelecer na Polônia. (Foi sua longa estadia na Alemanha que transformou um dialeto germânico medieval, predominantemente o franconio, na base do ídiche, a língua franca da Europa Oriental.) O reino de início lhes deu as boas-vindas. Assentaram-se e multiplicaram; mas, com o tempo, as coisas começaram a mudar. Os sacerdotes denunciaram os reis por suas políticas de defesa da etnia e na virada do século XIV para o XV, começou a perseguição: os dominicanos lhes extorquiam uma multa anual e as acusações habituais de hóstias profanadas e assassinato ritual reapareceram... Apesar de tudo, essa época foi uma espécie de apogeu para a erudição e teologia judaicas. Eram demasiado numerosos para tocarem em frente quando novas atribulações os atingiram. As piores foram os massacres cossacos do século XVII; e depois da partição da Polônia, a perseguição russa e os *pogroms* na Paliçada novamente colocaram muitos deles de volta na estrada. (O rabino e seu irmão não estavam seguros, mas acreditavam que alguns de seus ancestrais teriam vindo dessa parte do mundo, quatro ou cinco gerações antes; a Galícia era sua outra origem mais provável.) Em que pese o sentimento antijudaico endêmico na Hungria, os judeus haviam conseguido desempenhar um papel importante na vida do país – para eles, ali foi melhor do que na Romênia ou na Rússia. Meus companheiros manifestavam um sentimento patriótico com relação à Hungria: entre si, falavam húngaro em lugar de ídiche, e lamentavam sua mais recente troca de nacionalidade.

Num continente em que inúmeras raças haviam passado por completas transformações ou desaparecido em pleno ar, os judeus, ainda que tão maltratados e sofridos, foram os que menos se alteraram. Além da religião, muito mais os diferenciava e, em especial, aqui nas montanhas carregavam a marca de um povo urbano e doméstico, em tudo diferente dos rústicos que os cercavam. Vestuário, dieta, postura, gestos, a tez e a entonação – a insidiosa tonalidade nasal que seus detratores imitavam incansavelmente – tornavam sua distância maior. (Eu não podia deixar de olhar para os dois rapazes sem desejar que seus cachos em saca-rolha desaparecessem, e logo me sentia culpado por isto.) Em paralelo às indignidades infligidas pelos gentios, havia um conjunto de estigmas autoimpostos, e aparentemente estabelecidos com o propósito de ostentar práticas estéticas incomuns e, caso fosse necessário, bloquear uma aproximação. (Era exatamente o tipo de coisa que quem estivesse procurando assimilar-se mais ansiosamente descartaria – com uma segunda pontada de culpa, senti que assim eu teria feito.) Mas para os que viam o ato de assimilação como traição, a coisa era completamente diferente. Agarravam-se a costumes antigos como sempre o haviam feito; as marcas deixadas pelo gueto tornaram-se, se não emblemas de martírio, pelos menos, símbolos valorizados da solidariedade em tempos duros; pois nunca houvera um momento no qual, por apostasia, o fim à perseguição estivesse fora do alcance: umas poucas palavras e um borrifo de água e seus problemas teriam se resolvido. No entanto, escolheram a ponta da espada, a fuga e o destino dos desterrados em lugar de romper com sua fé. Não é de se admirar que, estando portas adentro e longe de todo o resto, eles evitassem contato com o vil mundo externo, e se as manifestações de suas vidas parecessem alienadas e rebarbativas, melhor que assim fosse; defletiria os golpes de quem os quisesse excluir. Num mundo repleto de obstáculos, a habilidade e o talento ofereciam oportunidades de sobrevivência, prosperidade e brilhantes realizações; mas percebi, num momento de clareza junto àquela lamparina, que, entre gente devota como eram meus companheiros, tudo isso não passava de ilusão. A ocupação do rabino e de seus filhos – as colunas em letras góticas, contornadas pelos lustros e notas de rodapé e rubricas de dois ou três mil anos – representava o objetivo verdadeiro de sua existência, algo para ser buscado e amado em segredo e por trás de venezianas fechadas: suas escrituras, sua poesia, sua filosofia, sua história e suas leis. Estas guiavam sua paixão, e o mar exterior de distúrbios certamente se retraía enquanto eles exploravam, mais uma vez, os mistérios de sua religião e rastreavam as sutilezas da lei, desvendavam os significados da Cabala e do *Zohar* ou mediam os princípios dos hassídicos contra as refutações do Gaon de Vilna;[33] e enquanto reliam as façanhas de Josué e David e dos macabeus, os motes estúpidos gritados nas ruelas do lado de fora desapareciam.

◆ ◆ ◆ ◆

"Ó COLINAS DE Gilboa, que nunca mais haja orvalho..." As palavras voltaram insistentes à superfície durante as próximas horas, em especial na manhã do dia seguinte, quando, ao acordar completamente seco, lembrei de minha úmida ressureição na cabana dos porqueiros perto de Visegrado. Na tarde anterior, apareceram uma ou duas correntes de nuvens empedradas e, pela primeira vez numa semana, eu dormi sob uma cobertura. Uma oportuna caverna, na qual parte da abertura fora barrada grosseiramente com alvenaria de pedra seca para garantir proteção às ovelhas, apresentou-se, escancarada e convidativa, ao cair da noite; mas nela os insetos saltitavam, de maneira que a troquei por uma outra, menor, do tamanho de um camarote de ópera; e não deve ter passado muito tempo após eu adormecer quando uma leve agitação fluida, mas não causada por água, me acordou. Abaixo, apenas discernível à luz das estrelas, um rebanho de ovelhas estava em movimento com centenas de pezinhos fendidos passando em trote. Pastores e cães passavam num silêncio sepulcral. Era como se os animais estivessem sendo roubados; fiquei olhando até que houvessem sumido e, no dia seguinte, não me pareciam mais do que um sonho.

Não havia orvalho, mas a névoa cobria fendas e ravinas com uma guirlanda. Tais quais coxias, esporões erguiam-se ao longe, definidos apenas pelo perfil de seus cumes ao encontrarem a próxima e tumultuada névoa, cada um, em seu recuo, de um azul mais pálido; nos vales que se retorciam colina abaixo, as matas apareciam escuras.

As montanhas estavam carregadas de ecos. Pequenas avalanches se espalhavam como rumores, e as quatro notas-chave de uma oitava,[34] cantadas alto o suficiente, eram lançadas cinco ou seis vezes à frente com um ou dois segundos entre cada acorde, ramificando-se por vales laterias, um pouco mais fracas após cada repetição. As montanhas seriam o auditório perfeito para aquelas trompas tibetanas com seus seis ou dez pés de comprimento. ('Bucium', a palavra romena, é quase certamente do latim 'buccina', os longos tubos de latão que figuram nos arcos triunfais romanos distendendo as bochechas dos legionários por entre tabernáculos e candelabros pilhados.) Do outro lado dessa vertente, durante a acometida a Sarmizegetusa, as fanfarras de Trajano devem ter liberado um pandemônio. (Além dessa, dos romenos, as outras trombetas gigantes ouvidas desse lado da Europa eram dos hutsuls, tímidos rutenos, uniatas de fala eslava, vivendo num mundo de feitiços e lendas, pouco mais de duzentas milhas a norte-noroeste, nas serras mais baixas dos Cárpatos, logo ao lado da Bucovina.)

Encontrei alguns rebanhos e um pastor tocando uma pequena flauta de osso: logo aprendi que algo de similar era tão inseparável de um pastor quanto uma roca e um fuso o eram de suas esposas, e desejaria tê-la examinado mais de perto: flautas de osso são instrumentos favoritos dos nômades sarakatsani do norte da Grécia, que mais tarde vim a conhecer; a deles é feita do osso comprido de uma asa de águia. Esta seria provavelmente feita da tíbia de uma ovelha.

Mas outra razão me fez desejar, um ano mais tarde, que eu lhe tivesse prestado mais atenção. Numa parte desta viagem ainda por ocorrer, fui dar no leste da Romênia e, no ano seguinte, lá voltei; e entre aquele momento e a eclosão da guerra, passei muito tempo na Moldávia, não muito distante da atual fronteira russa, numa remota casa de campo do tipo Grand Meaulnes.[35] Foram estadias longas e de pura felicidade: eu adorava os habitantes; e enquanto lá estive, ganhei alguma, ainda que precária, fluência em romeno, da qual alguns vestígios ainda permanecem.

Não demorou para que, tal como muitos outros, eu me deixasse enfeitiçar pelo mais velho poema da língua. Chama-se *Mioritza*. Por centenas de anos, universalmente conhecido no mundo de fala romena, embora de maneira intermitente, só foi registrado e impresso no século XIX; poderia ser descrito como um poema folclórico, classificação que, na realidade, não se ajusta bem a esses estranhos versos. Muitos já se debruçaram sobre seu misterioso simbolismo. Alguns dizem que mostra a profunda veia fatalista dos camponeses romenos, enquanto outros acham justo o contrário: dele deduzem uma espécie de triunfo místico sobre tal interpretação do destino. Talvez suas origens devam ser buscadas em tempos pré-cristãos; sem dúvida, o poema tem raízes abstrusas e complexas. Mas para mim, sua mágica estava, e ainda está, em aproximar objetividade e tragédia na captura do isolamento que cerca o pastor, e na tristeza exaltada que assombra seus íngremes pastos e florestas; todos aqui reforçados, pelo fascínio e frustração de mistérios mal compreendidos. E acima de tudo, no meu caso, o poema evoca os primeiros vislumbres da vida dos pastores em minhas caminhadas pelas montanhas: metade do cenário é, portanto, uma pastagem nos Altos Cárpatos, e a outra metade são os abrigos de ovelhas que encontrei mais tarde, espalhados através dos vales da Moldávia.

O poema consiste de cento e vinte e três pares de versos rimados (e ocasionalmente uma trinca) com cinco sílabas, com frequência alongados pelos finais femininos; a escansão é de dois ou três pés para cada linha; e eu não consigo resistir a apresentar alguns fragmentos-chave de uma tradução periclitante, mas bastante literal.

"De uma serrania alta", começa o poema, "próximo às portas do céu/ ao longo de uma trilha íngreme/ caindo sobre o vale/ surgem três bandos de ovelhas/ guardadas por três jovens pastores:/ o primeiro, um moldavo,/ o segundo um vranceano,/ e o terceiro, um transilvano...". (Rimas seriam necessárias para captar o clima do poema; no entanto, o inevitável semipoético fraseado resultante acabaria por dar uma pálida ideia da frugalidade contida e rústica do original; quisera eu poder comunicar seu caráter vigoroso, quase rúnico.)

Quando os três pastores se encontram, a cena imediatamente se torna sombria. Ao se pôr o sol, o transilvano e o vranceano tramam matar o moldavo. Ele é mais corajoso que os outros dois; suas ovelhas são mais fortes e têm cornos mais longos, seus cavalos melhor domados e seus cães mais ferozes. Mas o que eles não sabem é que ele tem uma ovelhinha, Mioritza, aquela de quem o poema recebe o nome, e ela possui o dom da antevisão. Entreouvindo o plano que fora apenas sussurrado, ela deixa de pastar e passa a balir em desespero por três dias inteiros, sem parar, soando o alarme; e quando o jovem pastor pergunta o que a faz sofrer, ela explode numa fala humana: "Ó generoso jovem", diz ela, "Desça com seu rebanho/ para a mata junto ao riacho!/ Lá existe sombra para você/ e também grama para nós./ Mestre, ó mestre,/ leve-as mais rápido!/ Chame seus cães, chame o maior e mais forte,/ o mais leal de todos!/ Quando o sol desaparecer do céu/ você deve morrer/ disseram aqueles pastores, o vranceano/ e o transilvano!".

O pastor responde: "Ovelhinha, tão sincera,/ você fala do que é misterioso!/ Caso ocorra minha morte/ neste trecho de charneca,/ diga ao transilvano/ e ao outro, o vranceano,/ que me devem enterrar/ aqui perto, no redil,/ de maneira que eu possa dormir/ entre, vocês, minhas ovelhas,/ no escuro, em meu abrigo,/ e possa ouvir meus cães latirem!". Ele dá à ovelhinha outras orientações: "Isto também deve ser dito:/ Coloquem sobre minha cabeça/ uma pequena flauta de faia/ cujo canto seja todo de amor,/ *e uma pequena flauta de osso/ que, solitária, lamente por muito tempo,*/ e uma pequena flauta de sabugueiro/ com notas mais rápidas e mais selvagens/ para que, ao atravessá-las,/ o vento as toque também,/ e faça com que minhas

ovelhas se juntem/ e me lamentem em voz alta/ e chorem lágrimas-de-
-sangue!". O tom aí muda de forma significativa. "Mas, da morte", diz ele,
"não lhes diga nada!/ Diga de pronto/ que me casei esta noite/ com a filha
de um rei,/ a noiva do mundo, e seu orgulho./ De meu casamento, conte/
como uma estrela caiu,/ como os convidados ao banquete/ eram áceres e
abetos,/ as altas montanhas, os sacerdotes,/ e pássaros,/ milhares de pequenos pássaros, eram os menestréis,/ e nossas velas, as estrelas."

"Mas", ele continua, "se você vir passar/ correndo sobre a grama/ com
uma cinta feita de lã/ e com os olhos cheios de lágrimas,/ uma velhota
solitária,/ perdida, a perguntar:/ 'Você viu meu filho?/ Um jovem pastor,/
tão belo e esbelto/ como se pudesse passá-lo por um anel./ O branco de
sua testa/ é como a espuma ordenhada de uma vaca./ Suas suíças tão bem
aparadas/ quanto duas jovens espigas de trigo/ e seus grossos cachos cres-
cem/ como as plumas de um corvo./ Tem dois lindos olhos/ pretos como
amoras.'./ Então, ovelhinha", o jovem pastor conclui:

"*Lamente-a também,*
e lhe ofereça estas palavras:
'Casou-se nas alturas,
nas portas do céu,
com a filha de um rei.'
Mas nenhuma palavra mais deve ser dita
(Ó ovelhinha, jamais fale!)
De como, quando me casei,
uma estrela caiu
e o sol e a lua
seguraram nossa coroa,
E que os convidados à festa
eram áceres e abetos,
as altas montanhas eram os sacerdotes,
os pássaros, milhares de pássaros,
eram os menestréis,
e as velas eram as estrelas."

Mas isso tudo, prenúncio estranho de uma Romênia ainda desconhecida, estava muito distante à minha frente. E no ínterim, uma mudança estava em curso. A preocupação com lobos recuara e os redis de ovelhas abaixo de minha trilha eram agora frágeis anéis de vimeiros e de gravetos. Por vezes, o maciço de montanhas projetava promontórios caindo sobre o vazio; e pelo menos dessa vez, a configuração das montanhas mais ajudou do que atrapalhou, e o circuito pelo último desses promontórios me levou ao alto, a uma depressão e à borda de um extraordinário vale.

Por um lado, um cânion na serra que eu vinha rodeando havia dias introduzia um talho profundo, nordeste adentro, que, ao ascender pelos Cárpatos, alcançou o pé dos grandes picos cinzentos. Pelo outro, ele mergulhava a sudoeste por uma garganta que levaria às planícies e, por fim, para o mundo de todo dia: mas não havia ainda qualquer sugestão disso. O fosso estava silencioso, exceto pelo som da água e o eco de uma ocasional rocha que caía. Mas enquanto eu a tudo observava, nuvens à frente da ravina se soltavam e espalhavam sombras amarfalhadas por entre ressaltos e fendas; então, obscureceram o sol numa abrupta tempestade serra acima. O vento lançou alguns tiros de ensaio, seguidos de sibilantes gotas de chuva. Eu me protegi sob um ressalto e fiquei observando os pingos se transformarem em granizo do tamanho de bolas de naftalina: elas saltitavam e se dispersavam colina abaixo aos milhões; e em meia hora, só restavam as correntes de água branca. Era como se as rochas lavadas tivessem sido cortadas recentemente; não havia uma nuvem à vista e uma brisa cheirando a samambaia e terra molhada fazia com que o ar não se estagnasse.

Mesmo pulando de rebordo em rebordo e escorregando nas agulhas de pinheiro molhadas, a descida morro abaixo durou horas. Seixos diminuíam meu ritmo e contrafortes de rocha, lisos como chapas de caldeiras ou eriçados como iguanas, me impunham desvios fatigantes. Em meio às escarpas, distantes filamentos de água eram revelados por seu brilho; de perto, serpenteavam e desciam em cataratas através dos troncos à medida que baixavam pela floresta, de terraço em terraço. As coníferas abdicavam quando as madeiras de lei as superavam em número; e a ravina, aprofundando-se rapidamente, persuadia as árvores a subirem e subirem até que os carvalhos, recobertos de hera, arrepiados com as galhadas de ramos mortos e empenachados por visco, transformavam-se em gigantes. Clareiras de faias abriam câmaras na floresta e samambaias davam lugar a cavalinhas, à cicuta e aos farrapos de barba-de-velho. A umidade, que a tudo cobria de musgo, enlaçava os galhos com trepadeiras e, mais acima, emplumava as fendas e forquilhas; cascas descamadas, recobertas de líquen desgrenhado, acometiam os troncos das árvores com a aparência de cobre oxidado, enchendo o oblíquo mundo inferior com uma teatral luz cinza-esverdeada. As matas haviam se transformado numa cripta de bolotas, nozes de faias e lamentosos pombos-torcazes; o som da água ficou mais alto; e logo, salpicado pelas sombras das folhas e percorrido por lavandiscas e papa-moscas, o gelado Cerna corria veloz por baixo dos galhos. O misterioso rio se dividia e rejuntava novamente por entre lâminas de rocha, deslizava sobre prateleiras que o compunham em simétricas cachoeiras, seguindo adiante em recortes e se transformando ao descer garganta abaixo. Cheguei então a um paradeiro mais calmo. Cardumes de trutas se ancoravam entre os reflexos de flores de sabugueiros ou deslizavam para novos abrigos, de intensa sombra, onde apenas algumas rugas faziam lembrar a correnteza, enquanto as rochas negras, que davam ao rio seu escuro nome eslavônico, interrompiam as profundezas.

♦ ♦ ♦ ♦

NO CAMINHO AO longo da margem, um grupo de mulheres que voltava do mercado – alertas, de feições delgadas, gente de aparência um tanto tímida – estava sentado, com suas trouxas, sob uma nogueira. Após os cumprimentos, uma velha matrona, cujo rosto era uma teia de pitorescas linhas, deu umas palmadinhas num lugar a seu lado e, assim, eu me juntei a elas na relva.

Exceto por seus aventais marrons, estavam vestidas da mesma maneira que as mulheres no aprisco de ovelhas: numa amortecida harmonia de azuis-escuros e branco, com faixas negras trançadas e retângulos pesadamente bordados nas mangas e, sobre o peito, aquelas curiosas couraças amarradas pelo lado; vestiam saias plissadas, meias pretas e mocassins, e, em qualquer uma delas, não havia sequer um fio – tosquiado, cardado, fiado, tecido, tingido, recortado e costurado – que não houvesse saído de seus rebanhos.

A velha pegou minha galhada na grama e me perguntou algo que não consegui entender. Ao perceber o pouco que eu sabia de romeno, colocou seu dedo e polegar de cada lado de um anel de casamento, achatado e prateado, girou-o para frente e para trás, apontando inquisitivamente para mim: seria eu casado? Não? Ela murmurou algo para as demais que as fez rir muito e à medida que suas trocas de comentários prosseguiram com crescente hilaridade, várias interpretações picantes e cômicas começaram a me ocorrer também. Não demorou para que se levantassem e alçassem seus sacos listrados sobre as cabeças. A velha me devolveu a galhada e me desejou uma feliz viagem e boa sorte na cidade. Ainda trocando comentários jocosos, elas partiram para seus apriscos de ovelhas nas montanhas. Uma delas, enquanto caminhava, fiava e, em pouco tempo, uma canção sobre folhas verdes subia pela encosta e logo a seguir desaparecia lentamente até ficar inaudível.

CAPÍTULO 8

OS CONFINS DA EUROPA CENTRAL

❦ ❦ ❦

De repente, sem qualquer aviso, uma estação de águas conhecida como Termas de Hércules, incongruente, rebuscada, com adornos de alto a baixo, emergiu das profundezas do vale agreste. O estuco *fin-de-siècle* poderia ter saído direto de uma seringa de confeiteiro; havia balaustradas de terracota, palmeiras, agaves pontiagudos em urnas cintadas, cúpulas ovais, escamas plúmbeas terminando em cumeeiras espinhosas; e através de portas duplas de vidro, viam-se hortênsias junto a ornamentadas escadarias que vagavam até *kursaals*,[1] onde torneiras e fontes jorravam águas curativas. Soberanas na luta contra um imenso rol de males internos e externos, dignos de um charlatão, essas águas haviam tornado o lugar famoso em tempos romanos; aqui, legados, centuriões e tribunos militares nelas se espojavam e as sorviam enquanto Hércules e meia dúzia de deuses menores sobre eles presidia, e a estátua vitoriana do lutador musculoso em pele de leão, que dominava o centro da cidade, deixava claro que a antiga glória retornara. Os padecentes burgueses da Europa Oriental, com suas anáguas de crinolina e cartolas altas, *sabretaches* e *czapkas*, ou em mangas em forma de costeletas de carneiro e *boaters*,[2] já por mais de um século vinham assombrando esse sítio ressuscitado.

Em seu jeito provinciano, era tudo o que as palavras 'spa', 'cassino' e 'vilegiatura' sugerem. Canteiros de canas e begônias, circulares ou em forma de coração, saltavam do cascalho como se fossem um tapete industrial; amarelo, escarlate, laranja, roxo, azul-pálido e vermelho-tijolo estavam justapostos de maneira tão irrefletida que tanto fazia se as flores fossem ou não artificiais e a grama um grosseiro tecido verde. Um viajante mais experimentado teria captado um sopro de Offenbach e Meyerbeer, uma sugestão de Schnitzler, um eco do Império Austro-Húngaro na sua mais longínqua fronteira, expressos, mais recentemente, em sólidas colunas de estuque branco com espirais que se alternavam, arcos pesadamente modelados e largos beirais: tratava-se de um estilo romeno neobizantino inspirado nos mosteiros da Moldávia e nos palácios do século XVII, do reino de Constantin Brâncoveanu da Valáquia.[3]

Era hora do passeio pós-sesta. Uma banda tocava num coreto enfeitado e uma multidão de Bucareste e Craiova caminhava lenta e sinuosamente pela rua principal, através dos jardins, sobre a ponte do Cerna, de lá voltando devagar. Entre mexericos apenas murmurados e ruidosos cumprimentos ao se reconhecerem de temporadas anteriores, os passantes estavam vestidos para arrebatar: saltos de altura vertiginosa, aromas inebriantes e maquiagens glamurosas eram escoltadas por cabeleiras engomadas pós--Rodolfo Valentino, que mais pareciam o couro envernizado de seus sapatos. Aqui e ali, oficiais em botas de cano longo e esporas tilintantes – de Turnu Severin, acho eu – adicionavam à cena multicolorida as vistosas fitas de seus chapéus e os revestimentos de suas túnicas.

Empoeirado, com marcas de viagem e muito provavelmente fedendo a redis de ovelhas, eu estaria melhor se tivesse sido lançado na Babilônia, em Lâmpsaco ou na Corinto do século V e, à medida que ia avançando por entre os distintos caminhantes, somou-se à minha desorientação um ataque de ansiedade provinciana. Graças a Deus, eu havia disfarçado a galhada no sobretudo que ficava enrolado por cima da minha mochila!

Tomei coragem e entrei decidido pelas portas giratórias de um hotel e, no hall, perguntei ao porteiro se podia usar o telefone. Heinz Schramm, um colega de turma do István que vivia a algumas milhas de distância, foi chamado do outro lado da linha; tudo havia sido combinado em Lapușnic antes que eu saísse. O porteiro me mandou esperar no hall e, num quarto de hora, o colega de István, alegre e rubicundo, saltava de uma Mercedes reluzente. Logo deixávamos a cidade para trás e avançávamos céleres pelo vale abaixo, que se revelou novamente com a inviolada beleza das matas e das rochas cor de abricó, com sombras em clarões de magnésio e um gradual entardecer. Tivemos o vislumbre de um aqueduto turco, e então chegamos a uma casa grande e confortável, à luz de lamparinas, o que foi rapidamente seguido de uma sibarita imersão num banho. Como pareciam incongruentes minhas coisas espalhadas pelo banheiro límpido por entre as nuvens de vapor! Botas empoeiradas, papéis amassados, uma miscelânea de livros, lápis quebrados, roupa de baixo suja, uma confusão de perneiras, migalhas, cadarços embaraçados, um frasco vazio, uma galhada, e uma maçã esquecida que apodrecia no fundo da mochila; mas sobre uma cadeira estavam colocados um paletó e calças não excessivamente amarrotados, uma camisa limpa e, por fim, sapatos de ginástica em lugar das botas de cravos. Usando o dedão do pé, abri um pouco mais a água quente e nela fiquei a chafurdar, felicíssimo naquele luxo.

◆ ◆ ◆ ◆

HEINZ SCHRAMM HAVIA herdado uma madeireira, um negócio familiar no qual obviamente teve sucesso. (Especulei comigo mesmo se a equipe de lenhadores de Szatmár teria algo a ver com seu negócio, mas não cheguei a perguntar.) Os madeireiros derrubavam as florestas e enormes troncos de árvores chegavam continuamente aos armazéns e serrarias ao longo do vale; lá, com as serras circulares ressoando e as pranchas em rítmica queda, os troncos eram fatiados por figuras espectrais que labutavam em meio a nuvens de poeira. Como a família de Heinz era descendente dos colonos suábios que se estabeleceram no Banat no século XVIII, a conversa era em alemão, exceto com o pai de Heinz, um almirante aposentado na velha marinha K. und K., cujo inglês fluente e deliciosamente antiquado era de uma safra ainda anterior à do Conde Jenö. Era um viúvo esbelto, de olhar aguçado, que crescera na época em que o inglês era uma espécie de língua franca naval mundo afora. À menção do Almirante Horthy, disse: "Éramos guardas-marinha juntos! Um sujeito ótimo, embora, veja, nunca me pareceu ter muita coisa na cabeça". Lembrava-se de bailes em Fiume

– "aprendendo os passos do *bunny hug* e do *cakewalk* com as melindrosas que nos visitavam" – e das felizes ancoragens em Tóquio e Saigon, onde "farreávamos à beça e ficávamos aborrecidos quando tínhamos que zarpar". Reminiscências felizes iam se desdobrando ao anoitecer num terraço debruçado sobre o vale. Grande admirador da Marinha Real, ele lhe fora cedido por uma temporada em posição semidiplomática; e tanto apreciava o estilo geral da corporação quanto suas habilidades náuticas e jamais se esquecera de haver visto a frota em traje de gala para o aniversário de Eduardo VII nas ruas de Pula ou Trieste. Lembrava-se com carinho especial de Lord Charles Beresford, Comandante-Chefe da Frota do Mediterrâneo: "Você podia ler sua expressão à distância de uma milha!". (O nome desse petrel intempestivo surgia sempre que os 'triestinos' recordavam os dias do pré-guerra. Berta, minha anfitriã em Budapeste, lembrava-se de ter brincado de cavalinho em seus joelhos quando era menina e seu pai o governador de Fiume.)

Heinz contou muitas histórias sobre István no colégio. Ele fora o herói e favorito de todos, apesar, ou talvez por causa, das inúmeras enrascadas em que se metia – fugindo do colégio, pintando e bordando em Viena e por aí afora. Heinz o chamava por um apelido escolar, uma versão reduzida de seu sobrenome. "Globus era um camarada notável!", comentou. "Tinha apenas um defeito: era um tanto orgulhoso demais de sua coroa de cinco pontas." ("*Ër war ein bisschen zu stolz auf seine fünfzackige Krone.*") Eu ri e respondi, "Não duvido!" e, de súbito, senti imensa saudade dele. "Você pode até achar engraçado", continuou Heinz, "mas adivinhe quantos em minha turma do Theresianum não pertenciam à nobreza? *Dois!*". Em magiar, o equivalente ao alemão 'von' era linguisticamente indicado de uma maneira que nunca cheguei a entender muito bem; mas quando um nobre húngaro, em seu caminho para oeste, cruzava o Leitha entrando pela Áustria adentro, ele revertia seus nomes de batismo e de família, abandonando a ordem magiar, de trás para frente, e, de imediato, interpunha o prefixo teutônico, mais tarde o substituindo com '*de*' quando cruzava o Reno em direção à França. Mas nobreza significava muito mais do que penduricalhos heráldicos e títulos: significava a filiação a uma ordem social, legalmente apartada e com todo um conjunto de privilégios. Essas iniquidades haviam sido removidas havia tempos, mas um abismo ainda perdurava e muito de sua antiga soberba e do respeito que inspiravam continuava a pairar sobre os descendentes de dinastias rurais, cujos emblemas raramente estavam fora de alcance da vista. Nobres sem títulos, como István, possuíam coroas de cinco pérolas; barões tinham sete, e condes, nove – exceto os Károly, que por alguma razão tinham onze – e os príncipes possuíam elegantes coroas cobertas, com bainhas de arminho. As coroas estavam espalhadas sobre casas, carruagens, uniformes, arreios, roupa de cama e cigarreiras em desinibida profusão. Os desastres da guerra, fortunas desfeitas, mudanças de soberania, e perdas de terras haviam deixado, por mais improvável que fosse, suas ascendências intactas, algumas vezes com ressentimento e outras com afeto, e meu trajeto oscilante entre mergulhos no mundo de pastores e estábulos e ascensões ao conforto de camas four-posters havia me dado uma boa ideia do antigo status quo, especialmente nas áreas rurais, e não apenas na Áustria, Hungria e Transilvânia. Acho que mais ou menos a mesma situação existira na Boêmia, Morávia, Prússia, Polônia e Rússia, e, sem dúvida, também na Romênia do pré e do pós-guerra.

◆ ◆ ◆ ◆

AGOSTO ERA UMA desculpa para piqueniques. Almoçamos em meio a ruínas e prados e cavernas com estalactites nas Montanhas de Banat e junto às matas que acompanhavam o Cerna e seu tributário, o Bela – os rios negro e branco – e uma noite fomos de carro até as Termas de Hércules para uma festa de gala no cassino.*

A cidadezinha parecia agora inteiramente diferente. Tinha o charme cômico e envolvente de uma opereta: cor e vivacidade marcavam os frequentadores, e as mesas repletas de gente, a orquestra e os dançarinos enchiam a sala de jantar do cassino com brio e *Schwung*.[4] Ajudados pela *tzuica*, o vinho e a dança, a noite se transformou numa névoa dourada. Uma aura de exibicionismo, um tanto teatral, irradiava de uma grande mesa ao lado e logo a razão

---

* 'Băile Herculane', 'Herculesbad' e 'Herkules Fürdö' eram os nomes locais.

ficou clara. Num intervalo entre danças, ciganos haviam começado a se mover de mesa em mesa, parando, num enxame solícito, para tocar 'aos ouvidos dos convivas', como se dizia, de maneira um tanto discreta, baixinho; mas quando chegaram aos nossos vizinhos, um súbito e desafiante crescendo alçou voo e pôs as gotas dos lustres a tilintar. Um bonitão corado, de seus trinta anos, havia deitado seu garfo e faca, soltando uma tremenda voz de barítono; todos pararam de falar e aí os demais dessa mesa lhe responderam, no momento exato e de uma maneira muito profissional, até que toda a sala ribombava. Heinz disse que era a companhia de ópera de Bucareste numa turnê de verão; mas a explosão fora espontânea: lançaram-se às árias e coros de O *Barbeiro de Sevilha* por pura empolgação, e seu *tutti* final foi saudado com palmas e gritos de "Bravo!" e "Bis!". Quando todos os pedidos haviam sido atendidos, a dança recomeçou, e nossas mesas logo se misturaram.

Ao som de *Couchés dans le foin*, e depois, de *Vous qui passez sans me voir*, eu de repente estava dançando com uma garota que estudava inglês em Bucareste; não que se pudesse ouvir uma só palavra no salão abarrotado. Quando nos sentamos novamente, ela disse, "Gosto muito de livros ingleses. Wells, Galsworthy, Morgan, Warwick Deeping, Dickens. E da poesia de Byron, se...", e ela parou, sorrindo pensativamente. Esperei, a considerar que tipo de ponderações iriam surgir; e após alguns segundos de silêncio, resolvi perguntar: "Se, o quê?". "Se", disse ela, "és capaz de manter tua calma quando todo mundo ao teu redor já a perdeu e te culpa".[5]

◆ ◆ ◆ ◆

NO DIA SEGUINTE, ao correr em sapatos de ginástica, meu pé aterrissou sobre um prego de uma polegada que saltava de uma prancha num depósito de madeira que fora desmontado. O prego o atravessou por completo. Não senti muita dor e saiu pouco sangue, mas incomodava ao andar, de modo que me estabeleci, lendo, numa espreguiçadeira sob uma árvore, e passei a circular claudicando, apoiado numa bengala. Curou em três dias, e no quarto, parti.

O Maros havia dominado os últimos meses. Uns poucos dias atrás, logo antes do alvorecer, eu havia caminhado rio acima para lhe dar uma última olhada, pois agora o Cerna tomava seu lugar. A penugem das folhas subia até o divisor de águas; por baixo, o vale permanecia taciturno e ainda à meia-luz; era um ermo de musgo verde e trepadeiras cinzas, moinhos revestidos de hera apodrecendo ao longo das margens, e riachos tropeçando nas sombras; e logo, raios de luz de cor limão penetraram por entre os troncos, por dentro do vapor que se enrodilhava ao longo do leito do rio e através os galhos. Era como se eu estivesse caminhando num um mundo que emergia do caos primordial.

Mas hoje, eu seguia por um nível mais baixo. Deixando o abismo rumo ao sul, o rio juntava-se a uma ampla depressão que subia para o norte entre dois grandes maciços que se estreitavam gradativamente até a estrada alcançar o passo; então, muitas léguas adiante, ele caía no Vale do Timiş, do outro lado, e, mais adiante ainda, ficava o ponto do qual eu havia lançado meu ataque pessoal aos Cárpatos duas semanas antes.

Tomando a direção sul, segui por um caminho de ovelhas a sota-vento da mata, considerando o quanto o vale teria mudado desde os tempos dos romanos e, dirigindo meu olhar para as águias e as abruptas florestas, pensei: quase nada.

As sinuosas leiras de vimeiros compartilhavam o vale com uma estrada de rodagem e uma ferrovia e volta e meia essa quase trança se desembaraçava e logo, displicentemente, voltava a se juntar. Búfalos se debatiam por entre os caniços, uma lufada de vento dobrava as labaredas das fogueiras dos ciganos, e seus cavalos, vagando soltos entre os rebanhos, pastavam até à beira da floresta. Havia campos cheios de restolho e centenas de girassóis escancarando seu amarelo em torno a negros corações; e as pálidas bainhas verdes do milho nativo, fazia muito, haviam murchado, parecendo um papel crepe acinzentado. Comboios de vagões voltavam vazios rio acima ou labutavam em direção ao sul carregados de troncos de árvores prontos para serem amarrados em conjuntos e flutuar Danúbio abaixo; e quando dois deles se cruzavam, cordões de poeira se alongavam por ambas as direções, embrulhando, numa nuvem, estrada e passageiros; a poeira se acomodava nas árvores frutíferas, que, às vezes, por centenas de jardas a fio, acompanhavam a estrada, carregadas de ameixas azuis que ninguém colhia e que se espalhavam à beira do caminho em anéis assombrados por vespas.

Baixando até o rio, o caminho o cruzava seguidas vezes sobre pontes de madeira. O sol, por entre uma peneira de folhas, estilhaçava-se em farpas e, de vez em quando, pequenas corredeiras rodopiavam em torno a rochas vermelhas e verdes enquanto ervas aquáticas, quais sereias, seguiam ao longo da correnteza. (Sem perceber, devo ter acumulado uma lembrança quase fotográfica desse belo vale, pois, vinte anos mais tarde, ao revisitá-lo, dessa vez no pequeno trem, marcos esquecidos reapareciam, até que comecei a me lembrar de um trecho de folhas-bandeira, uma ilhota com um tufo de salgueiros, um pequeno bosque, um carvalho atingido por um raio ou uma capela solitária, poucos minutos antes que de fato surgissem; e subitamente, num obsequioso meandro do rio, ali estavam eles, mergulhados nas profundezas de vinte anos, mas vindo à superfície, um a um, numa cadeia de visões resgatadas, como quando se recuperam objetos pessoais perdidos.)

Um ancião sob uma amoreira perguntou para onde eu ia. Quando respondi "*Constantinopol*", acenou de leve e nada mais perguntou, como se eu houvesse me referido ao vilarejo mais próximo. Uma espetacular ave que jamais havia visto, do tamanho aproximado de um corvo e, no ar, de um leve e refulgente azul, voou para um galho próximo. "*Dumbrăveancă*" ("Aquele que ama os carvalhos"), indicou o ancião. Era um rolieiro. Na esperança de poder dar outra olhada em suas cores maravilhosas, bati palmas e ele alçou voo de seu novo poleiro, como num romance de Maeterlinck.[6]

O ancião pegou uma amora caída na grama, e, numa pantomima, dobrou o dedo indicador como se estivesse instalando um anzol e depois fez como se jogasse uma linha sobre o rio. Será que tentava dizer que usavam as amoras como isca? Seguramente não, se fossem trutas? "Não, não." Abanou a cabeça e disse um outro nome, num gesto que indicava um peixe muito maior, com suas mãos tão separadas quanto as de um acordeonista em sua máxima distensão. Talvez, fosse um *sterlet*[7] do Danúbio. Não estava distante.

Na realidade, estava muito mais perto do que eu supunha, pois, de repente, os lados do vale se abriram e revelaram as torres e as árvores de Orşova, e, em seguida, as turbulentas águas amarelas e verde-azuladas do Danúbio e, mais além, a paliçada das montanhas sérvias. A visão era súbita e dramática – como se, através de uma repentina volta a oeste, uma ampla vastidão do rio tivesse entrado em cena; e então, depois de dividir-se tremulante em torno a uma ilha coberta de plumas e juntar-se uma vez mais, o rio continuou em frente, por uma saída quase tão surpreendente.

❖ ❖ ❖

SEGUI APRESSADO PELA cidade adentro, correndo para apanhar um amontoado de cartas na posta-restante – lá chegando no momento exato. Instalei-me com elas no cais, à mesa de um café. Uma, repleta de conselhos no domínio da geologia, era de meu pai, despachada dois meses antes em Simla: "Todos se mudaram para cá pois estamos na época do calor", contava. "Da minha janela, posso ver a parte ocidental da Cadeia do Himalaia Central e muitos dos picos nevados do Tibete. É uma deliciosa mudança em relação a Calcutá..."

A de minha mãe vinha, eu esperava, em resposta ao que fora uma divertida descrição de meu verão de parasita; eu lhe enviara relatos mais ou menos semanais de meu progresso, em parte para diverti-la e em parte para mais tarde poder reforçar meu diário.* "Entendo o que você quer dizer sobre o Mr. *Sponge's Sporting Tour*", escreveu. "Você vai seguir pelo Danúbio? Você chegará num lugar chamado Rustchuk – Acabo de encontrá-lo no atlas", continuou. "Adivinhe quem nasceu lá!" Era Michael Arlen. (E também Elias Canetti, embora naquela época eu ainda não tivesse ouvido falar dele.) Ela tinha uma porção de informações desse tipo, nem sempre precisas, mas sempre interessantes. Adorava recortar matéria do jornal e uma porção desses recortes, cheios de acontecimentos londrinos, logo cobriram a mesa.

Havia várias outras cartas, e um envelope de lona, marcado por uma cruz em giz azul, continha as notas de quatro libras do último mês; bem na hora certa, mais uma vez! Mas a carta que abri primeiro, e com maior excitação, estava escrita em francês na letra impetuosa de Angéla e havia sido despachada na manhã seguinte à sua chegada a Budapeste. Todos os nossos

---

* Ela me devolveu todas quando voltei, mas se extraviaram num baú perdido durante a guerra, e sinto agora imensa falta delas.

planos e subterfúgios haviam dado certo! As grossas folhas transmitiam afeto e humor e estavam impregnadas das delícias de nossa tripla fuga. Empurrei de lado as cartas, recortes e livros e imediatamente escrevi de volta; e depois para Londres e Simla, e quando por fim terminei, o sol havia se posto e deixado o rio numa cor de zinco-pálido. A lua nova se mostrou débil durante uma hora e logo mergulhou sob as montanhas à frente.

Li e reli a carta de Angéla. Nossos sentimentos – os meus, pelo menos – foram mais profundos do que havíamos admitido e, pelo tempo que durou, nosso envolvimento foi total: afeto e animação haviam sido esbanjados em pródigas porções; não surpreende que tivéssemos nos sentido tão felizes: muito entusiasmo e sentimento de aventura e farsa haviam a tudo dado um tom alegre, e tenho certeza de que foi para repelir posteriores mágoas que Angéla, habilmente, havia assim tratado a situação. Nosso breve tempo juntos fora repleto de uma satisfação sem ressentimento – a separação não havia sido por culpa de qualquer dos dois, e só havia motivos para dar graças; e talvez tivéssemos sido ainda mais sortudos do que poderíamos imaginar. Mas a euforia de receber as notícias de Angéla foi seguida por um agudo ataque de depressão.

Havia outra pequena fonte de angústia: no outro lado do Danúbio eu já não encontraria mais castelos, refúgios que haviam pontilhado meu caminho de forma intermitente desde a fronteira austríaca. Seus habitantes me pareciam agora duplamente preciosos, e eu pensava, saudoso, sobre os jantares e bibliotecas e estábulos e sobre as infinitas conversas à luz de abajures e velas; e tudo isso trouxe de volta o sentimento que tive depois de nossa rápida corrida através das arcadas e frontões de Hermannstadt.* Fora esse o último posto avançado da arquitetura do Ocidente. Eu me perguntei como fora possível que o românico, depois de se ramificar em lancetas ogivais e pináculos e arcos botantes, tivesse dado origem, nos Cárpatos, a esses robustos bastiões da Reforma; e, finalmente, aos esplendores e hipérboles da Contrarreforma. Isso seria também o ato final dos jesuítas e de todos os seus produtos: heróis, vilões e santos, cada um à sua vez. Estiveram no coração de todos os conflitos e triunfos sobre os quais eu vinha lendo – foram

---

* Nesse contexto, seria impróprio chamá-la de Sibiu.

os demônios da Contrarreforma na Europa Central e os prenunciadores da Guerra dos Trinta Anos. Jamais havia encontrado um deles, mas ainda agora algo de seu negro fascínio permanece: esses eram os homens, pensei comigo mesmo, que haviam sulcado o ar com santos em espiral, colunas rodopiantes, frontões partidos, cúpulas nervuradas, e milhares de cabeças inclinadas para trás nos cortejos *trompe-l'oeil* de uma centena de tetos barrocos.

Que marca haviam deixado eles! (Ou assim pensei.) *Sint ut sunt aut non sint!*[8] Até mesmo nessa pequena cidade ribeirinha, o tom do sino marcando a hora, os pergaminhos e volutas e as cansadas paredes ocre seriam um tanto diferentes se a Sociedade jamais tivesse existido.*

◆ ◆ ◆ ◆

POR ALGUMA RAZÃO que me escapa, em lugar de simplesmente mergulhar nas montanhas da Iugoslávia, no lado oposto, eu havia planejado embarcar num vapor que volteava por dois pequenos meandros do Danúbio até a cidade de Vidin, na Bulgária.

Era um tanto surpreendente que eu nunca houvesse encontrado alguém que estivera na Bulgária. Se os húngaros relutavam em cruzar os Cárpatos até a antiga Romênia, a Bulgária ficava ainda mais distante de suas mentes; e os romenos, apesar de seus velhos laços com Constantinopla, tinham igual relutância. Os dois países mantinham seus olhos voltados para o Ocidente, para Viena, Berlim, Londres e Paris, e as atrasadas regiões dos Bálcãs mantinham-se para eles como *terra incognita*. Tudo o que sabiam era que a

---

* R.F., o amigo que sucedeu ao polímata de *Um Tempo de Dádivas*, garante que outras ordens tiveram um papel ainda mais importante na posterior história da Hungria, da Transilvânia e do Banat – piaristas, premonstratenses, beneditinos, cistercienses e, muito notadamente, os franciscanos. Desses últimos, o mais famoso foi o impetuoso Capistrano, aliado de Hunyadi e seu irmão de armas contra os turcos. Foi na esfera mais ampla da *Mitteleuropa* do Sacro Império Romano, e na Inglaterra, Paraguai, Índia, China e Japão, que a Sociedade de Jesus mais amplamente espalhou suas asas. Mas, mesmo que as minhas sentenciosas anotações às margens do Danúbio não tenham sido tão corretas quanto eu imaginava, há suficiente verdade nelas para que não sejam descartadas.

Bulgária fora uma província do Império Otomano até sessenta anos passados, e que tal jugo só havia sido formal e finalmente descartado em 1911. Como sabemos, a Hungria esteve longo tempo sob ocupação turca, mas fora três séculos antes e disso nenhum traço sobrava além do costume de fumar cachimbos de cabo longo. A Transilvânia e os principados da Romênia foram vassalos dos turcos, mas não chegaram a ser por eles ocupados; sua continuidade histórica se manteve intacta, e era isso que contava. A Bulgária teve um passado diferente, um passado balcânico; foi o primeiro país que os turcos escravizaram e quase o último a se livrar deles, depois de uma ocupação de cinco séculos, e aos olhos de todos que viviam ao norte do rio, parecia ser o mais obscuro, o mais atrasado e o menos atraente país da Europa, exceto a Albânia – injustamente, como eu logo aprenderia.

Por meio milênio então, o país havia sido uma província setentrional de um império que se estendia profundamente pela Ásia adentro. Constantinopla havia sido seu farol e sua estrela-guia; os búlgaros ainda a chamavam 'Tsarigrad', a 'Cidade dos Imperadores', embora os homenageados pela titulação fossem os imperadores ortodoxos greco-romanos e não os sultões turcos que os substituíram em 1453. Igualmente, por associação, o termo rememorava os esplendores búlgaros de quando esses invasores ferozes vindos das Estepes Pônticas saquearam os Bálcãs e estabeleceram seu domínio do Mar Negro ao Adriático. Tsares de sua lavra aí reinavam – soberanos que, muitas vezes, chegaram quase a ser rivais dos próprios imperadores romanos do Oriente. A aura do país havia sido um ímã desde o momento em que comecei a viagem, mas, por um instante, minha tristeza ao dizer adeus à Europa Central enfraqueceu essa atração.

Abatido, eu olhava meu velho mapa austríaco da região, quando uma voz disse: "*Können wir Ihnen helfen? Est-ce qu'on peut vous aider?*". Quem falava era um velho topógrafo de Bucareste. Respondi que planejava cruzar para o outro lado no dia seguinte, depois de dar uma olhada nas Portas de Ferro. Ele disse, "Não se preocupe com as Portas de Ferro, o Kazan é muito mais importante. Mas no tempo que você tem disponível não conseguirá vê-lo". Dois amigos se juntaram a ele e todos me aconselharam a adiar minha partida e tomar o vapor austríaco no dia seguinte. Tratava-se de uma equipe de topógrafos em viagem rio acima para executar um trabalho num sítio chamado Moldova Veche, para além do Desfiladeiro de Kazan, e se eu realmente quisesse conhecer aquela região extraordinária, eles poderiam me deixar num lugar adequado, de onde eu poderia voltar rio abaixo por conta própria. Começaram a discutir arranjos, cada um fazendo uma nova sugestão, até que o primeiro disse algo que provocou risos nos demais: "Uma criança com muitas parteiras fica com seu cordão umbilical sem cortar" ("*Copilul cu mai multe moașe rămână cu buricul netaiat*") – o equivalente romeno do provérbio "Cozinheiros em demasia estragam a sopa.".

◆ ◆ ◆ ◆

DORMI NUM SOFÁ da casa em que eles se alojavam. Levantamos no escuro e partimos, acomodados em seu pequeno caminhão por entre cordas, correntes, tripés, teodolitos, e postes de dez pés e duas cores. Ao tremulante foco dos faróis fronteiros, a estrada tortuosa que corria acima do rio parecia conter tanto encantos quanto mistérios. Havia sido escavada e aberta na alavanca e na picareta ao longo do flanco perpendicular das montanhas, algumas vezes construída sobre o fluxo das águas, apoiada em altas paredes de contenção, e outras suspensa em arcos; às vezes, mergulhava em cavernas que atravessavam sob altos promontórios. Grutas e galerias se desdobravam no escuro por milha após milha como um caminho que se dirigia ao coração de um sonho obsessivo. Sombrias massas montanhosas saltavam da água brilhante lá embaixo, deixando ao alto apenas uma faixa de céu estrelado cada vez mais estreita, como se as duas escarpas fossem se juntar. Então, após uma curva abrupta, a outra margem afastava-se muito, com as estrelas se espalhando por um momento, qual uma carta celeste, para a seguir se encolher novamente à medida que os dois precipícios pareciam, uma vez mais, estarem prestes a colidir. A maravilhosa estrada havia sido construída em 1830; era uma das mais importantes lembranças tangíveis do grande István Széchenyi.*,9 Montanhas

---

* Era conhecido em Holland House como 'Stefan' ou 'Stephan' Széchenyi, mas ouvi seu nome de batismo mencionado tantas vezes na versão magiar que é difícil escrevê-lo de outra forma. Foi um dos primeiros membros do Travellers Club.

invisíveis se erguiam na escuridão e novamente despencavam; pequenos vilarejos se agrupavam, iluminados por um momento, sobre pálidos ajuntamentos de canoas, logo desaparecendo; e florestas e fendas se aproximavam. Por fim, o céu a oeste se alargou num último arranjo de estrelas que começavam a empalidecer; um vilarejo estava já meio acordado; e um pequeno e parcamente iluminado vapor, com sua proa apontando rio abaixo, recolhia seu passadiço. "*Mama Dracului!*", gritou o motorista, tocando a buzina e soltando aos ares um pandemônio de ecos. O passadiço parou a meio caminho, hesitante, e então foi revertido e tocou o cais, e antes que pudessem mudar de ideia novamente, eu o cruzei, acenando em resposta para meus espectrais amigos, enquanto o barco girava corrente adentro.

♦ ♦ ♦ ♦

ENQUANTO O NAVIO acerta seu curso, precisamos definir a quantas andamos.

Um viajante que aderisse à rota usual teria seguido o Danúbio rumo ao sul, diretamente através da Hungria e pela Iugoslávia adentro, volteando a leste para Belgrado e acompanhando a margem norte do rio, através das extremidades mais sulinas da Grande Planície. Parando por aqui e olhando para leste, para além das pilhas de caniços cortados e das miragens, ele teria visto montanhas saltando íngremes do horizonte plano, como se fossem um baleal.

A metade setentrional dessas montanhas cai para a margem esquerda do Danúbio e constitui a parte final dos Cárpatos; e a metade meridional, que se levanta da margem direita, embora consideravelmente mais baixa do que as serras ao norte, é o começo dos Bálcãs:* uma impressionante justaposição. Essas duas regiões montanhosas, que parecem crescer em altura e volume a cada passo que se dá, têm o aspecto de uma massa sólida, que, no entanto, na realidade, é rasgada por uma profunda e invisível falha, do cume à base, permitindo que por ali se arroje o maior rio da Europa.

---

* A verdadeira Cordilheira dos Grandes Bálcãs, em oposição aos 'Bálcãs', só começa no outro lado da fronteira entre a Bulgária e a Iugoslávia.

Eu havia atingido esse ponto vindo do outro extremo; estava agora nas mandíbulas ocidentais da falha, dirigindo-me a leste novamente, com a madrugada empalidecendo mais além das escuras curvas do cânion e, acima, bem alto, espalhando raios de amanhecer que pareciam a bandeira japonesa.

A estibordo, a Ilha de Babakai, masmorra onde um paxá havia acorrentado uma esposa fujona, matando-a de fome, permanecia mergulhada em sombras. Foi quando, muito acima, o sol irrompeu através de espigões e matagais, e atingiu a alvenaria sérvia do Castelo de Golubac – também uma prisão, dessa vez de uma anônima imperatriz romana – onde as muralhas em ameias envolviam uma sequência de cilindros e polígonos irregulares até o topo de um promontório; e nesse ponto, devido à inclinação mais íngreme do precipício, a penumbra reaparecia. Espaçadas sob as matas, aldeias de pescadores romenos e sérvios seguiam-se umas às outras enquanto as paredes montanhosas se empinavam, pairando sobre tudo, até virarem um corredor na base do qual o rio fluía.

O único outro passageiro, um culto médico romeno que havia estudado em Viena, seguia para Turnu Severin. Ao nos aproximarmos das submersas cataratas, ele me avisou que o Danúbio, sem obstáculos montanhosos desde a curva de Visegrado, aqui passava por mudanças violentas. Seu leito lodoso endurecia numa estreita calha, atravessada ao fundo por bancos de quartzo e granito e xisto e, por entre eles, afundavam-se precipícios.

As paredes das montanhas, enquanto isso, se aproximavam uma da outra. Um contraforte de rocha, subindo a oitocentos pés, avançava até o meio da corrente: a água, ao bater seu flanco, desviava bruscamente para o sul, onde esbarrava numa correspondente muralha sérvia, que se levantava na perpendicular por mil e seiscentos pés, enquanto a largura do rio se encolhia para quatrocentos. Protegida pela proximidade dessas duas escarpas e da comoção que ocorria entre os afogados recifes e precipícios, a massa líquida, ameaçada e combalida, mandava trêmulas ondas, rio acima novamente, até muito além de Belgrado. O rio corria zangado e inchado através dos estreitos, e o piloto os vencia, com muita classe e rápidos movimentos do timão. Desembocamos num amplo espaço. Os portais se ampliaram, as correntes se desenredaram e, de repente, um sereno anel de montanhas nos abraçou num claro e largo vale de água. Era o 'Caldeirão' do Kazan. Acompanhados por gaivotas, e tal como numa calcografia saída de um livro de Jules Verne, cruzamos silenciosos o calmo círculo, sob uma coluna de fumaça alta e ereta.

Quando o barco alcançou o outro extremo, deslizou de novo por entre um corredor de montanhas que nos levou de câmara em câmara. O rio girava constantemente, oferecendo novas visões de faixas enviezadas de luz e sombra; de vez em quando, os precipícios se inclinavam a ponto de casas e árvores e uma igreja azul ou amarela poderem se aconchegar numa fenda, e os prados, por trás, montavam íngremes entre picos e deslizamentos de terra, juntando-se à escura ondulação das matas. Na margem esquerda, a luz do dia agora revelava a estrada construída por Széchenyi em toda sua complexidade; e, ainda mais impressionante, ao longo da face perpendicular da margem direita, uma intermitente calçada fora cortada, larga o suficiente para que caminhassem duas pessoas, lado a lado. Às vezes, seu percurso só era identificável por ranhuras na rocha, onde vigas, no passado, haviam sustentado uma contínua plataforma de madeira sobre o rio. A estrada, completada por Trajano e começada por Tibério (e que Vespasiano e Domiciano continuaram), fora lançada sobre o rio para carregar legiões invasoras uma dúzia de milhas rio abaixo, até uma cabeça de ponte que visava a Dácia. Acima dela, na face da rocha, estava encravada uma grande placa retangular: golfinhos entalhados, *genii* alados e águias imperiais cercavam uma inscrição que celebrava tanto o término da estrada quanto a campanha que se seguiu em 103 A.D.. O tempo a desgastara até torná-la quase ilegível.*

Depois de mais algumas voltas, a garganta se alargou, e alcançamos o ancoradouro de Orşova.

◆ ◆ ◆ ◆

---

*   Mais tarde, eu a encontrei. '*Imperator Caesar divi Nervae filius*', dizia a inscrição, '*Nerva Trajanus Augustus Germanicus/ Pontifex Maximus tribunitae potestatis quartum/ Pater patriae consul quartum/ montis et fluviis anfractibus/ superatis viam patefacit.*' ('O Imperador César/ filho do divino Nerva/ Nerva Trajano Augusto Germânico/ Sumo Pontífice e quatro vezes tribuno/ Pai da pátria e quatro vezes cônsul/ superou os perigos da montanha e do rio e abriu esta estrada.')

O RISCO DE ter sido levado pelos topógrafos até um ponto de onde seria impossível retornar caminhando num só dia havia sido recompensado ao encontrar o pequeno vapor em Moldova Veche; e pelo meio da manhã, estava eu de volta no meu ponto inicial, em Orşova. Graças a Deus por aqueles topógrafos! Arrebatado pelo intrigante nome das Portas de Ferro, eu quase havia perdido o extraordinário Kazan. Era meu último dia na Europa Central e resolvi me arriscar ainda mais; em lugar de desembarcar quando encostamos no cais de Orşova, decidi acompanhar o médico até a próxima parada e de lá voltar do jeito que pudesse.

Coisa demais vinha acontecendo nesse trecho do rio. Logo que a âncora foi levantada, o médico apontou, adiante da margem norte, para uma capela octogonal ao final de uma linha de árvores. Quando os austríacos, no levante de 1848, empurraram o Exército Revolucionário Húngaro[10] para o leste, Kossuth, para evitar que o jovem Francisco José fosse feito rei, capturou a coroa de Santo Estêvão na Igreja da Coroação em Buda e a levou, juntamente com todas as insígnias reais, para a Transilvânia. Depois de sua derrota, os líderes do movimento secretamente a enterraram num campo e cruzaram o Danúbio, escapando pelos domínios turcos adentro. Toda a Hungria lamentou sua perda, mas, no devido momento, o tesouro foi achado e escavado; e, no final das contas, o Imperador Francisco José foi coroado rei, sendo erguida essa capela octogonal para marcar o esconderijo da coroa.* Antes do Tratado de Trianon, uma vila nessa mesma margem fora o posto romeno mais a sudoeste na fronteira com a Hungria. Havíamos deixado a bombordo a verde ilha e, enquanto o médico me contava sua história, um novo plano começou a tomar forma em minha cabeça.

---

* Essas devem ser as insígnias reais que mais viajaram pelo mundo. Depois da Segunda Guerra Mundial, ficaram escondidas nos Estados Unidos por muito tempo, sendo devolvidas há apenas alguns anos. Eu as vi no Museu Nacional alguns meses depois de seu retorno: a famosa coroa, o cetro no formato de maça, o orbe, as braçadeiras e a espada de Estado. A fila de espera se alongava por umas cem jardas rua abaixo, tal era a multidão interessada em vê-las mesmo que por apenas alguns segundos; num silencioso deslumbramento, avançava a passos lentos pelo tesouro, que simbolizava toda a história e orgulho da Hungria pelos últimos mil anos.

Neste ínterim, de novo, de ambos os lados, as montanhas haviam se aproximado, enlaçando firmemente o rio, numa versão mais modesta do Kazan, e a súbita agitação em torno ao nosso barco significava que estávamos de fato nas Portas de Ferro. Mas aqui, o drama todo ocorria por baixo d'água e a insurreição no leito do rio provocava ferozes e complexas correntezas. Ao longo de centenas de anos, quais dentes de dragão, as rochas haviam feito esta passagem mortalmente perigosa, adequada para navegação apenas nas águas altas. No final do século passado, próximo à margem sérvia, os engenheiros explodiram, cavaram e dragaram um seguro canal de uma milha de comprimento e em seguida o barraram com uma muralha logo abaixo do nível d'água. Aprendemos que enfiar-se por entre esses obstáculos tornava a viagem rio acima lenta e laboriosa, ao contrário da passagem rápida e de fácil flutuação que fizemos rio abaixo, entrando em seguida por um trecho mais sereno no qual as montanhas começaram a decrescer; e quando desembarcamos em Turnu Severin, eu colocava pela primeira vez os pés no *Regat* – a Romênia pré-Trianon.

Eu queria ver os remanescentes da incrível Ponte de Trajano, a maior do Império Romano. Apolodoro de Damasco, que a construiu, era um grego da Síria; e dois grandes blocos de sua alvenaria de aglomerado ainda atravancavam o lado romeno; um terceiro erguia-se do outro lado do rio, num prado sérvio. Andorinhas plainavam sobre a água e falcões-de-pés-vermelhos pairavam e mergulhavam em torno desses solitários sobreviventes dos vinte compactos pilares originais. Em seu tempo, erguiam-se afunilados em grande altura, sustentando mais de uma milha de superestrutura de madeira em arcos: vigamento que a cavalaria fizera ressoar e carros de boi ranger na penosa marcha da Décima Terceira para o norte, a fim de assediar Decébalo em Sarmizegetusa. No lugar permanecem somente esses pedaços de alvenaria, mas a cena de sua dedicação está entalhada com grande minúcia na Coluna de Trajano em Roma, e os pombos do Fórum, ascendendo em espiral por seu fuste, podem ver em alto-relevo esses mesmos pilares; a ponte em balaústres se ergue intacta e o general, o próprio, encapotado, espera ao lado do touro a ser sacrificado e do altar flamejante com seus legionários em formação, elmos na mão, sob os estandartes de águias.

Era o término da grande fenda. A leste desse ponto, os Cárpatos faziam uma varredura na direção nordeste e o rio se retorcia para o sul e, logo a seguir, para leste, simultaneamente definindo o extremo da Planície da Valáquia, a fronteira norte da Bulgária e o limite dos Bálcãs. Por fim, encontrava o Mar Negro num delta que farfalhava por uma imensidão de milhas quadradas de caniços, num tumulto de muitos milhões de aves. Ao mirar rio abaixo, começou a tomar conta de mim a determinação de explorar o leste da Romênia. Desejei ter uma ideia do hábitat daqueles príncipes que pareciam ter proporções míticas – Estêvão, o Grande, Miguel, o Bravo, e Mircea, o Velho; e havia ainda, como sabemos, Vlad, o Impalador, e a linha dos antigos Bessarabe; Princesa Chiajna, Pedro Brinco-de-Orelha e uma vintena de reis de nomes estranhos: Basílio, o Lobo, João, o Cruel, Alexandre, o Bom, Mihnea, o Mau, Radu, o Belo... Exceto por um ou dois, como Sherban Cantacuzène, Dimitri Cantemir e Constantin Brâncoveanu, eu não sabia deles mais do que seus apelidos. Vales e matas e estepes se desdobravam na minha imaginação; planícies com redemoinhos de poeira de meia milha de altitude, florestas e cânions e abadias pintadas; pântanos ocupados por estranhos sectários, rebanhos sem fim e boiadeiros e pastores com instrumentos musicais de formatos peculiares; e, espalhados por entre as matas e campos de milho, casas de campo abrigando boiardos singularmente civilizados, imersos em Proust e Mallarmé até as orelhas.

◆ ◆ ◆ ◆

EU COMEÇAVA A me dar conta do abismo inacreditável que eu vinha explorando desde a madrugada e para dentro do qual eu agora retornava. Era o mais ermo segmento de todo o rio, e os pilotos que nele navegavam e os moradores de suas margens tinham flagelos em demasia com os quais se haver. O pior desses eram os ventos kosovares, cuja denominação derivava da trágica região de Kosovo, onde a velha Sérvia, a Macedônia e a Albânia se encontram. Terríveis vendavais de sudeste, ligados às monções e às rotações da terra, surgiam subitamente e agrediam o Médio e o Baixo Danúbio. No equinócio da primavera, eles chegavam a uma velocidade de cinquenta ou sessenta milhas por hora e transformavam o rio num inferno em convulsão, arrancando os mastros dos navios, arrebentando painéis, e afundando comboios de barcos. No outono, quando o nível d'água caía e a região, tal qual uma estepe, ficava seca como um forno, as ventanias se transformavam em tempestades de poeira que cegavam os pilotos em meio a redemoinhos quentes e despiam uma das margens do rio até ao nível d'água, erodindo-a algumas vezes, a ponto de fazer o rio transbordar, provocando inundações. Enquanto isso, simultaneamente, em incrível velocidade, na outra margem, logo se acumulavam dunas com baixios e bancos de areia bloqueando canais e fechando o leito do rio; desastres sazonais que só se acertavam com meses de dragagem e aterros. Ouvindo esse relato, as características do rio foram ficando mais claras: centenas de riachos subaquáticos alimentando-o como doadores anônimos; o cascalho rolando, que, em certos trechos, cantava a ponto de ser ouvido através da enxurrada que o amortecia; milhões de toneladas de aluvião sempre a se movimentar; matacões saltando ao longo de depressões e abismos que sugavam as correntezas para as funduras e as empurravam, em espirais, para a superfície; o progresso peristáltico do lodo e a marcha invisível de destroços percorrendo a longa escadaria do fundo; o peso e a força do rio nos estreitos entre montanhas, sempre a cavar uma passagem mais profunda, arrancando enormes fragmentos de rocha, fazendo-os rolar adiante no escuro, e lentamente os triturando em pequenas pedras, depois em seixos, depois em cascalho, depois em saibro e finalmente em areia. No extremo leste do desfiladeiro, na região plana no sul da Valáquia, descia da Rússia um apavorante vento invernal chamado 'buran'. Passava a ser o 'crivatz' na Romênia, e ao soprar, a temperatura despencava muito abaixo de zero, o rio congelava em quarenta e oito horas e uma sólida tampa de gelo sobre ele se fechava, tornando-se ainda mais grossa à medida em que o inverno avançava. Foi um esforço, naquele tempo de verão, imaginar tudo isso – as trilhas de trenós na vastidão cinza e brilhante, e os campos de blocos de gelo, como milhões de icebergues enlaçados, comprimindo-se uns nos outros na distância! Pobres dos navios desavisados que aí ficavam presos! Quando a água expandia em gelo, os cascos quebravam como nozes. "Colocamos um balde d'água na ponte do barco e, quando a temperatura começa a cair, nele mergulhamos continuamente as mãos", disse o piloto, "e zarpamos para um local seguro assim que sentimos a primeira agulhada de gelo".

◆ ◆ ◆ ◆

DEPOIS DA PONTE em Turnu Severin, o médico continuou adiante até Craiova. Peguei um ônibus de volta para Orşova, recolhi minhas coisas, comprei um bilhete para o barco do dia seguinte e então andei novamente um par de milhas rio abaixo, onde encontrei um pescador que me remou para a pequena ilha coberta de mata que eu vinha namorando desde que reencontrara o Danúbio.

Eu muito ouvira falar de Ada Kaleh nas últimas semanas, e sobre ela havia lido tudo que pude encontrar. O nome em turco significa 'ilha fortaleza'. Tinha uma milha de comprimento, em formato de lançadeira, dobrando-se sutilmente com a curva da corrente e localizando-se um pouco mais perto das margens dos Cárpatos do que dos Bálcãs. Já havia sido chamada de 'Erythia', 'Rushafa' e, a seguir, 'Continusa'. De acordo com Apolônio de Rodes, os Argonautas aqui lançaram âncora em sua volta de Cólquida. Como teria Jasão guiado o Argo através das Portas de Ferro? E depois pelo Kazan? Provavelmente a magia de Medeia soergueu o barco e o livrou das agulhas de pedra. Há quem diga que o Argo alcançou o Adriático transportado por terra; outros acreditam que o tenha cruzado, continuado pelo Po acima, misteriosamente dando com os costados na África Setentrional. Escritores já sugeriram, hipoteticamente, que as primeiras oliveiras selvagens plantadas na Ática podem ter vindo daqui. Mas foi a história posterior que investiu a ilhota de fama.

Os habitantes eram turcos, provavelmente descendentes dos soldados de um dos primeiros sultões que invadiram os Bálcãs, Murade I, ou talvez Bajazeto I. Deixados para trás pelos turcos em retirada, a ilha permaneceu como um fragmento afastado do Império Otomano até o Tratado de Berlim de 1878. Os austríacos exerciam sobre ela uma vaga soberania, mas a ilha parecia ter sido esquecida, até que foi concedida à Romênia no Tratado de Versalhes; e os romenos deixaram seus habitantes em paz. A primeira coisa que vi depois de desembarcar foi um café rústico sob uma treliça coberta por uma trepadeira, onde anciãos sentavam-se em círculo, de pernas cruzadas, com foices, enxós e podadeiras espalhadas à sua volta. Fiquei tão animado ao ser convidado a juntar-me a eles quanto se, de súbito, houvesse sentado num tapete mágico. Grossas cintas de cor escarlate, de um pé de largura, seguravam as muitas pregas de suas folgadas calças de cor preta e azul-escuro. Alguns vestiam casacos comuns, outros, boleros azul-marinho com complicados bordados negros, e na cabeça levavam um fez ameixa-desbotado ou turbantes maltrapilhos e frouxos; todos, exceto o *hodja*.[11] Aqui, um pregueado de um branco-neve estava cuidadosamente arrumado em torno a um fez mais baixo e menos afunilado, com um pedúnculo ao meio. Algo no contorno das testas, na investida dos narizes e na saliência das orelhas os fazia, de alguma maneira indefinível, diferentes de todas as pessoas que eu havia encontrado em minha viagem até agora. Os quatrocentos ou quinhentos ilhéus pertenciam a algumas poucas famílias que vinham casando entre si durante séculos, e uns dois deles tinham aquela aparência vaga e perdida, a mirada de quem divaga e a errática leveza que às vezes se vê em raças antigas e de procriação consanguínea. Apesar de suas roupas remendadas e gastas, seu estilo e seus modos estavam repletos de dignidade. Ao deparar-se com um estranho, tocavam seus corações, lábios e testa com a mão direita, e depois a apoiavam no peito com uma inclinação da cabeça, murmurando uma fórmula de boas-vindas. Era um gesto de extrema graça, como o *punctilio* de figurões arruinados. Uma atmosfera de pré-histórica sobrevivência pairava no ar como se a ilha fosse o refúgio dos últimos remanescentes de uma espécie que, de resto, fazia muito estava extinta.

Muitos de meus vizinhos dedilhavam cordões de contas, mas não rezavam; espalhavam-nas por entre os dedos em intervalos aleatórios, como se sondassem a ausência de limites para seu lazer; e para minha enorme satisfação, um velho, recoberto por uma nuvem só sua, fumava um narguilé. Seis pés de um tubo vermelho haviam sido enrolados com engenho, e quando o velho sugava o bocal de âmbar, o carvão brilhava sobre um úmido maço de folhas de tabaco de Isfahan, e as bolhas, abrindo caminho pela água com o barulho de um sapo-boi acasalando, enchiam o recipiente de vidro com fumaça.

Um menino ajeitava com pinças novas levas de carvão. Enquanto ele fazia sua tarefa, o velho apontou para mim, murmurando algo; e em poucos minutos, o menino voltava com uma bandeja repleta, colocada sobre uma mesa circular a seis polegadas acima do solo. Percebendo meu dilema, um vizinho me disse como começar: primeiro, beber o copo pequeno de *raki*; depois comer um bocado da deliciosa geleia de pétala de rosa já colocada numa colher sobre um pires de vidro, seguido de meio copo d'água; e, finalmente, tomar um gole de café, denso e escaldante, num dedal encaixado num suporte de filigrana. O ritual se completava esvaziando o copo e aceitando tabaco – nesse caso, um cigarro aromático feito à mão na ilha. Entrementes, os velhos permaneciam sentados num silêncio sorridente, ocasionalmente suspirando, emitindo, de vez em quando, uma palavra amigável para mim no que soava ser um romeno muito malfalado. O médico havia dito que o sotaque e o estilo dos ilhéus provocavam risos ao longo das margens do rio. Entre si, falavam turco, que eu nunca ouvira: surpreendentes filas de sílabas aglutinadas com uma sequência de vogais idênticas e uma parecença remota com o magiar; todas as palavras são diferentes, mas as duas línguas são primas distantes no grupo de línguas uralo-altaicas. De acordo com o médico, ela se afastara muito do vernáculo metropolitano de Constantinopla ou então se mantivera abrigada em seu antigo molde, como se fossem uma comunidade inglesa, havia muito abandonada numa ilha, e ainda falando a língua de Chaucer.

Ao sair, eu não sabia o que fazer; uma tentativa de pagar foi estancada por um sorriso e um enigmático menear traseiro de cabeça. Como com tudo o mais, essa foi a primeira vez que me vi diante da negativa de uso comum no Levante; e, de novo, deu-se a charmosa inclinação, com a mão no peito.

Então eram esses os últimos descendentes daqueles nômades vitoriosos das fronteiras da China! Haviam conquistado a maior parte da Ásia e a África Setentrional até os Pilares de Hércules, escravizado metade da Cristandade e ameaçado os portões de Viena; vitórias havia muito eclipsadas, mas comemoradas aqui e ali por um minarete deixado entre seus bens perdidos, como uma lança fincada no chão.

Casas com balcões se aglomeravam junto à mesquita e a pequenas lojas de docinhos turcos e cigarros; e em torno a tudo isso desmoronavam os remanescentes de uma imensa fortaleza. Treliças para parreiras ou um toldo ocasional sombreavam as vielas em piso de pedra. Havia alceas e rosas trepadeiras e cravos em latas de óleo pintadas de branco. As cabeças e ombros das esposas, que surgiam de quando em vez, estavam encobertas por um escuro *feredjé* – um véu fixado em linha reta sobre a testa e juntado abaixo do nariz; vestiam calças brancas afuniladas, um traje que lhes dava o jeito de pinos de boliche preto e branco. As crianças estavam similarmente vestidas, miniaturas dos adultos e, exceto por seus rostos não encobertos, as meninas poderiam, cada uma delas, ter constituído as partes internas de um conjunto de bonecas russas. Folhas de tabaco estavam expostas para secar ao sol, tal como uma sequência de pequenos arenques defumados. As mulheres carregavam feixes de varas sobre suas cabeças, espalhavam grãos para as aves e voltavam das margens com suas foices e braçadas de juncos. Coelhos de orelhas caídas desfrutavam o sol ou saltitavam preguiçosos por entre os pequenos jardins, mordiscando as folhas de melões que amadureciam. Flotilhas de patos cruzavam por entre as redes e as canoas, e uma multidão de sapos havia convocado todas as cegonhas dos telhados.

Hunyadi erguera as primeiras muralhas defensivas, mas os taludes que a tudo contornavam pertenciam ao interregno que se seguiu à tomada de Belgrado pelo Príncipe Eugênio, que empurrara os turcos rio abaixo; e o extremo leste da ilha parecia pronto a afundar sob o peso de suas fortificações. As abóbadas das casamatas e os tremendos e úmidos paióis haviam desmoronado. Fissuras romperam os taludes, enormes blocos de alvenaria cobertos com tufos de mato haviam se desprendido, e as cabras comiam folhas em meio aos escombros. Um caminho por entre pereiras e amoreiras levava a um pequeno cemitério onde havia lápides tumulares inclinadas e decoradas com turbantes e, num canto, ficava a tumba de um príncipe dervixe de Bucara que aqui terminara sua vida depois de vagar pelo mundo, pobre como um rato de igreja, à procura do lugar mais bonito da terra e o mais protegido do perigo e da má sorte.

Estava ficando tarde. O sol deixou o minarete e, então, um pouco menos espectral do que na noite anterior, surgiu a lua nova, no momento exato, num céu turquesa e, próximo a ela, uma estrela que poderia ter sido aí pregada por um arauto otomano. Com igual prontidão, o torso do *hodja* apareceu no balcão abaixo do cone do minarete. Esticando-se na escuridão, levantou as mãos e a convocação do *izan*, alta e prolongada, flutuou pelo espaço, cada verso a oscilar e a se espalhar como os anéis sonoros de seixos que fossem jogados intercaladamente numa poça de ar. A mensagem terminou e o *hodja* certamente já se encontrava a meio caminho na descida da escura espiral; eu permanecia atento, segurando o fôlego.

Cercados por pombos, homens se movimentavam, sem pressa, junto à fonte de purificação ritual ao lado da mesquita, e a fila de chinelos deixada próximo à porta logo se alongou com meus sapatos de ginástica. No interior, os turcos se espalhavam enfileirados sobre um imenso tapete, com olhos rebaixados. Não havia decoração, excetuadas a do *mihrab*, a do *mimbar* e a negra caligrafia de um verso do *Corão* ao longo da parede. Os gestos rituais de preparação foram realizados em uníssono, meticulosamente e devagar, até que, ganhando momento, a fila de devotos, numa onda, abaixou-se; e, a seguir, debruçaram até que suas testas tocassem a fibra do tapete, todas as solas de seus pés súbita e indefesamente reveladas; oscilando de volta, postaram-se com as mãos abertas no colo, palmas para cima, todos num silêncio absoluto. A cada tantos minutos, o *hodja* sentado à sua frente murmurava "*Allah akbar!*" em voz baixa, e outro longo silêncio seguia. Naquela concavidade quieta e destituída de ornamentos, as quatro sílabas isoladas soavam incrivelmente dignas e austeras.*

---

* As palavras árabes significando 'Deus é grande' – clamadas, um pouco mais cedo, a partir do minarete, e agora murmuradas ali no interior – foram substituídas durante certo tempo na Turquia pelo vernacular '*Allah büyük*', o que ocorreu exatamente na mesma época em que o papel do fez e do turbante foram usurpados pelo boné de tecido, quase sempre vestido de trás para frente pelos devotos, como o de um carvoeiro, de maneira que a testa pudesse tocar o chão durante as preces sem que a aba intercedesse. Para quem, em Ada Kaleh, além do *hodja*, porventura fosse alfabetizado, a velha escrita árabe continuava em uso, em lugar do novo alfabeto latino que era compulsório no resto da Turquia. Descobri mais tarde a mesma resistência à mudança entre as minorias turcas que os tratados do pós-guerra tinham deixado ilhadas na Bulgária e na Trácia Grega.

♦ ♦ ♦ ♦

A PRIMEIRA VEZ em que tentei dormir às margens do Danúbio foi na lua cheia, logo antes de cruzar a ponte em Esztergom na Páscoa; e aqui estava eu, de novo no meio da corrente, mas entre os Cárpatos e os Bálcãs. A lua nova havia descido deixando uma luz pérola sobre a água. Acomodado junto ao cabo ocidental da ilha, em meio a um conjunto de álamos, eu me deitei e fiquei ouvindo os sapos. Um meteoro volta e meia passava célere pelas estrelas. Os rouxinóis haviam emudecido semanas atrás, mas a ilha estava cheia de corujas. Os cães que latiam ouviam respostas da margem sérvia, e carroças rangiam ao longo do caminho à beira-rio. Um comboio de barcaças estava atracado no cais de Orşova, duas milhas rio acima, esperando pela luz do dia antes de enfrentar as Portas de Ferro. As luminárias do pequeno porto lançavam reflexos em espiral sobre a água e o som de instrumentos e de vozes cantando era claro o suficiente para que eu pudesse identificar as melodias. Um chapinhar ocasional relembrava os muitos cardumes que se movimentavam e as setenta diferentes espécies que povoavam o Danúbio. Alguns pertenciam às populações de peixes do Dniepre e do Don, parentes próximos daqueles do Cáspio e do Volga; conseguiam nadar mil milhas rio acima pelo coração da Europa adentro sem que uma só barragem os detivesse... Minha cabeça estava cheia demais de vistas e sons para que eu pudesse dormir; era melhor ficar deitado, olhando para o alto e ouvindo os ruídos da noite, e acender mais um daqueles cigarros aromáticos exoticamente marcados por uma dourada lua crescente. De nada valia desperdiçar uma curta noite a dormir ou a pensar na eternidade dos rios e naquele inexaurível volume de líquido em movimento:

> *Rusticus exspectat dum defluat amnis, at ille*
> *Labitur et labetur in omne volubilis aevum.*[12]

Sim. Exatamente... Havia muito em que pensar.

Logo no começo do último capítulo, quando eu meditava sobre as ligações entre mito e história nessas regiões, uma procissão de reis, prelados e cavaleiros subitamente vagou pela página, em direção a jusante.

Na realidade, era a justaposição de duas campanhas distintas, ambas desastrosas. Uma delas teve lugar quando Sigismundo da Hungria e seus aliados foram fragorosamente derrotados na batalha de Nicópolis em 1396; a outra, meio século mais tarde, em 1444, quando o Rei Vladislau da Polônia, com vinte anos, e mais João Hunyadi* e o Cardeal Cesarini avançaram em direção ao Mar Negro; seu exército foi completamente destruído na batalha de Varna pelo Sultão Murade II. Hunyadi sobreviveu e voltou a lutar, mas o cardeal despareceu na *mêlée*, e a cabeça do jovem rei terminou na ponta de uma lança sobre os portões de Brusa. Essa foi a derradeira tentativa da Cristandade de repelir os turcos antes que eles organizassem seu último e fatal cerco a Constantinopla. Tomaram a cidade nove anos mais tarde.

Mas era com relação à primeira campanha que eu estava cismando. Eu havia lido tudo que encontrara sobre o assunto na Biblioteca Teleki, e, se agora me vinha à lembrança, era porque havia sido *aqui*, em Orşova, que o exército dos cruzados atravessara o rio para adentrar pelos domínios do sultão; e mais ainda: *exatamente por agora*.

A travessia começou em princípios de agosto – talvez no dia cinco – e continuou por uns oito dias, de tal forma que o último dos lanceiros ou dos vivandeiros alcançou a margem sul provavelmente *nesta mesma noite*, quinhentos e trinta e oito anos atrás. Havia contingentes de toda a Europa Ocidental e um deslumbrante conjunto de lideranças: Sigismundo, com seu exército húngaro, acompanhado pelos senhores feudais da Valáquia, sob o comando de Mircea, o Velho; o Condestável d'Eu; João, o Destemido, filho de Felipe, o Bravo, da Borgonha; o Marechal Boucicault, "inspirado pelo êxtase do combate"; Guy de la Trémoille, João de Viena, Jaime de la Marche, Felipe de Bar e Ruperto, Conde Palatino do Reno; mais interessante ainda, Enguerrando VII de Coucy, valente genro de Eduardo III da Inglaterra.** Alguns relatos

---

* Muitos acreditam que Hunyadi era filho ilegítimo de Sigismundo, e outros – talvez a maioria – que ele era de ascendência mista, húngara e romena. Sem qualquer direito a ter opinião própria na matéria, sempre tive esperança na última hipótese, de maneira que, algum dia, ele viesse a se tornar um símbolo de concórdia entre as duas nações, em lugar de um osso pelo qual fiquem a brigar.

** *Um Espelho Distante*, de Barbara Tuchman, provê um fascinante relato de suas aventuras.

falam de um milhar de homens de armas ingleses, sob o comando do Conde de Huntingdon (meio-irmão de Ricardo II), enteado do Príncipe Negro.*,13 Descendo para jusante, atacaram a fortaleza turca de Nicópolis.

Mas, tendo sido informado da invasão e do cerco, o Sultão Bajazeto antecipou-se através dos Bálcãs com toda a velocidade que correspondia a seu apodo: o 'Raio'. Os vaidosos franceses fizeram com que a batalha redundasse na mais completa catástrofe, devido a um ataque de prematura e inconsequente ousadia. Salvo pela frota dos Hospitalários, Sigismundo sobreviveu e, mais tarde, tornou-se imperador; João da Borgonha foi feito prisioneiro e resgatado, sendo dilacerado alguns anos depois na ponte em Montereau por seus rivais, os Orleans; Boucicault também foi resgatado, mas, feito cativo em Agincourt, morreu prisioneiro em Yorkshire; Coucy, embora resgatado, morreu em Brusa antes de voltar. Alguns dos que escaparam foram mortos pelos habitantes da região; outros, sob o peso de suas armaduras, afogaram-se no Danúbio; o Conde Palatino chegou aos trapos em casa, apenas para morrer como resultado das misérias pelas quais passara; e os demais grandes capitães, por haverem sido responsáveis pelo massacre das guarnições turcas quando marchavam rio abaixo, foram objeto de retaliação e mortos com todos seus acompanhantes numa carnificina na qual decapitações se deram do amanhecer até as Vésperas. Três anos mais tarde, o vitorioso sultão foi derrotado em Ancara e feito prisioneiro por Tamerlão: enjaulado numa liteira, morreu de tristeza e vergonha entre seus captores mongóis. Huntingdon – se é que de fato lá esteve – voltou para casa sem problemas. Mas, quatro anos mais

---

* A mãe de Huntingdon era a 'Bela Donzela de Kent'. Algumas autoridades questionam não apenas os números, mas também se Huntingdon e seus homens de fato lá estiveram; admitem a presença de apenas um número limitado de cavaleiros ingleses entre os Hospitalários que embarcaram em Rodes e navegaram Danúbio acima numa frota de quarenta e quatro barcos venezianos para reforçar o exército que cercava Nicópolis. Como líderes de um contingente terrestre, supõe-se que tenham figurado o próprio Bolingbroke e João Beaufort, filho de Lancaster, de grande prestígio. No entanto, álibis parecem desqualificar a todos; e talvez também a Huntingdon... A França e a Borgonha produziram na época uma dúzia de tristes baladas sobre a trágica cruzada, mas em vão procura-se por um único lamento inglês.

tarde, após seu meio-irmão Ricardo ter sido deposto, foi condenado por haver se levantado em armas contra Bolingbroke: sua cabeça foi cortada e exposta no mercado de Essex. Poucos de seus supostos soldados, *se é que lá estiveram*, voltariam a treinar nos butts[14] de Hereford, ou a pescar no Wye.

Fiquei pensando sobre essa cruzada desastrosa – não com tanto detalhe, que é fruto de uma corrida à biblioteca – e sobre a comitiva de João da Borgonha, com seu novo fardamento verde e vinte e quatro carroças carregadas de tendas de cetim da mesma cor... Todos os contingentes competiam entre si no tocante ao esplendor de suas bandeiras, armamentos, selarias e armaduras. Eu divagava despreocupado sobre a linha de marcha dos cruzados a partir de seu ponto de encontro geral em Buda. Todos os cronistas estão de acordo quanto à rota; e eu começava a me aproximar daquele limiar de sonolência que é ilustrada nos cartuns por um enxame de 'z's que se agrupam como abelhas sobre as cabeças de vagabundos que dormitam:[15] "*Eles seguiram a margem esquerda do Danúbio até Orşova...*".

Os 'z's se dispersaram de imediato e sentei, totalmente acordado. *Impossível!* Não haveria como passarem! "Pensem ver os corcéis de que falamos imprimindo na terra suas pegadas..."[16] – como assim? A estrada de Trajano já estava fora de uso havia mais de mil anos e, até que a de Széchenyi tivesse sido construída cinco séculos mais tarde, a maior parte da margem esquerda, assim como a direita, caía direto na água como um fiorde, milha após milha. E embora eu nada soubesse dessa questão à época, os livros de referência são unânimes: até que a estrada de Széchenyi fosse construída em 1830, a totalidade desse trecho do rio era intransitável por ambos os lados. Aqueles milhares de cavalos, os carroções repletos de tendas coloridas, os milhares de sacos de farinha, as carroças de feno, os galões de vinho de Beaune, os arautos vestindo tabardos novos e o chamativo rabo curto dos vivandeiros que os cronistas registram com tanta desaprovação – eles teriam de fazer uma volta de duzentas milhas para o norte, para perto do Maros, e aí através de Lugoş e Caransebeş e ao longo do Vale do Timiş, para então descer pelo Mehadia, até a última parte de minha própria rota, a caminho da foz do

Cerna. Difícil imaginar que esse desvio, que teria tomado muitas semanas, pudesse passar desapercebido... Mas não existe menção a tal feito; e muito menos da passagem, apenas um pouco menos impraticável, pelo topo das montanhas da margem direita. Ninguém parecia ter tomado nota desse choque insolúvel entre a história e a geografia.

Como fizeram, então? Não havia uma Medeia que os levantasse nos ares, como fez com Jasão e os Argonautas... A essa altura, o sono voltou e uma visão começou a tomar forma. A longa e coleante procissão de cruzados, embandeirada com as cruzes e faixas da Hungria, o corvo negro da Valáquia, e em seguida, a multidão de águias de uma e duas cabeças e os leões rampantes de diferentes tonalidades; os losangos do Palatinato, e, acima de tudo, as *fleurs-de-lys* da França e da Borgonha; e, talvez (apenas talvez, infelizmente), similares lírios esquartelados com os leopardos plantagenetas;[17] todos avançando ao longo da fenda e levitando pouco acima da turbulenta corrente de água por virtude de magia. *Não havia outra alternativa.*

♦ ♦ ♦ ♦

A ALGAZARRA DAS aves e os galos da ilha me acordaram no momento exato de pegar o chamado do *muezzin*. Deu-se um cintilar por entre as folhas dos álamos e o nascer do sol lançou a sombra da ilha à distância, rio acima. A atração da água era irresistível; mas ao mergulhar de uma moita, senti, depois de algumas braçadas, que a correnteza era tão forte que subi de volta antes de ser carregado a rodopiar.

De volta ao café, os anciãos já se encontravam em seus lugares e, em pouco tempo, eu sorvia uns goles numa xícara diminuta e comia queijo branco de cabra embrulhado numa aba de pão; o velho aficionado de *hookah*, levando as primeiras bolhas a atravessarem a água, liberou baforadas em *staccato*, como os sinais de fumaça dos huronianos. Um chiado, uma sombra e uma lufada de ar passaram sobre nossas cabeças: uma cegonha no telhado, abandonando sua postura sobre uma só perna, deslizou em direção aos juncos; e dobrando uma das asas brancas, com sua negra faixa senatorial, sobre a outra, juntou-se a três companheiras que andavam a passo, vigilantes, sobre suas longas estacas escarlate; os pais e os filhotes eram agora indistinguíveis. Um dos velhos fez o gesto de voar e então, apontando para o que seria a direção sudeste, disse: "Afrik! Afrik!". Em pouco tempo elas estariam partindo. Quando? Em uma semana ou duas; não mais do que isso... Eu as vira chegar no entardecer em que cruzei o rio em direção à Hungria e cá estavam elas, com seus namoros, ninhos, posturas e chocos, crescendo por todo canto, e prontas para voar.

As barcaças tchecoslovacas, carregadas de telhas e madeira, deslizavam rio abaixo quando cheguei ao cais de Orşova. Juntei-me a um piloto austríaco que havia conhecido no dia anterior. Ele também identificou alguma inquietação entre as cegonhas. Será que elas partiriam por iniciativa própria? Não, não, disse ele; elas se juntariam a uma das imensas migrações que vinham de noroeste, provavelmente da Polônia. Algumas garotas do vilarejo passaram, separando rosas, zínias, alceas, lírios-tigres e calêndulas; não para um casamento, mas para a decoração de altares. Os ortodoxos celebravam a Dormição da Virgem no dia seguinte, explicou o piloto, e os católicos, sua Assunção: dois aspectos da mesma ocorrência; e para ilustrar sua doutrina pessoal, o indicador do piloto, rodopiando num giro ascendente, marcou o caminho que faria no dia seguinte a imagem coroada de estrelas, sumindo céu adentro. Meu passaporte, prestes a ser carimbado em sua sétima passagem de fronteira ('Orşova, 13 de agosto de 1934'), jazia sobre a mesa, com meu cajado e a mochila juntos a ele numa cadeira. Algo de que não conseguia me lembrar estava faltando. A galhada do veado! Devia tê-la esquecido na ilha, entre o capim e os arbustos, quando enrolava meu sobretudo. Um alívio seguiu-se ao desapontamento; o troféu havia se tornado um tanto incômodo; de qualquer maneira, não havia tempo para voltar. Talvez algum paleontologista no futuro pensasse que a ilha fora um dia abundante em veados.

◆ ◆ ◆ ◆

AQUELE MOMENTO ME trouxe à mente, de diversas maneiras, a sensação de término e começo que eu havia sentido na ponte sobre o mesmo rio seiscentas milhas a montante: as irriquietas cegonhas, as garotas carregadas de flores para uma festa importante, a aglomeração de gente no cais, e até mesmo uma garça-real voando tão baixo que as pontas de suas penas de voo deixavam anéis momentâneos na água. Rio abaixo, o reflexo da ilha e os juncos e topos das árvores e o delgado minarete pareciam tiritar na corrente. Um dos ilhéus, um Simbá barbado portando um fez murcho e um turbante sujo, ergueu um cordão de peixes à venda; outro, levando uma cesta de ovos, discutia com um agricultor, coberto até as coxas por um carregamento de enormes melancias verdes e, à medida que o primeiro respondia, o segundo continuava, ritmadamente, a lançar seus produtos para um companheiro, como dois homens se dando passes de futebol, enquanto um terceiro os organizava de forma atraente sobre o pavimento. Um cigano – recurvado debaixo de um maljeitoso, mas ainda transportável, recipiente prateado, de quatro pés de comprimento e na forma de um comprido Taj Mahal, preso a um cinturão – batia dois copos de metal, um no outro, chamando a atenção dos fregueses. Volta e meia ele os enchia por uma torneirinha com um refrigerante oriental chamado '*braga*', bebido principalmente por gente do campo muito sedenta. Algumas mulheres nos trajes típicos do Vale do Cerna, com gaiolas de aves a seu lado, tagarelavam sentadas entre os cabeços de amarração, balançando sobre a água seus pés calçados com mocassins. Assim que os campanários bateram dez horas, o eco de uma sirene partiu da entrada do cânion a montante. "Bem pontuais", disse o piloto. "Eles baixam âncora às 10h20."

Emergindo do abismo, a embarcação fez um desvio e, de uma vista de perfil, reduziu-se a uma única linha contendo mastro, chaminé, gurupés e proa; e, então, rapidamente se expandiu, envolta por gaivotas que, tal qual confete, haviam lhe feito companhia por todo o caminho desde o cais de *Donaudampfschifffahrtsgesellschaft* em Viena. Moveu-se em direção à nossa beira-rio, alegre e repleta de gente, suas pás propulsoras vincando a água numa flecha simétrica, cada vez mais larga. "É o *Saturnus*," disse o piloto. As notas de um disco de gramofone nos alcançaram:

eram dos *Contos dos Bosques de Viena*. O piloto riu: "Espere só! Quando lançarem âncora, eles vão tocar o *Danúbio Azul*". Todos coletavam suas coisas, um barqueiro ficou de prontidão junto ao cabeço de amarração, oficiais colocaram seus chapéus rebordados em dourado e o barco, aportando, aproximou-se revirando as pás, recuando e colocando-se novamente de perfil num turbilhão de espuma. Um marinheiro debruçou sobre a balaustrada e logo o cabo de amarra roçou por entre as gaivotas como um *lasso* de cowboy.

A SER CONCLUÍDO

APÊNDICE

CONSIDERAÇÕES NUMA MESA DE CAFÉ ENTRE O KAZAN E AS PORTAS DE FERRO

꽃 꽃 꽃

O progresso, a esta altura, já colocou toda aquela paisagem sob a água. Um viajante que se sente em minha velha mesa no cais de Orşova teria de espreitar o cenário através de um disco de vidro grosso, encaixado em bronze, emoldurando um panorama de escuridão e lama, pois ele estaria vestido em chumbo, olhando de dentro de um capacete de mergulho, ligado por tubos de respiração de cem pés a um barco ancorado dezoito braças sobre sua cabeça. Caso se movesse um par de milhas rio abaixo, ele atearia à procura da ilha inundada e por entre as casas turcas afogadas; ou se fosse rio acima, chafurdaria por entre as ervas e destroços que sufocam a estrada do Conde Széchenyi, e espreitaria, do outro lado, através do escuro golfo, os vestígios de Trajano; em torno de si, acima e abaixo, o negro abismo abriria sua bocarra e os estreitos – por onde, em tempos idos, correntezas passavam, cataratas estremeciam de margem a margem, e ecos ziguezagueavam ao longo de uma vertiginosa fissura – estariam todos afundados num diluviano silêncio. Eventualmente, talvez, um raio de sol expusesse os naufragados destroços de uma vila; e logo, outra, e ainda outra, todas engolidas pela lama.

Ele teria por onde labutar dias seguidos entre essas soturnas funduras, pois a Romênia e a Iugoslávia construíram, através das Portas de Ferro, uma das maiores barragens de concreto e usinas hidrelétricas do mundo. Isso transformou cento e trinta milhas do Danúbio num vasto lago que engoliu e ofuscou o rio para lá de qualquer possibilidade de reconhecimento. Deu fim a cânions, transformou salientes penhascos em colinas sem expressão e subiu pelo lindo Vale do Cerna quase até as Termas de Hércules. Os milhares de habitantes de Orşova e de aldeias ribeirinhas tiveram de ser desenraizados e transplantados para outros locais. Os ilhéus de Ada Kaleh foram deslocados para outra ilhota rio abaixo e suas velhas casas despareceram sob a superfície quieta, como se jamais houvessem existido. Desejamos que a eletricidade gerada pela barragem tenha espalhado bem-estar em ambas as margens e tornado as cidades da Romênia e da Iugoslávia mais reluzentes do que antes foram, porque, em tudo o mais que não seja a economia, o prejuízo foi irreparável. Talvez, com o tempo e com as memórias se apagando, as pessoas esqueçam a extensão de suas perdas.

Outros fizeram igual ou pior, mas seguramente em lugar algum a destruição do patrimônio histórico, da beleza natural e da vida selvagem foi tão grande. Penso em meu amigo austríaco, o polímata, e nas suas considerações sobre as milhares de milhas ainda não obstruídas que levavam peixes da Crimea Tártara para a Floresta Negra e de volta a seu ponto de origem; de como, em 1934, ele lamentava a projetada barragem de Persenbeug, na Alta Áustria: "Tudo vai desaparecer! Vão fazer o rio mais selvagem da Europa tão domesticado quanto sistemas municipais de água. Todos esses peixes do leste – eles jamais voltarão. Jamais, jamais, jamais!".

O novo e inexpressivo lago acabou com os perigos à navegação, e o homem no traje de mergulho não encontraria nada mais do que um buraco vazio no local da mesquita: foi levada, peça por peça, e remontada no novo hábitat dos turcos, e acredito que uma conduta similar tenha sido seguida no tocante à igreja principal. Esses meritórios esforços para reparar a gigantesca espoliação retiraram o último frangalho de mistério dessas águas assombradas. Nenhum viajante romântico ou dotado de imaginação precisará jamais correr o perigo de pensar que detectou o chamado à prece se erguendo das profundezas e será poupado da ilusão de sinos afogados, como aqueles de Ys, a *cathédrale engloutie* ao largo da costa da Bretanha; ou aqueles da lendária cidade de Kitezh, no Médio Volga, perto de Nizhni-Novgorod. Poetas e contadores de história dizem que ela desapareceu sob a terra durante a invasão de Batu Khan. Mais tarde, foi engolida num lago e só ouvintes escolhidos podem escutar, de quando em vez, seus sinos tocando das torres afogadas.

Mas não aqui: mitos, vozes perdidas, história e boatos foram todos colocados para correr, deixando nada mais do que este vale de sombras. O conselho de Goethe, "*Bewahre Dich vor Räuber und Ritter und Gespenstergeschichten*",[1] foi tomado literalmente, e todos fugiram.

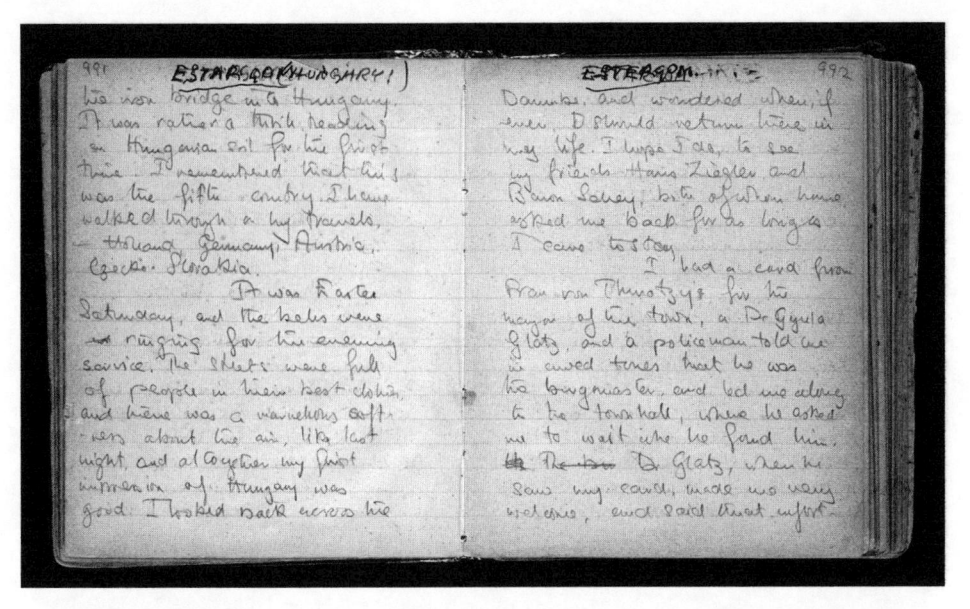

Facsímile das páginas 991 e 992 do *Green Diary* de Patrick Leigh Fermor. Nelas ele relata sua chegada a Esztergom no Sábado de Aleluia, 31 de março de 1934, sendo a Hungria o quinto país que atravessaria em sua jornada.

(Fonte: Arquivos de Patrick Leigh Fermor, da National Library of Scotland)

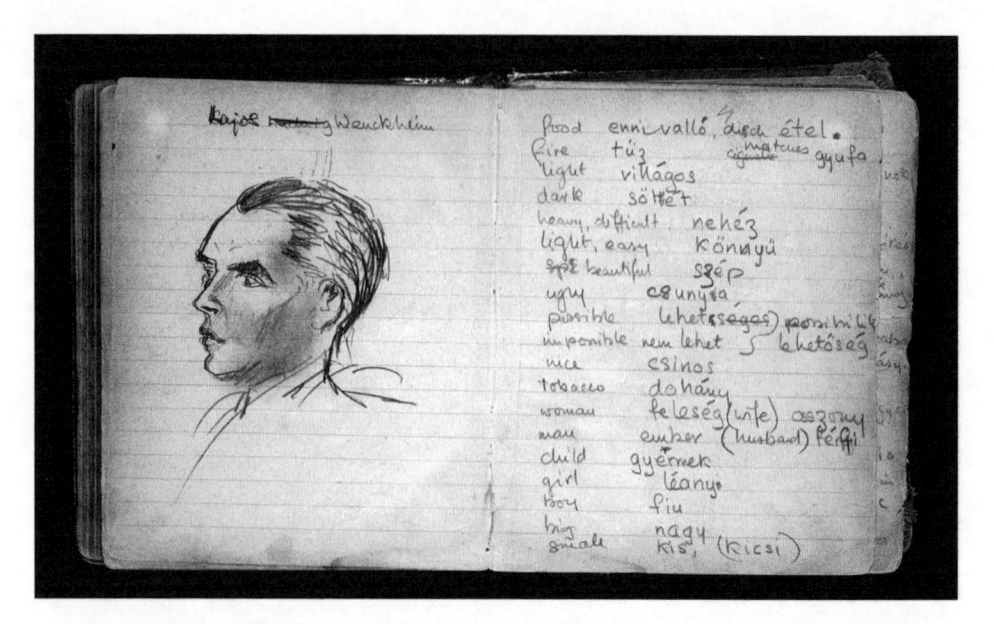

Facsímile de páginas do final do *Green Diary* de Patrick Leigh Fermor. Aqui Paddy registra um croqui do Conde Lajos Wenckheim, o amante de pássaros, com quem se hospeda em Vésztö (ver Capítulo 3). Ao lado, aparece uma lista de vocábulos húngaros por ele aprendidos.

(Fonte: Arquivos de Patrick Leigh Fermor, da National Library of Scotland)

COMENTÁRIO: TRADUZINDO FERMOR

※ ※ ※

Passados quase dez anos desde a publicação de Um Tempo de Dádivas (1977), reencontramos Patrick Leigh Fermor, agora aos setenta e um anos de idade, em Entre a Floresta e a Água, relatando suas aventuras ao atravessar a pé mais um trecho da Europa em 1934, aos dezenove anos.

Aqui, como antes, nada é tão espontâneo e meramente sequencial quanto possa parecer à primeira vista. Temos um claro arco narrativo: acompanhamos Fermor desde Esztergom, na Hungria, num Sábado de Aleluia, às margens do Danúbio, apreciando cegonhas que vêm do sul, e o deixamos quatro meses e pouco depois, às vésperas da festa da Assunção da Virgem em meados de agosto, em Orşova, na Romênia, novamente às margens do Danúbio, seguindo o deslocamento de cegonhas, agora em rota inversa, rumo à África.

Entre um ponto e outro, seu progresso é lento se comparado com o percurso dos quatro meses e pouco anteriores. Avança tão somente pela Hungria e Romênia, e, como no volume anterior, com digressões saborosas sobre a história dessa conturbada e pouco conhecida região, e vislumbres de sua natureza e paisagem incomuns. Descobrimos seu grande interesse por temas religiosos, manifesto em vários outros escritos seus. Detém-se menos desta vez em aspectos de arte e arquitetura, talvez porque este é um texto muito centrado no convívio intenso e prolongado com tipos humanos que ele vem a conhecer. Passa dias, semanas, em casas de famílias ancestrais, demorando-se sobretudo na Transilvânia, um tenso encontro de culturas, religiões e raças – um mundo à beira de profunda transformação.

Mas o clima é de verão, de férias preguiçosas, de travessias a cavalo, piqueniques na relva, excursões de carro pelo campo e pela cidade. E o relato parece refletir não só a estação do ano como o prazer do autor em percorrer, anos mais tarde, as mesmas paragens de quarenta anos antes, onde fez e deixou amigos – em um ou outro raro caso, reencontrados após a Segunda Guerra Mundial. Seus hospedeiros não são, no entanto, somente a coleção de nobres em cujos *kastély* levou vida mansa, deleitando-se em longas conversas sobre história, e em jogos, bailes e namoros. É acolhido também por pastores, lenhadores e ciganos, com quem engaja (quase sempre) com igual entusiasmo e empatia. E, solitário, aprecia veados, lebres e águias, entre outros animais silvestres.

◆ ◆ ◆ ◆

TALVEZ POR HAVEREM se passado quase dez anos do bem-sucedido lançamento de *Um Tempo de Dádivas*, talvez pelo clima de verão da narrativa, o texto é mais fluido, a estrutura das frases mais direta, e a pontuação mais convencional. Encontramos a mesma riqueza de vocabulário e o fascínio do autor com línguas, suas afinidades e evolução, o que nos levou a adotar algumas convenções estritas. PLF passeia com prazer entre o húngaro, o romeno, o alemão, o *romani* e o latim, e utiliza, com fluência, palavras e expressões em francês e italiano. Seguimos o autor, mantendo em língua estrangeira o que assim é apresentado no original (no caso, assinalado em itálico). Cabe destacar que, em contraste com o adotado no volume anterior, no qual o uso de palavras em alemão era muitíssimo abundante, adotamos a ortografia usual (com substantivos em maiúscula inicial), reconhecendo-se, no entanto, que alguns termos de origem alemã são usados pelo autor como incorporados ao inglês (e são, portanto, tratados em minúscula).

A nomenclatura de personagens históricos, sítios, fauna e flora apresenta desafios já enfrentados e comentados no primeiro volume. Os quase duzentos personagens históricos referidos pelo autor são dados em húngaro ou romeno quando por ele assim apresentados, e em português nos demais casos. Escritores e outros artistas, com frequência citados, são apresentados na forma que nos pareceu mais usual. Cidades grandes e capitais são apresentadas em português; localidades menores são dadas tal como as nomeia o autor, frequentemente em três línguas: húngaro, romeno e alemão.

Apaixonado que é por literatura, Fermor aqui também cita ou faz referência (por vezes, menções elípticas) a textos, peças teatrais, autores e personagens. Nesses e em outros casos que nos pareceram poder escapar ao leitor dos dias de hoje, ou àqueles mais apressados, oferecemos as Notas dos Tradutores que se seguem, indicando de que tratam tais citações e referências. Para os mais curiosos ou pacientes, as notas oferecem também informação adicional e um pouco de contexto sobre alguns dos personagens históricos citados, em especial, quando se trata de húngaros e romenos.

Por fim, cabem alguns sinceros agradecimentos: a Christoph Diewald, pela identificação e sugestões na tradução de textos em alemão; ao professor Rodrigo Cicchelli Velloso, pelo esclarecimento do que seriam as misteriosas quatro notas-chave de uma oitava; a Thaís Palatinsky, pelas explicações sobre métrica na poesia greco-romana; e à professora Vera Lúcia Bottrel Tostes, pelas sugestões quanto ao uso de terminologia heráldica.

Maria Teresa Fernandes Serra
MV Serra

NOTAS DOS TRADUTORES

INTRODUÇÃO

1. DSO (*Distinguished Service Order*) e OBE (*Order of the British Empire*): condecorações britânicas em reconhecimento a relevantes serviços prestados no âmbito militar e por contribuições às artes ou à ciência, ou a obras de caridade e de interesse coletivo.
2. Reino fictício que serve de cenário para vários romances de aventura de Anthony Hope (1863-1933), escritor e teatrólogo inglês, de grande sucesso popular. Localizada na Europa Central, Ruritânia era absolutista, aristocrática e de acentuada hierarquia social.
3. Povos germânicos, judeus e tribos turcas que ocuparam ou passaram pela Europa Central.
4. Prefácio da edição de 2005 da New York Review Books.

EPÍGRAFE

1. Tradução de Antônio Gonçalves Dias (1823-1864) in *Echos de Além Mar*. São Luis: Editora Belarmino de Mattos, 1867 (1ª edição). Publicada também em *A Noiva de Messina*. São Paulo: Cosac Naif, 2004; reimpressa pela SESI-SP Editora, 2018.

CARTA INTRODUTÓRIA A XAN FIELDING

1   Referência a *Inside Europe* (1938), de John Gunther, jornalista americano (1901-1970); clássico estudo sobre o ambiente político, estadistas e outras personalidades das décadas de 1930 e 1940; traduzido para o português sob o título de *O Drama da Europa* (Editora Globo, 1959).
2   Todas as menções ao texto de *Um Tempo de Dádivas* estão referidas à edição de 2018 da Edições de Janeiro.
3   Uma paródia de títulos usuais de guias de viagem, como *Fodor's Europe*; em português, 'A Europa das Canelas', uma alusão irônica à longa caminhada de PLF.

CAPÍTULO 1: A TRAVESSIA DA PONTE

1   *Tenebrae*: ritual dos últimos dias da Semana Santa.
2   *Kalpacks*: chapéus altos, de pelo, em geral cilíndricos ou em forma de tronco de cone, usados na Europa Central e na Ásia.
3   Pintura de El Greco (1541-1614) que se encontra na Igreja de São Tomé, em Toledo, na Espanha.
4   *Puszta*: extensão plana, vasta e erma, recoberta de arbustos e gramíneas, similar a uma estepe.
5   *Busby*: chapéu alto, de pelo, usado por hussardos no século XIX, e adotado pela chamada 'King's Troop' da Real Artilharia Montada da Grã-Bretanha.
6   Trata-se de um galero, chapéu eclesiástico cujo número de borlas e suas cores variam de acordo com a hierarquia do religioso.
7   *Shooting stick*: combinação de bengala e pequeno assento dobrável, usada comumente pelos ingleses em eventos ao ar livre.
8   O nome do vilarejo lembra 'sob', em inglês, ou seja, 'soluçar' ou 'chorar copiosamente'. Possível referência também ao fato de Szob ter abrigado um campo de trabalhos forçados durante a Segunda Guerra Mundial.

9   Carneiro selvagem (*Ovis orientalis*), originário da Ásia; um dos ancestrais dos carneiros domesticados.
10 Levantamento do valor, propriedade e obrigações referentes a terras na Inglaterra do século XI. O inglês arcaico '*dom*' significa 'avaliação' ou 'contabilidade', o que o fez ganhar, ao longo do tempo, a acepção de 'Juízo Final'.
11 Maria Teresa (1717-1780), imperatriz dos domínios dos Habsburgo, incluindo a Áustria, Hungria, Croácia, Boêmia, Transilvânia e outros; casada com Francisco I, Sacro Imperador Romano, reinou durante quarenta anos; bisavó da Imperatriz Maria Leopoldina, esposa de Dom Pedro I.

CAPÍTULO 2: BUDAPESTE

1 *Csárdás*: dança húngara com início lento e final rápido e intenso.
2 Plus fours: calças que chegam até uns dez centímetros abaixo dos joelhos; introduzidas na década de 1920, popularizaram-se entre desportistas; vestidas habitualmente por Tintim, personagem da história em quadrinhos do belga Hergé (1907-1983).
3 Variação húngara do dulcímer, instrumento de cordas presente em diversas culturas; consiste numa placa de madeira sobre a qual várias cordas são esticadas; no cimbalão, as cordas são tocadas por marteletes.
4 *Pengös*: moeda da Hungria usada entre 1927 e 1946; em sentido literal, significa 'sonante', 'tilintante'. No caso, sugestivo da profusão de gorjetas dadas.
5 Romance de capa e espada de Anthony Hope (ver nota 2 referente à Introdução).
6 Personagem do livro *The Pickwick Papers*, de Charles Dickens.
7 "Você não vem?"
8 Referência a trecho do poema *Mignon*, de Johann Wolfgang v. Goethe (1749-1832), onde aparece repetidas vezes a expressão '*Dahin!*'. Embora isoladamente possa ser traduzida como 'Adiante!' ou 'Em frente!',

no contexto dos versos de Goethe, a expressão é melhor entendida como 'Para lá!', e o verso a que se refere PLF seria: "Para lá, para lá [para a terra onde florescem os limoeiros], quero viajar contigo...". Agradecemos a Christoph Diewald por ter identificado a citação e por suas sugestões para tradução do texto.

9   Elementos da métrica de poemas gregos ou latinos; no caso dos dáctilos, trata-se de finais de verso de uma sílaba longa e duas breves, e, no caso dos anapésticos, de duas breves e uma longa. Agradecemos a Thaís Palatinsky pelas explicações a respeito deste tema.

10 Construída no século XIV, a Igreja de Nossa Senhora foi restaurada no século XIX, quando passou a se chamar Igreja de São Matias. Durante a ocupação turca (1541-1686), tornou-se a principal mesquita da cidade. Foi o local da coroação de Francisco José, em 1867, e de Carlos IV, em 1916 – os dois últimos reis da Hungria, que serão mencionados por PLF também como os últimos imperadores da Áustria e reis da Boêmia. Carlos era entitulado Carlos I da Áustria, Carlos IV da Hungria e Carlos III da Boêmia.

11 *Gazeta de Peste*, jornal liberal e o mais popular diário de Budapeste, publicado de 1841 a 1949.

12 Miklós Horthy (1868-1957), almirante, político conservador, regente da Hungria entre 1920 e 1944; embora aliado do Eixo na invasão da Rússia e da Iugoslávia durante a Segunda Guerra Mundial, relutou em participar de outras operações e rebelou-se frente à perseguição de judeus na Hungria.

13 Edmund Burke (1729-1797), filósofo, teórico político e membro do Parlamento britânico; crítico acerbo da Revolução Francesa.

14 *Hammams*: saunas ou banhos públicos introduzidos em Budapeste pelos otomanos a partir do século XVI. Os mais antigos (como Rudas, Kiraly e Racz), ainda em uso, situam-se em Buda; já os famosos Banhos Széchenyi, hoje um dos principais pontos turísticos da cidade, foram construídos em 1913 em estilo neobarroco no lado de Peste.

15 No Capítulo 7 de *Um Tempo de Dádivas* (ver pp. 238-9), PLF fala sobre a aliança de forças cristãs visando enfrentar os turcos que avançavam sobre a Europa. Sua devastadora vitória na batalha de Kahlenberg levou ao fim do

sítio de Viena em 1683; e, ao longo dos próximos dezesseis anos, as forças dos Habsburgo, lideradas por Carlos de Lorena (1643-1690), lograram reconquistar a Hungria e a Transilvânia, expulsando em definitivo os otomanos de seus territórios. (Ver também notas 25 e 26 referentes ao Capítulo 7 de Um Tempo de Dádivas.)

16   Expatriados irlandeses que serviam como soldados profissionais junto às potências católicas da Europa entre o final do século XVII e o começo do século XX.

17   Solimão, o Magnífico (1494-1566), Sultão do Império Otomano a partir de 1520. Empreendeu campanhas contra forças cristãs da Europa Oriental e do Mediterrâneo, conquistando Belgrado, Rodes e grande parte da Hungria; expandiu seus domínios sobre o Oriente Médio e a África Setentrional, chegando a governar uma população estimada em vinte e cinco milhões de habitantes.

18   A nau *Revenge*, comandada por Sir Richard Grenville (1542-1591), lutou contra forças espanholas superiores na batalha de Flores, em 1591, um de muitos enfrentamentos entre ingleses e espanhóis ocorridos entre 1585 e 1604.

19   Poema de Rainer Maria Rilke (1875-1926), austríaco-boêmio.

20   Designativo antigo da região central do Vale do Danúbio que esteve vazia desde que o exército de Carlos Magno eliminou os ávaros entre 791 e 796 A.D., vindo a ser ocupada pelos magiares no século IX. Corresponde à região da *puszta*.

21   Casa de chá em Berkeley Square, em Londres.

22   Abdul Hamid II (1842-1918), Sultão do Império Otomano entre 1876 e 1908, período em que enfrentou uma guerra malsucedida contra os russos, rebeliões nos Bálcãs, e movimentos internos republicanos que resultaram em sua deposição em 1908.

23   Rudolf Carl v. Slatin (1857-1932), tenente do Exército Austro-Húngaro que, a convite de Charles George Gordon (1833-1885), Governador--Geral do Sudão, ocupou a partir de 1878 vários cargos administrativos no Sudão, inclusive o de Governador-Geral de Darfur. Derrotado por forças mahdistas, vem a ser conselheiro, intérprete e *running footman* de

seus captores, logrando fugir após onze anos de cativeiro (ver notas 24 e 25). Autor de *Fire and Sword in the Sudan*, de 1896.

24 *Running footman*: serviçal que corria ao lado das carruagens, atuando como guarda-costas, identificando possíveis riscos no trajeto e solucionando eventuais problemas; corresponde aos que ainda se vêem na traseira das carruagens da realeza inglesa.

25 Muhammad Ahmad ibn al-Sayyid Abd Allah (1844-1885), Al Mahdi, ascético sudanês, autoproclamado redentor da fé islâmica, que dominou amplas áreas do Sudão egípcio, fazendo frente a forças otomanas e britânicas.

26 George Henry Borrow (1803-1881), autor inglês de romances e livros baseados em suas viagens pela Europa.

27 Robert Browning (1812-1889), em longo poema, fala de Waring, personagem de méritos irreconhecidos, que desaparece, colocando um amigo a lhe imaginar destinos gloriosos, até ser informado que Waring fora avistado, sendo negociante ou contrabandista, num barco próximo a Trieste. Por essa mesma região circularam Italo Svevo (1861-1928), escritor italiano que viveu muitos anos na Inglaterra, amigo de Joyce, mais conhecido por seu romance modernista *A Consciência de Zeno*, de 1923; e Gabriele d'Annunzio (1863-1938), poeta, aviador e político italiano, envolvido na formação de um Estado independente na cidade-porto de Fiume. PLF aqui também se refere a Rainer Maria Rilke, autor de *Elegias de Duíno*, escritas no castelo de mesmo nome, perto de Trieste (ver nota 19).

CAPÍTULO 3: A GRANDE PLANÍCIE HÚNGARA

1 Hoje, um parque nacional, na região do Alföld, inscrito na Unesco como Patrimônio Natural da Humanidade.

2 Alusão a *Antônio e Cleópatra*, de William Shakespeare, Ato 4, Cena 14, em que Antônio, derrotado por Otávio César e sentindo-se traído por Cleópatra, contempla o suicídio; percebe-se como um fracassado e evoca uma série de imagens ilusórias, que se desfazem, como nuvens ao cair

da noite escura: "procissões de vésperas negras", em tradução literal, ou "um mau agouro", na tradução em verso de Barbara Heliodora (William Shakespeare, *Teatro Completo*, vol. 2: *Comédias e Romances*. Rio de Janeiro: Editora Nova Aguilar, 2016).

3   *Lavengro: The Scholar, the Gypsy, the Priest*, de George Borrow (1803-1881); obra semiautobiográfica, um clássico da literature inglesa do século XIX. O cigano senhor Petulengro, ao qual PLF se refere, é um dos principais personagens do livro; amigo do protagonista, dá-lhe o apelido de 'lavengro', ou 'mestre de palavras', devido à sua facilidade em aprender *romani* e várias outras línguas.

4   Pareceu estranho a PLF, dado que a palavra usada pelos ciganos soa como 'devil', ou seja, 'demônio' em inglês.

5   Episódio relatado em *Êxodo* 32 e em *Reis* 12: Tardando Moisés em descer do Monte Sinai, onde fora receber os Dez Mandamentos, os israelitas, descrentes, buscam um novo ídolo que possam adorar, para isso construindo o Bezerro de Ouro, um 'falso ídolo', pelo que serão mais tarde punidos por Deus.

6   Constantinopla, no caso.

7   Frederico I Barbarossa (1122-1190), Sacro Imperador Romano, um dos líderes da Terceira Cruzada, junto com Ricardo I (Coração de Leão), da Inglaterra, e Filipe II, da França, entre outros.

8   Sigismundo de Luxemburgo (1368-1437), Rei da Hungria e da Croácia e Sacro Imperador Romano, um dos líderes da Cruzada de Nicópolis; PLF falará muito mais dele, de seu filho, João Hunyadi, e seu neto, Matias Corvinus, ao longo do texto. Não confundir com Sigismundo Báthory (1573-1613), Príncipe da Transilvânia, ou com Sigismundo Rákóczi (1622-52), Duque da Transilvânia. (Ver notas 1 e 28 do Capítulo 6).

9   Sultão otomano (c. 1354-1403) que reuniu um dos maiores exércitos de que se tem notícia; apesar de sucessivas tentativas entre 1394 e 1402, não chegou a conquistar Constantinopla.

10 Príncipe Eugênio de Savoia (1663-1736), Arquiduque da Áustria, marechal de campo e estadista do Sacro Império Romano, e um dos mais bem--sucedidos líderes militares do período; atuou na campanha de defesa de

Viena e de liberação de Buda, sob o Duque de Lorena e João Sobieski da Polônia. Ver Capítulo 7 de Um Tempo de Dádivas.

11   Verso do poema The Siege of Belgrade, de Alaric Alexander Watts (1797--1864), autor e jornalista inglês, em versos aliterativos: "An Austrian army, awfully arranged,/ Boldly by battery, besieged Belgrade/...".

12   Cidade e fortaleza.

13   Sublime Porte: Assim era conhecido, até o século XVIII, o Portão Imperial (Bâb-i Hümâyun) que dá entrada ao primeiro pátio do Palácio Topkapi em Istambul (Constantinopla); por extensão, também designava a administração central do Império Otomano.

14   Lady Montagu (1689-1762), inglesa, poetisa, notabilizada por suas cartas, em especial aquelas sobre suas viagens pelo Império Otomano como esposa do embaixador inglês na Turquia.

15   Alexander Kinglake (1809-1891), inglês, historiador e escritor, autor de Eothen; or Traces of Travel Brought Home from the East, de 1844, sobre sua viagem à Síria, Palestina e Egito, empreendida dez anos antes.

16   Pã, deus da mitologia grega, quando acidentalmente acordado, gritava alto, provocando a debandada de rebanhos, daí vindo a noção de 'pânico', um 'medo súbito'.

17   Personagens da virada do século VIII para o IX: Svatopluk I, Kral da Morávia, que atingiu sua maior extensão territorial durante seu reinado (870-894); Krum, Khan da Bulgária, reconhecido por ter estabelecido os rudimentos do Estado búlgaro e ampliado em muito seus domínios; Nicéforo I, Imperador de Bizâncio, famoso por suas atrocidades, morto pelos búlgaros na batalha de Plisca (ou do Passo de Vărbica) em 811.

18   Simeão, ou Simão I, o Grande (c. 865-927), notável por suas campanhas de expansão territorial, associado a um período de apogeu cultural e dominância da Bulgária no contexto da Europa Oriental.

19   Oto I (912-973), Rei da Alemanha e primeiro Sacro Imperador Romano; derrotou os magiares na batalha de Lechfeld em 955.

20   Mitrídates VI (131-63 a.C.), Rei do Ponto, de linhagem greco-persa, tradicional inimigo dos romanos; celebrado em peça de Jean Racine e ópera de W. A. Mozart.

21 PLF está citando o poema *Sohrab and Rustum: An Episode*, de Matthew Arnold (1822-1888). O Rio Oxus, conhecido hoje como Amu Dária, nasce no Himalaia e deságua no Mar de Aral, passando pela região alagadiça da Corásmia no Turcomenistão e no Uzbequistão.

22 Corneta de caça utilizada na Idade Média, feita da presa do elefante; um olifante famoso pertenceu a Rolando, lendário cavaleiro franco.

23 *Corona muralis*: elemento heráldico cujas origens remontam a Grécia e Roma; na Idade Média, usado em brasões de cidades e, às vezes, nos de seus governantes.

24 Referência ao asterismo conhecido como 'Carroção de Carlos' ('*Charles' Wain*'), formado por sete estrelas pertencentes à Ursa Maior, constelação do Hemisfério Norte; numa tradição folclórica germânica, foi associada a Carlos Magno.

25 Harun-al-Rashid (c. 763-809), quinto califa da dinastia abássida; reinou de 786 a 809, no auge do período áureo do Islã, mantendo sua corte em Bagdá e posteriormente em Raqqa; figura com destaque em vários contos de *As Mil e Uma Noites*.

26 Sal (*Shorea robusta*): espécie que domina de maneira homogênea as florestas tropicais úmidas decíduas em Bangladesh, Índia, Nepal e Butão.

27 *Fatamorgana*: miragem que aparece como faixa logo acima do horizonte; termo alusivo à feiticeira Morgana, das lendas do Rei Artur.

28 Lajos Kossuth (1802-1894), Presidente da República da Hungria durante a Revolução de 1848-1849, malograda tentativa de independência por parte dos magiares frente à monarquia dos Habsburgo; crítico da aristocracia húngara, promotor de um papel proativo da sociedade civil e protecionista da indústria nascente.

29 Ferenc Deák (1803-1876), estadista húngaro, Ministro da Justiça durante a Revolução de 1848-1849, conhecido como o 'Sábio da Nação'.

30 O *Livro de Reis* relata que Deus instruiu ao Profeta Elias que se escondesse no deserto durante uma seca, sem se preocupar com o alimento, pois este lhe seria trazido por corvos.

31 *Cloche*: chapéu feminino em formato de sino usado de meados da década de 1920 a meados de 1930.

32 Personagem bíblico que vence o ataque de um enorme peixe ocorrido enquanto lavava seus pés num rio; é frequentemente retratado no Renascimento carregando um peixe e acompanhado do Arcanjo Rafael.

33 Ver Um Tempo de Dádivas, pp. 317-8.

34 Iris Tree (1897-1968), inglesa excêntrica, boêmia, poeta, atriz e modelo, retratada com frequência por, entre outros, Amedeo Modigliani (1884--1920), Jacob Epstein (1880-1959) e Man Ray (1890-1976); aparece em A Doce Vida, de Federico Fellini, como uma poetisa.

35 *Conversation piece*: pintura de gênero na qual um grupo de pessoas posa numa cena doméstica ou ao ar livre. Aqui são citados o anglo-americano John Singleton Copley (1738-1815) e o francês Édouard Vuillard (1868-1940).

36 Período de 1811 a 1820 durante o qual o Príncipe de Gales assumiu a regência da Coroa Britânica, substituindo Jorge III, vítima de doença mental. Quando usado com referência a aspectos culturais e sociais, o conceito se amplia, cobrindo parte do reinado de Jorge III e os de seus filhos Jorge IV e Guilherme IV (1795-1837).

37 *Stock*: gravata tipicamente usada em eventos equestres, cobrindo todo o pescoço e amarrada na frente de modo a deixar as pontas sobrepostas ou cruzadas, presas com alfinete.

38 *Lawn meet*: recepções ao ar livre, em geral, na residência do organizador da caçada.

39 Rudolph Ackermann (1764-1834), livreiro anglo-germânico, inventor, litógrafo, editor e homem de negócios. Nesse parágrafo, PLF se refere a locais conhecidos pela realização de caçadas e a famílias de grandes proprietários de terras, desportistas e cavaleiros, retratados nas gravuras de Ackermann.

40 *Cut-and-laid*: cercas vivas típicas do sul da Inglaterra, em que os arbustos são podados e trançados, rebrotando em sucessivos anos até formar barreiras espessas de difícil transposição.

41 Personagem bíblico, Rei do Shinar, bisneto de Noé, tido como um grande caçador.

42 Pork pie: chapéu de copa rasa, achatada e vincada em seu contorno, com aba curta, usado a partir de 1830 por mulheres inglesas e americanas, e popularizado na década de 1920 por Buster Keaton, Frank Lloyd Wright e Lester Young.

43 Spahi: membros de regimentos de cavalaria ligeira do Exército Francês, recrutados principalmente na África Setentrional.

44 Arquiduque Carlos da Áustria, Duque de Teschen (1771-1847), marechal de campo austríaco, um dos mais duros oponentes de Napoleão.

45 Wideawake: chapéu masculino de abas largas e copa baixa similar ao usado pelos quakers nos Estados Unidos.

46 Sándor Petöfi (1823-1849), poeta romântico que notabilizou o Alföld como a paisagem típica da Hungria, inspirando-se em situações da vida interiorana e no folclore; morreu num dos últimos conflitos pela independência da Hungria frente ao domínio austríaco.

47 Betyárs: assaltantes de estrada, comuns na Grande Planície Húngara no século XIX; tinham reputação de roubar dos ricos para dar aos pobres.

48 Ver Capítulos 5 e 6 de Um Tempo de Dádivas.

49 Protagonista do poema homônimo de Alfred, Lord Tennyson (1809--1892) no qual abundam referências a títulos e brasões da nobreza inglesa.

50 Dundrearies: costeletas compridas e cheias, usadas pelo ator Edward Sothern no papel de Lord Dundreary, personagem da comédia Our American Cousin (1858), de Tom Taylor (1817-1880), dramaturgo inglês e editor da famosa revista Punch.

51 Petit lever du roi: costume que se origina com Carlos Magno no qual, ao se vestir, o rei convidava amigos a conversar e, se necessário, resolver disputas em sua presença; transforma-se ao longo do tempo numa formalidade, dividindo-se em petit lever (assistido por uns poucos) e grand lever (do qual participavam uma ampla representação da corte).

52 Referência a Reginald Jeeves, competente valet de chambre de um rico e ocioso jovem londrino numa série de contos e novelas de P. G. Wodehouse (1881-1975).

53 Brogues: sapato ou bota de salto baixo, de múltiplas peças de couro, com perfurações acompanhando as costuras.

54 Na época, abreviação de 'doença venérea'; hoje, 'doenças sexualmente transmissíveis'.
55 *Governess cart*: carroça em formato de bacia, com duas rodas, puxada, em geral, por pôneis; considerada de fácil manejo, era utilizada por governantas para transportar crianças sob sua responsabilidade.
56 Marquis de Norpois, diplomata, personagem de *Em Busca do Tempo Perdido*, de Marcel Proust (1871-1922).
57 Castelos do Loire.
58 Referência a um conto de Rudyard Kipling (1865-1936), publicado em 1936, que descreve um jogo de polo na Índia do ponto de vista de um pônei chamado Gato Maltês.
59 *Meerschaum*: silicato de magnésio hidratado, branco e macio, que, por metonímia, identifica também o tipo de cachimbo cuja bacia é feita deste material.
60 *Calumet*: 'cachimbo da paz', peça de cabo longo, ornamentada e usada pelos índios norte-americanos em ocasiões cerimoniais.
61 Personagem que fumava um narguilé em *Alice no País das Maravilhas*, de Lewis Carroll (1832-1898).
62 *Khans*: estalagens urbanas; no Oriente Médio, o termo 'khan' serve tanto para as estalagens urbanas quanto para as de beira de estrada; já estas últimas são mais conhecidas como 'caravançarais' na Turquia, Africa Setentrional e outras regiões.
63 Armas brancas que eram usadas em vários países muçulmanos.
64 Miklós Ybl (1814-1891), arquiteto húngaro de renome no mundo europeu da segunda metade do século XIX; autor do Teatro da Ópera de Budapeste.
65 Sir Walter Scott (1771-1832), escocês, autor de romances históricos como *Ivanhoé*, *Kenilworth* e *Rob Roy*; Dante Gabriel Rossetti (1828--1882), autor inglês, um dos fundadores da Irmandade Pré-Rafaelita, movimento que buscou um retorno aos cânones artísticos do Renascimento italiano.
66 *Chukka*: um dos tempos de uma partida de polo.
67 *Loden*: tecido confeccionado com lã de ovelha, impermeável, típico das jaquetas tradicionais austríacas.

CAPÍTULO 4: AS MARCAS DA TRANSILVÂNIA

1   Carol II (1893-1953), Rei da Romênia de 1930 a 1940. Devido a escândalos amorosos, exilou-se em Paris em 1925, renunciando ao direito de suceder a seu pai, que veio a ser Rei Ferdinando I (1865--1927) com a morte de Carol I (1839-1914), irmão de Ferdinando e que não tinha herdeiros. Em consequência da renúncia do filho, Miguel (1921-2017), neto de cinco anos de Ferdinando, vem a sucedê-lo. Em 1927, Carol voltou à Romênia, deslocou seu filho e os regentes, gradativamente alinhando-se aos nazistas e a posturas autoritárias. Foi forçado a deixar o país em 1940, sendo novamente sucedido por Miguel, que reinou até 1947, quando foi levado a abdicar pelo regime comunista que se instalara no país.
2   Reino cujo território correspondia ao que é hoje a Romênia e a Moldávia, além de pequenas partes da Bulgária, Sérvia, Hungria, Polônia, Eslováquia e Ucrânia. Foi conquistado pelos romanos em 106 A.D..
3   Trecho da *Eneida*, XI, 875, de Virgílio: "*Quadrupedumque putrem cursu quatit ungula campum*"; em tradução livre: "E as patas dos cavalos fazem tremer os campos que se desmancham com sua passagem".
4   Título e verso de *À sombra de uma faia*, um dos poemas das Éclogas, de Virgílio.
5   Revista inglesa voltada para literatura e comentário social, publicada de 1709 a 1711, que, desde então, serviu de modelo a publicações voltadas para a crônica social, de mesmo ou outro nome, e a ensaístas como Samuel Johnson (1709-1784) e outros.
6   Almirante Horthy (ver nota 12 do Capítulo 2).
7   Arquiduque Oto da Áustria (1912-2011), filho e pretendente sucessor de Carlos I, Imperador da Áustria, Rei da Hungria e da Boêmia.
8   Referência ao *Rubaiyat*, de Omar Khayyám (1048-1131), poeta, matemático e astrônomo persa.
9   Jacques Joseph (James) Tissot (1836-1902), pintor e ilustrador francês que viveu em Londres; dedicava-se à pintura de mulheres elegantes em cenas domésticas e a cenas e personagens bíblicos.

10   *Shingle*: corte de cabelo curto, com franja e pescoço exposto, descendo pelos lados numa única onda.
11   Béla Kun (1886-1938), Ministro de Relações Exteriores da República Soviética da Hungria, instaurada em março de 1919 mediante um golpe de Estado, e encerrada quatro meses depois, após uma derrota para forças romenas. Neste curto período, Kun foi efetivamente o líder máximo no governo presidido por Sándor Garbai, recebendo ordens e orientação direta de Lenin, e promovendo um regime conhecido como 'Terror Vermelho', com prisões e execuções arbitrárias, saques e represálias em áreas suspeitas de atividades contrarrevolucionárias.
12   Período de violência repressiva, de 1919-1921, visando eliminar qualquer apoio ao retorno de um regime comunista, após a queda de Béla Kun e a derrubada da República Soviética da Hungria.
13   Na nota de pé de página, PLF se refere a Flávio Vopisco, um dos vários autores dos textos integrantes da coletânea conhecida como *Scriptores Historiae Augustae*, provavelmente escritos entre a segunda metade do século IV e o começo do V, considerada de questionável veracidade.
14   O termo designa dois povos distintos; um de origem indo-europeia que se estabeleceu na Sicília, e outro, de origem húngara, que a partir do século VIII ocupou as terras que vieram a ser a Hungria, em especial o chamado 'País Sículo', na Transilvânia, hoje Romênia.
15   São Nicetas (335-414), bispo da província romana da Dácia Mediterrânea, venerado nas igrejas ortodoxa e católica.
16   Paulino (354-431), Governador da Campânia, senador e escritor; abandonou a vida pública e converteu-se ao cristianismo, tornando-se Bispo de Nola.
17   *Suggestio falsi*: afirmação falsa; *suppressio veri*: supressão da verdade.
18   *Carpetbaggers*: habitantes norte-americanos que após a Guerra de Secessão se dirigiam ao sul do país, visando tirar proveito de sua reconstrução; seu nome deriva do fato de utilizarem sacolas feitas de um tecido similar ao de um tapete.
19   Na nota de pé de página, PLF cita versos do poema *Be still, my soul, be still*, da coletânea *A Shropshire Lad* (1896), de A. E. Housman (1859-1936), escritor inglês.

20 Wilhelm Busch (1832-1908), poeta, pintor e caricaturista alemão, autor de histórias satíricas, ilustradas e em verso; Max e Moritz são dois garotos levados; já Hans Huckebein é um corvo de pouca sorte.
21 Referência à prática da castração.
22 Referências heráldicas: 'hauriant' indica a posição vertical de animais aquáticos ou peixes; 'arms parlant' significa, literalmente, as armas que falam. Agradecemos à professora Vera Lúcia Bottrel Tostes, museóloga, os esclarecimentos e sugestões no tocante ao uso destes termos.
23 En brosse: corte em escovinha.
24 Referência ao poema In Memoriam D.O.M, de William Kerr, que figura no último volume das antologias de poetas britânicos, publicadas entre 1912 e 1922 sob o título de Georgian Poetry.
25 Os três serão mencionados posteriormente no livro.
26 György Martinuzzi (1482-1551), croata de ascendência veneziana, Arcebispo de Esztergom, e estadista húngaro. No processo de sucessão do Rei Lajos II que cindiu a Hungria após a derrota para os turcos em 1526, prestou grande apoio a João Zápolya e a seu filho, João Sigismundo, enfrentando Ferdinando de Habsburgo, durante décadas de confrontos e negociações em torno da repartição de terras da Hungria. Veio a ocupar vários altos cargos administrativos promovendo reformas das finanças do Estado, tornando-se efetivamente o governante da Hungria Oriental, que permaneceu fora do domínio dos Habsburgo. Morreu assassinado a mando de Ferdinando.

CAPÍTULO 5: ATRAVÉS DA FLORESTA

1 Companheiro de aventuras de Robin Hood.
2 Digressões sobre o latim: supino é uma forma verbonominal terminada em 'um' ou 'u', indicando finalidade; 'vel no' é um termo usado nos tribunais para definir a existência, ou não, de uma questão.
3 Orações do final do dia.

4   Aqui, PLF faz no original um jogo de palavras com o latim e o inglês. Ele diz temer que o Irmão Pedro iria "*play non possum*", ou seja, no latim que estavam usando, o irmão não poderia jogar uma partida; ocorre que '*play possum*' significa 'fingir-se de morto' como os gambás (*possums*, em inglês).
5   *Assegai*: lança usada pelos nativos da África do Sul.
6   *Evensong*: celebração de fim de tarde com preces, salmos e cânticos no rito anglicano.
7   Livro do sueco Axel Munthe (1857-1949), escrito em inglês e primeiro publicado na Inglaterra em 1929.
8   Família aristocrática e donos de grandes propriedades rurais, dentre as quais, o Castelo de Sárvár, que figura entre os monumentos nacionais da Romênia.
9   O mesmo da liberação de Buda (ver nota 10 do Capítulo 3).
10 *Limericks*: poemas humorísticos em cinco versos.
11 "Tenho minhas dúvidas."
12 "Submeto-me a meu próprio destino."
13 Referência ao equivalente em inglês da brincadeira que se faz com os dedos das crianças ("Mindinho, seu vizinho etc.") e à canção *Three Blind Mice*.
14 Pombos capazes de rolar ou de dar cambalhotas; comuns em diversos países.
15 "Não sei, não sei."
16 Hazdai-ibn-Shaprut (c. 915-c. 970), judeu espanhol, estudioso, médico, patrono das ciências; tornou-se conselheiro e *de facto* Ministro de Relações Exteriores de Abd-ar Rahman III, Califa de Córdoba e da Andalusia. Muito ativo na defesa de seus correligionários, é possível que o rabino, ao saber da existência de um Estado judaico na Ásia Central, tenha enviado carta a José, Rei dos Khazares, pedindo informações sobre a origem desse povo, sua organização política etc.. A autenticidade da correspondência resultante é, todavia, questionada.
17 Amiano Marcelino (330-400 A.D.), soldado e historiador romano, nascido em Antióquia; escreveu um dos principais relatos sobreviventes da antiguidade romana, cobrindo da ascensão de Nerva em 96 à morte de Valens, titular do Império Romano do Oriente.

18 *Princeps*: primeira edição, especialmente de um texto manuscrito anterior à introdução do processo de impressão.
19 G. A. Henty (1832-1902), inglês, prolífico autor de romances históricos de aventura; e R. M. Ballantyne (1825-1894), escocês, igualmente prolífico autor de livros juvenis.
20 Pseudônimo de Maria Louise Ramé (1839-1908), inglesa, autora de livros infantis, contos e ensaios.
21 Marie Belloc Lowndes (1868-1947), inglesa, autora de romances e peças de teatro, sobretudo com temática voltada para crimes reais ou ficcionais.
22 Todos romancistas franceses, ativos sobretudo no século XIX e nas primeiras décadas do século XX.
23 Usados, entre os turcos, como galardão militar, seu número crescendo com o posto.
24 Pequeno porto na Ilha de Wight onde ocorria uma importante regata na primeira semana de agosto de cada ano.
25 Referência a Maximiliano I, Sacro Imperador Romano, contra o qual Matias Corvinus empreendeu várias campanhas, em sua maioria vitoriosas, com seu 'Exército Negro'.
26 Uma das mais renomadas bibliotecas do Renascimento, estabelecida por Matias Corvinus no Castelo de Buda entre 1458 e 1490; contendo cerca de cinco mil obras, foi quase inteiramente destruída após a conquista de Buda pelos otomanos em 1526.
27 "Ó, que um Poder nos desse o dom de ver a nós mesmos como outros nos vêem!". Verso final do poema *To a Louse, On Seeing One on a Lady's Bonnet at Church*, do escocês Robert Burns (1759-1796).
28 *Wee drappie*: um golinho, um trago (presumivelmente de uísque).
29 Verso de um *limerick*; em tradução livre: "Havia um velho em Madrid/ Que num leilão deu lances,/ Comprou, imagine,/ Uma caixa de queijo/ Mas, Deus meu! quando levantaram a tampa!". Do *The Limerick up to date Book*, publicado em 1903, com versos coletados e organizados por Ethel Watts Mumford (1876-1940).
30 "Ah, eis uma belezinha de espécime! Facilmente reconhecível!"

31 Unidade administrativa do Império Otomano, estabelecida em 1865 e vigente até o final da Guerra dos Bálcãs de 1912-1913; cobria territórios do que são hoje partes de Montenegro, Sérvia e Kosovo.

32 PLF aqui parece se atrapalhar: Leopoldo I, Sacro Imperador Romano, morreu em 1705, e Arsênio, em 1706, pouco mais de uma década antes do cerco de Belgrado de 1717. O episódio descrito por PLF da retirada dos sérvios de Belgrado, conhecido como a 'Primeira Grande Migração Sérvia', ocorreu em 1690, pouco depois da tomada de Belgrado pelas forças da Sacra Aliança em 1688, liderada por Maximiliano II da Baviera, e tendo o Príncipe Eugênio de Savoia, tantas vezes citado por PLF, como um de seus comandantes.

33 *Steeplechaser*: originalmente, um participante de corridas de cavalos com obstáculos no campo; hoje o termo abrange também corredores em pistas com obstáculos no atletismo.

34 Squire Weston: personagem fanfarrão de *A História de Tom Jones, Uma Criança Abandonada*, de Henry Fielding (1707-1754); e talvez John Mytton (1796-1834), inglês excêntrico do período da Regência, e Charles Waterton (1782-1865), naturalista e explorador, autor de *Wanderings in South America, the North-West of the United States, and the Antilles, in the Years 1812, 1816, 1820 & 1824*.

35 Na mitologia grega, três irmãs que partilhavam entre si um só olho e um dente; personagens similares aparecem em *Macbeth*, de William Shakespeare.

36 'Cantos' em romeno.

37 Figura da mitologia grega; qualquer uma das três irmãs com cabeleira de cobras vivas e olhar mortífero, uma das quais, a Medusa, é morta por Perseu.

38 Referência ao episódio de 30 de junho de 1934, conhecido como 'Noite das Facas Longas'; parte da 'Operação Colibri', que se estendeu até 2 de julho, visando extirpar o poder da *Sturmabteilung* (SA), organização paramilitar nazista chefiada por Ernst Röhm.

39 "Um último traguinho antes de vocês partirem." Em tradução literal, '*deoch-an-doris*' significa 'um trago de porta', ou seja, 'uma saideira'. A *Wee*

Deoch-An-Doris é também uma canção escocesa (Grafton e Lauder, 1911) que celebra esse costume tradicional.

40   Waffenrock: modelo padrão de túnica da maioria dos uniformes militares.
41   Escola coeducacional fundada em 1893, em Hampshire.
42   Sociedade estudantil da Universidade de Cambridge, fundada em 1820, à qual pertenceram gerações de notáveis filósofos, artistas e intelectuais ingleses, alguns dos quais vieram a fazer parte do Bloomsbury Group, entre eles os citados Brooke, Strachey e Keynes.
43   Poema de Robert Browning inspirado numa composição do músico veneziano Baldassare Galuppi (1706-1785).
44   Cântico de natureza religiosa que pede a bênção dos deuses, em especial a de Himeneu, divindade protetora dos enlaces matrimoniais.
45   Dixie: também conhecido como Dixieland, compreende os onze estados que formaram os Estados Confederados da América em 1860, enfrentando as forças dos estados do norte durante a Guerra Civil, ou de Secessão (1861-1865). Ao longo do tempo, o termo veio a se associar especificamente aos estados do sul dos Estados Unidos mais identificados com a cultura e tradições do antebellum.

CAPÍTULO 6: A TRIPLA FUGA

1   Ferdinando I (1865-1927), Rei da Romênia de 1914 a 1927; embora descendente da família imperial Hohenzollern, aliou-se às forças do Entente na Primeira Guerra Mundial, o que lhe permitiu incorporar a Bessarábia, a Bucovina e a Transilvânia ao território da Romênia. (Ver nota 1 do Capítulo 4).
2   Pashalik: jurisdição ou território de um paxá.
3   Cidade fictícia, centro episcopal onde se passam as Chronicles of Barsetshire, série de seis romances do inglês Anthony Trollope (1815--1882).
4   Gábor Bethlen (1580-1629), Príncipe da Transilvânia, eleito Rei da Hungria, que se levantou contra os Habsburgo e seus aliados católicos.

5   Na nota de pé de página, PLF se refere ao romance picaresco O *Aventuroso Simplicissimus*, de Hans Jakob v. Grimmelshausen (1621--1676), autor alemão, traduzido para o português por Mário Luiz Frungillo (Universidade Federal do Paraná, 2008). Menciona também o livro de Günther Grass, *Das Treffen in Telgte* no original.

6   Ver relatos sobre a Guerra dos Trinta Anos e sobre os personagens aqui mencionados por PLF em *Um Tempo de Dádivas*, em especial nos Capítulos 2 e 3.

7   Sigismundo Rákóczi (1622-1652), Duque da Transilvânia; Jorge Rákóczi I (1621- 1660), Príncipe da Transilvânia; filhos de Jorge Rákóczi I (1593--1648), Príncipe da Transilvânia, um dos líderes da facção protestante da Hungria; apoiador de Gabor Bethlen (ver nota 4).

8   Cidade da região de Devon, na Inglaterra.

9   Móric Jókai de Ásva (1825-1904), novelista húngaro que participou ativamente da Revoução Liberal de 1848; frequentemente comparado a Dickens, era imensamente popular na Inglaterra vitoriana, onde era conhecido como Maurus Jokai e Mauritius Jókai.

10 Arquiduque da Áustria e herdeiro presuntivo da Coroa Austro-Húngara, assassinado em Sarajevo em 28 de junho de 1914.

11 *Szilvorium*: bebida destilada à base de ameixa, produzida na Europa Central e Oriental; conhecida também como '*pálinka*'.

12 Camponesas autorizadas pelos proprietários de terras a recolher as sobras de espigas de trigo após a colheita, tal como se vê no óleo *Les Glaneuses* (1857), de Jean-François Millet.

13 Samuel Palmer (1805-1881), paisagista e escritor britânico.

14 Últimos versos do poema de Robert Browning que conta a história do Flautista de Hamelin; em tradução livre.

15 Sigismundo, Rei da Hungria e da Croácia e Sacro Imperador Romano (ver nota 8 do Capítulo 3).

16 Carruagens para mais de quatro pessoas, abertas pelos lados e, em geral, cobertas por toldo.

17 Os últimos Habsburgo: Francisco José (1830-1916), penúltimo imperador, acedeu ao trono em 1848; Elizabete (1837-1898), esposa

de Francisco José; Rodolfo (1858-1889), filho; Francisco Ferdinando (1863-1914), sobrinho; Carlos (1887-1922), sobrinho-neto, último imperador, que acedeu ao trono em 1916, sendo deposto em 1918.

18   Kris: adaga assimétrica de lâmina ondulada.
19   No original, PLF usa 'holt and hanger', termos anglo-saxões antigos; referência a um verso do poema On Wenlock Edge, de Alfred Edward Housman (1859-1936), que fala da paisagem de Shropshire, na Inglaterra.
20   Lychgate: originalmente, uma passagem coberta de acesso a pátios de igreja usados como cemitério; tipologia arquitetônica presente também em casas rurais em alguns países nórdicos.
21   Conhecida como 'Agnita' pelos romenos e 'Szentágota' pelos húngaros.
22   Referência a Uma Poderosa Fortaleza é o Nosso Deus, hino composto por Lutero e baseado no Salmo 46; considerado por Heinrich Heine (1797-1856), poeta alemão, como uma espécie de A Marselhesa da Reforma; Bach e Mendelssohn, entre outros, utilizaram-no como tema musical.
23   Tamerlão ou Timur (1336-1405), último dos grandes conquistadores nômades da Ásia Central, de origem turco-mongol; construiu um poderoso e agressivo império que incluía o que são hoje o Irã, o Afeganistão e o Paquistão, e grande parte da Mesopotâmia e do Cáucaso.
24   Dinastia que reinou no Canato da Crimeia de 1427 a 1783; durante os séculos XVI e XVII, seu khan gozou de prestígio apenas inferior ao do imperador otomano.
25   Hoje, capital do Tartaristão, região semiautônoma na Rússia.
26   Sébastien Le Prestre, Senhor de Vauban (1633-1707), arquiteto militar francês que dotou a França de um inexpugnável cinturão de defesa no reinado de Luís XIV.
27   Agapemone: 'moradia do amor' em grego; referência à seita cristã inglesa do século XIX voltada para aspectos espirituais do matrimônio, procurada sobretudo por mulheres solteiras e de posses, havendo evidências de que seus pastores mantinham 'noivas espirituais'.
28   Sigismundo Báthory (1573-1613), Príncipe da Transilvânia, vence mas é por fim derrotado pelos otomanos, sendo levado a abdicar e passar

seus domínios primeiro para Rodolfo II, Sacro Imperador Romano, e depois para seu primo, Cardeal András Báthory, mencionado no texto.

29 Sir Francis Drake (c. 1540-1596), navegador, pirata e vice-almirante da esquadra inglesa; avisado da aproximação da armada espanhola, teria dito que havia tempo suficiente para terminar seu jogo de bocha antes de dar uma sova nos espanhóis.

CAPÍTULO 7: AS SERRANIAS DOS CÁRPATOS

1 Referência ao povo encontrado por Odisseu em estado de esquecimento langoroso, induzido pela ingestão da fruta do lótus.

2 *Soubrette*: atriz ou intérprete feminina desempenhando um papel coquete.

3 Países fictícios da Europa Oriental que aparecem nos romances de aventuras de George B. McCutcheon (1866-1928) e Anthony Hope (1863-1933) e nas *Aventuras de Tintim*, de George P. Remi, mais conhecido como Hergé (1907-1983).

4 *Bétyars* (ver nota 47 do Capítulo 3); *haidouks*: infantaria irregular constituída de camponeses, típica da Europa Central entre os séculos XVII e XIX, compreendendo de bandidos a libertários; *pandours*: regimento croata do Exército Austríaco, conhecidos por serem saqueadores cruéis.

5 Título de príncipes vassalos do sultão otomano, usado principalmente na Moldávia e na Valáquia; substituído por 'domnitor' e, em forma abreviada, por 'domn', após a proclamação do Reino da Romênia em 1881.

6 Hector Hugh Munro (1870-1916), mais conhecido como Saki, escritor britânico cujas histórias espirituosas, maliciosas e macabras satirizavam a alta sociedade do começo do século XX, com frequência tratando de encontros com animais selvagens e entes sobrenaturais.

7 Édouard Marie Herriot (1872-1957), Primeiro-Ministro da França, defensor radical do laicismo.

8   Ammunition boots: calçado padrão do Exército Britânico até meados do século XX; assim chamados por serem comprados pela Comissão de Munições.
9   Antic Hay, no original; romance de Aldous Huxley (1894-1963), publicado em português pela Editora Globo em 1948.
10 Tibur: hoje Tivoli, antiga cidade dos sabinos, onde se encontram as ruínas da vila do Imperador Adriano; Lucretilis: segundo Horácio, um monte, também em território sabino, visível de sua fazenda; fonte bandusiana: mencionada numa das Odes de Horácio, mas de localização desconhecida.
11 Referência a O Cão na Manjedoura, fábula de Esopo sobre os que sentem prazer em impedir o prazer alheio.
12 O Duque de Wellington, ao ser perguntado pela Rainha Vitória o que fazer para evitar pombos no Palácio de Cristal, em Londres, teria dito: "Chame os falcões, senhora.".
13 Cidadela e fortaleza conhecida por seus tesouros; capital do Sultanato Qutb Shahi (1518-1687), na Índia.
14 Referências ao ambiente e a vários personagens das histórias de Robin Hood.
15 Severn: rio que percorre o País de Gales e adentra pelo oeste da Inglaterra; Humber: estuário na costa leste da Inglaterra.
16 Tom Tiddler's Ground (ou 'Terreno de Tom Tiddler'), jogo infantil com inúmeras variantes, precursor do 'pique'; mencionado em diversas obras literárias, o termo ganhou acepção de paradeiro de um personagem preguiçoso e do qual se pode tirar vantagem.
17 Leopoldo I (1640-1705), Sacro Imperador Romano, grande apoiador da Contrarreforma.
18 O conde novamente reverte ao escocês aprendido com sua babá: "Eu não sabia, eu não sabia. Bem, agora sei.".
19 O conde aqui talvez esteja parodiando "the love that dare not speak its name", último verso do poema Two Loves, de Lord Alfred Douglas (1870-1945), citado no julgamento de Oscar Wilde, seu amante, a quem a frase é, com frequência, erroneamente atribuída.

20 Miguel VIII (1223-1282), primeiro dos imperadores da dinastia paleóloga; João VIII (1392-1448); Constantino XI (1405-1453), último Paleólogo e último imperador bizantino.
21 Herne: fantasma associado à Floresta de Windsor; personagem do folclore inglês.
22 Referência ao *danegeld*, tributo que era pago aos vikings para evitar saques às terras invadidas.
23 Referência ao poema The Stag Hunt, de Sir Walter Scott.
24 Referência a opções por ele consideradas e descartadas antes de partir em viagem: entrar para Sandhurst, a academia militar inglesa, ou completar seus estudos, eventualmente em Oxford; discutidas em Um Tempo de Dádivas na Carta Introdutória a Xan Fielding e no Capítulo 4.
25 Personagem de Ronda Grotesca, de Aldous Huxley (ver nota 9).
26 Sarakatsani: subgrupo étnico grego, tradicionais pastores, com presença também na Bulgária, Albânia, Turquia e Macedônia; koutzovaláquios: um dos grupos que compõem a minoria valáquia nos Bálcãs; Montes Pindo, cordilheira que atravessa a Grécia, a Albânia e a Macedônia.
27 William Holman Hunt (1827-1910), pintor e um dos fundadores da Irmandade Pré-Rafaelita; focava nos ensinamentos e história de Cristo; PLF aqui faz referência à pintura The Finding of the Saviour in the Temple.
28 Territórios aos quais o governo imperial russo restringiu a presença de judeus, que passaram a imigrar para lá em grande número em seguida à tripla partição da Polônia no século XVIII.
29 Referência a Os Protocolos dos Sábios de Sião: texto originado na Rússia tsarista sobre um alegado projeto de conspiração de judeus e maçons visando a dominação mundial e a destruição do mundo ocidental; impresso privadamente em 1897 e tornado público em 1905.
30 Citações bíblicas, de Samuel 1:2 e 1:20.
31 Praticantes do caraísmo, que defendem a Torá como fonte única da revelação divina; rejeitam o judaísmo rabínico, seus costumes e o Talmude.
32 Referência a personagens de Rei Lear, de William Shakespeare. Goneril e Regan, suas filhas, logram herdar seu reino, em seguida passando a

desprezar e perseguir o pai; Cordélia, a filha mais nova, não se dispõe a bajular o rei e é excluída da partilha de seus domínios, mas luta para restituí-los ao pai.

33 Elias ben Solomon Zalman (1720-1797), rabino da cidade lituana, famoso erudito, ortodoxo, que condenava veementemente o abandono do escolasticismo talmúdico e o mergulho no pensamento místico da seita hassídica, surgida no século XVIII na Podólia, então russa e mais tarde polonesa.

34 Não é claro ao que se refere PLF quando fala de quatro notas-chave de uma oitava. Poderia talvez estar indicando a tríade tônica seguida da fundamental uma oitava acima (por exemplo: Ré, Fá sustenido, Lá e Ré). Mas em seguida PLF se refere a "um segundo ou dois entre acordes" (e não 'notas'). Parece haver algum desconhecimento de teoria musical e/ou imprecisão no uso de termos neste caso. Agradecemos ao professor Rodrigo Cicchelli Velloso, compositor e flautista, pelo esclarecimento desses pontos.

35 Referência ao cenário em que se passa *Le Grand Meaulnes*, de Alain--Fournier (1886-1914), sobre a obsessão amorosa de um jovem de dezessete anos; primeiro publicado em português em tradução de Maria Helena Trigueiros como *Bosque das Ilusões Perdidas*. Rio de Janeiro: Editora Nova Fronteira, 1977.

CAPÍTULO 8: OS CONFINS DA EUROPA CENTRAL

1 *Kursaal*: salão onde ocorrem atividades de entretenimento público.

2 *Boater*: chapéu de verão masculino, de palha, popular no final do século XIX e princípio do XX.

3 Constantin Brâncoveanu (1654-1714), Príncipe da Valáquia, de 1688 até sua morte; promotor da literatura, das artes e da arquitetura; súdito rebelde do Império Otomano, capturado e morto pelo Sultão Ahmed III ao recusar converter-se, e a sua família, ao islamismo; santificado pela igreja ortodoxa oriental.

4   *Schwung*: ímpeto, entusiasmo.
5   Início do poema If, de Rudyard Kipling, em tradução de Guilherme de Almeida. Parece ter havido um duplo engano neste episódio: PLF pensa que a moça, ao dizer "se" e parar de falar, iria agregar algum qualificativo com respeito a Byron; no entanto, ela responde a PLF citando o poema, *Se*, que, pelo jeito, ela pensava ser de Byron.
6   Maurice Maeterlinck (1862-1949), romancista, teatrólogo, poeta e ensaísta; embora flamengo, escrevia em francês, sendo O *Pássaro Azul*, de 1908, um de seus textos mais conhecidos.
7   *Sterlet*: o *Acipenser ruthenus*, discutido em Um Tempo de Dádivas, pp. 170-1.
8   "Que sejam como são ou deixem de existir", resposta dada pelo Padre Lourenço Ricci (1703-1775), Superior-Geral da Companhia de Jesus, aos que propunham modificar os estatutos da ordem para evitar que fosse extinta.
9   Conde István Széchenyi (1791-1860), político e escritor, conhecido por muitos como o 'Maior dos Húngaros'; instava a nobreza húngara para a necessidade de reformas graduais econômicas, sociais e políticas, abandonando práticas feudais; opositor, portanto de Kossuth (ver nota 28 do Capítulo 3), a quem considerava um agitador radical; promotor do desenvolvimento da infraestrutura de transporte, incluindo a regularização do curso do Baixo Danúbio, a interligação de Buda e Peste, e a construção do primeiro estaleiro do Império Austro-Húngaro.
10 Trata-se do Honvédség, composto em sua maioria por patriotas entusiastas sem experiência militar; obteve, no entanto, resultados surpreendentes contra as forças mais treinadas, equipadas e numerosas da Áustria, na campanha de 1848-1849. Foi derrotado devido à intervenção dos russos, a pedido do Imperador Francisco José. Em 1868, um ano após a coroação de Francisco José como Rei da Hungria, o Honvédség se transformou no Exército Real da Hungria, vindo a participar da Primeira Guerra Mundial.
11 *Hodja*: variante de 'khodja'; entre os muçulmanos, professor ou título de respeito.

12 Horácio, *Epístola* I.2, em tradução livre:
    O bronco aguarda até que o riacho seque,
    Mas o riacho corre e sempre correrá.
13 Na nota, PLF faz referência a Joana de Kent (1328-1385), considerada a mais bela mulher de seu tempo; mãe de Ricardo II da Inglaterra e do Conde de Huntingdon.
14 Butts: na Idade Média, campos para a prática de exercícios militares localizados nos arredores de vilas ou aldeias inglesas.
15 Referência a representações características do sono em histórias em quadrinhos.
16 Henrique V, Prólogo. William Shakespeare, *Teatro Completo*, vol. 2: *Comédias e Romances*. Rio de Janeiro: Editora Nova Aguilar, 2016. Tradução de Barbara Heliodora.
17 Agradecemos à professora Vera Lúcia Bottrel Tostes, museóloga, os esclarecimentos e sugestões no tocante ao uso de termos da heráldica.

APÊNDICE

1 Goethe, no poema *Amerika, du hast es besser*, indica razões pelas quais a América estaria melhor do que a Europa, e termina: "... e caso seus filhos se dediquem à poesia,/ que um gentil destino os impeça de escrever/ histórias de cavaleiros, salteadores e fantasmas.".

ÍNDICE REMISSIVO

A

- Abadia de Maria Radna, Romênia, 116, 117, 185
- Abdul Hamid II, Sultão do Império Otomano, 40
- abetardas, 77, 79
- Abulahaz, elefante, 59
- Ada Kaleh, Ilha de, Romênia, 255-259, 269
- Agnetheln (Agnita, Szentágotá), Romênia, 176, 181
- Alba Iulia (Apulon, Apulum, Bălgrad, Gyulafehérvár, Karlsburg, Weissenburg), Romênia, 152-153, 184
- Alberti-Irsa, Hungria, 44
- Alemanha, 22, 91, 97, 161, 170n, 176, 221, 225
- Alföld, Hungria, Cap. 3 passim, 190
- Ali Paxá, 175, 180
- Alpes, 16, 74, 119, 179, 194
- Amiano Marcelino, 125
- Ampleforth, escola inglesa, 85
- András II, Rei da Hungria, 168
- Angéla, namorada na Romênia, 135n, Cap. 6 passim, 188, 192, 243, 244
- angevinos, reis, 56
- Annamaria, amiga de Budapeste, 27, 28, 40, 42
- Antal, cavalariço em Tövicsegháza, Romênia, 112
- Apolodoro de Damasco, 252
- Aquincum, Hungria, 37
- Arad, Hungria, 96, 108, 109, 117, 162, 169, 186, 194
- aristocratas ingleses participantes da reconquista de Budapeste, 36-37
- Arpád, dinastia dos, 21, 55-56, 163
- Arsênio, Patriarca de Ipek, 134
- Átila, Rei dos Hunos, 54, 58, 125
- Ato da União, 206, 207, 209
- Augsburgo, batalha de, Alemanha, 56
- Aureliano, Imperador Romano, 98, 99, 101
- Ausônio, 101, 199n
- ávaros, 38, 54, 58, 59, 121n, 162, 201

B

- Babakai, Ilha de, Romênia, 249
- Bajazeto, o Raio, Sultão do Império Otomano, 52, 255, 262
- Bálcãs, 5, 52, 54, 57, 59, 84, 99, 100, 126, 128, 129, Cap. 8 *passim*
- Bălgrad, Romênia (ver Alba Iulia)
- Bálint e Géza, porqueiros húngaros, 19-22
- Báltico, Mar, 25, 30, 53, 168, 190-191, 191, 192, 199n
- Banat, Montanhas do, 194-196, 195n, 203, 217, 239
- Banat, Romênia, 121, 121n, 190, 195n, 237, 245n
- Barbarossa, Frederico I, Sacro Imperador Romano, 52
- Báthory, dinastia dos, 111, 113, 126, 182
- Batu, Khan da Mongólia, 21, 101, 177, 201, 270
- Bedales, escola inglesa, 141
- Békássy, Ferenc, 141, 141n
- Békéscsaba, Hungria, 82
- Béla IV, Rei da Hungria, 21, 22, 56, 100n
- Belgrado, Sérvia, 23, 36, 52, 53, 119, 128, 134, 248, 249, 258
- Berta, anfitriã em Budapeste, 26, 41, 43, 48, 238
- Bessarabe, dinastia dos, 171, 253
- Bessarábia, 55, 163, 178, 190, 221
- Bethlen, Gábor, Príncipe da Transilvânia e Rei da Hungria, 126, 129n, 154, 154n, 180
- Biblioteca Teleki, 125, 182, 261
- Bibliotheca Corviniana, 130
- Bizâncio, 54, 209
- Borosjenö, Romênia (ver Ineu)
- Borrow, George, 42, 49
- Brâncoveanu, Constantin, Príncipe da Valáquia, 236, 253
- Brasov (Brassó, Kronstadt), Romênia, 168, 170n, 178, 180
- Browning, Robert, 2, 3, 170n
- Brusa (Prusa, Bursa), Turquia, 261, 262
- Bucareste, Romênia, 90, 105, 131, 236, 240, 246
- Bucovina, Romênia, 90, 140, 141, 190, 228
- Buda (Strigonium), 25, 26, 28, 35-38, 42, 51, 52, 82, 154, 251, 263
- Budapeste, Hungria, 14, Cap. 2, 63, 67, 89, 92, 123, 128n, 141, 147, 160, 186
- Bulgária, 16, 52, 101, 128, 189, 245, 246, 248n, 253, 259n
- búlgaros, 38, 54, 55, 84, 172, 201, 246
- Burton, Sir Richard, 37n, 42

C

- Cabala, 227
- calvinistas, 75, 81, 91, 165, 169
- Caracórum, Mongólia, 22, 177, 201

> Caransebeş, Romênia, 192, 199, 263
> Carol II, Rei da Romênia, 89, 131, 161
> Carlos, Arquiduque da Áustria, Duque de Teschen, 74
> Carlos I, Imperador da Áustria, Rei da Hungria e da Boêmia, 34, 40, 174
> Carlos V, Sacro Imperador Romano, 153
> Carlos VI, Sacro Imperador Romano, 152
> Carlos, Duque de Lorena, 36, 52
> Carlos Magno, Sacro Imperador Romano, 38, 54, 56, 58, 59, 74, 162, 208
> Cárpatos, 16, 22, 51, 55, 99, 104, 106, 118, 126, 141, Cap. 6 passim, Cap. 7, Cap. 8 passim
> Catarina (Tinka) Teleki, Condessa, anfitriã em Kápolnás, Romênia, 122, 123, 186
> católicos, (ver também uniatas), 36, 91, 117n, 128, 129, 155, 158, 194, 206-208, 210, 265
> Cavaleiros Teutônicos, 168, 178, 190
> Cegléd, Hungria, 43, 46, 60, 70
> Cerna, Rio, 214, 233, Cap. 8 passim, 269
> Chatwin, Bruce, 125n
> chibouk, 84, 86
> ciganos, 10, 28, 44, 45, 47, 48, 49n, 50, 51, 64, 65, 66, 70, 91, 95, 107, 142, 147-149, 149n, 155, 156, 161, 165, 180, 190, 197-200, 205, 221, 240, 241, 266, 274
> Clara, anfitriã em Tövicsegháza, Romênia, 110-114, 186
> Clark, Irmãos, 38
> Cluj (Klausenburg, Kolozvár), Romênia, 158, 162
> colheitas na Romênia, 146-147, 195
> conflitos religiosos entre católicos e protestantes na Romênia, 154, 155
> Constantinopla (Istambul), Turquia, 9, 31, 43, 52, 53, 56, 95, 101, 128, 153, 172, 206, 208, 245, 246, 257, 261
> coroa apostólica, 34, 79, 174
> Corvinus, Matias, Rei da Hungria e da Croácia, 129, 159
> Cracóvia, Polônia, 22, 90, 96, 110, 157, 179
> Craiova, Romênia, 236, 255
> Credo, 11, 101, 206-210
> Cristandade, 21, 128, 191, 206, 207, 257, 261
> cristianismo, 224, 225
> cristãos ortodoxos ou orientais, 24, 117n, 129, 134, 140, 155, 206-209, 246, 265
> Croácia, 56, 74, 107, 121n, 174
> Cruzadas, 36, 52, 85, 170n, 225, 262n, 263
> cruzados, 21, 52, 101, 130, 261-264
> Cumânia, Hungria, 57
> cumanos (polovitzi), 56, 56n, 57, 99, 168, 179, 201
> Curtici, Romênia, 90, 186

ÍNDICE REMISSIVO

D

- Dácia, 90, 101, 250
- dácios, 59, 98, 99, 101, 152, 158n, 168, 200, 207, 214
- daco-romanos, 98, 99, 207
- Danúbio, Rio, 5, 6, Cap. 1 *passim*, 25, 39, 41, 42, Cap. 3 *passim*, 98, 101, 118, 119, 129, 140, 153, 173, 181, 191, 200, 220, Cap. 8 *passim*, 268-270
- Deák, Ferenc, 68
- Debrecen, Hungria, 75, 155
- Decébalo, Rei da Dácia, 214, 215, 252
- Denise Wenckheim, Condessa, anfitriã em O'Kigyos, Hungria, 82-84, 86
- Deva, Romênia, 127, 152, 185, 186, 187
- Doboz, Hungria, 79
- Döllfuss, Dr. Engelbert, 161
- Domiciano, Imperador Romano, 214, 250
- Drácula, Conde, 171-173

E

- Elizabete, Imperatriz da Áustria e Rainha da Hungria, 34, 94, 174
- encontro com águias nos Cárpatos, Romênia, 215-218
- encontro com anciãos turcos em Ada Kaleh, Romênia, 255-257, 259, 264-265
- encontro com ciganos faiscadores de ouro nos Cárpatos, Romênia, 197-200
- encontro com rabino e filhos nos Cárpatos, Romênia, 220-223
- encontro com rabinos e estudantes judeus, Romênia, 90
- encontro com veados nos Cárpatos, Romênia, 211, 212
- Engelhardt, Imre, anfitrião em Pankota, Romênia, 91
- eslavônico, 92, 98, 117n, 137, 199, 206, 233
- eslavos, 54, 55, 59, 98-100, 152, 199, 200, 206
- eslovacos, 19, 80-81, 86, 109, 165
- Eslováquia, 5, 15, 16, 18, 55, 62, 63, 80, 110, 179
- estadia em acampamento de ciganos na Hungria, 47-51
- Estepes Pônticas, 55, 246
- Estêvão, Rei da Hungria, 35, 56, 105, 251
- estrada de Széchenyi, Romênia, 247, 250, 263, 268
- Esztergom, Hungria, 9, 19, 22, 26, 27, 33, 36, 53, 260
- Eugênio, Príncipe de Savoia, 52, 74, 134, 258
- Eugênio (Jenö) Teleki, Conde, anfitrião em Kápolnás, Romênia, Cap. 5 *passim*, Cap. 6 *passim*, 187, 207-210, 237
- exércitos europeus participantes da Cruzada de Nicópolis, 261-264

F
> Făgăraș (Fogaras, Fogarasch), Romênia, 179-181
> feira perto de Gyulafehérvár, Romênia, 155-156
> festas e saídas noturnas, 27-29, 65-66, 107, 147-149, 160-161, 239-240
> festejos da Dormição da Virgem, Ada Kaleh, Romênia, 265
> festejos de Sábado de Aleluia, Esztergom, Hungria, 9-15
> Fielding, Xan, 5
> *Flautista de Hamelin*, 169, 170n
> Flávio Vopisco, 99n, 101
> Fócio, Patriarca de Constantinopla, 208
> fortificações em aldeias *Sassen* e arredores, Romênia, 176-178
> franciscanos, 116-118, 245n
> Francisco Ferdinando, Arquiduque da Áustria, 166, 174
> Francisco José, Imperador da Áustria, Rei da Hungria, da Croácia e da Boêmia, 171, 174, 251

G
> Galícia, 140, 190, 226
> Gelu, chefe valaco-eslavo, 100n, 101
> Georgina, filha dos anfitriões em Ötvenes, Romênia, 114, 186
> Gêngis, Khan da Mongólia, 21, 22, 178, 201

> gépidas, 38, 53, 54, 200
> Gibbon, Edward, 209
> godos, 53, 98-99, 125, 200, 208
> Goethe, Johann Wolfgang, v., 191, 270
> Grande Planície Húngara (ver Alföld)
> Guerra dos Trinta Anos, 129n, 154, 154n, 177, 245
> Gyoma, Hungria, 67
> György, cigano húngaro, 48
> Gyula, *valet* húngaro, 95
> Gyulafehérvár, Romênia (ver Alba Iulia)

H
> Habsburgo, dinastia dos, 34, 74, 75, 86, 109, 113, 126, 134, 153, 154, 155, 206
> Hadik, András, 33
> Harun-al-Rashid, Califa do Império Abássida, 59
> Hátszeg, Vale do, 137, 214
> Haviar, Dr. Vitéz Gyula e família, anfitriões em Gyoma, Hungria, 68-69
> Hazdai-ibn-Shaprut, Rabino, 125
> Heinz Schramm e pai, anfitriões na Romênia, 236-238, 240
> hebraico, idioma, 222-223
> Himalaia, 59, 134, 243
> hindi, idioma, 49, 50, 147
> Hitler, Adolf, 139, 221
> Horthy, Almirante Miklós, 34, 40, 42, 161, 237
> Hortobágy, Hungria, 43, 75
> Hospitalários, 262, 262n

- húngaro (magiar), idioma, 14, 18, 19, 22, Cap. 2 passim, Cap. 3 passim, Cap. 4 passim, 116, 117, 118n, 123, 147, 157, 162, 168, 181n, 184, 199, 200, 224, 226, 238, 247n, 257
- húngaros, 11, 12, 21-22, Cap. 2 passim, Cap. 3 passim, Cap. 4 passim, Cap. 5 passim, Cap. 6 passim, 201, 224, 238, 245, 261
- Hungria, 5, Cap. 1 passim, Cap. 2 passim, Cap. 3 passim, Cap. 4 passim, Cap. 5 passim, Cap. 6 passim, 206, 215, 221, 226, Cap. 8 passim
- hunos, 38, 53-55, 125, 162, 201-202
- Hunyadi, João, Regente da Hungria, 113, Cap. 5 passim, 153, 154, 199, 214, 245n, 258, 261, 261n
- Hunyor, Dr. Imre, anfitrião em Szolnok, Hungria, 61-63
- hussardos, 33, 106, 135, 140, 141, 166

I

- ídiche, idioma, 90, 221, 225, 226
- Igreja da Coroação, Budapeste, 33, 39, 251
- Ileană, camponesa romena, 143-145, 185
- Ilona, irmã de István, 138, 139, 155
- Ilona Meran, Condessa, anfitriã em Körösladány, Hungria, 71-73, 75
- Império Romano, 38, 54, 99, 214, 224, 252
- Ineu (Borosjenö), Romênia, 92-95
- Inglaterra, 26, 30, 34, 36, 77, 80, 134, 141, 154, 222, 223, 245n
- invasões dos cumanos, 56, 57, 99, 168, 201
- invasões dos hunos, 38, 53-55, 201
- invasões dos magiares, 21-22, 54-55, 73, 99-100, 163, 201, 224
- invasões dos mongóis, 22, 101, 157, 177-179, 225, 262
- Isabela da Polônia, Rainha da Hungria, 153-154
- Islã, 191, 225
- István, anfitrião a companheiro de viagem na Romênia, Cap. 5 passim, Cap. 6 passim, Cap. 7 passim, 236, 238, 239
- Iugoslávia, 40n, 80, 97, 119, 134n, 245, 248, 248n, 268, 269
- Ivan, o Terrível, Tsar da Rússia, 111, 182
- Izabella, jovem em Arad, Romênia, 109

J

- janízaros, 73, 180
- Janus Pannonius, Bispo de Pécs, 124
- Jaš, anfitrião em Tövicsegháza, Romênia, 109-113, 186
- Jasão e os Argonautas, 255, 264
- jáziges, 57-58, 66
- jesuítas, 155, 206, 244, 245n
- João, Arquiduque da Áustria, 74
- João Sigismundo, Rei da Hungria, 153-154

- jogo de boliche, 116-118
- jogo de polo de bicicleta, 83, 85
- Johann (Hansi) Meran, Conde, anfitrião em Körösladány, Hungria, 73, 75
- Jókai, Móric, 126, 160
- José, Rei dos Khazares, 125
- Joyce, James, 42
- Józsi Wenckheim, Conde, anfitrião em O'Kigyos, Hungria, 82-84
- judeus, 41, 63, 124, 125, 125n, Cap. 7 *passim*

K

- kabares, 162, 224
- Kápolnás, Roménia, 121, 135, 140, 186
- Karlsburg, Roménia (ver Alba Iulia)
- Kazan, Desfiladeiro ('Caldeirão') do, Cap. 8 *passim*, 268-269
- Keynes, John Maynard, 141, 141n
- Khazar, Império, 55, 124, 162, 225
- khazares, 124, 125n, 224
- Klausenburg (Cluj, Kolozvár), Roménia, 158, 162
- Koestler, Arthur, 125n
- Kokel, Rio, 167
- Kolozsvár (Cluj, Klausenburg), Roménia, 157-158, 158n, 162
- v. Konopy, Sr., anfitrião na Roménia, 120, 186
- Körös, Rio, 69, 70, 73, 76, 81
- Körösladány, Hungria, 70, 76
- Koschka, Irmãos, acrobatas em Budapeste, 27-28
- kosovares, 134n
- Kosovo, Sérvia, 53, 253
- Kossuth, Lajos, 68, 109, 126, 171, 251
- koutzovaláquios (macedo--romenos), 100, 218
- Krum, Khan da Bulgária, 54, 59
- Kun, Béla, 97, 106, 135
- Kutschera, Hugo v., 124

L

- Lajos I, o Grande, Rei da Hungria, 56
- Lajos II (Luís II), Rei da Hungria, Croácia e Boêmia, 52, 53, 56
- Lajos W., Conde, anfitrião em Vesztö, Hungria, 76-79, 80
- Lapuşnic, Roménia, 187, 236
- Lászlo, Conde, e esposa inglesa, anfitriões em Doboz, Hungria, 80-83
- Lázár, anfitrião em Lapuşnic, Roménia, 187, 214
- Leopoldo I, Sacro Imperador Romano, 134, 206
- Leopoldo II, Sacro Imperador Romano, 74
- Levante, 49n, 51, 84, 257
- lobos, 126, 166, 179, 189, 191, 201, 205, 218, 232
- Lökösháza, Hungria, 86, 89, 186
- lombardos, 53, 200
- luteranos, 81, 91, 194
- Lutero, Martinho, 155, 169, 194

M

- Madács, Imre, 94

- magiar, idioma (ver húngaro, idioma)
- magiares (ver húngaros)
- Malek, cavalo, Cap. 3 passim, 119, 186
- Maomé II, Sultão do Império Otomano, 128, 172
- Maria, Rainha da Romênia, 153, 161
- Maria Teresa, Imperatriz da Áustria e Rainha da Hungria, Croácia e Boêmia, 23, 74, 91, 135
- Maros (Mureş), Rio, Cap. 5 passim, 152, 162, 184-186, 187, 198, 214, 240, 263
- Martinuzzi, György, Cardeal, Arcebispo de Esztergom, 114, 154
- Mezötúr, Hungria, 64
- Micky, filho dos anfitriões em Budapeste, 28, 37, 43
- Miguel, o Bravo, Príncipe da Valáquia, 153, 182, 253
- Miguel, Príncipe (depois Rei) da Romênia, 90
- Miklós Lederer, anfitrião em Mezötúr, Hungria, 65
- Mioritza, poema, 229-231
- Mircea, o Velho, Príncipe da Bessarábia, Moldávia e Transilvânia, 171, 253, 261
- Mohács, batalha de, 53, 129, 153
- Moldávia, Romênia, 6, 7, 90, 103, 106, 137, 153, 178, 190, 205, 207, 229, 236
- Moldova Veche, Romênia, 247, 251
- mongóis, 20-22, 56, 101, 157, 177, 178, 201, 225, 262
- Morávia, 22, 54-55, 190, 239
- música cigana, 29, 65, 66, 107, 151, 240

N

- nazistas, 139-140, 161, 221
- Negro, Mar, 38, 52, 55, 92, 119, 191, 224, 246, 253, 261
- Nicéforo I, Imperador de Bizâncio, 54
- Nicetas de Remesiana, São, 101
- Nicolau I, Tsar da Rússia, 171
- Nicópolis, batalha de, 52, 261-262, 262n

O

- Ocidente, 35, 52, 53, 54, 58, 96, 97, 98, 130, 154, 168, 169, 170n, 191, 207, 209, 225, 244, 245
- O'Kigyos, Hungria, 87, 109
- olifante de Lehel, 58
- Olt, Rio, 181, 181n
- Oriente, 35, 206, 207, 209, 246
- Orşova, Romênia, Cap. 8 passim, 268, 269
- Oto, Arquiduque da Áustria, 34, 94
- Oto, Sacro Imperador Romano, 56
- Otranto, Itália, 56, 129
- Ötvenes, Romênia, 113, 117

P

- pais do autor, 80, 243-244
- paleóloga, dinastia, 209
- Paliçada da Rússia, 221, 226
- Pankota (Pîncota), Romênia, 91

- Papas, 24, 35, 114, 168, 206, 208, 209
- Páscoa, 9-16
- Paulo Teleki, Conde, conviva em Budapeste, 39, 40n, 121
- pechenegues, 55-57, 99, 101, 163, 179, 201
- Pedro, Irmão, assistente de mestre--hospedeiro na Abadia de Maria Radna, Romênia, 116-117
- Peste, 38-41, 43
- Petöfi, Sándor, 76, 171
- Plantageneta, dinastia dos, 101, 129, 201, 264
- Polônia, 110, 155, 179, 199, 199n, 225, 226, 239, 265
- Ponte Széchenyi, Budapeste, 38, 39
- Ponte de Trajano, Turnu-Severin, Romênia, 252
- Portas de Ferro, Desfiladeiro das, 55, 119, 246, 251, 252, 255, 260, 268
- prefeito de Esztergom, 9-15
- Principado da Transilvânia, 134, 153, 206
- protestantes, 75, 81, 154, 155, 206
- Pusztapo, Hungria, 63
- Pusztatenyö, Hungria, 63

Q

- questão Filioque, 206-210
- questão transilvana, 97-105, 120-123, 162-163

R

- Radu, pastor romeno, e família, anfitriões nos Cárpatos, Romênia, 203-205, 210, 213, 218
- Rákóczi, príncipes da Transilvânia, 126, 154, 206
- Reconquista da Hungria, 36, 121, 154, 169
- *Regat* (o 'Reino'), Romênia, 103-105, 131, 181, 252
- Reno, Rio, 56, 59, 98, 99, 168, 171, 224, 238
- Ria, 'governanta' de Tibor em Borosjenö, Romênia, 95-96, 105, 106, 115, 186
- Rilke, Rainer Maria, 37, 42
- Rodolfo, Príncipe Herdeiro da Áustria, 166, 174
- Roma, 31, 38, 98, 207, 208, 210, 215, 252
- romani, idioma, 49, 49n, 147, 198, 200
- romanos, 53, 57, 90, 98-99, Cap. 7 *passim*, 235, 241, 246
- Romênia, 62, 80, 86, 89, 97, 97n, 103, 106, 117n, 131, 135, 153, 172, 177, Cap. 7 *passim*, Cap. 8 *passim*, 268, 269
- romeno, idioma, 7, 49n, 68, 96, 108, 109, 117n, 118n, 137-138, Cap. 6 *passim*, Cap. 7 *passim*, 247, 257
- romenos, 49n, Cap. 4 *passim*, Cap. 5 *passim*, Cap. 6 *passim*, Cap. 7 *passim*, Cap. 8 *passim*
- rutenos, 165, 209, 228

S

- Sacro Império Romano, 36, 37n, 114, 177, 245n
- Saftă, camponesa romena, 144-145, 185
- Saki, 191
- Sarmizegetusa, Romênia, 214-215, 228, 252
- Sava, Rio, 52, 119
- 'saxões' transilvanos (Sassen), 99, 100, Cap. 6 passim, 194
- Schiller, Friedrich, 2, 3
- Schossberger, Barão, anfitrião em Pusztatenyö, Hungria, 63
- Scott, Sir Walter, 85, 114n, 126
- Segesvár, batalha de, 171
- Serédy, Monsenhor, 10
- Sérvia, 52, 101, 128, Cap. 8 passim
- sérvios, 24, 53, 134, 165, 249
- Sibiu (Nagy-Szeben, Hermannstadt), Romenia, 182-184, 244
- sículos, 99, 100, 162-163, 168-169, 179, 180, 182
- Sighişoara (Segesvár, Schässburg), Romênia, 168-173, 180
- Sigismundo, o 'Cavaleiro Branco', Rei da Hungria e da Croácia e Sacro Imperador Romano, 52, 128, 171, 261, 261n, 262
- Simeão, Tsar da Bulgária, 55
- Slatin Paxá, 40
- Soborsin (Sávárşin), Romênia, 120, 140, 186
- Solimão, o Magnífico, Califa do Islã e Sultão do Império Otomano, 36, 52-53
- Solymos, Castelo de, Romênia, 119
- Sozzini e socinianos, 157, 169
- Stoker, Bram, 172
- suábios, 19, 22, 65, 91, 109, 113, 117n, 136, 162, 165, 169, 194, 237
- superstições de camponeses romenos, 137
- Svatopluk I, Kral da Morávia, 54
- Széchenyi, Conde István, 247, 247n
- Szentendre, Hungria, 23, 25
- Szigi, filho de Józsi e Denise Wenckheim, 85
- Szob, Hungria, 16
- Szolnok, Hungria, 61-64, 119

T

- Tamerlão, Imperador Timúrida, 178, 262
- Târgu Mureş (Marosvásárhely), Romênia, 125, 164
- tártaros, 110, 153, 177, 178, 190, 201
- Tatra, Montanhas, 110, 112, 179, 190
- Tennyson, Lord Alfred, 76
- Termas de Hércules, 235, 239, 269
- Terror Branco, 97
- Theresianum, escola austríaca, 135, 238
- Tibor, anfitrião em Borosjenö, Romênia, Cap. 4 passim, 120, 186
- Tibor, anfitrião em Budapeste, 26, 27, 41

- Timiş, Vale do, 241, 263
- Timişoara, Romênia, 121
- Tisza, Rio, Cap. 3 passim, 91, 118, 119
- topógrafos romenos, 246-247, 251
- Tövicsegháza, Romênia, 109-111
- Trajano, 98, 207, 228, 250, 252, 263, 268
- trajes húngaros e romenos, 9-11, 14, 65, 86, 87, 91-92, 155, 233-234
- Transilvânia, 5, 6, 39, 40, Cap. 3 passim, Cap. 4 passim, Cap. 5 passim, Cap. 6 passim, Cap. 7 passim, 239, 245n, 246, 251
- Tratado de Trianon (ou de Versalhes), 26, 80, 97-99, 130, 251, 252
- Trieste, Itália, 26, 37n, 39, 42, 238
- turcos, 11, 22, 24, 26, 36, 40, Cap. 3 passim, 94, 110, 111, 115, Cap. 5 passim, Cap. 6 passim, 201, 206, 209, Cap. 8 passim, 269
- Turda (Torda), Romênia, 157
- Turnu Severin, Romênia, 236, 249, 252, 255

U
- ugro-fínico, povo e idioma, 32, 54, 92
- uniatas, 24, 91, 117n, 140, 165, Cap. 7 passim
- unitários, 155, 157, 174
- uralo-altaico, idioma, 32, 257
- Uri Utca, Budapeste, 26, 28, 31

V
- Vajdahunyad (Hunedoara), Romênia, 127, 127n, 137, 185 199
- Valáquia, 106, 127n, 172, 181, 190, 207, Cap. 8 passim
- valáquios, 52, 99-101, 130, 179
- Valois, dinastia dos, 101, 201
- vândalos, 38, 200
- Vár, Budapeste, 26, 35, 37
- Varna, batalha de, 261
- Vesztö, Hungria, 76-79
- Visegrado, Hungria, 21-22, 227, 249
- Vlad III, o Impalador, Rei da Valáquia, 171, 172, 253

W
- Weissenburg, Romênia (ver Alba Iulia)
- v. Winckler, Herr Robert v., anfitrião em Tomeşti, Romênia, 189, 197
- Wortley Montagu, Lady Mary, 52

X
- Xenia Csernovitz, anfitriã na Romênia, 134, 140, 186

Y
- Ybl, Miklós, 84

Z

> Zám, Romênia, 133-134, 140, 185
> Zápolya, João, Rei da Transilvânia, 153
> Zita, Imperatriz da Áustria e Rainha da Hungria e da Boêmia, 34
> Zohar, 227
> Zrinyi, Miklós, 113, 126

Este livro foi editado na cidade do Rio de Janeiro e publicado
pela Edições de Janeiro em outubro de 2020.
O texto foi composto em Joanna Nova Regular 10/15, títulos
em Mostra Nuova e impresso em papel Pólen Soft 80/m2.

ASSOCIADO CBL
Câmara
Brasileira
do Livro